재림과 휴거
역사와 영원의 파노라마

지은이 / 헨리 M. 모리스 외
옮긴이 / 정동수

The Second Coming and Rapture:
Panorama of History and Eternity

— *H. M. MORRIS* —

 그리스도예수안에

그리스도예수안에

도서출판 '그리스도예수안에'는 킹제임스 흠정역 성경을 출간하는 성경 전문 출판사로서 하나님의 은혜와 성령님의 인도에 힘입어 주 예수 그리스도의 유일한 복음과 진리가 훼손되지 않고 신약 성경에 기록된 대로 보존되고 전파되는 일에 주력하고 있습니다.

The King James Bible publishing company, 'In Christ Jesus', makes all efforts through the grace of God and the leading of the Holy Ghost to preserve and spread the only gospel and the truth of the Lord Jesus Christ as revealed in the New Testament without any defect.

재림과 휴거: 역사와 영원의 파노라마

지은이 / 헨리 M. 모리스 외
옮긴이 / 정동수

1판 1쇄 / 2015년 5월 15일
2판 1쇄 / 2022년 6월 10일

발행처 / 그리스도예수안에

인천광역시 남동구 서창방산로 83
웹사이트: www.KeepBible.com
전자우편: webmaster@KeepBible.com

ISBN 978-89-92485-45-6 03230

정가 : 13,000원

잘못된 책은 바꿔 드립니다

본서에 있는 성경구절은 특별한 언급이 없는 한 〈킹제임스 흠정역 마제스티 에디션〉(그리스도 예수안에, 2021)에서 모두 인용되었습니다

하나님의 말씀

나는 어젯밤 대장간 문 옆에서 잠시 멈추어 섰습니다.
그리고 모루가 울리는 소리를 들었습니다.
그것은 마치 저녁 기도를 알리는 종소리와도 같았습니다.
안으로 들어서자 여기저기 흩어져 있는 낡은 망치들이 보였습니다.
수년 동안 두들긴 탓에 망가져 버린 낡은 망치들을.

그때 나는 물었습니다.
"얼마나 많은 모루를 사용하셨죠?"
"이 모든 망치들이 이렇게 망가지고 닳아 못쓰게 됐으니 말입니다."
"오직 하나뿐이라오." 이렇게 대답하며 그는 반짝이는 눈동자로
다음과 같이 말했습니다.
"보시다시피 이 모루가 이 망치들을 다 망가뜨렸습니다."
그때 나는 깨달았습니다.
"아, 하나님의 말씀이 바로 모루와 같구나! 수 세기 동안
회의와 의심의 망치질은 거세게 말씀의 모루를 내리쳤지만,
두들기는 소리는 요란했지만 모루는 지금도 변함없이 건재하며
그 많던 망치들은 간데없이 사라져 버렸구나!" 하고 말입니다.

목 차

제1부: 창조와 재림

목차 ··· 5
저자 서문 ··· 6
역자 서문 ··· 9
1. 마지막 때가 되었음을 어떻게 알 수 있을까? ················ 14
2. 성경의 영토 안에서의 소동 ·· 32
3. 이스라엘의 놀라운 부흥 ·· 45
4. 바벨로 되돌아감 ··· 61
5. 7년 환난기 ··· 75
6. 과학과 재림 ··· 92
7. 거룩한 도시에서의 삶 ··· 110

제2부: 재림과 휴거 바로 알기

목차 ··· 139
1. 재림 이야기 ··· 140
2. 재림의 징조들 ··· 145
17. 포도즙 틀 심판 ·· 219
18. 결 론 ··· 224

부록 1. 재림의 사건들 개요 ·· 231
부록 2. 천국의 특징 ··· 252
부록 3. 그리스도의 초림과 재림 ·································· 276
부록 4. 성경의 부활 ··· 288
부록 5. 성경의 심판 ··· 294

한 번 죽는 것은 사람들에게 정해진 것이요 이것 뒤에는 심판이 있나니 이와 같이 그리스도께서도 많은 사람의 죄들을 담당하시려고 한 번 드려지셨으며 또 자신을 기다리는 자들에게 죄*와 상관*없이 두 번째 나타나사 구원에 이르게 하시리라(히 9:27-28).

Author's Preface

최근 들어 '새 세계 질서'(New World Order)에 대해 많은 이야기가 오가고 있다. 세상의 창건 이후로 지금까지 전 세계 모든 사람들은 평화, 번영, 그리고 자유가 넘치는 세상을 동경해 왔다. 미국인들은 1차 세계 대전이 발발하자 그것이 이 세상을 민주주의화할 것으로 기대했고 사실 이 목적을 달성하기 위해 국제 연맹이 형성되었다. 그러나 이미 예견되었듯이 국제 연맹은 실패로 끝났는데 그 이유는 사람의 본성이 변하지 않았기 때문이다. 그런데 1차 세계 대전 이후 이 전쟁을 불러일으킨 다윈의 진화론적 철학 즉 '적자생존'과 '강자가 옳다'는 사상은 지금까지도 전 세계의 중고등학교와 대학교에서 마치 사실인 것처럼 가르쳐지고 있다.

사실 2차 세계 대전도 이와 비슷한 연유에서 비롯되었다. 히틀러와 무솔리니 그리고 중국의 공산당과 일본 제국주의는 모두 진화론적이며 반기독교적인 전제를 근간으로 해서 움직였다. 그러나 루즈벨트 미국 대통령은 '새 세계 질서' 안에서 자유가 가져다주는 것 즉 두려움과 가난으로부터의 자유, 전쟁과 압제로부터의 자유, 그리고 미국의 인권 선언 안에 포함된 언론 및 종교의 자유 등을 성취했다.

이 전쟁 이후에 앞으로 다가올 시대에 전 세계적 평화를 성취해 줄 수 있는 세상을 만들겠다는 대대적인 선전과 함께 국제 연합(United Nations)이 형성되었다. 이와 동시에 전 세계의 진화론을 신봉하는 과학자 중 으뜸가는 인물이던 헉슬리가 자신의 꿈인 진화론적 인본주의에 기초를 둔 '전 세계적 문화'를 창출하기 위하여 국제 연합의 '교육 및 과학 문화 조직'인 유네스코(UNESCO)의 초대 국장으로 임명되었다. 헉슬리와 그의 진화론적 철학을 지지하는 프랑스의 화석학자이자 천주교 사제였던 샤르댕을 포함한 많은 동조자들은 과학자들과 다른 지성인들 특히 1960년대에 태어난 사람들에게 나중에 '새 시대 운동' 즉 뉴에이지 운동(New Age Movement)이라고 불리는 것들을 주입하였다.

뉴에이지 운동의 지도자 중 한 사람인 퍼거슨이 '물병자리 음모'라고 부른 바 있는 이 운동은 현재 다양한 종류의 믿음, 행위, 이단, 단체들을 포괄적으로 포함하고 있으며 지금 이 시간 뉴에이지 교사들은 한결같이 동양의 고대 범신론적 이교사상을 되살려서 이것을 매우 좋은 것으로 사람들에게 보급시키고 있다.

비록 그들이 이것을 '새 시대' 즉 '뉴에이지'(New Age)라고 부르지만 이것은 창조자 하나님을 향한 세상의 반역만큼이나 오랜 역사를 갖고 있는 '아주 오래된'(Old Age) 사상이다. 이 모든 단체들은 진화를 믿고 있고 자신들이 '새 세계 질서'라 부르는 것들을 온 세상에 퍼뜨리고 있는데 이들이 '새 세계 질서'라 부르는 것은 결국 진화론적 범신론에 기초를 둔 단일 세계 정부, 단일 세계 문화, 단일 세계 종교의 확립과 발전을 의미한다.

미국의 전임 부시 대통령과 클린턴 대통령은 계속해서 '새 세계 질서'를 부르짖어 왔다. 의심의 여지없이 그들은 이것이 정치적 노력으로 성취될 수 있다고 믿었는데 어쩌면 그들이 주장하는 '새 세계 질서'는 새 시대 운동가들이 생각하는 것과는 좀 다른 것인지도 모른다. 그러나 사람의 본성은 여전히 변하지 않았고 세상의 창조자께서 자신을 위해 세계적 평화를 이루시려고 이 땅에 다시 돌아오시기까지는 진정한 의미의 전 세계적 평화나 자유는 절대로 사람의 힘에 의해 성취될 수 없다. 사실 이것이야말로 성경이 가르치는 요점이다.

그런데 놀라운 사실은 지금 그분께서 바로 그 일 즉 이 땅에 진정한 평화를 가져다주시는 일을 행하시려 한다는 것이다. 지금 온 세상에는 그분께서 이 일을 속히 이루시리라는 표적들이 너무 많이 일어나고 있다. 왜냐하면 이 세상의 창조자는 다름 아닌 주 예수 그리스도이시기 때문이다. 그분은 우리를 구속(救贖)하시기 위해 친히 십자가에서 피를 흘리고 죽으심으로써 속죄 값을 지불하신 뒤 자신이 값 주고 사신 소유물 즉 자신의 성도들을 실제로 되찾음으로써 구속 사역을 완결하시기 위해 이 땅에 다시 오실 것을 약속하셨다(엡1:14).

우리 주 예수 그리스도께서 곧 이 땅에 그분 자신의 '새 세계 질서'를 세우실 것이다. 이것이 바로 하나님의 말씀 안에 들어 있는 뚜렷한 주제이다. 이 일을 시작하기 위해 재림하시는 주님에 대한 많은 표적들은 예언을 담고 있는 성경에 많이 계시되어 있고 지금 이 시간 아주 분명하게 성취되고 있다. 비록 성경의 예언에 대한 책들이 많이 출간되긴 했지만 이런 책들의 대부분은 세상이 처음 창조되었던 때의 중요성과 말세를 이해하는 데 있어서 세상을 향한 하나님의 목적들을 무시하고 있다. 우리가 이 세상 안에서 하나님의 목적들이 최종적으로 이루어지는 것을 이해하기 위해서는 잘못된 진화론에 반대하는 메시지 즉 '창조자 하나님의 특별 창조주의'(Special Creationism)라는 기본 메시지가 절대적으로 필요하다.

어쨌든지 우리는 이 땅에 예수 그리스도께서 속히 돌아오시는 것을 이야기하고 있는데 이분이야말로 처음에 말씀으로 이 세상을 창조하신 창조자이시다. 아주 오래전에 '그분께서 이 세상에 계셨고 이 세상을 만드셨으나 이 세상은 그분을 알지 못했다'(요1:10). 기독교가 시작된 지 거의 2,000년이 흐른 지금 그분의 재림은 정말 우리 눈앞에 가까이 다가왔으나 그분께서 창조하신 이 세상은 그분을 잘 알지 못한다. 이런 세대를 내다보며 슬픔에 잠긴 채 예수님께서는 다음과 같이 물으셨다.

그럼에도 불구하고 사람의 아들이 올 때에 땅에서 믿음을 보겠느냐?(눅18:8)

현재 전 세계에 만연되어 있는 무관심 즉 창조자에 대한 이 세상의 무관심과 하나님의 창조에 대항하는 세상 지도자들의 반역 행위야말로 그분의 재림이 정말로 가까이 왔음을 보여 주는 역설적인 증거가 된다. 왜냐하면 성경은 이것이 말세에 대한 또 하나의 표적이라고 기록하고 있기 때문이다.

1장에 요약된 말세의 많은 증거들은 창조 때 하나님께서 세우신 하나님의 목적들과 그것들에 대항해 온 인류의 반역과 밀접한 관계를 갖고 있다. 아마도 그분의 재림의 임박성을 보여 주는 가장 뚜렷한 증거는 소동이 끊이지 않는 중동 지방이 될 것이다. 오랫동안 세상의 관심사 밖으로 밀려났던 성경의 이 땅은 현재 세계 뉴스의 중심지가 되었다. 이 지역에서 이루어지는 것들을 살펴보면 마치 신32:10에 기록된 것처럼 광야의 돌들이 자신들의 창조자를 향해 이제 모든 만물을 새롭게 만들기 위하여 속히 되돌아오시라고 소리치고 있는 듯하다.

2장은 말세에 중동 지방에 있을 전쟁들과 민족들 간의 갈등에 관한 성경의 예언들을 보여 주고 있다.

3장과 4장은 예루살렘과 바빌론을 조명해 주고 있다. 여기에서는 하나님의 도시와 적그리스도의 도시 즉 세계의 2대 주요 도시가 말세에 일어날 큰 사건들 안에서 행할 실제적인 역할 및 상징적 역할도 언급되어 있다. 이 두 도시는 이제 거의 준비가 다 된 상태에 있고, 이 사실 역시 하나님께서 다시 한 번 자신이 창조했으나 지금까지 자신에게 반역하는 창조물들에게 내려오시려고 하는 또 다른 표적이 된다.

5장과 6장에는 하나님을 대적하는 사탄의 긴 전쟁이 절정을 이루는 기간, 사탄과 그의 추종자들에게 임하는 하나님의 마지막 심판, 이와 함께 일어나는 전 창조 세계의 정화 등이 묘사되어 있다.

마지막으로 7장은 지나간 세대 속에서 하나님의 계획을 수행하고 완성하시기 위해 다시 오시는 주 예수 그리스도를 사모하는 사람들 즉 이 뉴에이지 시대에도 오직 믿음을 따라 꿋꿋이 주님만 바라보고 살아가는 성경 신자들을 위해 앞으로 일어날 사건들을 일목요연하게 보여 주고 있다.

미래란 항상 과거보다 알기 어렵고 또 성경학자들 간에도 성경의 예언적 말씀들을 어떻게 해석하는가에 대해 여러 의견이 있기 때문에 나 역시 나 자신이 취한 해석 방법이 절대적으로 옳다고 주장하지는 않을 것이다. 그러나 성경이 평이하게 이야기할 때 우리는 있는 그대로 그것을 받아들인다. 그런데 성경은 아주 평이하게 인류 및 우주 역사 초기 하나님의 특별 창조의 중요성과 또 말세에 이런 창조 메시지를 강력하게 선포해야 함을 이야기하고 있다.

주 예수 그리스도께서는 이 세상의 창조자이시며(골1:16) 또한 이 세상의 구속자이시다(골1:20). 그분께서는 머지않아 이 땅에 오셔서 철장 권세를 휘두르시며 온 세상의 왕으로 인정받으실 것이다(계17:14). 그러므로 우리는 요한계시록의 천사와 같이 그분의 심판의 시간이 이르기 전인 지금 이 시간에 하늘과 땅과 바다를 만드신 그분께 경배를 드려야 한다고 온 세상 사람들에게 담대히 외쳐야만 할 것이다.

또 내가 보니 다른 천사가 하늘 한가운데로 날아가고 있는데 그가 땅에 거하는 자들 곧 모든 민족과 족속과 언어와 백성에게 선포할 영존하는 복음을 가지고 있더라. 그가 큰 음성으로 이르되, 하나님을 두려워하고 그분께 영광을 돌리라. 그분의 심판의 시간이 왔으니 하늘과 땅과 바다와 물들의 근원들을 만드신 분께 경배하라, 하더라(계 14:6-7).

Translator's Preface

정보의 시대 21세기를 맞으면서 책들이 범람하고 있지만 그 많은 책 중에서 예수님의 재림을 체계적으로 보여 주는 책은 찾아보기 힘듭니다. 우리의 복된 소망은 땅에 있는 어떤 것이 아니고 우리 주 예수님께서 공중에 임하실 때에 휴거받아 영원토록 주님과 함께 있는 것입니다. 그래서 예수 그리스도의 재림과 성도들의 휴거는 사실 매우 중요한 주제이며 성도라면 누구나 깊이 이것을 연구해야 할 것입니다. 그런데 안타깝게도 한국에서는 예언에 대한 연구가 거의 없고 또 있다 해도 천주교 신학 체계나 그것을 거의 그대로 답습하고 있는 개신교 신학 체계를 따라 자의로 해석하는 경우가 많아 심지어 중동의 이스라엘 즉 아브라함의 육적인 씨 이스라엘과 아브라함이 가졌던 믿음으로 거듭난 교회 즉 영적 이스라엘의 차이도 인정하지 않고 있습니다. 그 결과 성경이 문자 그대로 평이하게 전해 주는 복된 소망의 소식을 제대로 접하지 못하는 경우가 많습니다.

이런 사정을 절실히 느낀 역자는 미국 창조론 사역의 견인차 역할을 한 모리스(Dr. Henry Morris) 박사의 책 〈창조와 재림〉을 번역하게 되었습니다.[1] 부디 이 책을 통해 독자들께서 작금의 중동 사태, 휴거, 천년왕국, 새 하늘과 새 땅 등 성경이 제시하는 역사와 영원의 파노라마를 새롭게 보시면 좋을 것 같습니다.

2부에는 역자가 '재림과 휴거 바로 알기'라는 제목으로 강연한 내용을 요약하여 수록하였습니다. 참고로 이 책에서는 독자들의 이해를 돕기 위해 여러 책에서 발췌한 선도와 부록 등도 함께 실었습니다. 끝으로 이 책에서는 하나님께서 온 인류를 위해 섭리로 보존해 주신 킹제임스 흠정역 성경[2]에서 모든 말씀을 인용했습니다.

부디 이 책을 통해 우리의 창조자, 대속자, 재림자 예수 그리스도께서 홀로 영광을 받으시길 원합니다.

이것들을 증언하시는 분께서 이르시되, 내가 반드시 속히 가리라, 하시는도다. 아멘. 주 예수님이여, 과연 그와 같이 오시옵소서. 우리 주 예수 그리스도의 은혜가 너희 모두와 함께 있기를 원하노라. 아멘(계22:20-21).

---

1) 〈Creation and Second Coming〉이라는 제목의 이 책은 20년쯤 전에 〈마지막 때가 되었음을 어떻게 알 수 있을까?〉라는 제목으로 다른 출판사에서 출간하였고 현재는 절판된 상태이다.

2) 출판사 '그리스도 예수안에 출간', www.KeepBible.com

하나님의 말씀
Words of God

성경은 하나님의 생각과 사람의 상태와 구원의 방법과 죄인의 운명과 신자의 행복을 담고 있다.

성경의 교리들은 거룩하고 그 훈계들은 구속력이 있으며 그 역사들은 진실하고 그 결정 사항들은 바꿀 수 없다. 성경을 읽어 지혜롭게 되고 성경을 믿어 안전을 얻으며 성경의 내용을 실천하여 거룩한 자가 되라. 성경은 너를 인도할 빛과 너를 지탱할 음식과 너를 기쁘게 할 위로를 포함하고 있다. 성경은 여행자의 지도요, 순례자의 지팡이요, 항해사의 나침반이요, 군사의 칼이요, 그리스도인의 헌장이다.

성경 안에서 낙원이 회복되고 하늘이 열리며 지옥이 그 모습을 드러낸다. 주 예수 그리스도가 성경의 주인공이요, 우리의 행복이 성경의 계획이요, 하나님의 영광이 성경의 목적이다. 자주 그리고 천천히 기도하는 심정으로 성경을 읽으라. 성경이 네 기억 속에 박히게 하고 마음을 지배하게 하며 발걸음을 인도하게 하라. 성경은 부의 보고요, 영광의 낙원이요, 기쁨의 강이다. 네가 살아 있을 때에 주께서 이 성경을 주셨으니 또한 심판 때에 이것을 펴시고 영원토록 너를 기억하실 것이다. 성경은 최고의 책임을 요구하여 수고에 대해서는 최고의 보상을 주되 그 안의 거룩한 내용들을 무시하는 자는 다 지옥 불로 정죄할 것이다.

— 작자 미상

이 책에 있는 선도들을 포함하여 130여 개의 컬러 지도 및 선도를 담은 〈에스라 성경 지도 선도〉 PDF 파일을 옆의 QR 코드 링크에서 무료로 다운받을 수 있습니다.

정동수 목사의 설교 및 강해 노트 6,000여 쪽 PDF 파일과 MP3 설교 등도 옆의 QR 코드 링크에서 역시 무료로 다운받을 수 있습니다.

제 1 부

창조와 재림

(Creation and The Second Coming)

그러나 *이것*은 기록된 바,
하나님께서 자신을 사랑하는 자들을 위해
예비하신 것들은 눈이 보지 못하였고
귀가 듣지 못하였으며 사람의 마음속에
들어가지도 못하였도다, 함과 같으니라.
그러나 하나님께서 자신의 영으로
우리에게 그것들을 계시하셨으니
*성령*께서는 참으로 모든 것
즉 하나님의 깊은 것들을 살살이 살피시느니라.
(고전2:9-10)

마지막 때가 되었음을 어떻게 알 수 있을까?
How We Know The End Is Near?

재림의 전조들

우주가 저절로 형성된 뒤 우연의 과정을 통해 현재처럼 복잡하게 되었다는 진화론적 세계관은 우주가 과거의 엄청난 세월 동안 존재해 왔으며 다가올 시대에서도 본래의 진화론적 궤도를 따라 계속해서 발전할 것이라는 주장이다. 이것을 신봉하는 사람들은 혹시 지구에서 앞으로 이런 진화가 이루어지지 않으면 멀리 떨어진 별들에서라도 계속해서 진화가 이루어지리라고 굳게 믿고 있다. 사실 마귀가 세운 이 같은 인본주의 체계는 인류 역사를 통해 끊임없이 성경적 세계관과 맞서 왔다.

이러한 끊임없는 과정들이 삶, 죽음, 그리고 윤회[1]라는 반복되는 주기 안에서 일어난다고 많은 이들이 주장해 왔다. 이 부류 중 어떤 이들은 또한 복잡한 생명체의 점진적 발달이 태초의 어떤 혼돈으로부터, 아마도 어떤 형태도 없는 물 덩어리 또는 에너지를 띤 분자들의 원형질로부터, 심지어는 어떤 우주론적 사고 체계로부터 이루어졌다는 주장을 펴기도 한다. 진화론은 지난 수 세기에 걸쳐 여러 형태를 취하였지만 그 형태에 상관없이 진화론 추종자들은 항상 지금까지 엄청나게 긴 세월이 흘렀다고 주장해 왔으며 또한 인격적이며 인간의 이성을 뛰어넘는 초자연적인 하나님께서 온 세상 우주 만물을 창조하셨다는 사실을 부인해 왔다.

한편 성경은 우주가 진화론적 발전에 필요한 긴 세월을 거쳐 생성된 것이 아니라 창조자 하나님의 전능하신 말씀으로 인한 6일간의 짧은 창조 행위[2]의 연속 과정을 통해 신속하게 초자연적으로 생성되었음을 우리에게 명백히 가르쳐 준다.

---

1) 기독교는 부활(Resurrection)을 믿지만 이 세상의 다른 인본주의 종교들은 대개 윤회 혹은 환생(Reincarnation)을 믿는다. 이 두 단어의 접두사 'Re' 즉 '다시'가 보여 주듯 사람에게는 이 세상 삶 외에 다가오는 삶이 있으며 대부분의 사람들이 이것을 인식한다. 그러나 불행하게도 많은 사람들이 마귀의 계략에 빠져 환생을 믿고 있는데 바로 이것이 뉴에이지의 핵심 사상이다.

2) 창세기 1장에 나오는 하루는 지금의 하루와 동일한 24시간이며 (출20:11) 유신론적 진화론자들이 주장하는 것처럼 엄청나게 긴 기간 - 예를 들어 10억 년- 이 아니다. 성경은 분명하게 지금부터 약 6,000년 전에 하나님께서 엿새 동안 온 우주 만물을 창조하셨음을 증언한다.

주의 말씀으로 하늘들이 만들어졌고 하늘들의 온 군대가 그분 입의 숨에 의해 만들어졌도다(시33:6).

믿음을 통해 우리는 세상들이 하나님의 말씀으로 지어진 줄을 깨닫나니 그러므로 보이는 것들은 나타나 있는 것들로 만들어지지 아니하였느니라(히11:3).

하나님께서는 자신의 창조 세계를 만들기 위해 진화론자들이 주장하는 것처럼 긴 세월을 필요로 하지 않으셨으므로 장차 올 완전한 세상 속에서 거룩하게 정하신 목적을 이루시기 위해 친히 구속하실 세상을 예비하시는 데에도 긴 시간을 필요로 하지 않으신다.

인간의 투쟁, 고통 그리고 죽음으로 점철된 과거 속에 즉 여러 국가들이 창건되고 멸망해 온 지나간 수천 년의 세월 속에 날과 해와 세기가 역사 속으로 흘러가 잊히고 말았다. 이러한 것들이 우리에게는 너무나도 오랜 시간처럼 느껴질지 모르나 '주의 눈앞에서는 천 년이 단지 지나간 어제와 같으며 밤의 한 경점(更點)과 같을 뿐이다'(시90:4). 이것이 바로 하나님의 시간 개념이며 구원받은 우리도 다가오는 영원 속에서 이러한 시간 개념을 갖게 될 것이다.

하나님께서는 인류 역사가 시작되던 때부터 인류 역사의 끝이 있을 것을 분명히 약속해 주셨다. 비록 하나님의 창조 목적이 마귀의 사주를 받은 인류의 반항에 의해 방해를 받았고 그래서 겉으로 보기에는 실패한 것 같았지만 궁극적으로 그것은 하나님의 구속(救贖) 계획을 통해 온전히 성취될 것이다. 이 계획으로 인해 하나님은 사람이 되셔야만 했고(성육신) 이로써 우리의 창조자는 또한 우리의 구원자가 되셔야만 했다. 그 뒤 그분께서는 우리의 죄들로 인해 죽으시고 묻히셨나가 부활하셔서 죽음 권세를 물리치셔야만 했다.

사실 그분께서는 천국에 잠시 동안 계시다가 모든 것을 새롭게 하시기 위해 이 땅에 다시 오시겠다고 약속하셨다. 이런 약속을 이루시면서 예수님께서는 분명히 다시 오실 것이며 그 뒤 새로 창조될 땅은 구원받은 모든 사람들의 영원한 집이 될 것이다.

이 구원받은 인류가 새롭게 만들어진 땅에서 자기들의 위대하신 창조자/구원자를 영원토록 기쁨으로 섬기도록 하기 위해 우리 주님께서는 지금 인류가 사는 이 땅에서 그들을 예비하고 계신다(〈그리스도의 생애와 사역〉 선도 참조).

신실하신 우리 하나님께서는 자신의 말씀인 성경 안에 재림의 약속들을 기록하셨고 이 약속들과 더불어 이 땅에 있는 우리의 일시적 거주지에서의 삶에 필요한 지침도 모두 기록하셨다. 또한 그분께서는 주 예수 그리스도의 초림(初臨)과 재림(再臨) 사이의 짧은 기간에 살고 있는 우리 신약 성도들이 말세가 가까이 옴을 잘 알 수 있도록 많은 지침들/표적들을 성경에 기록해 놓으셨다. 흥미로운 사실은 이 모든 표적들이 매일매일 또렷해지고 있다는 것이며 그래서 세계 여러 곳에 살고 있는 신자들은 자신들의 주님께서 다시 오시는 것을 흥분 속에 기다리고 있다(〈그리스도의 초림과 재림〉 선도 참조).

물론 우리는 이 문제에 대해 신중해야 할 필요가 있다. 예수 그리스도께서 이

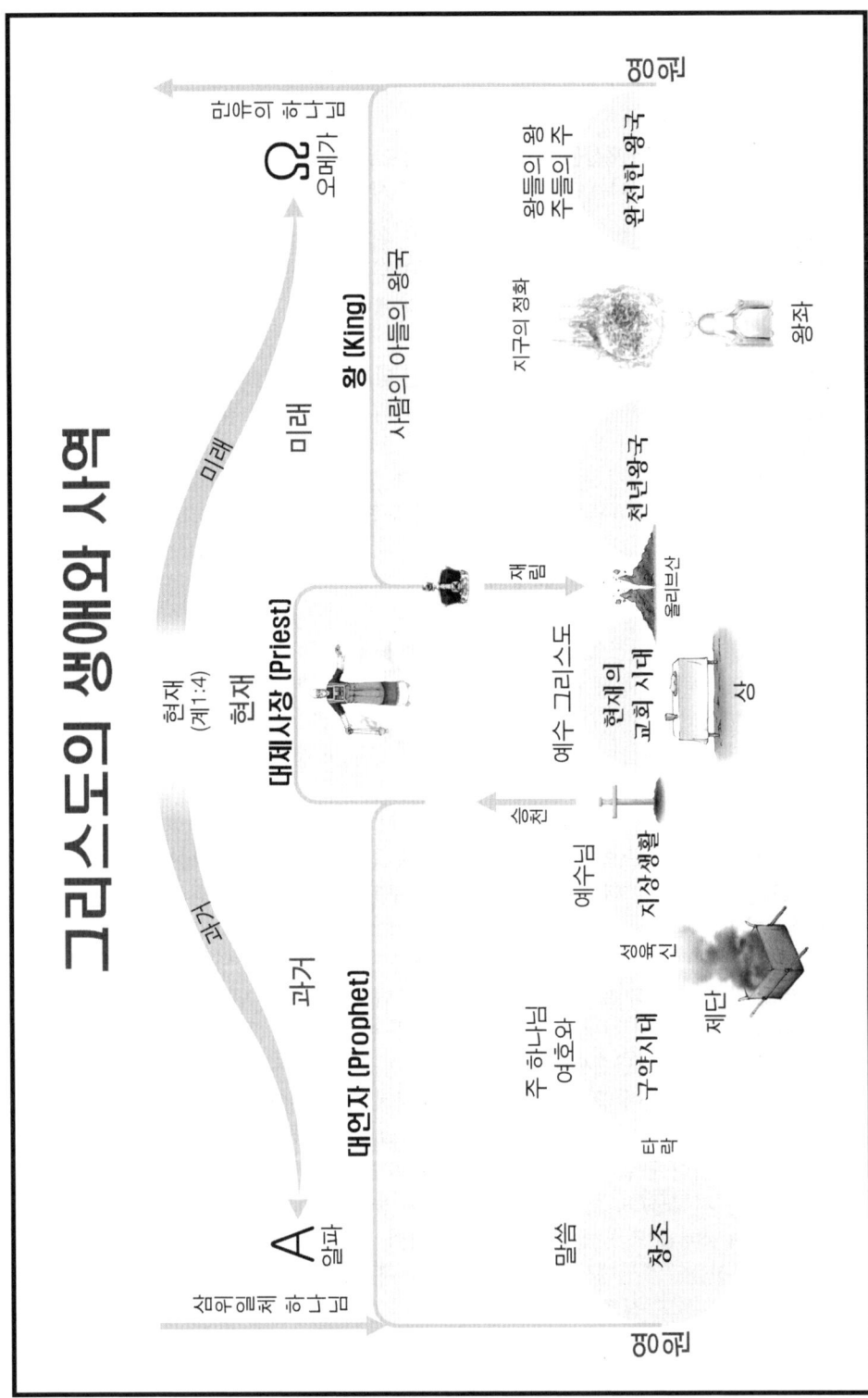

〈그리스도의 생애와 사역〉

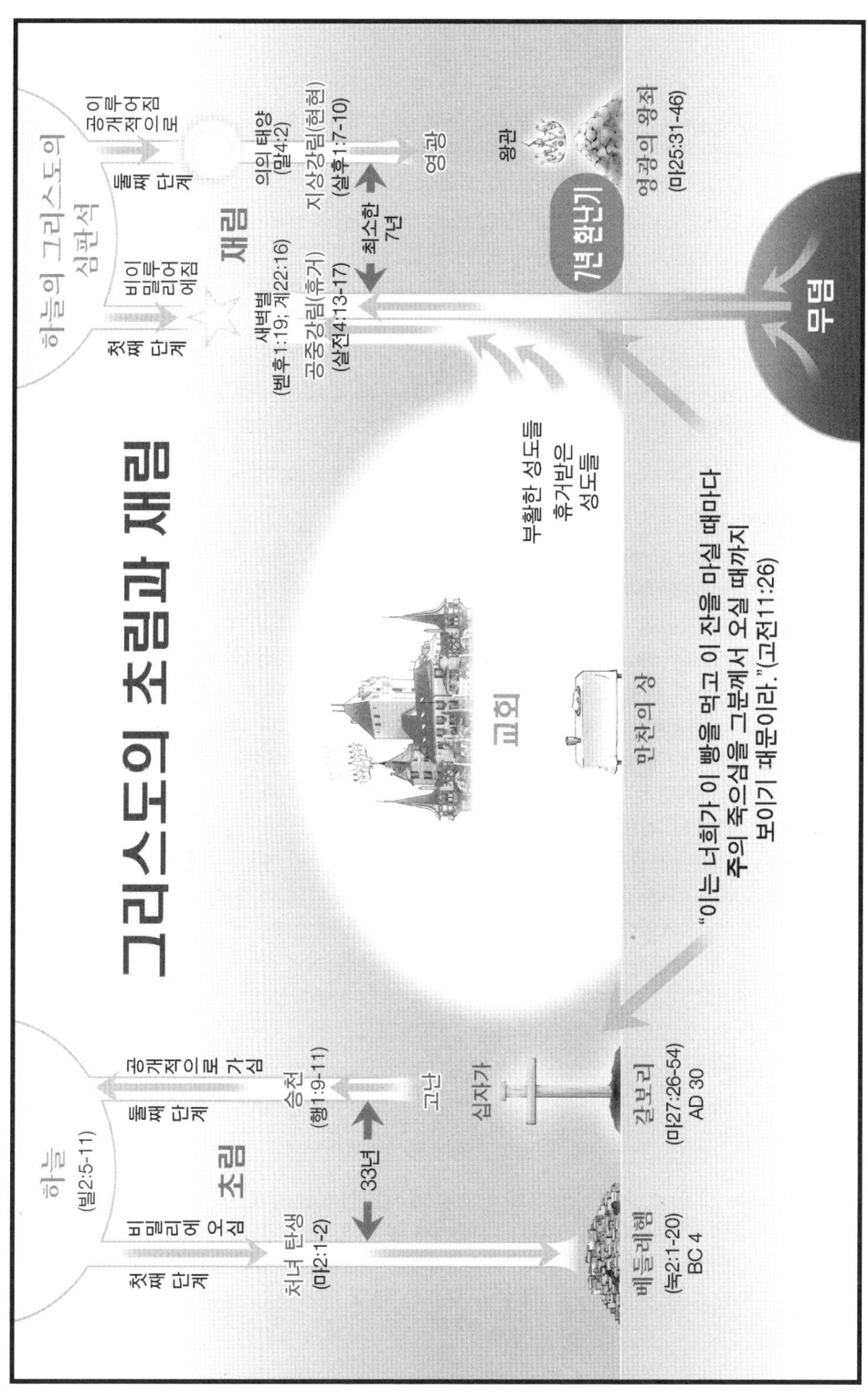

〈그리스도의 초림과 재림〉

땅에 처음 오신 이래로 지난 2,000년 동안 세대마다 많은 믿는 자들이 그분의 재림을 기다려 왔다. 그런데 어떤 때에는 부주의한 성경 연구자들의 그릇된 해석으로 인해 재림의 날짜를 정하는 사례들도 있었으며 결국 그렇게 정해진 날들은 그분의 재림이 이루어지지 않은 채 모두 허탕으로 끝나 버렸다. 예수 그리스도께서 '그러므로 너희도 준비하고 있으라. 너희가 생각하지 않는 시각에 사람의 아들이 오느니라…그러므로 깨어 있으라. 너희가 사람의 아들이 오는 그날도 그 시각도 알지 못하느니라'(마24:44; 25:13)라고 이미 명백하게 경고를 주셨으므로 우리는 이러한 실패 사례들에 대해 결코 놀라지 않는다.

그럼에도 불구하고 성경은 다가오는 마지막 날에 대한 많은 표적들을 제시해 주며 사실 이러한 지침들은 우리의 이해와 인내를 위해 꼭 있어야만 한다. 우리 주 예수 그리스도께서는 친히 그것들에 대해 다음과 같이 말씀하셨다.

> 그런즉 이와 같이 너희가 이 일들이 일어나는 것을 볼 때에 그때가 가까이 곧 문들 앞에 온 줄을 너희가 아느니라(막13:29).

그래서 우리는 가능한 한 의심스러운 해석이나 '감정을 부추기는 일'(sensationalism)이나 '날짜 정하기'(date-setting) 등에 대해 촉각을 곤두세우고 조심해야 한다. 그러나 이러한 표적들이 우리 주변에 너무나도 많고 명백하기 때문에 우리가 주님의 임박한 재림에 대한 큰 기쁨과 기대를 갖기만 하고 이러한 표적들을 무시하며 심각하게 여기지 않는 것은 어리석은 일이다.

지난 수년간 재림의 표적들은 분명히 그 수가 증가하고 있다. 나는 나의 할머니께서 어떤 전도자가 다가와서 주의 재림의 날에 예상되는 표적들을 독재자 무솔리니의 출현과 연관시키면서 주님께서 1933년에 오실 것이라고 예측하는 것을 들은 적이 있다고 말씀하신 것을 지금도 기억한다.

1945년 일본에 원자 폭탄이 떨어졌을 때 나는 주님의 재림 날짜를 정하는 것이 최상의 방법이 아닌 것을 알았지만 그래도 그분의 재림의 때가 아주 가까이 왔다는 확신에 차서 대학원에 진학하지 않기로 거의 결심했었다.

나는 그 뒤 지금까지 거의 50년 동안 내 사무실 벽에 '어쩌면 오늘'(Perhaps Today)이라고 적힌 액자를 걸어 놓고 날마다 이것을 바라보곤 했으며 50년 전에도 그렇게 명백하게 보였던 재림의 표적들이 지난 반세기 동안 더욱더 확실하게 증가하고 있음에 주목해 왔다.

분명히 우리 주님은 곧 오신다!

주님께서 다시 오실 때까지 우리는 그분의 포도원에서 충성스럽게 일하면서 '내가 올 때까지 관리하라'(눅19:13)고 명령하신 대로 묵묵히 순종하며 우리의 할 일을 해야 할 것이다.

'어린 자녀들아, 이제 그분 안에 거하라. 이것은 그분께서 나타나실 때에 우리가 확신을 가지게 하려 함이요, 또 그분께서 오실 때에 *우리가* 그분 앞에서 수치를 당하지 않게 하려 함이라'(요일2:28)는 말씀 또한 매우 중요하다.

동시에 우리는 '많은 사람의 죄들을 담당하시려고 한 번 드려지셨으며 또 자신을 기다리는 자들에게 죄와 *상관*없이 두 번째 나타나사 구원에 이르게 하실' 그분을 매일 바라보고 깨어 있어야 한다(히9:28). 그래서 바울 사도는 '주님의 나타나심을 사랑하는 모든 자들에게 의의 왕관이 예비되어 있음'을 가르쳐 주었다(딤후4:8).

그러므로 나는 이 글에서 예수 그리스도께서 곧 다시 오시리라는 증거로서 하나님께서 친히 자신의 말씀 안에 은혜로이 제공해 주신 많은 표적들의 중요성을 연구하고 요약하고자 한다.

대부분의 독자들이 이미 이러한 것들에 대해 친숙할지도 모르지만 그렇지 못한 독자들도 많이 있을 것이다. 우리들이 – 친숙한 독자나 그렇지 못한 독자나 – '저 복된 소망과 위대하신 하나님 곧 우리 구원자 예수 그리스도의 영광스러운 나타나심'(딛2:13)을 계속해서 사모하는 것은 참으로 즐겁고 상쾌한 일이다.

다음은 우리에게 소망을 가져다주는 몇 가지 이유들이다.

세계에 편재한 진화론적 인본주의

비록 성경 예언에 관한 서적들을 쓴 다른 저자들이 대개 중요하게 여기지 않았지만 예수 그리스도의 재림에 대한 가장 주요한 표적은 아마도 진화론적 인본주의 철학이 전 세계를 지배하는 추세일 것이다. 이러한 진화론적 세계관은 불교나 힌두교 등의 범신론적(pantheistic) 세계 종교들뿐만 아니라 고대 이교도들의 모든 종교들이 내포한 특징이었기 때문에 사실 우리에게 전혀 새로운 것이 아니다. 단지 한 가지 새로운 것은 전에 기독교, 유대교, 이슬람교 등의 일신론적(monotheistic)[3] 세계관을 가졌던 민족들도 이러한 진화론적 세계관에 의해 정복을 당했다는 점이다. 사도 베드로는 베드로후서의 마지막 장에서 말세에는 이러한 상황이 심지어 기독교 국가라고 고백하는 나라들에서도 일어나리라는 것을 예견했다.

먼저 이것을 알라. 곧 마지막 날들에 비웃는 자들이 와서 자기들의 정욕을 따라 걸으며 이르되, 그분께서 오신다는 약속이 어디 있느냐? 조상들이 잠든 이래로 모든 것이 창조의 시작 이후로 있었던 것같이 그대로 계속되느니라, 하리라(벧후3:3-4).

여기서 마지막 날들에 등장할 비웃는 자들이란 자기 삶 속에서 하나님의 뜻을 구하지 아니하고 오히려 자기의 '정욕을 따라 행하는' 자기중심적인 인본주의자들임이 확실하다. 그들은 명목상의 기독교인이거나 최소한 기독교회의 '하나님 아버지'와

---

3) '일신론'이라는 것은 많은 신들(many gods)을 믿는 '범신론'과는 달리 한 하나님(one God)을 믿는 것을 말하며 하나님이 한 분이라고 말하는 것이 아니다. 성경은 한 하나님(one God)이 계시는데 이 하나님이 확연히 구분되는 세 인격체(three persons)로 존재함을 보여 준다. "하늘에 증언하는 세 분이 계시니 곧 아버지와 말씀과 성령님이시라. 또 이 세 분은 하나이시니라"(킹제임스 흠정역 요일5:7). 참고로 개역성경, NIV 등의 현대역본들은 이 중요한 구절을 삭제하였다.

'재림에 대한 그분의 약속'을 아는 사람들이다. 그래서 그들은 그런 것들을 가르치는 기독교 환경 속에서 살고 있다. 그러나 그들은 이러한 가르침을 자의로 거부해 왔고 지금 이 시간에는 드러내놓고 그러한 것들을 비웃고 있다.

그들이 하나님의 말씀을 비웃는 이유는 진화론을 신봉하기 때문이다. 그들은 모든 것이 창조의 시작 이후에 있던 것같이 그대로 계속되기 때문에 창조 세계는 과거를 통해 늘 그랬던 것처럼 현재에도 계속되는 자연적 과정을 통해 유지되고 발전할 것이라고 말한다. 그들은 창조란 하나님께서 창조의 6일 이후에 말씀하셨던 것처럼(창 2:1-3) 이미 '끝난 것'이 아니고 지금까지 계속되고 있으며 또한 앞으로도 계속될 것이므로 "재림의 약속이 어디 있느냐?"라고 물으면서 믿는 자들을 향해 다음과 같이 비웃고 있다.

처음에 초자연적인 창조가 없었으므로 말세에도 초자연적인 멸망이란 없을 것이다.

이것은 마지막 때에 기독교 문화권 안에 사는 사람들이 하나님의 말씀을 조롱의 어조로 거부하면서 자기들의 행동을 어떻게 합리화하려 할 것인지 잘 말해 준다. "어떤 신도 우리를 구원할 수 없으며 우리가 우리 자신을 구원할 것이다!"라는 구호는 저 악명 높은 '제2차 인본주의 선언'(1973)에서 인본주의자들이 채택한 발언으로 이것은 실로 창조자 하나님에 대한 직접적인 도전의 발언이었다.

사도 베드로의 예언은 19세기 중반에 다윈(C. Darwin)의 진화론적 세계관이 대두하면서 문자 그대로 성취되기 시작했고 현재 이러한 인본주의 세계관은 학교, 대학, 뉴스 미디어, 정치 체제, 오락 산업, 비즈니스 세계, 각종 직업, 법정 그리고 심지어는 소위 기독교 세계에 있는 모든 나라의 주요 교회들을 완전히 지배하고 있다. 이러한 주장은 나의 저서 「하나님을 대적하는 긴 전쟁」(*The Long War against God* - Baker Book House, 1989)에서 자세히 다루었으므로 여기서는 이미 알려진 사실로서 간략히 언급만 할 것이다.

이 같은 상황은 정통파 유대인들 중 소수를 제외하고는 전 세계의 모든 유대인 공동체들과 이스라엘에서도 마찬가지이다. 또한 정통파 무슬림의 소수를 제외한 전 무슬림 세계의 대부분도 이런 범신론적 진화론을 받아들이고 있고 심지어 이런 사람들은 창조자와 그분의 구속(救贖) 약속의 관계에 대해서도 크게 왜곡된 견해를 가지고 있다.

사도 베드로가 2,000년 전에 기록한 예언의 말씀이 오늘날 명백히 성취되고 있음에는 의심의 여지가 없다. 한편 최근 몇 십 년간 여러 나라에서 진화론에 대항하는 창조주의가 되살아나고 있으나 이것은 전 세계를 삼켜 버린 - 특히 그 지도자들 사이에 밀물처럼 퍼져 나가는 - 진화론적 인본주의와 비교해 볼 때 조족지혈에 불과하다. 과학적/역사적 증거들이 모두 창조론을 뒷받침하고 진화론을 부인함에도 불구하고 - 예를 들어 「과학적 창조론」과 「창조 과학이란 무엇인가?」라는 미국창조과학회의 책들을 참고하기 바람 - 진화론자들은 이러한 증거들을 무시하거나 왜곡해 버린다. 사도 베드로가 예언했던 것처럼 그들은 두 개의 초자연적이며 세계적인 역사 즉 하나님의 말씀으로 만물이 6일 만에 특별히 창조된 것과 노아의 대홍수에 의해 전 세계가 급작스럽게 멸망한 것(벧후3:5-6)에 대한 성경의 증거와 자연계의 압도적인 증거들을 제멋대로 무시해 버린다. 모든 체계의 복잡한 구조 안에 있는 증거들과 이런 증거들을 지배하는 물리적 법칙들이 하나님의 특별 창조에 대해 분명하게 말해 주고 있다. 또한 커다란 지질학적 구조물과 그 안의 화석 묘지들도 노아의 대홍수를 명백히 증명하고 있다. 모든 곳에서 우리는 '만물이 창조의 시작 이후에 있던 것같이 그대로 계속되고 있다.'는 진화론적 신념에 전적으로 배치되는 많은 증거들을 볼 수 있다. 그러나 이 마지막 날에 나타나는 비웃는 자들은 이미 예언된 것처럼 자기 멋대로 이 모든 증거들을 무시하고 있다.

분명히 이것은 우리가 마지막 때에 살고 있고 예수 그리스도께서 곧 이 땅에 다시 오심을 보여 주는 명백한 증거이다!

만연되어 있는 도덕의 붕괴

하나님께서 창조에 대해 명백히 이야기하심에도 불구하고 사람들이 그분의 말씀을 거부한다면 그들이 그분의 명령들을 무시하는 것은 당연한 이치일 것이다. 만약 거룩한 창조자 하나님이 계시지 않는다면 혹은 영지주의자들처럼[4] 그분께서 자신의 창조물로부터 시공간상으로 너무나 멀리 떨어져 계셔서 인류의 역사에 간섭하시지 않는다면 우리가 그분의 거룩한 표준들에 따라서 우리의 행동을 제어할 필요가 없을 것이다. 진화론적 인본주의에 사로잡힌 세계관은 현재 전 세계에 만연되어 있는 도덕 붕괴의 근본적 원인이 되어 왔다. 이것 또한 말세의 표적으로서 성경에 분명하게 기록된 것이다. 사도 바울은 자신의 마지막 서신에서 다음과 같이 우리에게 경고하고 있다.

> 또한 이것을 알라. 즉 마지막 날들에 위험한 때가 오리라. 사람들이 자기를 사랑하며 탐욕을 부리며 자랑하며 교만하며 신성모독 하며 부모에게 불순종하며 감사하지 아니하며 거룩하지 아니하며 본성의 애정이 없으며 협정을 어기며 거짓 고소하며 절제하지 못하며 사나우며 선한 자들을 멸시하며 배신하며 고집이 세며 높은 마음을 품으며 하나님을 사랑하기보다는 쾌락들을 더 사랑하며 하나님의 성품의 모양은 있으나 그것의 능력은 부인하리니 이런 자들에게서 돌아서라. 이러한 부류 중에 슬그머니 집으로 기어 들어가 미련한 여자들을 포로로 사로잡는 자들이 있는데 *이런 여자들은* 죄들로 눌려 있고 여러 가지 욕심에 이끌려 항상 배우나 결코 진리를 아는 데까지 도달할 수 없느니라(딤후3:1-7).

말세의 자기중심적인 인본주의 철학을 묘사한 사도 베드로의 마지막 경고와 같이

---

4) 영지주의(Gnosticism): 주후 1-4세기경 그리스, 로마, 유대, 소아시아, 이집트 등 근동의 여러 지역에서 유행한 이단 사상으로 신의 세계와 물질세계의 극단적인 2원론을 주장하면서 역사적 예수님/몸으로 부활하신 예수님을 부정하고 창조자 하나님을 부정하는 사상이다.

사도 바울의 이 생생한 마지막 경고는 말세의 자기중심적인 인본주의자들의 행동을 완벽하게 묘사하고 있다. 사실 자기중심적 행동은 자기중심적 철학이 낳는 당연한 결과이다. 사도 베드로의 예언은 특별히 기독교 국가들 안에 있을 인본주의 철학의 대두에 초점을 맞추고 있는데 반해 사도 바울의 예언은 이 같은 기독교 국가들의 인본주의적 행동의 기승 즉 도덕의 붕괴를 자세히 언급하고 있다. 사실 여기에서 언급된 '하나님의 성품의 모양은 있으나 능력은 없는 자들' – 그리스도 안에서 구원의 믿음을 시인하기는 하나 실제로 그것을 경험하지 못한 인본주의자들 – 의 특성 즉 자기 사랑, 교만, 신성 모독 등은 이미 사도 바울이 로마서에서 설명한 바 있는 고대 이교도들의 특성과 놀랄 만큼 비슷하다(롬1:29-31). 이것이야말로 말세의 표적들 가운데 하나로서 기독교 국가들이 이교도들의 인본주의적 신념뿐만 아니라 그들의 생활 양식까지도 받아들여 이교도 문화에 굴복당할 것임을 명백히 보여 주는 것이다.

이 같은 도덕 붕괴는 정말로 오늘날 소위 기독교 국가로 불리는 나라들 안에서 개탄할 정도로 급속도로 일어나고 있으며 이런 상황은 해가 갈수록 더욱 악화되고 있다. 누구나 이러한 도덕 붕괴 특성들에 대한 자료를 쉽게 찾을 수 있기 때문에 나는 위에 열거된 말세의 특징들에 대해 한두 마디 정도만 설명하고 넘어가겠다.

1. 자기를 사랑하며 – 이것은 오늘날 심지어 기독교인들 사이에서도 널리 퍼져 있는 현상 즉 '자기 이미지를 높이는 것'과 '자아의 중요성을 강조하는 것'이다.
2. 탐욕을 부리며 – 이것은 새롭게 등장한 젊은 층 즉 여피(yuppie) 세대와 그들의 물질욕을 말하는 것인데 현대에는 심지어 많은 복음주의 교회에서도 '번영과 성공의 복음'이 기승을 부리고 있다.
3. 자랑하며 교만하며 – 교만은 아주 오래전부터 사탄이 지어 온 죄인데 오늘날에는 그 어느 때보다도 더 많은 사람들에게서 이런 큰 교만을 쉽게 찾아볼 수 있다.
4. 신성모독 하며 – 이것은 자유주의 기독교인들에게 너무도 평범한 일이 되었으며 이로 인해 신성의 '비신격화'가 이루어지고 있으며 하나님과 예수 그리스도의 이름이 무분별하게 문학, 영화, 음악, TV 등에서 계속해서 헛되이 일컬어지고 있다.
5. 부모에게 불순종하며 – 마약과 떠들썩한 음악과 부도덕이 유행하는 오늘날의 뉴에이지 사회에서 심지어는 기독교 가정에서조차도 순종하는 십대들을 찾아보기 어려운 지경이다.
6. 감사하지 아니하며 – 유복한 미국 기독교인들과 다른 부유한 나라의 기독교인들 조차도 자기들이 누리는 복에 대해 하나님께 거의 감사하지 아니하며 이런 복과 은혜를 맡은 청지기로서의 사명을 완전히 무시하고 있다.
7. 거룩하지 아니하며 – 거룩한 생활 양식보다는 하나님 없이 세상적으로 사는 것이 기독교 국가에 있는 사람들 사이에서도 점점 더 늘어나고 있다.
8. 타고난 애정이 없으며 – 어린이 학대와 보편적인 가족 폭력은 말할 것도 없고 낙태와 동성애가 급증하고 있다.

9. 협정을 어기며 – 국가 간의 조약, 사람들 간의 계약, 일반적인 약속들이 아무 때나 깨지고 있으며 고소/고발 사례는 이제 천문학적 수치에 달하고 있다. 그리스어로 이 구절은 '화해하지 않으며'로 볼 수도 있다.
10. 거짓 고소하며 – 오늘날 어느 곳에서나 매일같이 읽고 들을 수 있는 악담뿐 아니라 중상모략, 명예 훼손, 모욕, 허위 선전 등이 여기 속한다.
11. 절제하지 못하며 – 이 구절은 오늘날 유럽과 미국의 이혼율이 이교도 국가들의 이혼율보다 훨씬 더 높고 부도덕한 행위, 상대를 가리지 않고 마구잡이로 행하는 성행위, 부부 사이의 부정과 심지어는 동성애 등의 통계 수치가 급증하고 있음을 보여 준다. 이 구절은 또한 전 세계에 만연해 있는 마약과 알코올 중독도 지적하고 있다.
12. 사나우며 – 그리스어에서 이 말은 물리적인 난폭함을 의미하는데 이것은 현대에 널리 파급된 죄와 폭력의 급증을 가리키며 특별히 태어나지도 않은 수백만 명의 아이들을 낙태하는 것도 포함한다.
13. 선한 자들을(것을) 멸시하며 – 한때는 악으로 간주되었던 것들이 – 예를 들어 동성애, 도색 문학, 포르노 영화 등 – 지금은 시민의 권리로 간주되고 있으며 반면에 전에는 좋은 도덕으로 여겨지던 것들이 – 예를 들어 학교에서 성경을 낭독하고 기도하는 것 – 지금은 위험한 것으로 여겨지고 있다.
14. 배신하며 – 이 단어는 흔히 볼 수 있는 정치적 배신행위에 적용될 뿐 아니라 오늘날 수도 없이 많이 자행되는 인간관계 및 종교적 믿음의 배신에도 적용된다.
15. 고집이 세며 – 이 말은 다른 사람들의 감정이나 권리에 대한 부주의와 성급함을 내포하며 결과와 관계없이 자기가 하고 싶은 때마다 행하는 것을 의미한다.
16. 높은 마음을 품으며 – 이것은 다른 곳에서 '우쭐대며'로 번역되기도 했으며 개인적인 자만과 지식인들 사이에서 찾아볼 수 있는 우월감을 말해 주고 있다.
17. 하나님을 사랑하기보다는 쾌락을 더 사랑하며 – 유럽, 호주, 라틴 아메리카에서의 통계는 말할 것도 없고 소위 기독교 국가라 하는 미국에서만 보더라도 일요일에 쾌락을 위한 소풍이나 여행을 가는 사람들에 비해 교회에 가는 사람들의 수는 훨씬 적다.
18. 하나님의 성품의 모양은 있으나 그것의 능력은 부인하며[5] – 비록 미국과 다른 나라들이 '하나님을 섬기는 기독교 국가'라고 불릴지도 모른다. 그러나 이런 국가들의 경우에도 학교나 통신 매체에서 뿐만 아니라 대부분 주요 교회에서 조차 하나님의 창조와 기독교의 초자연적인 면을 부인해 왔다.
19. 항상 배우나 결코 진리를 아는 데 이르지 못하며 – 이것은 본질상 절대적이고도 궁극적인 진리의 존재를 단호히 거부하면서도 '진리를 위한 탐색'은 쉬지 않고 계속하는 현대 교육에 대한 정의이다.

---

5) 원래 '하나님의 성품'은 영어로 'godliness'이며 이것은 '하나님을 닮다' 혹은 '하나님처럼 되다'를 뜻한다.

이러한 특성을 가진 사람들이 모든 시대, 모든 장소에 존재했던 것은 사실이다. 그러나 지금처럼 위의 모든 특성들이 짝을 이루며 잘 들어맞았던 적은 없었다. 그리고 한 가지 유의할 점은 이제 이러한 특성들이 이교도 국가들뿐만 아니라 심지어 기독교 국가들을 특징짓는 잣대가 되었다는 것이다.

고대의 이교도 국가들의 인본주의 문화는 '창조물을 창조자보다 더 경배하고 섬기는' (롬1:25) 진화론적 철학에 기초를 두었는데 오늘날에는 심지어 기독교 국가에서도 이런 문화가 득세하고 있다. 이 모든 것은 우리 인류가 창조자 하나님을 거부해 왔기 때문에 생긴 '위험한 시기' 즉 마지막 날에 우리가 살고 있음을 보여 주는 강력한 표적이 된다.

사회적 다윈주의, 노예화와 전쟁

위에서 언급한 도덕의 붕괴 외에도 임박한 멸망에 대한 사회 정치적 및 경제 산업적인 표적들도 있다. 우리는 지금까지 사도 베드로와 바울의 마지막 서신들을 살펴보았으며 이제 사도 야고보의 서신을 살펴보려 한다.

자, 이제, 너희 부자들아, 너희에게 닥칠 너희의 비참한 일들로 인해 슬피 울며 울부짖으라. 너희의 재물은 썩었고 너희의 옷은 좀먹었으며 너희의 금과 은은 부식되었으니 그것들의 녹이 너희를 대적하는 증인이 되고 불같이 너희 살을 먹으리라. 너희가 마지막 날들을 위해 재물을 함께 모아 쌓았도다. 보라, 너희 밭에서 곡식을 거둔 품꾼들의 품삯 곧 너희가 사기 쳐서 숨겨 둔 품삯이 소리를 지르고 곡식을 거둔 자들의 울부짖음이 군대들의 주의 귀에 들어갔느니라. 너희가 땅에서 쾌락 가운데 살며 방탕에 빠져 살육하는 날에 하듯이 너희 마음을 살찌게 하였도다. 너희가 의인을 정죄하고 죽였으나 그는 너희에게 대항하지 아니하느니라. 그러므로 형제들아, 주께서 오실 때까지 인내하라. 보라, 농부가 땅에서 나는 귀한 열매를 바라고 이른 비와 늦은 비를 받을 때까지 오랫동안 그것을 위해 인내하느니라. 너희도 인내하며 너희 마음을 굳게 세우라. 주의 오심이 다가오고 있느니라(약5:1-8).

위의 예언은 마지막 때의 사회적 불안 상태에 대한 것이다. 부한 자와 가난한 자, 자본가와 노동자, 주인과 노예 간의 끊임없는 갈등이 마지막 날 즉 마침내 고생으로 인하여 울고 통곡할 '살육하는 날'이 되면 더욱 격렬해질 것이다.

실제로 이 예언적 표적은 '산업 혁명'에서부터 성취되기 시작했다. 비록 산업 혁명이 대단한 기술적 진보를 가져왔으나 동시에 부자 소유주의 공장에서 무자비하게 착취당하는 노동자층의 큰 불행도 가져왔다. 이에 대해서는 아마도 미국의 노예농장보다 그 폐해가 더한 곳도 없었을 것이다. 이 모든 것은 미국의 남북 전쟁뿐만 아니라 피의 프랑스 혁명 그리고 그 뒤의 러시아 그리고 중국과 다른 나라들에서의 공산주의 혁명을 일으키는 촉발제가 되었다.

이런 '살육하는 날'이 노동자층의 운명을 어느 정도 완화하긴 했지만 많은 나라에서 무자비한 집권자들과 귀족층들에게 이전보다 더 많은 부와 권력을 가져다주었다. 비록 이런 혁명들이 부르주아 계급(부유층)에 대항한 프롤레타리아 계급의(저소득층)

혁명으로 알려지긴 했지만 실제로 많은 경우에 유럽과 미국의 국제적 은행가들과 상인들이 이런 혁명들을 부추기고 자금을 조달했다는 것은 이미 잘 알려진 사실이다. 이렇게 전쟁을 통해 백만장자가 된 사람들은 살육하는 날에 자기들의 마음을 살찌웠다.

전쟁과 노예 제도, 노동자 착취, 자본주의에 기초한 제국주의와 이와 비슷한 예들은 진화론 특히 산업 혁명 이래로 자연 선택, 생존을 위한 투쟁과 적자생존 같은 진부한 표현들에 의해 촉진된 진화론의 한 형태에 기초를 두고 있는데 이것을 주장하는 사람들이 또다시 이것을 정당화해 왔다는 것은 참으로 주목할 만한 사실이다.

이 체제는 사회적 다윈주의로 알려지게 되었고 그것은 특별히 영국의 경우 스펜서, 맬더스, 다윈 그리고 그의 추종자들에 의해서 발전되었고 독일의 경우 니체, 헤겔, 비스마르크, '독일 황제 빌'과 결국 히틀러에 의해서 발전되었으며 프랑스와 미국에서는 록펠러, 카네기, 그리고 또 다른 '약탈자 귀족들'을 통해 강성해졌다. 이들은 다 열렬한 진화론자들이었다. 비록 이들이 자기들의 방법이 거시적 관점에서 사회의 유익을 가져올 것으로 생각했을지 모르지만 그들이 성취한 결과는 대중들의 큰 고난과 착취를 가져왔다. 불간섭 자본주의, 공산주의, 히틀러의 나치주의, 인종 차별, 제국주의와 세계 대전의 진화론적 배경은 전에 언급한 책인 「하나님을 대적하는 긴 전쟁」에 자세히 설명되어 있다.

위의 성경 말씀에서 사도 야고보는 사람들에게 그들을 구원할 어떤 혁명이나 법령을 찾지 말고 이러한 표적들이 예고하는 '주의 재림'을 바라보라고 말하고 있다. 오늘날 가난한 대중들의 운명은 더욱더 비참해지고 있으며 - 최근에 공산당의 착취로부터 도망 온 사람들과 집 없는 사람들과 미국의 빈민가 인구의 증가를 포함해서 에티오피아, 인도, 수단과 다른 많은 나라들에서 굶어 죽는 인구를 생각해 보라 - 사실 마지막 날의 이 표적은 날이 가면 갈수록 전보다 더욱 뚜렷해질 것이다. 사도 야고보는 우리가 가져야 할 진정한 희망이 바로 '주님의 재림이 가까운 것'이라고 했다.

배교, 이성주의와 신비주의

우리는 사도 베드로, 바울, 야고보가 기록한 예언의 말씀 즉 마지막 때의 중요한 예언들에 대해 살펴보았다. 이 예언들은 한결같이 서로 다른 관점에서 말세의 종교적 배교가 어떤 것인지 보여 주며 공통적으로는 말세에 전 세계에 널리 만연될 인본주의 철학, 도덕, 그리고 경제적 타락에 대해 다루고 있다. 한편 신약 성경의 다른 서신서들을 기록한 두 저자들은 직접적으로 종교적 문제에 초점을 맞추며 '마지막 날'에 대해 언급하였다.

사도 요한은 이렇게 말한다.

> 어린 자녀들아, 지금은 마지막 때니라. 적그리스도가 오리라 함을 너희가 들은 것같이 지금도 많은 적그리스도들이 있나니 이것에 의해 지금이 마지막 때인 줄 우리가 아느니라(요일2:18).

한편 사도 유다는 이렇게 말한다.

그러나 사랑하는 자들아, 너희는 우리 주 예수 그리스도의 사도들이 전에 한 말들을 기억하라. 그들이 너희에게 마지막 때에는 하나님의 뜻에서 벗어나 자기 자신의 정욕대로 걷는 조롱하는 자들이 있을 것을 일러 주었는데 이들은 자신을 분리하는 자들이며 육체적 감각대로 살고 성령이 없는 자들이니라(유17-19).

사도 요한은 마지막 때에 한 명의 마지막 '적그리스도'뿐만 아니라 수많은 적그리스도들이 있을 것이라고 경고하고 있으며 사도 유다는 거듭나지 못한 채 조롱만을 일삼는 이단 종파주의자들이 있을 것을 경고하고 있다. 이 두 경우에서 알 수 있는 것은 말세에 이러한 자들이 신앙인으로 자처하면서 교회에 참석하여 가능하면 교회 사역을 파괴하고 훼방하며 사탄이 원하는 일을 할 것이라는 점이다.

사도 요한의 서신에서 '마지막 때'(the last time)로 번역된 구절은 '마지막 시간'(a last hour)으로 번역될 수도 있다. 교회의 역사를 돌아볼 때 많은 지역 교회가 대개 거듭나지 못한 지도자들의 활동과 가르침으로 인해 큰 위기를 맞았음을 알 수 있으며 그럴 때마다 그것은 그 교회와 교회 사역에 대한 마지막 시간 즉 위험한 순간이라 말할 수 있다. 이것은 마지막 날에도 마찬가지이며 이때에는 많은 적그리스도들이 일어날 것이다. 적그리스도란 자신을 가리켜 그리스도라고 외치는 사람들이 아니라 – 그들은 '거짓 그리스도'(a false christ)임 – 예수 그리스도와 그분의 사역의 본질을 밝히는 것을 반대하고 대적하는 자들을 말한다.

이러한 자들은 예수 그리스도의 기적, 처녀 탄생과 부활을 강조하는 그분의 말씀들을 삭제해 버리거나 설명에서 제외해 버림으로써 그리스도의 신성을 인성화하려는 자유주의자들로 볼 수 있다. 또 한편으로는 인간 예수와 신 그리스도를 구별함으로써 – 대개는 '우주의 그리스도의 영'으로부터 받았다는 새로운 '계시'나 그와 비슷한 같은 것들을 기록된 성경 말씀에 첨부함으로써 – 예수 그리스도의 인성을 부인하려 하는 광신자들이나 신비주의자들일 것이다.

전자는 사람들을 이성주의에 그리고 궁극적으로는 무신론에 이르도록 하며, 후자는 신비 종교와 이단 무속 신앙 및 다신론에 이르도록 한다. 이 두 종류의 거짓 교사들은 자기들의 배교, 종파 분립 개념들을 진화론의 어떤 형태 – 어떤 경우에는 진화론적 자연주의에 또 다른 경우에는 진화론적 다신론 – 에 두어야만 한다. 그런데 이 둘은 모두 성경의 하나님 곧 진정한 창조자이신 예수 그리스도를 부인한다.

오늘날의 교회들은 이런 적그리스도들로 가득 차 있으며 이러한 양상은 전보다 더욱 심하고 사실 이들은 사도 유다의 서신에서 '자신을 분리하여 당을 짓는 것으로 표현된 것같이' 실제적인 추진력을 가지고 있으며 셀 수 없이 많은 분쟁을 일으켜 왔다. 사도 요한은 자신의 마지막 서신 맺음말에서 다음과 같이 경고하고 있다.

내가 이 책의 대언의 말씀들을 듣는 모든 사람에게 증언하노니 만일 어떤 사람이 이것들에다 더하면 하나님께서 이 책에 기록된 재앙들을 그에게 더하실 것이요, 만일 어떤 사람이 이 대언의 책의 말씀들에서 빼면 하나님께서 생명책과 거룩한 도시와 이 책에 기록된 것들로부터 그의 부분을 빼시리라(계22:18-19).

현대에는 새로운 계시와 예수 그리스도에 대한 새로운 개념을 요구하는 새로운 이단 종파들이 급증하기 시작했다. 동시에 실제로 모든 전통적인 기독교 교단/종파들은 – 사실 이것들은 그리스도나 성경의 진리에 관한 차이로부터 생긴 것이라기보다 성경 해석의 차이로부터 생긴 것이다 – 그리스도의 진정한 신성과 인성을 그리고 성경의 오류 없는 권위를 파괴하려는 자유주의자들 때문에 큰 소동과 분열의 어려움을 겪어 왔다.

이런 일들을 마지막 때의 표적으로 본다면 기독교 역사에서 지금처럼 이렇게 많은 표적들이 나타난 적이 없으므로 이런 사실은 확실히 이런 예언의 말씀들이 이 시대에 성취되고 있음을 잘 보여 준다.

우리에게는 마지막 날의 배교에 대해 경고하는 다른 성경 구절이 많이 있으며 그중 몇 가지는 추후에 논의될 것이다. 그러나 위에서 거론된 성경 말씀들만으로도 예수 그리스도께서 곧 오시리라는 점을 알리기에 족할 것이다.

과학과 기술의 시대

구약 성경은 많은 예언서(대언서)를 포함하고 있으나 신약 성경의 계시록을 제외하고 다니엘서만큼 말세에 대해 자세히 기록하고 있는 책은 없다. 다니엘에게 이 모든 계시를 전해 준 권능의 천사는 이 책의 예언적 요소들의 대부분을 보여 준 뒤에 다니엘서의 마지막 장에서 그에게 이 모든 계시가 성취될 때를 깨달을 수 있는 중요한 표적을 줌으로써 책을 마무리하고 있다.

그러나, 오 다니엘아, 너는 끝이 오는 때까지 그 말씀들을 닫아 두고 그 책을 봉인하라. 많은 사람이 이리저리 달음질하며 지식이 증가하리라 하니라(단12:4).

어떤 주석가들은 이 말의 의미가 '마지막 때에 성경을 연구하는 사람들이 성경 여기저기를 부지런히 연구해서 마침내 다니엘의 난해한 예언을 이해하게 되는 것'이라고 주장해 왔다.

그러나 '이리저리 달음질하며'(running to and fro)라는 표현을 '성경을 연구하는 것'이라고 해석하는 것은 좀 무리가 있다. 그리고 '지식이 증가하리라'는 것이 '이러한 예언서의 해석이 증가할 것이다'라는 뜻으로 이해하는 것 역시 합당하다고 볼 수 없다. 이것은 결코 이 예언서의 주요 의미일 리가 없다.

대신에 우리는 마지막 때에 이르러 많은 사람들이 한 장소에서 다른 장소로 그리고 다시 그곳으로 달음질(running) – 단순히 여행(traveling)하는 것이 아니라 문자 그대로 경주함을 뜻함 – 하리라고 평이한 해석을 할 수 있다. 어쨌든 우리 시대에 여행의 속도가 증가하리라는 것은 초자연적인 영감에 의해서가 아니면 예언될 수 없는 심오한 진리이다.

다니엘의 시대와 마찬가지로 뉴턴의 시대에도 사람이 가장 빨리 여행하는 방법은 재빠른 말을 통해서였다. 그러나 다니엘서를 부지런히 공부하고 그를 신봉했을 뿐만 아니라 아마도 모든 시대를 통틀어 가장 위대한 과학자로 여겨질 뉴턴은 이 구절에 기초해서 사람들이 언젠가는 한 시간에 80킬로미터를 달리며 심지어는 이 나라에서 저 나라로 빠르게 여행할 수 있다고 주장했다. 그로부터 1세기 후에 프랑스의 적그리스도 신봉자인 볼테르는 뉴턴의 기독교 정신이 그의 이성에 영향을 미쳐 그가 헛소리를 한 것이라고 주장하면서 그의 말을 비웃었다. 그러나 누구나 쉽게 알 수 있듯이 뉴턴이 소개한 과학의 시대 안에서 우리는 지난 한 세기 동안에 증기 기관, 자동차, 비행기, 그리고 지금은 놀라운 속도로 우주를 떠다니는 우주선의 발명을 보아 왔다. 다니엘의 이 예언은 지금의 '마지막 때'에 더욱더 명백히 성취되고 있다.

그의 예언의 나머지 반 즉 '지식이 증가하리라'는 '과학이 증가하리라'로 번역될 수 있다. 왜냐하면 이 두 단어 즉 '지식'과 '과학'은 그 의미와 어원에 있어서 같기 때문이다. 라디오, TV, 거의 모든 것을 작동시키는 전기 장치, 고속도로, 핵무기, 컴퓨터, 자동화 장치, 전파 탐지기, 플라스틱, 마이크로 칩, 로봇 등 지난 30년 동안에 이루어진 과학과 기술의 진보는 말로 할 수 없을 정도로 많다. 불과 2세기 전만 해도 세계의 모든 과학자를 한 강당에 소집할 수 있었을 테지만 지금은 수백 종류의 과학 분야에 종사하는 수백만 명의 과학자들이 있다.

지금의 과학 시대의 기초를 연 사람들 즉 뉴턴, 케플러, 보일, 파스퇴르, 페러데이, 주울, 갈릴레오, 오일러, 맥스웰 등이 모두 기독교인으로 창조론을 믿은 사람들이었다는 것은 결코 놀라운 사실이 아니다. 반면에 천문학, 생물학, 인류학 혹은 다른 분야에서 진화론자들이 이루어 놓은 연구는 인간의 수명, 생산과 생활 수준을 진보하게 한 과학적 발견이나 기술적 발명에 전혀 기여한 바가 없다. 거짓 과학을 신봉하려는 과학자의 수가 폭발적으로 증가하는 것이 마지막 때의 한 표적으로 성경에 기록된 것은 참으로 주목할 만한 일이다.

다시 한 번 우리는 마지막 때에 대해 기록한 예언서 기자들의 예언적 통찰력에 대해 경탄을 금할 수 없다. 성경 기자들의 예언들을 다시 한 번 요약해 보자.

1. 다니엘은 마지막 때에 이르러 교통/통신의 급속한 발전과 과학의 대진보가 있을 것이라고 말했다.
2. 베드로는 마지막 때에 진화론적 인본주의인 자연주의 철학이 세계를 지배할 것을 강조했다.
3. 바울은 마지막 때에 온 세상이 인본주의 철학으로 팽배하고 이런 인본주의의 산물로서 극심한 영적, 도덕적 타락이 있을 것임을 예언했다.
4. 야고보는 마지막 날에 큰 전쟁과 혁명을 초래할 산업 경제적 갈등을 예언했다.
5. 요한과 야고보는 모두 마지막 날에 진정한 기독교를 흐리게 할 무신론, 다신론과 더불어 기독교 내에서의 배교를 강조했다.

이제 마지막으로 마태, 마가, 누가복음의 끝부분에 기록된 예언 즉 '올리브산 설교'(Olivet discourse)로 잘 알려진 예수 그리스도의 예언을 살펴보자. 그분께서 체포되어 십자가에 못 박히시기 전날 밤 제자들에게 행하신 개인적인 가르침을 제외하면 이 '올리브산 설교'는 그분의 마지막 공식 메시지였는데 여기서 그분께서는 자신의 재림에 대한 많은 표적들을 구체적으로 보여 주셨다.

그리스도께서 계시해 주신 큰 표적

예수님께서 십자가에서 못 박히시기 바로 직전에 다음과 같은 일이 있었다.

예수님께서 나가 *성*전을 떠나실 때에 그분의 제자들이 *성*전 건물들을 그분께 보여 드리려고 그분께 오매 예수님께서 그들에게 이르시되, 너희가 이 모든 것을 보지 아니하느냐? 진실로 내가 너희에게 이르노니 여기서 돌 하나도 다른 돌 위에 남지 아니하고 *다* 무너지리라, 하시니라. 그분께서 올리브산에 앉아 계실 때에 제자들이 은밀히 그분께 와서 이르기를, 우리에게 말씀해 주소서. 어느 때에 이런 일들이 있으리이까? 또 주께서 오시는 것의 표적과 세상 끝의 표적이 무엇이리이까? 하니(마24:1-3)

예수님께서는 제자들에게 앞으로 있을 예루살렘과 성전의 파괴에 대해 말씀하셨으며 여러 차례 자신께서 우리를 대신하여 죽으실 것과 부활하실 것에 대해 말씀하셨다. 그들은 그분께서 자기들의 약속된 메시아로서 곧 로마의 통치자들을 몰아내고 예루살렘에 그분 자신의 왕국을 건설할 것이라고 생각해 왔기 때문에 이 모든 것을 이해할 수 없었다. 그러므로 그들은 '어느 때에 이런 일들이 있으리이까? 또 주께서 오시는 것의 표적과 세상 끝의 표적이 무엇이리이까?'라고 질문을 했던 것이다.

이에 대한 예수님의 대답은 마태복음 24장, 마가복음 13장, 누가복음 21장에 기록되어 있다. 많은 부분들이 중복되고 있기는 하나 각 복음서 기자는 다른 두 복음서에는 없는 부분을 기록하고 있다. 그래서 제자들의 질문에 대한 완전한 답을 얻기 위해서는 세 복음서의 답변을 동시에 연구해야만 한다.

1. 예루살렘 성전이 언제 파괴될 것인가?
2. 예수 그리스도의 재림에 대한 표적은 무엇인가?
3. 세상의 끝이 언제 올 것인가?

첫째로, 우리 주님께서는 표적으로 받아들일 수 있는 사건들이 사실은 표적이 아니며 인류 역사를 통해 늘 일어나는 것이라고 말씀하셨다.

그분께서 이르시되, 너희가 속지 않도록 주의하라. 많은 사람이 내 이름으로 와서 이르기를, 내가 그리스도라, 하며, 때가 가까이 왔다, 하리라. 그러므로 너희는 그들을 따라가지 말라. 또 너희가 전쟁들과 난리들에 대하여 들을 때에 무서워하지 말라. 이런 일들이 반드시 먼저 일어나야 하되 곧 끝이 오지는 아니하느니라, 하시니라(눅 21:8-9).

정말로 주님의 승천 이후로 수 세기 동안 많은 동요와 전쟁의 소문과 전쟁과 많은 거짓 그리스도가 있었고 그래서 이 특별한 예언은 명백히 성취되었으며 따라서 나머지 예언들도 당연히 문자 그대로 이루어질 것임을 우리는 더욱더 확신하고 있다.

예수 그리스도께서는 제자들의 특별한 질문에 계속해서 답을 주시기 전에 잠시 멈추신 뒤 다음과 같이 말씀하셨다.

그 뒤에 그분께서 그들에게 이르시되, 민족이 민족을 대적하여 일어나고 왕국이 왕국을 대적하여 *일어나며* 곳곳에 큰 지진과 기근과 역병이 있고 또 하늘로부터 오는 두려운 광경들과 큰 표적들이 있으리라(눅21:10-11).

다시 말해 주님의 재림에 대한 표적은 제자들이 요구한 것처럼 여러 면을 동시에 가질 것이다. 그 첫째 구성 요소는 단지 두 나라 사이의 전쟁이 아닌 여러 나라들 사이의 큰 전쟁일 것이다. 적어도 두 민족과 두 나라가 싸울 것이며 실제로 이런 표현은 많은 나라 특히 세계의 주요 나라들이 참전하는 전쟁을 일컫는 관용어로 쓰인다.

그리고 그 뒤에는 하늘의 두려운 징조뿐 아니라 곳곳에 큰 지진과 기근과 역병이 있을 것이다. 이 복합 표적이야말로 분명히 제자들이 요구한 것이다. 마태복음 24장과 마가복음 13장에서는 이 시기에 하늘의 두려운 징조에 대한 언급이 없으므로 누가복음에서의 이 말은 마지막 날의 표적 중 마지막 단계에 적용되는 것으로 볼 수 있다.

예수 그리스도께서 이 예언의 말씀을 주신 이래로 이 세상에는 지진, 기근, 역병 및 여러 종류의 재난뿐만 아니라 수많은 전쟁이 있어 왔다. 그러나 민족들 간의 첫 번째 큰 전쟁은 1914-1918년에 일어난 1차 세계 대전이었다. 그리고 이 전쟁은 역사상 아마도 가장 무서운 역병이었던 1918년의 유행성 인플루엔자로 이어졌고 또 중국 및 러시아와 다른 나라에서의 심각한 기근뿐 아니라 중국과 일본 등지에서의 대지진으로 이어졌다. 이것은 정말 그분의 재림에 대한 표적인 것처럼 보였다.

그러나 예수님께서는 자신의 왕국의 도래와 관련하여 이것이 단지 어린아이가 태어날 때 산모가 느끼는 '산고의 시작'일 뿐이라고 말씀하셨다. 이 표적이 완성되기 전에는 때때로 육체적 고통이 많이 있어야만 한다. 1차 세계 대전은 출산의 첫 진통일 뿐이었으며 이것은 곧 다른 것들로 이어졌다. 일본의 중국 침략을 시작으로 무솔리니의 에티오피아 침략과 1939년 히틀러의 전격 작전이 있었고 곧 2차 세계 대전이 발발했다. 2차 세계 대전은 1945년에 모든 나라가 미래의 전쟁을 막기를 희망하면서 국제 연합(United Nations)을 설립함으로써 그 막을 내렸다.

그러나 이것 역시 끝은 아니었다. 곧 인도차이나 전쟁, 베트남 전쟁, 그리고 절정을 이룬 한국전쟁이 일어났으며 이러한 전쟁에는 많은 나라들이 참전했다. 최근에 (1990/1991) 전 세계는 이라크에 대항한 국제 연합(United Nations)의 전쟁을 실제로 목격했다. 그러나 아직도 중동에는 계속해서 소동이 있으며 이 모든 것은 세계 모든 민족에게 큰 영향을 미칠 것이다.

이러한 다민족 전쟁과 함께 첫 진통 이래로 지난 70년 동안 '곳곳에 큰 지진과 기근과 역병'이 있었을 뿐 아니라 세계 여러 나라에서 수차례의 국지전도 있었다. 앞으로 얼마나 많은 전쟁과 기근, 지진 등이 있을는지 확실히 알 수는 없으나 지구 종말의 날이 가까이 왔음은 확실하다. '하늘로부터의 두려운 광경과 큰 표적들'은 이 시기에 있을 UFO 현상이나 하늘로 쏘아 올린 다양한 우주 비행선을 의미할 것이다.

예수님께서는 '자신의 재림과 세상 끝 날에 대한' 첫 번째 큰 표적을 주신 후에 가까운 사도 시대에 있을 일반적 성격의 예언을 주셨다. 그러나 이 모든 것 전에 그분께서는 다음과 같은 예언의 말씀을 주셨다.

> 그러나 이 모든 일들이 있기 전에 그들이 내 이름으로 인해 너희에게 손을 대어 너희를 핍박하고 회당들과 감옥들에 넘겨줄 것이며 너희가 왕들과 치리자들 앞에 끌려갈 것이나(눅21:12)

이 핍박의 최초의 물결은 예루살렘의 파괴와 유대인들의 분산이 이루질 때까지 계속되었다.

> 또 그들이 칼날에 쓰러지고 모든 민족들에게 포로로 잡혀갈 것이며 예루살렘은 이방인들의 때가 찰 때까지 이방인들에게 짓밟히리라(눅21:24).

예수님의 이 예언 부분은 3장에서 다시 논의될 것이다. 이것은 로마 장군으로 후에 황제가 된 타이투스(디도)의 성전 파괴로 주후(主後) 70년에 성취되었으며 그 뒤 주후 135년에 헤드리안 군대의 예루살렘 파괴가 있었고 그 뒤 지난 1,800년 동안 세계 여러 나라로 유대인들을 떠돌게 한 강제 추방이 있었다.

'올리브산 설교'로 알려진 예수 그리스도의 주요한 예언 메시지에는 다른 표적들이 들어 있으나 이것들 역시 뒤에서 다시 논의될 것이다.

성경의 영토 안에서의 소동
Turmoil In The Bible Land

중동의 종교적 배경

이 세상에는 진화론에 근거한 범신론의 한 형태로 구성된 특정 지배 종교를 갖고 있는 나라가 많다. 이런 종교들에는 힌두교, 불교, 유교, 도교, 애니미즘(정령 신앙) 등이 포함된다. 이러한 범신론 국가들에는 무신론자는 물론 기독교인, 유대인, 무슬림이 조금씩 있긴 하지만 대부분의 사람들은 다신교적 범신론자들이다. 이러한 종교 체제들은 한결같이 인격적이고도 초자연적 창조자이신 하나님의 존재를 부정하고 그 대신 물질, 시간, 공간, 그리고 우주 등이 영원 전부터 존재해 왔다고 주장한다. 따라서 이것들 모두는 기본적으로 진화론자들의 종교이다. 그리스, 로마, 그리고 고대의 다른 나라들의 이방인들과 같이 그들은 '하나님의 진리를 거짓으로 바꾸고 창조자보다 창조물을 더 경배하고 섬긴다'(롬1:25).

그러나 세상에는 참 창조자를 믿고 우주의 모든 창조물이 창조자 하나님의 말씀에 의해 창조되었음을 믿는 유일신 숭배 종교가 두 개 있다. 이것들 중 하나인 유대교는 - 비록 유대인들이 세계 여러 나라에 흩어져 살고 있으므로 여러 곳에서 볼 수 있지만 - 지금은 공식적으로 이스라엘에서 가장 두드러진 종교이다. 기독교는 명목상 유럽, 아메리카, 오스트레일리아, 뉴질랜드 그리고 남아프리카공화국의 대표 종교이다. 한편 알라라는 유일신을 섬기는 이슬람교는 북아프리카와 동아프리카의 다수 지역, 인도네시아, 중앙아시아의 다수 지역 그리고 특히 중동 지역의 종교이다.

현재 중동 지역에서 일어나고 있는 분쟁은 주로 유일신 국가들 간의 전쟁으로 볼 수 있다. 신비주의, 비밀교, 무신론 등으로 뒤범벅된 범신론을 따르는 세계의 강대국들은 중동 사태를 관망하거나 가능하면 다른 종교를 가진 국가들로 침투해 들어가려 하면서도 그들과의 직접적인 충돌은 피하려 하는데 이러한 사실은 아주 흥미 있으며 또한 예언적으로 중요하다. 이런 중동 소요 사태가 성경의 영토 안에서 일어나고 있으므로 이것을 제대로 이해하기 위해 성경을 다시 한 번 들여다보며 연구하는 것은 매우 중요한 일이다.

오늘날 이스라엘과 레바논의 소수 크리스천들을 제외한 중동 및 근동 아시아 국가들은 다 이슬람교를 신봉한다. 비록 이슬람교가 유대교 및 기독교와 닮은 점이 많기는 하지만 이슬람교의 종교 지도자들은 유대인과 기독교인들을 몹시 증오하는 것 같다.

따라서 이런 국가들 간에 발생하는 소요 사태는 종교적 호전성 때문에 날이 갈수록 더욱 악화될 것이다.

이 지역에는 현재 열여덟 개의 이슬람 국가가 있다. 아프가니스탄, 바레인, 이집트, 이란, 이라크, 요르단, 쿠웨이트, 레바논, 리비아, 오만, 파키스탄, 카타르, 사우디아라비아, 시리아, 터키, 아랍에미리트연방, 북예멘, 그리고 남예멘이다.

이스라엘 안에 있는 팔레스타인 정착민들은 팔레스타인 해방기구(PLO)와 더불어 독립국의 지위를 얻으려고 하지만 이스라엘은 1991년 현재까지 이것을 완강히 거부하고 있다. 터키, 이란, 그리고 이라크 지역에 흩어져 사는 쿠르드 민족 역시 다른 인종이나 종교 단체들처럼 자치권을 얻으려고 애쓰고 있다.

현재 해체된 소비에트 연방(USSR)에 속한 몇몇 공화국들은 인종적 배경으로 볼 때 대부분 이슬람 국가들이다.

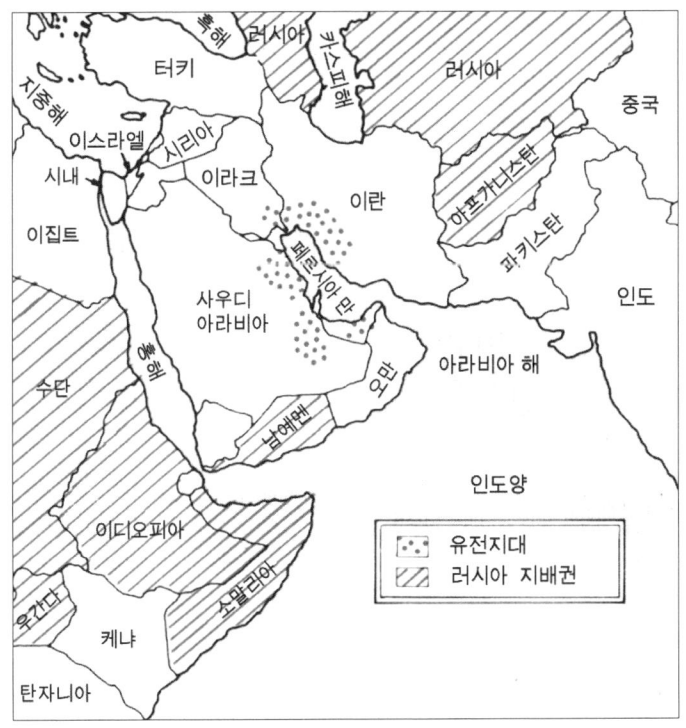

〈중동 지역의 이슬람 국가들〉

이라크 전쟁

이런 이슬람 국가들은 이스라엘을 몹시 싫어할 뿐만 아니라 자기들끼리도 종종 싸운다. 이에 대해서는 극히 격심했던 이란과 이라크 사이의 8년 전쟁을 주목하기 바란다. 이라크는 이란과의 전쟁이 끝나자마자 이웃의 작은 이슬람 국가인 쿠웨이트를 침략해 들어갔다. 이라크의 쿠웨이트 침공 이후 적어도 잠시 동안 이슬람 국가들은 심각하게 분열되었다.

이집트, 사우디아라비아, 시리아 그리고 페르시아 만에 위치한 더 작은 아랍 국가들은 이라크와 또 이라크와 연합한 요르단, 남예멘, 수단, 리비아 등과 대항하여 싸우기 위해 미국과 대부분의 유럽 국가들과 동맹을 맺었다. 반면에 그 외의 다른 아랍 국가들은 중립을 유지하려고 애썼다. 비록 이라크가 처음부터 장난을 치면서 미사일 공격으로 이스라엘이 전쟁에 휘말리도록 유도했으나 이스라엘은 자기들이 전쟁에 참여할 경우 모든 무슬림 국가들이 협력하여 자기들을 공격할 것이 확실했기 때문에 중립을 유지하려고 온갖 애를 썼다. 이스라엘이 핵무기로 이라크를 멸망시킬 수 있었음에도 불구하고 이라크에 대한 보복을 행하지 않으며 커다란 자제력을 보여 준 것은 사실 놀라운 일이다.

이라크의 잔인한 독재자 후세인은 이란과 또 후에 쿠웨이트 침공을 통한 국제 연합(UN)과의 전쟁을 일으키면서 자신이 결국 전 이슬람권/세계의 지도자가 될 것이라는 꿈을 가졌다. 바로 여기에 현 중동 사태의 예언적 중요성이 있다. 많은 사람들이 후세인을 가리켜 성경에 예언된 적그리스도일지 모른다고 생각했으나 이것은 결국 잘못된 것이었다.

이라크는 중동의 모든 이슬람 국가들 중에서 가장 강하고 부유한 나라이며 성경의 예언적 측면에서 매우 중요한 나라이다. 아랍 국가들은 전 세계 원유의 약 65%를 공급하고 있는데 이 중 이라크는 전략적으로 가장 좋은 위치에 놓여 있을 뿐만 아니라 그 나라들 중에서 가장 강한 나라이다.

이라크의 수도 바그다드는 한때 세계에서 가장 큰 도시였으며 느브갓네살 왕이 통치하던 시대에는 온 세상에서 가장 강력했던 나라의 수도였던 고대 바빌론 유적지 바로 옆에 위치하고 있다. 후세인은 자기 자신이 바빌론 시대 이후에 다시 한 번 세계를 통치할 운명을 지니고 태어난 '제2의 느부갓네살'이라고 생각해 왔다. 이러한 꿈을 갖고 그는 과거에 번영했던 바빌론의 재건과 회복이라는 거대한 과업을 부지런하게 꾸준히 수행해 왔다.

실제로 1971년부터 이라크에서 시작된 이러한 과업은 그로부터 20년 전 중동 지역에서 기름이 처음으로 대량 생산될 때까지만 해도 사실 믿기 어려운 일이었다. 그러나 이라크의 많은 원유 판매 소득과 소련의 합세로 말미암아 이 과업은 후세인의 쿠웨이트 침공 때 거의 현실화되었다. 후세인이 이렇게 함으로써 자신이 성경의 예언을 이루고 있다는 것을 알고 있었는지는 알려지지 않았지만 어쨌든 성경은 바빌론이 다시 한 번 세계적인 큰 도시가 될 것을 예언하고 있다.

그러나 후세인은 그곳을 지배하는 장본인이 되지는 못하였는데 그 이유는 그가 장차 나타날 적그리스도를 묘사한 성경 말씀과 전혀 맞지 않기 때문이다. 단지 그는 한때 세계를 지배하려 했으나 결국 죽음에 이를 수밖에 없었던 야망의 '작은 적그리스도들' - 예를 들어 나폴레옹, 무솔리니, 히틀러, 스탈린, 마오쩌둥 등 - 중의 한 명일 뿐이다.

후세인은 이라크의 풍부한 원유 덕택에 소련이나 유럽의 여러 나라들로부터 새로 개발되고 가공할 만한 위력을 지닌 무기들을 많이 구입했고 또 소련 기술자들로부터 필요한 교육이나 작업 방법을 많이 제공받아 강력한 군사적 무기고를 세울 수 있었다. 그러나 불행하게도 미국은 이란이 한때 미국의 동조자였던 샤(Shah) 정권에 대항하면서 호메이니의 지도 아래 반미 자세를 취했기 때문에 이란/이라크 전쟁에서 이라크를 도왔고 이로 인해 이라크의 강력한 군사 기기/장비 등에 많은 투자를 하며 군사 전략상 큰 실수를 범했다.

국제 연합(UN)이 이라크의 쿠웨이트 침공을 비난한 후에 후세인이 쿠웨이트를 포기하지 않겠다고 거절 의사를 표명함으로써 일어난 무서운 전쟁은 이라크가 아랍 지도권을 다시 회복하는 것이 거의 불가능할 정도로 이라크를 황폐하게 만들었다.

그러나 이라크의 패배로 인한 공백을 메울 수 있는 국가 즉 야망에 차서 이런 일을 이룰 가능성이 있는 중동 국가들이 여럿 있다. 이란, 시리아, 터키, 리비아 등이 바로 그런 나라들이다. 이집트도 한때 이러한 야심을 가졌으나 1967년 이스라엘에 의해 대패를 당했다. 또 성경은 이집트가 늘 '왕국들 중의 가장 미천한 왕국'으로 남을 것이라고 예언하고 있다(겔29:15). 비록 현 터키 정부가 미국에 대해 우호적이긴 하나 그곳에는 마르크스 사상이 사회 전반에 강하게 흐르고 있고 또 터키 사람들이 이슬람교를 기초로 해서 그 사상을 표방하지만 이것 또한 상황에 따라 쉽게 비낄 수 있다. 이러한 배타적 이슬람 국가들은 모두 큰 군대를 보유하고 있으며 대부분 서양으로부터 도입된 무기들로 강하게 무장하고 있다.

그러나 이런 것들보다 더욱 불길한 징조는 바로 소비에트 연합이다. 소련은 시리아, 남예멘, 리비아 그리고 몇몇 다른 나라들뿐만 아니라 이라크와 실제적인 동맹 계약을 맺어 왔고 지금까지 중동 지역의 이슬람 국가들 대다수에게 큰 영향을 미쳐 왔다. 비록 소비에트 연합이 변화하고 있기는 하지만 - 지금은 겉으로는 완전히 붕괴되었지만 - 역사적/경제적 측면에서 볼 때 구 소비에트 연방 안에 있는 여러 공화국들은 러시아의 영향력 아래 놓여 있으며 이로 인해 러시아와 어떤 형태든지 동맹 관계를 계속 유지해 나갈 것임이 틀림없다.

사실상 소비에트 연방 안의 공화국들이 거의 다 이슬람 국가이기 때문에 이들은 또 다른 중동 지역 혹은 이슬람 제국으로 볼 수 있다. 여기에는 아제르바이잔, 카자흐스탄, 키르기지아, 타지키스탄, 투르크메니스탄 그리고 우즈베키스탄 등의 국가들이 있다. 그뿐만 아니라 무슬림들은 구 소비에트 연방 내의 다른 많은 지역을 점령하고 있다. 실제로 구 소비에트 연방의 많은 사람들이 무신론자이지만 적어도 구 소비에트 연방 전체 인구의 18-40% 정도는 인종/종교적으로 볼 때 이슬람 문화권에 속한 것으로 추정된다.

이런 상황에서 매우 중요한 사실은 구소련 군대가 비정상적으로 많은 수의 무슬림들을 갖고 있으며 많은 영향력 있는 장군들이 이 안에 포함되어 있다는 점이다. 대부분의 러시아군 장성들이 소련 사회에서 형성되고 있는 '개방'(Glasnost)을 반대하고 있으며, 다양한 군비 축소 협정을 통해 타결된 군비 감축에도 불구하고 막강한 국방력을 유지해야 한다고 주장하고 있음은 잘 알려진 사실이다. 단지 경제적 이유 때문에 소비에트 군대는 러시아가 러시아의 위성국들과 결별하는 것을 반대하지 않지만 소비에트 연방 자체의 해체를 인정하는 것은 완강히 거부하고 있다. 고르바초프는 이러한 압력에 굴복해야만 했고 경제 불안과 물건 부족 사태에도 불구하고 러시아는 핵무기와 재래식 병기 면에서 여전히 전 세계적 우위를 유지하고 있다.

비록 소련이 긴급히 필요한 미국의 경제/기술 지원을 얻기 위하여 '개방'을 허용하긴 했지만 이러한 '개방'의 막간을 이용해서 러시아와 동부 유럽에 위치한 과거의 러시아 위성국들 안으로 복음이 많이 전파되고 있는 것은 정말 감사할 일이다. 복음 전도자들과 성경 교사들은 물론 수많은 성경과 기독교 서적들이 그곳의 무신론 국가들에 파송되고 있다. 러시아 과학자들 사이에서도 창조론을 믿는 사람들이 생겨나고 있으며 예수 그리스도를 믿는 사람들이 늘고 있다.

그러나 불행하게도 이러한 상황은 지속되지 않을 것이다. 왜냐하면 성경의 예언이 그리 되리라고 증명해 주기 때문이다. 우리는 러시아의 문호가 열려 있는 동안 주님께 다가오는 모든 사람들로 인해 하나님께 감사를 드린다. 그러나 곧 소비에트 군대 안의 무슬림들 및 다른 반동 장성들, 전 KGB 사령관들, 공산당 중앙 행정부의 핵심 공산주의자들, 과학자들과 교육자들 가운데 편만한 무신론적 지식인들, 강하게 성장하는 신비주의 및 뉴에이지 운동 신봉자들과 기타 반(反)기독교인들은 이전 세력을 회복하고 세계 지배권을 얻기 위한 무자비한 행진을 시작할 것이다.

'개방'이라 불리는 막간의 기간에 사악한 음모들이 진행되고 있다. 이 기간에 러시아는 동부 유럽 위성 국가들을 경제적으로 도와야 하는 부담에서 벗어날 수 있고 자기들의 국방 장비/기기를 최고의 상태로 유지시킬 수 있으며 이러한 속임수를 써서 미국으로부터 막대한 경제적 원조를 받을 수도 있다. 러시아는 또한 UN 연합 국가들과의 공공연한 협력을 통하여 이라크에 대항하여 싸웠던 이슬람 국가들뿐만 아니라 또 이라크를 암암리에 도와주며 지지했던 이슬람 국가들 모두와 좋은 관계를 유지할 수 있다. 마지막으로, 복음을 받아들이려 했던 모든 러시아 사람들은 미래에 숙청이 있을 때에 한결같이 '믿을 수 없는 사람들'로 낙인찍히게 될 것이다.

이 책이 쓰이던 때 – 1991년 9월 – 에는 국제 연합이 지원하고 주로 미국이 주도한 이라크와의 전쟁은 거의 종결되었지만 소비에트 연합 안에서의 혼란스러운 변화는 여전히 계속되고 있었다. 따라서 미래에 전개될 일들에 대한 나의 분석과 예보가 독단적일 수는 없다. 예언은 성취되기 이전보다 성취된 후에 설명하기가 더 쉽다. 그럼에도 불구하고 주님께서는 이 마지막 시대에 일어날 사건들에 관하여 몇 가지 명백한 사실을 우리에게 주셨다. 그리고 그분께서는 우리가 그러한 사실들을 이해하기 위해 노력하기를 기대하시며 또 그 사건들이 일어나기 시작할 때 우리가 올바른 길로 인도되기를 기대하고 계신다. 가장 중요하고 명백한 성경적 예언은 마지막 시대에 러시아, 이스라엘, 그리고 중동 국가들이 맡게 될 역할에 관한 것이다. 그리고 현재 일어나는 일들은 성경에서 그림을 그리듯이 묘사된 미래의 사건들을 향해 빠르게 움직이고 있는 것 같다.

이스라엘을 대적하는 무슬림들

오늘날 특별히 눈에 띄는 이상한 현상들 중 하나는 모든 무슬림들이 이스라엘과 이스라엘의 종교인 유대교를 몹시 증오한다는 것이다. 유대교와 이슬람교는 둘 다 탁월하신 창조자 하나님과 창세기에 나타난 그분의 계시를 믿고 있다. 이 두 집단은 모두 자신들이 아브라함으로부터 내려온 하나님의 선택된 백성이라고 여기고 있다. 이스라엘은 자신들이 모세와 다윗을 통해 기록된 것같이 이삭을 통한 아브라함의 자손이라고 주장하며 반면에 무슬림들은 자신들이 예언자 무함마드에게 계시된 대로 이스마엘을 통한 정통 아브라함의 자손이라고 생각한다. 아랍권과 비(非)아랍권에 있는 모든 무슬림들이 믿는 하나님이란 권능이 있고 사람들을 심판하는 전능자 알라신이다. 반면에 이스라엘의 하나님은 여호와이시며 그분은 구원을 베푸시며 사랑이 넘치는 성품을 갖고 있다.

물론 이스라엘의 성경은 주후 600년경 무함마드와 이슬람교가 나타나기 훨씬 전에 이미 완성되었다. 그럼에도 불구하고 성경은 결국 이슬람 세계를 이루게 될 중동 사람들에 대해 자주 언급하고 있으며 그들이 이스라엘을 미워할 것임을 밝히 보여 주고 있다. 성경의 이런 구절들은 특성상 예언적 성격을 띠고 있는데 이것들 중 가장 중요한 것은 시편 83편이다.

시편 83편은 다윗 왕 당시의 음악가이던 아삽에 의해 기록되었으나 이 시편에 묘사되어 있는 예언적 사건은 다윗의 시대와는 전혀 맞지 않는다. 어떤 주석가들은 이 예언이 여호사밧의 통치 시대에 성취되었다고 보고 있으며 또 어떤 이들은 예레미야나 주전 170년경의 마카비 시대에 이 예언이 이루어졌다고 보고 있다. 그러나 그 어느 시대에도 이 예언이 실제로 이루어진 적이 없었고 이것은 결국 다음의 성경 말씀이 실제로 이루어질 때 즉 인류 역사의 마지막 시대에 이르러서야 비로소 확실히 완성될 것이다.

홀로 **여호와**라는 이름을 지니신 주께서 온 땅 위에 지극히 높으신 분이심을 사람들이 알게 하소서(시83:18).

아삽은 예언적인 관점에서 이스라엘의 멸망을 유일한 목표로 여기는 이스라엘 주변국들의 연합을 알게 되었다.

말하기를, 오라, 우리가 그들을 끊어 민족이 되지 못하게 하고 이스라엘이라는 이름이 다시는 기억되지 못하게 하자, 하였나이다(시83:4).

이스라엘을 둘러싼 열 개의 민족들은 다음과 같다; 에돔, 이스마엘, 모압, 하갈, 그발, 암몬, 아말렉, 블레셋, 두로, 앗수르(시83:6-8). 물론 아삽은 이러한 반(反)이스라엘 연합을 그 당시 존재하는 민족들의 이름으로 기술했다. 그러나 실제로 이 예언은 마지막 시대에 이루어질 것이므로 우리는 이 민족들의 이름을 현재의 국가들로 바꾸어서 해석해야만 한다.

여기서 유의해야 할 점은 이 국가들이 페르시아, 바빌론 혹은 아시리아가 먼 지방에서 큰 세력을 구축하기 전인 다윗 왕 시대에 존재했던 이스라엘의 근접국들이라는 사실이다. 동쪽에는 에돔, 암몬, 모압(지금의 요르단)이 있었고 남동쪽에는 이스마엘과 하갈 남서쪽에는 아말렉이 있었는데 지금 이곳은 부분적으로 요르단과 사우디아라비아에 속해 있다. 해안에서 서쪽으로 뻗어 나간 곳에는 지금은 팔레스타인이라 불리는 블레셋이 있었고 북쪽에는 페니키아의 도시였던 두로와 그발이 있었는데 이곳들은 지금 레바논으로 알려져 있고 더 최근엔 시리아에 의해 넓게 합병되었다. 북동쪽에는 아시리아 제국을 이룩했던 앗수르가 있었다.

수 세기를 거쳐 오는 동안 이 지역 사람들과 그 외의 다른 중동 지역 사람들 간에 서로 피가 섞였기 때문에 앞에서 열거한 고대 민족/국가들과 그에 해당하는 현대 국가들 간의 관계를 일대일로 확인하는 것은 거의 불가능하다. 그러나 중요한 것은 비록 피가 섞여서 그들의 정체를 확실하게 파악할 수는 없지만 이스라엘의 옛 원수들이 현재 이스라엘의 원수들의 직접적인 조상이라는 것이다.

어떻든지 아삽은 이스라엘의 주변국들이 이스라엘을 파멸시키고 또 하나님께서 이스라엘에게 부여하신 땅으로부터 그들을 완전히 제거하려는 때를 예견하였다. 그런데 지금이 바로 그 상황이다. 현대의 이스라엘이 규모는 작지만 아랍 주변국들과의 - 요르단, 이집트, 시리아, 팔레스타인, 이라크 등 - 전쟁에서 늘 승리하는 것은 주목할 만한 일이다.

그럼에도 불구하고 이 나라들과 그 외의 이슬람 국가들은 러시아, 독일, 프랑스, 중국 그리고 심지어 미국으로부터의 무기 원조에 의해 줄곧 힘을 키워 왔다. 따라서 이스라엘이 전체 이슬람권 국가들과의 대전에서 - 특히 러시아가 이슬람권 국가들을 돕는 경우 - 승리하는 것은 불가능해 보인다. 이것은 누가 보아도 명백한 것 같지만 사실 하나님께서는 그렇게 생각하지 않으신다.

오래전에 하나님께서는 이스라엘을 구원하시기 위해 기적적인 힘으로 홍해를 가르시며 기드온 시대에는 미디안 족속에 대하여, 드보라 시대에는 가나안 사람에 대하여 친히 간섭하셨는데(시83:9-12 참조) 그분께서는 이 마지막 시대에 이스라엘을 위해 친히 간섭하실 것이다. 대광풍이 있을 것이고 산에는 큰불이 날것이고 그로 인해 이슬람 군대는 '수치를 당하며 영원히 놀라게 될 것이다'(17절). 그 뒤에 살아남은 자들은 결국 알라가 아닌 여호와 하나님께서 온 세계의 지존자이심을 인정하게 될 것이다.

곡과 마곡

앞의 아삽의 예언으로부터 약 400년이 지난 뒤에 또 다른 예언이 있었는데 이 예언은 미래에 있을 이스라엘에 대한 침공에 관한 것으로서 이스라엘을 대적하려는 조직된 연합 세력이 더욱 커져 있음을 보여 준다. 또한 이 예언은 느부갓네살에 의해 바빌론 포로로 잡혀간 유대인 중 한 명이며 '곡과 마곡'에 관한 예언으로 유명한 대언자 에스겔을 통해 계시되었다.

에스겔서 37장에서 에스겔은 유대인들이 이스라엘 본토로 귀환하는 미래를 예언했다. 그러나 이 예언은 에스라와 느헤미야 시대에 이루어진 바빌론으로부터의 첫 번째 귀환을 언급한 것이 아니라 '영원한 언약' 하에서 하나님의 '성소가 그들 가운데 영원히 서 있는' 미래에 있을 유대인들의 귀환을 지칭한 것이었다(겔37:26). 유대인들은 예수 그리스도를 배척함에 따라 지난 2,000여 년 동안 전 세계로 흩어져 유랑했다.

그러나 그들은 1차 세계 대전 중에 영국이 터키로부터 예루살렘을 해방하고 거기에 유대인들의 모국을 건립할 것을 제안했던 발포어 선언과 시온주의 운동 하에 다시 이스라엘로 되돌아오기 시작했다. 2차 세계 대전 후 1948년에 마침내 이스라엘은 국제 연합에 의해 독립국으로 인정되었고 이후에도 주변의 이슬람 국가들이 계속해서 이스라엘을 바다로 쫓아 버리려고 많이 노력했음에도 불구하고 이스라엘은 독립국으로서의 면모를 과시해 왔다.

그런데 이스라엘은 아직도 예수 그리스도를 자기들이 그토록 오랫동안 기다렸던 성경의 메시아로 여기지 않고 있다. 사실 현재 많은 이스라엘 사람들이 본질적으로 자신들의 선조들의 역사를 담고 있는 성경기록을 무시하고 오히려 인류 역사의 진화론적 관점을 확고히 인정하는 무신론적 혹은 범신론적 입장을 취하고 있다. 이스라엘 백성은 이제 이방 민족들 가운데서 무덤에서 일어나게 되었고 어엿하게 이스라엘이라는 독립 국가로 정체성을 회복하긴 했지만 에스겔이 이미 예언한 대로 그들 안에는 여전히 진정한 생명이 없다(겔37:8, 13 참조).

에스겔서 38장은 거대한 국가들의 연합체가 앞으로 이스라엘을 대적하여 '그들의 땅'을 침략하기로 결정하고 그들을 약탈할 일을 묘사하고 있다.

> 많은 날 뒤에 네가 징벌을 받으리라. 곧 마지막 해들에 네가 칼에서 벗어나 되돌아온 *자들의* 땅 즉 많은 백성들에게서 나와 모인 *자들의* 땅으로 들어가 항상 피폐하던 이스라엘의 산들을 대적할 터인데 *그때에* 그 땅 *백성*은 민족들에게서 나와 생겨났고 그들은 모두 안전히 거하리라.(겔38:8).

여기에서 예언된 이스라엘 침략의 시기는 '마지막 날들'이며(겔38:16) 따라서 이 예언은 에스겔 시대나 신약의 사도 시대가 아닌 지금 우리가 살고 있는 말세에 대해 말씀한다.

이 국가 연합을 형성한 무리가 누구인가를 살펴보는 것은 매우 흥미롭고 중요한 일이다. 이 연합의 지도자는 '마곡 땅'의 '곡'이라는 이름을 가진 사람이며(겔38:2) '메섹과 두발 왕'이라고 세 번이나 확인되었다(겔38:2, 3; 39:1). 그리고 여기서 '왕'이라는 말은 '로스의 통치자'(The prince of Rosh)로 번역될 수 있는데 그리스 정교회와 거기서 파생된 러시아 정교회 역시 이 구절을 그런 식으로 이해했다는 증거들이 여럿 있다.

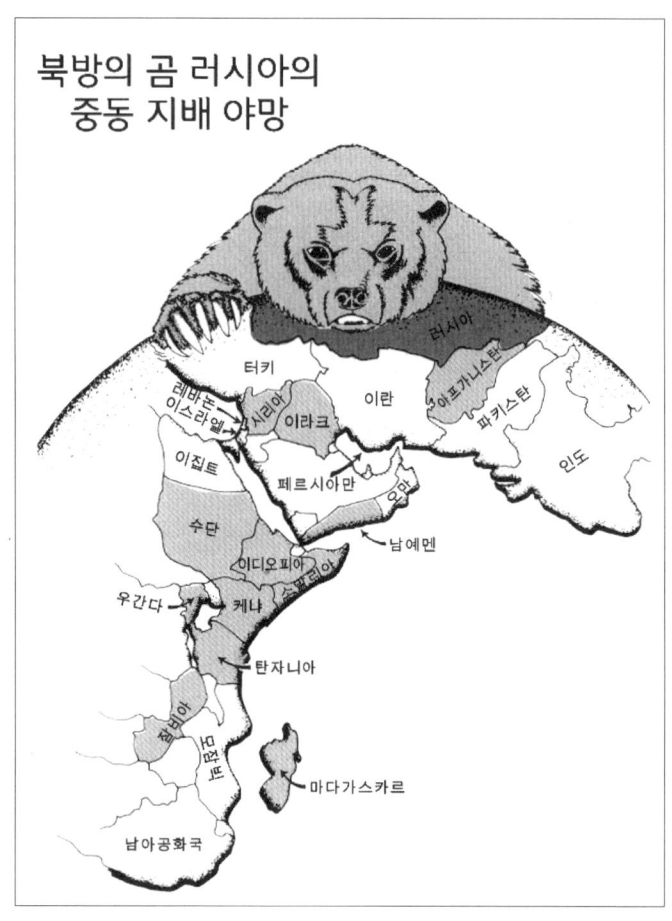

사실 이러한 근거들은 '러시아'라는 이름이 원래는 성경에서 '러스'(Rus)라고 알려진 사람들 즉 러시아를 세운 초기 백성들로부터 유래되었음을 보여 주고 있다. 만일 이것이 사실이라면 성경에서 에스겔이 언급한 '곡'은 이 마지막 시대에 나타날 러시아의 지도자임이 확실하다.

로스로부터 러시아가 유래되었다고 하는 이 어원적 유래가 비록 확실하지는 않으나 그럼에도 불구하고 이것은 마곡뿐만 아니라 메섹, 두발과 함께한 곡의 연합군들이 러시아와 관련이 있음을 보여 준다. 마곡, 메섹, 두발은 원래 노아의 아들들 중 하나였던 야벳의 아들들이었다. 이들로부터 뻗어 나간 부족들에 대한 성경의 몇 가지 숨겨진 참고 자료들을 보면, 그들은 멀리 떨어진 지역에서 살았고 잔인한 백성이었음을 알 수 있다.

그러나 헤로도토스와 요세푸스의 역사 기록들과 아시리아의 비문을 통해 우리는 그들이 구약 시대에 이스라엘의 북쪽 지역에 널리 퍼져 살았고 후에는 더욱 북쪽으로 이주해서 살았음을 알 수 있다. 많은 학자들은 그들의 후손들이 서쪽으로는 모스크바를 세우고 동쪽으로는 토볼스크를 세웠으며 이렇게 함으로써 그들이 자기들의 부족명을 현재까지 유지하고 있다고 주장한다.

이스라엘 침공 때 러시아 지도자와 연합하는 나라들은 '페르시아와 에티오피아와 리비아와 고멜과 그의 모든 떼와 북쪽 지방의 도갈마의 집과 그의 모든 떼이다'(겔 38:5-6). 페르시아, 에티오피아, 리비아는 지금도 잘 알려져 있으나 성경에서 이들이 언급된 것은 단지 오늘날의 그 국가들 그 이상의 지역을 포함하고 있음을 의미함일지도 모른다.

에스겔 시대에 페르시아는 현재의 이란과 이라크의 많은 부분을 포함했었다. 에티오피아는 아마도 수단의 대다수 지역과 소말리아 그리고 홍해 너머에 위치한 예멘 지역을 포함했을 것이다. 리비아는 지금이나 그 당시가 거의 비슷하지만 현재 리비아 서부에 위치한 북아프리카 지역과 혹은 이집트 남부 지역의 일부를 포함했을는지도 모른다. 히브리어로 미스라임인 이집트, 가나안, 히브리어로 구스인 에티오피아, 히브리어로 붓인 리비아는 모두 노아의 아들들 중 패역한 함의 자손들이었다(창10:6). 어쨌든 오늘날 그들의 후손들은 국가 간의 혼합을 통해 생겨난 사람들이다.

마곡, 메섹, 두발과 형제였던 고멜은 야벳의 또 다른 아들이었다(창10:2). 고멜의 후손들은 소아시아 북부 지역과 흑해 북부 지역에 정착했으며 그의 이름은 시메리 사람들에 의해 전승되었다. 또한 그들은 크리미아 지역에도 정착했었을 것이다. 그들은 훗날 리디아 사람들에게 쫓겨나기는 했지만 아마도 에스겔 시대에는 그곳에서 계속 살았을 것이다. 어떤 학자들은 그들이 마침내 독일(Germany)이라는 이름을 지닌 채 계속 보존되어 결국은 서쪽으로 이동했다고 믿고 있다.

에스겔의 예언에서 나타난 그 이름은 지금의 터키 지역을 나타내고 있는 것 같다. '그 모든 떼'라는 말은 고멜의 아들들로부터 내려온 부족들인 '아쉬카나즈'와 '리파쓰'를 나타내는지도 모른다. 이 중 '아쉬카나즈'는 소아시아와 러시아 남부에 살았던 스키티아 사람들을 지칭하거나 자신들을 '아쉬카나지'라고 불렀던 독일 사람들 즉 중세시대 독일계 유대인으로 알려진 독일 사람들을 말할지도 모른다.

'북쪽 지방의 도갈마'는 고멜의 셋째 아들이었고 에스겔은 그가 중요한 인물이었기 때문에 그에 대해 따로 기록하고 있다. 사람들은 그가 주로 아라랏산 근처에 있는 터키에 뿌리를 둔 고대 왕국을 세웠고 한때 소비에트 연방 공화국에 속했던 아르메니아의 조상이라고 믿고 있다. 아르메니아 근처에 있는 또 하나의 소비에트 연방 공화국인 투르크멘 역시 도갈마에서 유래된 것으로 여겨진다. 투르케스탄(Turkestan)과 터키(Turkey)라는 이름 역시 유사한 어원을 갖고 있는 것 같다.

마지막 때에 이스라엘 침략을 위한 국가 연합의 통치자 '곡'은 물론 남자의 이름이다. 그러나 이것은 터키와 아르메니아에 인접한 그루지아(조오지아)라는 소비에트 연방 공화국과도 관련될 수 있다. 러시아어에서 '조오지'(George)라는 이름은 본질적으로 '곡'(Gog)과 같은 발음을 내는 경음인 'g'의 발음을 가진 '교르그'(Gyorg)라고 발음된다.

스탈린이 죽은 뒤 최초의 러시아 수상이 된 사람의 이름은 고르기 말렌코프(Georgi Malenkov)였고 많은 러시아 정치 지도자들이 소비에트 연방 공화국인 그루지아(조오지아)로부터 왔다는 것은 더욱 흥미 있는 일이다. 말렌코프의 짧은 통치 기간 중에 소련 지역에서 무슬림들이 더 큰 영향력을 발휘할 수 있었던 것은 거의 말렌코프 그 한 사람의 영향력 때문이었다.

에스겔이 언급한 이름들이 현재의 이름들과 확실하게 대응하는지는 정확히 알 수 없지만 이들이 모두 현재 러시아나 이스라엘을 둘러싼 이슬람교 국가라는 것은 부인할 수 없는 사실이다. 사실상 그 국가들은 이스라엘을 중심으로 시계 방향으로 분포되어 있다. 이스라엘 동쪽에 있는 이란/이라크를 시작으로 해서, 남쪽에 에티오피아/수단, 서쪽에 리비아, 북서쪽에 터키, 북동쪽에 아르메니아/투르케스탄 등이 있고 이들은 모두 러시아의 감독을 받고 있다. 이들 외에도 명명되지 않은 많은 사람들이 이스라엘 침공에 가담할 것이다(6절).

시편 83편을 통해 살펴본 것과 같이 이스라엘의 근접국들인 요르단, 북아라비아, 팔레스타인, 레바논, 시리아도 역시 이 무리에 포함되어 있다. 따라서 이 국가 연합은 매우 두려워 보인다. 그런데 이 연합의 백성들은 어느 날 갑자기 작은 국가 이스라엘을 침략해 들어갈 것이다. 그러나 우리 하나님께서는 '곡아, 내가 너를 대적하노라'라고 말씀하신다(3절). 따라서 그들은 결국 이스라엘을 침공하다가 스스로 파멸되고 만다.

곡의 매장

에스겔은 곡을 중심으로 한 국가 연합의 이스라엘 침공을 묘사하기 위하여 그 당시 사람들이 이해할 수 있는 어휘를 사용해야 했다. 사실 이 어휘들은 근래에 그 의미들이 퇴색하긴 했지만 이전까지는 모든 시대에 쓰이던 것들이다. 에스겔과 그의 독자들은 탱크, 대포, 비행기와 같은 것을 알지 못했기 때문에 그는 자기가 눈으로 보았던 것들을 전달하기 위해서 말, 칼, 폭풍 구름 등과 같은 단어로 이것들을 표현해야만 했다. 따라서 그는 자신이 본 것을 다음과 같이 기록했다.

내가 너를 뒤로 돌이켜 갈고리로 네 아가리를 꿰고 너와 네 온 군대와 말들과 기병들 곧 온갖 종류의 갑옷을 입은 모든 자들 즉 모두 칼을 다룰 줄 아는 자들로서 작은 방패와 큰 방패를 지닌 큰 무리를 끌어내리라(겔38:4).

그리고 그들이 '폭풍같이 구름같이 땅을 덮으리라'고 기록했다(겔38:4, 9, 15 등). 이것은 히틀러가 전격 작전(Blitzkrieg)이라고 불렀던 공습 즉 육상과 하늘을 통한 무서운 공습 같은 것을 말해 주고 있다.

그런데 이같이 갑작스럽게 이스라엘을 침공하는 것에 반대하는 몇 나라들이 있다.

세바와 드단과 다시스의 상인들과 그곳의 모든 젊은 사자들이 네게 이르기를, 네가 노략물을 취하려고 왔느냐? 네가 탈취물을 취하려고 네 무리를 모았느냐? 은과 금을 가져가고 가축과 재물을 빼앗아 가며 큰 노략물을 취하려고 하느냐? 하리라, 하라(겔 38:13).

그러나 그들의 반대는 적극적이라기보다는 오히려 형식적이며 말로만 하는 듯하다. 곡의 이스라엘 침공이 너무나 갑작스러웠기 때문에 그들은 그것을 막을 수가 없었다. 이라크의 쿠웨이트 침공에서 본 바와 같이 국제 연합(UN)이 침략당한 나라를 해방해 줄 효력 있는 전투력을 갖추기 위해서는 여러 달이 걸릴 것이다.

세바, 드단, 다시스라고 기록된 나라들 즉 이스라엘 침공을 반대하는 나라들이 지금 어느 나라들인지 확실하지는 않지만 이스라엘이 차지하고 있는 팔레스타인 지역 즉 가나안 땅을 러시아와 이슬람 국가들이 장악하는 것을 반대해 오고 있는 나라들임에 틀림이 없다. 세바와 드단은 분명히 아라비아 반도의 어느 지방이며 아마도 페르시아 만 지역의 사우디아라비아, 쿠웨이트, 카타르, 오만, 아랍에미리트 연방 등의 부국(富國)들을 나타내는 것 같다.

이스라엘의 화학/기술 자산과 더불어 페르시아 만에 위치한 부국들의 방대한 에너지 원천은 아마도 러시아와 이슬람 국가들이 노리는 궁극적인 목표일 것이다. 이 국가 연합에 이집트, 아시리아(북이라크), 사우디아라비아의 대부분이 포함되지 않은 것은 주목할 만한 사실이다.

여기서 언급된 '다시스의 상인들'은 두로와 시돈에 있는 자기들의 커다란 항구들을 포함하여 카르타고(아마 어원적으로 볼 때 '다시스'로부터 유래된 것 같음), 스페인, 영국 안에 있는 항구들 즉 자기들의 식민지 항구들을 거점으로 해서 항해하면서 자기들의 상선(商船)을 가지고 부를 축적한 고대 뱃사람들 즉 페니키아 사람들을 나타내는 것 같다. 후대에도 스페인과 영국은 모두 해상업의 전통을 유지했고 아메리카 대륙에서 커다란 선대와 광대한 식민지들을 거느렸다.

여기의 '젊은 사자들'은 아마도 이들이 세운 식민지를 언급하는 듯하다. 오늘날 이 사자들은 주로 대영 제국과 영국이 개척한 젊은 사자들 즉 캐나다, 오스트레일리아 그리고 미국 등을 포함하는 것 같다. 이 같은 맥락에서 볼 때 러시아/이슬람권의 이스라엘 침공에 대한 주된 반대는 미국, 영국, 그리고 페르시아 만의 부유한 아랍 국가들로부터 나오게 될 것이라는 사실은 그리 놀라운 일이 아닐 것이다. 후자의 반대는 이스라엘에 관심이 있기 때문이 아니고 자기들이 가장 인접한 국가들이기 때문에 이 침공으로 말미암아 현실적으로 두려움이 닥치기 때문일 것이다.

이 같은 이스라엘 침공이 갑자기 일어날 것임을 기억하라. 공격을 반대하는 나라들이 전혀 대비하지 못하고 있을 뿐만 아니라 이스라엘은 겔38:11에 기록된 것처럼 성벽도 없고 문이나 빗장도 없이 모두 평안히 거하고 있었다.

이러한 사실은 현재 이스라엘의 존재를 위협하는 주변 이슬람 국가들의 상황과 일치하지 않음을 확실하게 보여 준다. 따라서 이러한 점을 근거로 생각해 볼 때 최근 이라크와의 전쟁은 에스겔서 38장에 예언된 러시아/이슬람 국가들의 이스라엘 침략을 위한 직접적인 전주곡은 아니었음을 알 수 있다.

그러므로 곡(Gog)을 중심으로 한 연합 세력이 이스라엘을 침략하기 전에 적어도 한 차례의 짧은 시기 즉 평온하고 안전한 것처럼 보이는 시기가 있을 것이다. 이스라엘이 휴식을 취하고 미국과 영국이 자기들의 보호막을 약화하여 자기들의 군대를 대부분

본국으로 복귀시키고 러시아가 이집트와 아라비아를 제외한 이스라엘 주변의 이슬람 국가들을 장악할 수 있는 효과적인 지도력을 얻는 동안 전쟁은 중단될 것이다. 바로 이때 이스라엘을 치려고 갑작스러운 공격이 있을 것이고 그때는 이미 이스라엘과 그것의 우방이 저항할 수 없는 상태일 것이다.

그러나 시편 38편에서 예언된 것처럼 이때가 바로 하나님께서 간섭하실 때이다.

내가 내 질투 속에서 내 진노의 불 속에서 말하였노니 반드시 그 날에 이스라엘 땅에 큰 떨림이 있어 바다의 물고기들과 하늘의 날짐승들과 들의 짐승들과 땅에서 기어 다니는 모든 기는 것들과 지면에 있는 모든 사람들이 내 얼굴 앞에서 떨며 산들이 무너져 내리고 가파른 곳들이 내려앉으며 모든 성벽이 땅바닥으로 내려앉으리라. 주 **하나님**이 말하노라. 내가 그를 대적하려고 내 모든 산 전역에서 칼을 부르니 각 사람의 칼이 자기 형제를 대적하리라. 또 내가 역병과 피로 그를 심판하며 넘쳐흐르는 비와 큰 우박들과 불과 유황을 그와 그의 떼와 그와 함께하는 많은 백성에게 비같이 쏟으리라. 이같이 내가 나 자신을 크게 높이고 거룩히 구별하여 많은 민족들의 눈 앞에서 나를 알리리니 내가 **주**인 줄을 그들이 알리라, 하라(겔38:19-23).

이 전쟁에서 침략 무리의 육분의 일만이 무서운 참변으로부터 살아남게 되고(겔39:2), '곡과 그의 무리'를 이스라엘 영토에서 장사하는 데는 장정들이 계속해서 일해도 일곱 달이나 걸리게 될 것이다(겔39:11,14). 더 나아가 곡의 군대가 남겨 놓은 비행기, 탱크, 화약, 그 외의 군수 물질의 타기 쉬운 부분들을 모두 태우는 데는 7년이 걸리게 될 것이다(겔39:9). 아마도 이것은 세상의 불경건한 모든 국가를 향한 하나님의 심판 즉 세상의 창건 이전에 이미 예정하셨던 심판인 '7년간의 심판' 곧 앞으로 다가올 '7년 환난기' 심판일지도 모른다.

이렇게 기적적으로 구출된 후에야 비로소 이스라엘에는 더 이상 무신론과 뉴에이지 운동 등의 다신론이 없어질 것이다(겔39:7). 이후로는 유대 민족과 이방 민족 모두가 창조자 되시며 모든 사람의 심판자 되시는 한 하나님께서 하늘에 계심을 알게 될 것이다.

그러나 놀라운 것은 이렇게 극적으로 구출되었음에도 이스라엘이 하나님을 구원자와 주님으로 받아들이지 않는다는 점이다. 따라서 아직도 이야기는 행복하게 끝난 것이 아니다.

이스라엘의 놀라운 부흥
The Amazing Renaissance Of Israel

기적의 민족

이스라엘은 세계 여러 민족들 가운데 참으로 특이한 민족이며 지금부터 약 4,000년 전에 야곱 – 후에는 이스라엘이라고 불림 – 과 그의 열두 아들로부터 시작되었다. 그 당시 대부분의 국가들은 – 엘람 족속, 갈대아 족속, 헷 족속, 브리스 족속, 아모리 족속, 블레셋 족속 등이 세운 국가들 – 이미 국가로서 소멸된 지 오래지만 이스라엘만은 지금까지 홀로 살아남아 국제적 관심을 끌고 있다. 앞장에서 언급한 것처럼 지금의 요란스러운 중동 사태는 중동 지방에 있어서 이스라엘의 역할에 관한 것으로 요약해서 이해할 수 있다.

더 나아가 예수 그리스도의 임박한 재림의 표적들 가운데 이스라엘의 존재와 특히 유대인들의 고국 귀환과 독립국으로서의 복원은 확실히 가장 설득력 있는 표적이 된다. 이스라엘은 지나간 2,500년 동안 외국의 통치자들에게 종속되었고, 1,800년 동안이나 나라 없이 방황하다가 갑자기 무덤으로부터 나오게 되었다(겔37:1-14). 사실 이러한 일은 전 세계 역사상 전무후무한 일이다. 그러나 이러한 일이 일어날 것은 이미 성경에 예언되어 있었다. 이스라엘은 성경에 오류가 없음을 증명하는 단서가 될 뿐만 아니라 또한 예수 그리스도의 재림이 가까이 왔음에 대한 확실한 증거가 된다. 이스라엘이 하나님의 선민으로 선택받은 것은 믿음의 조상이라 불리는 아브라함에 대한 하나님의 무조건적인 약속의 결과이다.

> 그런데 전에 주께서 아브람에게 이르시되, 너는 네 고향과 친족과 아버지 집을 떠나 내가 네게 보여 줄 땅으로 가라. 내가 너로부터 큰 민족을 만들고 네게 복을 주어 네 이름을 크게 하리니 네가 복이 되리라. 너를 축복하는 자들에게는 내가 복을 주고 너를 저주하는 자에게는 저주를 내리리니 네 안에서 땅의 모든 가족들이 복을 받으리라, 하셨으므로(창12:1-3)

지금부터 약 4,000년 전에 만들어진 이 언약은 세계 역사를 통해 계속해서 성취되어 왔다. 미국과 같이 이스라엘 후손들을 도와주었던 나라들은 큰 복을 받았고 반면에 아시리아, 바빌론, 로마 제국, 나치 독일 등의 이스라엘을 박해했던 나라들은 실제로 하나님의 저주 아래 붕괴되었다.

하나님께서 이스라엘을 부르시기 전에 존재했던 다른 모든 나라들은 하나님의 말씀에 순종하지 않았으며 그래서 하나님께서는 노아 이전의 온 세계를 대홍수로 휩쓸어 버리셨다. 그러나 대홍수 이후 겨우 3세대가 지난 뒤에 노아의 자손들은 다시 바벨에서 하나님을 대적했다. 노아의 손자였던 니므롯은 그때부터 지금까지 많은 사람들의 사상을 지배해온 '진화론적 범신론'이라는 하나님을 부정하는 종교로 사람들을 끌어들였다. 그래서 하나님께서는 직접 바벨에서 그들의 언어를 혼란케 하시고 그들을 여러 나라로 흩으셨다. 그런 뒤 하나님께서는 자신의 말씀을 드러내시고 창3:15에서 친히 약속하신 구원자를 이 세상에 보내시기 위해서 특별한 민족을 설정하셨다. 아브라함의 강한 믿음과 순종 때문에 하나님께서는 그를 선택하여 새 민족을 시작하셨고 이 민족의 영토에 관해 절대적이고도 매우 특별한 약속을 하셨다.

> 바로 그날에 주께서 아브람과 언약을 맺으며 이르시되, 내가 이 땅을 이집트 강에서부터 그 큰 강 곧 유프라테스 강까지 네 씨에게 주었노니 즉 겐 족속과 그니스 족속과 갓몬 족속과 헷 족속과 브리스 족속과 르바 족속과 아모리 족속과 가나안 족속과 기르가스 족속과 여부스 족속*의 땅이니라*, 하시니라(창15:18-21).

이때에 하나님께서는 이미 여러 가나안 족속과 다른 족속들이 거주하고 있던 땅 즉 나일강으로부터 유프라테스강까지의 모든 땅이 이스라엘 자손의 땅이 될 것을 무조건적으로 약속해 주셨다. 이 약속은 명백히 다윗과 솔로몬의 통치하에 짧은 기간 동안 이루어졌다. 그러나 이 약속이 이렇게 단기간에 성취되긴 했지만 궁극적으로는 영원히 성취될 것이다. 그 뒤로 지금까지 오랜 기간이 흘렀고 하나님께서는 이스라엘 백성이 그분께 순종하면 그들에게 큰 복을 내릴 것을 약속하셨고 반대로 그들이 하나님께 대항하여 돌아서면 심판과 그 땅에서의 추방을 약속하셨다.

> 그러나 만일 네가 주 네 하나님의 음성에 귀를 기울이지 아니하여 내가 이날 네게 명령하는 그분의 모든 명령들과 법규들을 지켜 행하지 아니하면 이 모든 저주가 네게 오며 너를 따라잡으리니(신28:15)

> 주께서 너를 땅의 이 끝에서 저 끝까지 모든 백성들 가운데로 흩으시리니 네가 거기서 너와 네 조상들이 알지 못하던 다른 신들 곧 나무와 돌을 섬기리라. 또 이 민족들 가운데서 네가 편안함을 얻지 못하고 네 발바닥이 안식을 얻지 못할 것이며 주께서 거기에서 네게 떨리는 마음과 쇠약한 눈과 슬픈 생각을 주시리니 네 생명이 네 앞에서 의심 중에 드리워질 것이요, 네가 밤낮으로 두려워하며 네 생명을 확신하지 못하리라(신28:64-66).

이 약속과 그리고 이와 비슷한 많은 예언의 말씀들이 '세상에 떠도는 유대인들'의 오래고 오랜 유랑 기간 중에 분명하게 성취되어 왔다. 유대인들은 예수님을 배척한 뒤 지난 1,800년 동안 거의 모든 나라에서 미움과 조소와 박해를 당해 왔다. 그러나 그들은 다른 포로들 혹은 추방당한 사람들과는 달리 주위 사람들에 의해 소멸되지도 동화되지도 않았고 자기들만의 뚜렷한 정체성을 잃지도 않았으며 여전히 자기들에게 약속된 메시아를 기다리고 있다. 그러나 사실 그 메시아는 이미 그들의 조상들에게 왔으나 그 조상들이 그분을 거부하고 부인했다.

주께서 너를 데려다가 *함께 살게 하실* **모든 민족들 가운데서 네가 놀랄 일과 속담거리와 웃음거리가 되리라**(신28:37).

보라, 그 백성은 홀로 거할 것이요, 민족들 가운데 *하나로* **여겨지지 아니하리라. 누가 야곱의 티끌을 셀 수 있으며 이스라엘의 사분의 일을 셀 수 있으리오?**(민23:9-10)

수 세기 동안 이스라엘 땅은 적은 수의 아랍 사람들과 메로나이트 기독교인들(Maronite Christians) 그리고 소수의 유대인들에 의해 유지되어 왔지만 그 땅은 갈수록 점점 더 황폐해졌다. 예루살렘 도시 그 자체는 주후 135년에 로마인들에 의해 완전히 몰락되었고 후에는 단지 종교적인 유적지로서 재생되었을 뿐이다. 예루살렘은 오늘날 우리 세대에 와서야 마침내 유대인들의 통치권 아래 놓이게 되었고 이전의 오랜 기간 동안 로마 사람들, 시리아 사람들, 아랍 사람들, 십자군들, 이집트 사람들, 페르시아 사람들, 터키 사람들 그리고 마지막으로 영국 사람들에 의해 통치를 받아 왔다.

비록 수 세기에 걸쳐 유대인들은 전 세계에서 박해를 받아 왔으나 아직도 꿋꿋이 존재하고 있다. 또한 그들은 과학, 사업, 교육, 의학, 법률 그리고 능력과 근면성을 요구하는 다른 많은 분야에서 대단히 많은 지도자를 배출해 왔고 자기들의 국가적 정체성뿐만 아니라 미래에 대한 메시아의 희망 또한 유지해 왔다. 이스라엘은 참으로 기적의 민족이며 수 세기 동안 인내함으로 하나님의 말씀을 확증해 온 민족이다.

이스라엘의 회복에 대한 약속

기독교인들 중에서도 마지막 날에 하나님께서 친히 이스라엘을 회복하겠다는 하나님의 약속이 얼마나 많으며 이 약속들이 또한 얼마나 명확한 것인가를 깨닫지 못하는 이들이 심히 많다. 이스라엘 백성이 자기들의 하나님께서 아브라함을 통해 약속하신 땅을 얻기 위해 가나안에 들어가기 전에 하나님께서는, 바로 앞에서 언급한 바와 같이, 그들이 하나님을 대적하는 경우 그 땅에서 이스라엘의 후손들을 추방하겠다고 경고하셨다. 그럼에도 불구하고 하나님께서는 그들이 궁극적으로 그 약속의 땅에 되돌아오게 될 것임을 예언해 주셨다.

그 모든 것에도 불구하고 그들이 그들의 원수들의 땅에 거할 때에 내가 그들을 아주 버리거나 혐오하지 아니하며 아주 멸하지 아니하고 그들과 맺은 내 언약을 깨뜨리지 아니하리니 나는 주 그들의 하나님이니라(레26:44).

하나님께서는 자신의 성스러운 언약을 깨뜨리지 않으셨다. 왜냐하면 그분은 영원한 하나님이시기 때문이다.

내가 야곱과 맺은 내 언약과 또한 이삭과 맺은 내 언약을 기억하고 아브라함과 맺은 내 언약도 기억하며 그 땅을 기억하리라(레26:42).

비록 아랍 사람들과 다른 민족들이 그 땅의 소유권을 주장한다 할지라도 이스라엘 땅은 하나님께서 창조하신 땅으로 그분의 소유이며 아브라함과 이삭과 야곱의 후손들에게 주겠다고 친히 약속하신 땅이다.

하나님은 사람이 아니시니 거짓말하지 아니하시고 사람의 아들이 아니시니 뜻을 돌이키지 아니하시는도다. 그분께서 말씀하셨으니 그것을 행하지 아니하시리오? 그분께서 이르셨으니 그것을 실행하지 아니하시리오?(민23:19)

이제 다음과 같은 예언이 이루어질 때가 오고 있다.

그때에 주 네 하나님께서 너의 포로 된 것을 돌이키시고 너를 불쌍히 여기사 주 네 하나님께서 너를 흩어 *함께 살게 하신* 모든 민족들로부터 너를 모아 되돌아가게 하실 것이요, 네게 속한 자 중의 어떤 자가 하늘 맨 끝 지역들로 쫓겨났을지라도 주 네 하나님께서 거기서 너를 모으시고 거기서 너를 데려오시리라. 주 네 하나님께서 네 조상들이 소유했던 땅으로 너를 데리고 들어가시리니 네가 그 땅을 소유할 것이며 또 그분께서 네게 선을 행하사 네 조상들보다 너를 더 번성하게 하시리라. 또 주 네 하나님께서 네 마음과 네 씨의 마음에 할례를 행하사 네 마음을 다하고 혼을 다하여 주 네 하나님을 사랑하게 하심으로써 네가 살게 하실 것이며 주 네 하나님께서 네 원수들과 너를 미워하고 핍박하던 자들에게 이 모든 저주를 두시리니 네가 돌아와서 주의 음성에 순종하며 내가 이날 네게 명령하는 그분의 모든 명령들을 행하리라(신 30:3-8).

하나님께서 아브라함, 이삭, 야곱, 그리고 모세에게 맹세하신 이 영원한 언약은 후에 다윗과 솔로몬을 통해 재확인되었다. 하나님께서는 다윗의 아들 솔로몬에 대해 다음과 같이 말씀하셨다.

그는 내 이름을 위해 집을 건축할 것이요, 나는 그의 왕국의 왕좌를 영원토록 굳게 세우리라. 나는 그의 아버지가 되고 그는 내 아들이 되리니 만일 그가 불법을 행하면 내가 사람들의 막대기와 사람들의 아이들의 채찍으로 그를 징계하리라. 그러나 내가 네 앞에서 물리친 사울에게서 내 긍휼을 빼앗은 것같이 그에게서 그것이 떠나게 하지는 아니하리라. 네 집과 네 왕국이 네 앞에서 영원히 굳게 서고 네 왕좌가 영원히 굳게 서리라, 하라, 하시니라(삼하7:13-16).

물론 이 약속은 '육체로는 다윗의 씨에서 나셨고 거룩함의 영으로는 죽은 자들로부터 부활하심으로써 권능 있게 하나님의 아들로 밝히 드러나신'(롬1:3-4) 메시아 때에 궁극적으로 이루어질 것이다. 이러한 언약들은 시편에서도 수차례 언급되지만 대언서에서 좀 더 많이 그리고 명백하게 제시된다. 대언자 이사야는 이런 예언들의 대부분이 바빌론에서의 70년간의 포로 생활로부터의 회복이 아닌 두 번째 회복 즉 바빌론으로부터가 아닌 모든 나라들로부터 오랜 기간 유랑 생활을 한 뒤에 있을 회복에 대한 것이라고 명백히 밝히고 있다.

그 날에 주께서 다시 자신의 손을 두 번째 세우사 자신의 백성 중에서 남은 자들 곧 남겨질 자들을 되찾으시되 아시리아와 이집트와 바드로스와 구스와 엘람과 시날과 하맛과 바다의 섬들로부터 되찾으실 것이요, 또 그분께서 민족들을 위해 기를 세우시고 이스라엘의 쫓겨난 자들을 모으시며 유다의 흩어진 자들을 땅의 사방에서부터 함께 모으시리라 (사11:11-12).

내가 그들을 백성들에게서 데려오고 나라들에서 그들을 모아 그들의 땅으로 데려가서 강가에 있는 이스라엘의 산들 위에서와 그 나라의 사람이 거주하는 모든 곳에서 그들을 먹이되 좋은 초장에서 먹이고 그들의 우리를 이스라엘의 높은 산들 위에 두리니 그들이 거기서 좋은 우리에 누우며 이스라엘의 산들 위에 있는 기름진 초장에서 먹으리라 (겔34:13-14).

이는 이스라엘 자손이 많은 날 동안 왕도 없고 통치자도 없고 희생물도 없고 형상도 없고 에봇도 없고 드라빔도 없이 거하다가 그 뒤에 이스라엘 자손이 돌아와 **주** 자기들의 하나님과 자기들의 왕 다윗을 구하며 마지막 날들에 **주**와 그분의 선하심을 두려워할 것이기 때문이라 (호3:4-5).

신약 성경에서도 같은 주제가 다루어진다. 예수님 당시 이스라엘 땅은 바빌론 포로 생활 이후 사마리아인들과 유대인들로 다시 채워졌고 비록 그들이 로마의 통치 밑에 있긴 했지만 그들은 자기들의 자치권을 가지고 있다. 예수님께서도 다음과 같이 말씀하셨다.

더욱이 그 날들에는 아이 밴 자들과 젖 먹이는 자들에게 화가 있으리로다! 그 땅에 큰 고난이 있겠고 이 백성에게 진노가 있으리라. 또 그들이 칼날에 쓰러지고 모든 민족들에게 포로로 잡혀갈 것이며 예루살렘은 이방인들의 때가 찰 때까지 이방인들에게 짓밟히리라 (눅21:23-24).

예루살렘은 바빌론의 느부갓네살 왕의 통치 이래로 1967년 놀랄만한 '6일 전쟁'을 통해 요르단으로부터 이스라엘에 귀속될 때까지 이방인의 통치하에 있었고 1973년의 '욤키퍼(속죄일) 전쟁'에서도 보호되었다. 바야흐로 이제 이스라엘의 완전한 회복이 실제적으로 다가왔다.

사도 베드로와 야고보는 아모스 대언자의 말을 인용하여 다음과 같이 말했다.

이 일 뒤에 내가 돌아와 다윗의 쓰러진 장막을 다시 건축하고 내가 그것의 허물어진 것을 다시 건축하며 내가 그것을 세우리니 이것은 사람들 중에서 남은 자들과 내 이름으로 불리는 모든 이방인들이 주를 찾게 하려 함이라. 이 모든 일을 행하는 주가 말하노라, 함과 같으니 (행15:16-17)

그리고 사도 바울은 이렇게 말했다.

형제들아, 너희가 스스로 지혜로운 것으로 여기지 않게 하기 위하여 이 신비에 대해 너희가 모르기를 내가 원치 아니하노니 *그것은* 곧 이방인들의 충만함이 들어올 때까지 일부가 눈머는 일이 이스라엘에게 일어났다는 것이라. 이런 식으로 온 이스라엘이 구원을 받으리라. 이것은 기록된 바, 시온에서 구출자가 나와 야곱에게서 하나님의 성품에 위배되는 것을 치워버리리니 내가 그들의 죄들을 제거할 때에 이것이 그들을 향한 내 언약이니라, 함과 같으니라 (롬11:25-27).

성경에는 명백히 드러나거나 혹은 감추어진 약속들이 많이 있다. 그러나 성경의 전체적인 구성은 이스라엘이 회개하고 주님께로 돌아올 때에 하나님의 선택된 민족으로서 궁극적으로 회복될 것임을 보여 준다.

그러면 내가 말하노니, 하나님께서 자신의 백성을 버리셨느냐? 결코 그럴 수 없느니라. 나도 이스라엘 사람이요, 아브라함의 씨에서 난 자요, 베냐민 지파에 속한 자니라. 하나님께서 자신이 미리 아신 자신의 백성을 버리지 아니하셨나니 너희가 성경기록이 엘리야에 대해 말하는 것을 알지 못하느냐?(롬11:1-2).

예수님께서도 다음과 같이 말씀하셨다.

보라, 너희 집이 버림받아 너희에게 황폐하게 되었느니라. 내가 너희에게 이르노니 이제부터 너희가 말하기를, 주의 이름으로 오시는 분을 찬송할지어다, 할 때까지 너희가 나를 보지 못하리라, 하시니라(마23:38-39).

언젠가 그들 즉 예레미야서 30장 7절에 예언된 것처럼 '야곱의 고난의 때' 이후에 남을 자들은 정말로 다시 오실 예수 그리스도를 자기들의 메시아요, 구원자요, 왕으로 인정하게 될 것이다.

또 그 날에 내가 예루살렘을 대적하러 오는 모든 민족들을 멸하려고 힘쓰리라. 내가 다윗의 집과 예루살렘 거주민들 위에 은혜의 영과 간구하는 영을 부어 주리니 그들이 나 곧 자기들이 찌른 나를 바라보고 사람이 자기 외아들로 인해 애곡하듯 그로 인해 애곡하며 사람이 자기의 처음 난 자로 인해 쓰라리게 슬퍼하듯 그로 인해 쓰라리게 슬퍼하리라(슥12:9-10).

그 날에 죄와 더러움을 *씻기* 위한 샘이 다윗의 집과 예루살렘 거주민들을 위해 열리리라(슥13:1).

또 **주**께서 온 땅을 다스리는 왕이 되시리니 그 날에는 한 **주**만 계실 것이며 그분의 이름 하나만 있으리라(슥14:9).

무화과나무의 표적

주 예수님께서는 십자가에 달리시기 삼일 전에 다음과 같이 무엇인가를 보여 주시려는 의도로 기적을 일으키셨다.

그런데 아침에 그분께서 도시 안으로 되돌아오시며 시장하시던 참에 한 무화과나무를 길에서 보시고 그 나무로 가셨으나 오직 잎사귀 외에는 거기서 아무것도 찾지 못하셨으므로 그 나무에게 이르시되, 이제부터 영원토록 네게서 아무 열매도 자라지 아니하리라, 하시매 곧 무화과나무가 말라 버리니 제자들이 그것을 보고 놀라며 이르되, 무화과나무가 어찌 그리 빨리 말라 버리는가! 하매(마21:18-20)

우리는 예수님께서 마음이 좁거나 변덕스러운 분이 아님을 확실히 알고 있다. 그분께서는 전에 빵 다섯 개와 물고기 두 마리의 기적으로 대중을 먹이셨던 것처럼 분명히 자신과 자신의 제자들에게 음식을 제공할 수 있었다. 따라서 이 말라 버린 무화과나무에는 어떤 중요한 영적 교훈이 있음이 틀림없다. 이 무화과나무는 인상 깊을 정도로 무성한 잎을 가지고 있어서 열매를 맺을 것 같았으나 사실은 그렇지 못했다. 그것은 마치 아담과 이브가 자기들이 벌거벗은 것을 알고 무화과나무 잎으로 만든 앞치마와 같다(창3:7). 그들이 만든 앞치마는 단지 무화과나무 잎들이 마르기 전까지 잠시 동안만 그들의 벗은 몸을 가려 줄 수 있었을 뿐이었다.

성경에는 무화과나무가 여러 번 언급되는데 아담과 이브의 사건에 나오는 무화과나무 잎에 대한 기록은 성경에서 가장 처음 무화과나무에 대해 언급하는 부분이다. 한편 성경 끝부분의 계6:13에는 '무화과나무가 강풍에 흔들려 설익은 무화과가 떨어지는' 현상이 마지막 날에 하늘의 별들이 땅에 떨어지는 것과 비교되어 나타난다.

잎만 무성한 무화과나무는 옷으로도 쓰일 수 없으며 제철에 무화과를 맺지 못하는 무화과나무는 주위의 환난이나 핍박을 견디지 못해 결실하지 못하는 돌밭에 뿌려진 씨앗과 같다(마13:5-6, 20-21). 그 날 올리브산에서 예수 그리스도와 그분의 제자들이 만난 무화과나무 즉 열매 맺지 못하는 무화과나무가 바로 이런 종류였는데 사실 그 무화과나무는 그 당시의 이스라엘 민족을 완벽하게 상징하고 있다.

그 당시 이스라엘이라는 나라는 겉으로 보기에는 인상적이었지만 얄팍하고 피상적이며 백성들에게 영적인 보호와 안정을 제공할 수 없었고 결국에는 메시아가 나타났을 때 그분을 거부하게 되었다. 따라서 예수님께서 그런 무화과나무를 저주한 것이 당연하지 않은가! 일찍이 예수님께서는 다음과 같이 또 다른 무화과나무의 비유를 말씀하신 적이 있다.

그분께서 또한 이 비유를 말씀하시되, 어떤 사람에게 자기 포도원에 심은 무화과나무 한 그루가 있었는데 그가 와서 그것의 열매를 구하였으나 하나도 찾지 못하였으므로 그때에 그가 자기 포도원지기에게 이르기를, 보라, 내가 이 삼 년 동안 와서 이 무화과나무에서 열매를 구하되 하나도 찾지 못하니 그것을 베어 버리라. 어찌하여 그것이 땅을 버리게 하겠느냐? 하매(눅13:6-7).

또 내가 그것을 피폐하게 내버려 두리니 *사람들이 거기서* 가지를 치거나 땅을 일구지도 못하겠고 다만 찔레와 가시가 올라올 것이며 내가 또한 구름들에게 명령하여 그것들이 그 위에 비를 내리지 못하게 하리라. 군대들의 **주**의 포도원은 이스라엘 집이요, 그분께서 기뻐하시는 초목은 유다 사람들이니라. 그분께서 판단의 공의를 바라셨으나, 보라, 도리어 압제뿐이요, 의를 바라셨으나, 보라, 도리어 부르짖음뿐이로다(사5:6-7).

그 뒤로 얼마 지나지 않아 정말로 이스라엘이라는 무화과나무는 베어졌다. 예루살렘 성전은 주후 70년에 로마의 장군 타이투스(디도)에 의해 파괴되었고 예루살렘 시는 주후 135년에 그 땅을 황폐시키고 이스라엘 민족을 세계 곳곳으로 흩은 헤드리안에 의해 파괴되었다.

그 뒤로 지금까지 약 1,800년 동안 지구상 거의 모든 나라에서 유대인들에 대한 긴 탄압이 이루어졌다. 심지어는 그리스도의 교회라 칭하는 자들도 자신들이 엄청난 기독교 탄압을 당한 뒤 점점 제도화되어 가면서 유대인들을 가리켜 '그리스도를 죽인

자들'(Christ Killers)이라 부르며 대규모의 유대인 학살을 자행하는 죄를 저질렀다. 하나님을 위한다는 명목하에 로마 카톨릭교회와 동방 정교회는 유대인 학살과 스페인에서의 종교 재판을 저질렀으며 러시아에서도 이와 비슷한 만행을 저질렀다.

주후 600년경에 무함마드와 아랍 사람들에 의한 탄압이 시작되어 서쪽으로는 동아프리카와 북아프리카를 지나 스페인 쪽으로, 동쪽으로는 서아시아와 중앙아시아를 가로지르며 인도와 인도네시아까지, 북쪽으로는 터키까지, 그리고 남쪽으로는 남부 유럽을 휩쓸며 전 세계를 정복하려고 위협하던 무슬림 교도들의 채찍이 내둘러졌다. 이러한 무슬림 통치가 진행되는 동안 유대인들과 기독교인들은 이슬람교로 강제로 개종되거나 대량 학살되었다. 결국 하나님의 택한 민족인 유대인들은 지나간 역사를 통하여 무슬림들과 거짓 크리스천들에 의해 거의 모든 곳에서 박해를 받고 죽임을 당했다. 그러나 놀랍게도 그들은 아직까지 살아 존재하고 있으며 심지어 그 수가 날이 갈수록 증가하여 번영을 누리고 있다. 슬픈 일이지만 종교 개혁 당시의 교회들도 로마 카톨릭교회가 해 온 것처럼 여러 면으로 유대인들을 박해했다.

심지어 1차 세계 대전이 끝난 뒤 이스라엘로 향하는 의미심장한 유대인 이주의 물결이 시작되었지만 나치 독일과 공산 국가들 그리고 다른 여러 나라들이 여전히 유대인들을 핍박했다. 서유럽의 명목상의 기독교 국가들뿐만 아니라 미국에서조차도 상당한 수준의 '반유대주의'(Anti-Semitism)가 지난 수십 년 동안 계속해서 존재해 왔다. '반유대주의자'들은 대부분 이스라엘이 예수 그리스도를 영접하지 않았기 때문에 하나님께서 이스라엘을 영원히 배척하셨으므로 이스라엘에 대한 하나님의 모든 국가적 약속들은 실제적인 것이 아니라 영적인 것으로 이해해야 하고 따라서 지금의 교회 시대에서는 이스라엘에 대한 모든 약속이 교회에 대한 약속들로 바뀌었다고 가르친다.[6)]

이러한 가르침은 오랫동안 로마 카톨릭교회와 카톨릭교회에서 나온 개신교 교단들 즉 장로교를 포함한 여러 프로테스탄트 교단들을 지배해 왔다. 또 어떤 극단적 기독교

---

6) 이러한 가르침은 천주교의 무천년주의 이론을 정립해 준 어거스틴 신학의 핵심 내용이다. 어거스틴 이후로 그의 신학을 답습한 칼빈과 다른 개신교 신학자들도 이와 비슷한 이론을 폈다. 따라서 1948년 이스라엘 건국 이전에 나온 대부분의 주석서가 '교회가 이스라엘이다'라는 헛된 주장을 폈으나 성경을 문자적으로 해석한 세대주의자들은 아주 오래전부터 줄기차게 이스라엘의 건국과 회복을 믿어 왔으며 그렇게 가르쳤고 사실 문자 그대로 이루어졌다. 구약의 중심 주제는 왕국이지 교회가 아니며 육적 이스라엘은 여전히 지금도 중동의 이스라엘로 남아 있고 하나님께서 아브라함에게 약속하신 대로 팔레스타인 땅을 영원히 소유할 것이며 천년왕국 때에는 모든 민족들의 으뜸 민족이 될 것이다. 바로 이런 점을 바르게 이야기하기 때문에 세대주의자들은 이스라엘과 더불어 사탄의 공격을 집중적으로 받고 있으며 국내에서는 심지어 이단이라는 소리를 듣지만 이단 판정은 사람이나 교단이 하는 것이 아니라 하나님께서 성경을 따라 하신다. 이스라엘은 이스라엘이고 교회는 교회이다. 이것이 확립되지 않으면 결코 성경의 예언과 역사를 이해할 수 없다. 사도 바울은 분명하게 신약 시대 사람들이 유대인, 이방인, 그리고 하나님의 교회의 세 부류로 나누어지며(고전10:32) 이스라엘이 회복될 것을 보여 주고 있다(롬10, 11장).

종파들은 영국과 미국을 소위 이스라엘의 '잃어버린 지파들'이라고 생각하므로 이스라엘에 대한 모든 약속들이 영국과 그의 후손들을 위한 것이라는 주장 즉 '영국화된 약속들'을 주장하고 있다.

또한 세계를 정복하기 위해 시온주의자들이 비밀 단체를 세워 음모를 꾸미고 있다고 믿고 있는 단체들은 아주 격렬하게 '반유대주의'를 외치고 있다. 이들은 이러한 시온주의 음모가 공산주의 국가들의 국제적 통신망을 통해 이루어지고 있다고 주장한다. 그들의 주장은 소위 「시온 장로들의 의정서」라 불리는 위조문서에 근거를 두고 있다. 그런데 이런 주장을 펴는 이들은 공산주의자들의 대다수가 이방인들이고 러시아 같은 공산 국가가 주로 유대인들을 박해했다는 사실 즉 공산주의 국가들이 유대인들을 도울 아무런 이유가 없다는 사실을 전혀 모르고 있다.

이러한 반유대주의 단체들은 다음과 같은 이유를 들어 유대인을 미워하고 있다.

현대 유대인은 참 유대인이 아니고 주후 200-1000년경에 코카서스 지방에서 상당한 영향을 행사한 것으로 알려진, 정체가 확실하지 않은 카자르 부족의 후손이다. 이 카자르족 왕조는 이 시기 중반부에 유대교로 명목상 개종하였으나 그들 주위에 있는 여러 나라들과의 계속된 전쟁과 이방 종교의 영향으로 지금은 실제로 거의 대부분 멸종되거나 피가 섞였다.

그러나 비록 카자르족 중에서 유대교로 개종한 몇몇이 아직까지 살아남아 있다 할지라도 분명히 그들은 현대 유대인의 소수에 불과할 것이다.

이처럼 '유랑하는 유대인'은 지난 1,800년 동안 거의 세계 모든 곳에서 박해를 받아왔다. 유대인 지도자들은 빌라도가 예수님을 십자가에 못 박게 하려고 '그의 피가 우리와 우리 자손에게 돌아가기 원하나이다'(마27:25)라고 외쳤는데 사실 역사를 통해 이 저주는 확실히 성취되었다. 이스라엘이라는 그 무화과나무는 정말 오래고 오랫동안 전혀 열매를 맺지 못했다.

싹을 내기 시작하는 무화과나무

비록 유대인들의 무화과나무가 지난 2,000년 동안 거의 열매를 맺지 못했지만 이제 비로소 다시 싹을 내고 있다. 아직 열매는 없으나 싹이 트고 있으며 사실 이것은 제자들이 예수님께 나아와 그분의 재림에 대해 여쭈어 보았을 때 예수님께서 올리브산 설교에서 제시하신 표적 중의 하나이다. 앞에서 이미 언급한 바와 같이 예수님께서는 자신이 다시 오실 때 기근, 각종 질병, 지진, 그리고 큰 세계 전쟁 등과 같은 다양한 표적들이 있을 것을 보여 주셨다.

이제 무화과나무의 비유를 배우라. 그것의 가지가 아직 연하고 잎사귀를 내면 여름이 가까운 줄을 너희가 아나니 그런즉 이와 같이 너희가 이 모든 일들을 볼 때에 그때가 가까이 곧 문들 앞에 온 줄을 너희가 아느니라(마24:32-33).

그 당시 제자들은 이 무화과나무의 비유를 자기들이 하루 전에 목격했던 기적 즉 열매를 맺지 못한 무화과나무가 예수님의 저주를 받아 곧바로 시들어 버린 사건과 연결하여 생각할 수밖에 없었을 것이다. 누가복음 13장에 기록된 무화과나무 비유에서 열매를 맺지 못한 무화과나무는 찍혀 버렸다. 그러나 이제 예수님께서는 무화과나무가 다시 꽃을 피우기 시작할 것이라고 말씀하셨다. 그들은 이 비유가 오랫동안 황폐해져서 겉으로 보기에는 거의 죽은 것 같았지만 결국에는 재생할 이스라엘 민족을 의미하는 것임을 알 수 있었을 것이다.

이것은 에스겔서에 나오는 저 유명한 '마른 뼈 환상'의 가르침과 같다. 에스겔 대언자는 마른 뼈 골짜기 환상에서, 하나님의 말씀으로 그 모든 뼈 위에 힘줄이 서고 살이 입혀지고 가죽이 덮여 하나가 되었지만 그 속에 생기가 없음을 보았다(겔 37:8). 하나님께서는 이 이상한 광경을 이렇게 설명하셨다.

> 그때에 그분께서 내게 이르시되, 사람의 아들아, 이 뼈들은 이스라엘 온 집이니라. 보라, 그들이 이르기를, 우리의 뼈들은 말랐고 우리의 소망은 없어졌으며 우리 *몸의* 부분들에 관한 한 우리는 끊어졌다, 하느니라. 그러므로 그들에게 대언하여 이르기를, 주 **하나님**께서 이같이 말씀하시느니라. 보라, 오 내 백성아, 내가 너희 무덤들을 열고 너희를 너희 무덤들에서 올라오게 하며 너희를 이스라엘 땅으로 데려가리라(겔 37:11-12).

이 성경 말씀과 다른 성경 말씀들도 마지막 날에 이스라엘 백성이 자기들의 땅으로 되돌아올 것을 예언하고 있다. 그러나 비록 그들이 돌아오기는 했지만 그때까지도 그들은, 에스겔이 본 그 뼈들이 비록 살과 가죽은 가졌으나 아직 생기가 없었던 것처럼, 불신앙 상태에 빠져 있다. 즉 그 무화과나무는 싹을 내기는 했지만 아직도 열매가 없다. 그러나 결국에는 하나님께서 다음과 같이 말씀하실 것이다.

> 또 내가 내 영을 너희 안에 두어 너희가 살게 하며 너희를 너희 땅에 두리니 나 **주**가 그것을 말하고 그것을 이행한 줄을 그때에 너희가 알리라. **주**가 말하노라, 하라, 하시니라(겔37:14).

그리고 그 무화과나무 또한 맛있는 열매를 맺게 될 것이다.

> 그러나 내가 이스라엘 집과 맺을 언약은 이것이니 곧 그 날들 이후에 내가 내 법을 그들의 속 *중심*부에 두고 그들의 마음속에 그것을 기록하여 나는 그들의 하나님이 되고 그들은 내 백성이 되리라. **주**가 말하노라. 그들이 다시는 각각 자기 이웃과 각각 자기 형제를 가르쳐 이르기를, **주**를 알라, 하지 아니하리니 이는 그들 가운데 가장 작은 자부터 가장 큰 자까지 그들이 다 나를 알 것이기 때문이라. 내가 그들의 불법을 용서하고 다시는 그들의 죄를 기억하지 아니하리라. **주**가 말하노라(렘 31:33-34).

물론 지금 우리는 단지 무화과나무가 싹을 내고 살과 뼈들이 영적인 생명을 얻지 못한 채 제자리를 찾아가는 것을 볼 뿐이다. 그러나 예수님께서는 우리가 이러한 일들을 볼 때 자신의 재림이 '가까이 심지어는 문 앞까지' 왔음을 알아야 한다고 경고하셨다. 누가복음은 이러한 예수님의 말씀을 좀 더 자세하게 설명해 주고 있다.

또 그분께서 그들에게 한 비유를 말씀하시되, 무화과나무와 모든 나무를 보라. 그것들이 싹을 내면 너희가 보고 이제 여름이 가까이 온 줄을 너희 스스로 아나니 그런즉 이와 같이 너희가 이런 일들이 일어나는 것을 볼 때에 하나님의 왕국이 가까이 온 줄을 너희가 아느니라(눅21:29-31).

만약 무화과나무가 싹을 내는 것이 고대 이스라엘의 재건을 예시한다면 '모든 나무가 싹을 내는 것'은 성경에서 이스라엘 주변에 존재했던 다른 고대 국가들 즉 이집트, 바빌로니아(현 이라크), 페르시아(현 이란), 시리아, 에돔(현 요르단), 아라비아 그리고 다른 여러 나라들의 재생/재건을 가리킴을 누구나 쉽게 추측해 볼 수 있을 것이다. 이제 이 '모든 나무들'은 이스라엘처럼 다시 싹을 내고 있다.

이미 우리가 살펴본 바와 같이 이스라엘이라는 무화과나무는 1차 세계 대전 후에 바로 싹을 내기 시작했고 예수 그리스도의 임박한 재림의 첫손가락에 꼽히는 커다란 표적이 되었다.

팔레스타인은 로마 사람들이 유대인들을 국외로 추방하면서 지중해 연안에 거주하던 블레셋 족속의 이름을 따서 이스라엘 땅에 붙여 준 이름인데 이 팔레스타인 땅(가나안 땅)으로 유대인들이 귀환하는 회복의 물결은 예전에도 있었지만 유대인들의 실제적인 귀환은 이 팔레스타인 땅이 유대인들의 영구한 땅임을 선포한 '발포어 선언'(1917) 이후에 시작되었다.

이스라엘 땅은 1차 세계 대전이 발발하기까지 약 400년 동안 오토만(오스만) 제국의 통치 아래 있었는데 1차 세계 대전 때에 허즐(Theodore Herzl)이 이끈 시온주의 운동은 20년 이상이나 이스라엘 땅에 유대 조국을 건설해야 함을 촉구해 왔다. 그러다가 유대인 화학자 와이즈맨(Chaim Weizman) 박사가 영국에 기여한 공로에 힘입어 발포어 선언에서 암시된 것처럼 유대인들의 조국 건설이 거의 이루어지게 되었다.

1918년에 1차 세계 대전은 끝났고 1920년에 대영제국은 현재 요르단의 대부분을 포함해서 팔레스타인을 통치하라는 위임을 받았다. 발포어 선언 후에 곧 터키 사람들은 예루살렘을 총 한 번 발사하지 않고 알렌비 장군 - 영문으로는 'Allenby'인데 터키 사람들은 이것을 'Allah-bey' 즉 '알라의 대언자'(Prophet of God)라고 생각함 - 에게 예루살렘을 즉시 양도했다.

그 뒤 이스라엘에서 유대인 수는 점점 증가했으며 유대인들은 아랍계 거주민들로부터 점점 더 많은 지역을 사들였다. 이러한 새 유대인 입주자들의 근면성과 독창력에 의해 그 땅의 전 지역은 변화되기 시작했다. 이 버려졌던 땅에서 거대한 오렌지 나무밭, 현대 도시들, 큰 대학들과 많은 고도의 기술 산업들이 일어났다.

그러나 불행하게도 아랍권 국가들로부터의 압력을 받은 영국은 이스라엘에게 그 땅을 주겠다는 약속을 어기고 그 땅이 아랍 사람들의 팔레스타인 국가가 될 것을 약속하는 조서를 발표했다. 그러나 하나님께서 명백히 이 일에 간섭하셔서 결국 영국은 그 팔레스타인 땅을 새로 조직된 국제 연합에 양도했다. 마침내 국제 연합은 이스라엘이 독립국이 되는 것을 승인하고 팔레스타인 땅을 양분하여 한 쪽은 유대인이 그리고 다른 한 쪽은 아랍인이 통치하도록 했다. 영국은 이 일에서 물러 나왔고 마침내 이스라엘은 1948년 5월에 독립 국가임을 선언했다.

그러나 아랍 국가들은 자기들 중앙부에 이스라엘 정부가 존재한다는 것을 전적으로 거부하고 즉각적으로 모든 유대인들을 바다로 몰아내기 위한 싸움을 시작했으며 오늘날까지도 그들의 결의는 계속해서 진행되어 오고 있다.

독립 직후 이집트, 요르단, 이라크, 시리아와 레바논 등이 즉시 이스라엘과 전쟁을 시작했다. 그러나 아랍 사람들이 무기와 수에서 월등히 우세함에도 불구하고 이스라엘이 그 전쟁에서 이겼으며 마침내 그 전쟁은 1949년 2월에 끝났다. 그리고 이스라엘은 원래 국제 연합으로부터 할당받은 것보다 더 많은 영토를 가지게 되었다.

그러나 아랍 국가들은 지금까지도 영토를 포기하지 않고 있다. 1956년 이집트는 다시 이스라엘을 공격했으나 이스라엘은 시나이 전쟁에서 재빨리 승리를 거두었다. 그리고 1967년 6월 깜짝 놀랄 만한 '6일 전쟁'이 발발했고 이스라엘은 신속히 이집트, 시리아, 요르단 그리고 이라크 군대를 쳐부수었다. 이 전쟁에서 이스라엘은 러시아가 만든 다량의 무기와 시리아로부터 골란 고원, 이집트로부터 시나이와 가자 지구(Gaza Strip), 그리고 요르단으로부터 서안 지역(West Bank)을 얻었다. 특히 이 전쟁에서 가장 중요한 것은 요르단으로부터 고대 예루살렘시를 탈환한 것이었다.

그리고 1973년 10월에 이번에도 무기와 수적으로 막대하게 우세한 이집트와 시리아에 의해 욤키퍼(속죄일) 전쟁이 발발했다. 이번에도 이스라엘이 우세했으나 전쟁은 19일이나 계속되었다. 그리고 1990년에 이라크가 쿠웨이트를 공격했을 때 무시무시한 스커드 미사일 공격 속에 이스라엘을 함정에 넣기 위한 이라크의 집요한 시도가 있었다. 그러나 이스라엘은 이 전쟁에 끼는 것을 피하였으며 결국 UN 연합군이 이라크를 완전히 패배시켰다.

위에 언급된 것들은 단지 큰 전쟁들에 지나지 않으며 이 외에도 이스라엘에는 계속해서 잦은 싸움과 테러 행위 등이 있어 왔다. 그럼에도 불구하고 이 작은 나라는 강성하고 생산적이며 아름다운 열매를 맺는 나라가 되었다. 정말로 무화과나무가 풍성하게 싹을 냈으며 따라서 여름이 가까이 왔음이 틀림없다.

그러나 이스라엘 안에 소수의 정통파 유대인들이 증가하고 있으며 소수의 유대인 그리스도인들이 있음에도 불구하고 이스라엘은 아직도 여전히 무신론 국가이다. 미국에서 많은 크리스천 여행자들이 이스라엘을 다녀갔고 이제는 성경과 기독교 서적들을 이스라엘에서 손쉽게 구할 수 있게 되었다. 많은 씨가 뿌려졌으므로 언젠가는 그 무화과나무에서 즉 재생되어 싹을 내기 시작한 나무에서 많은 영적 수확을 얻게 될 것이다.

야곱의 고난의 때

무화과나무가 열매를 맺기 전에 그리고 마른 뼈들이 생명의 영(The Spirit of life)을 받기 전에 이스라엘 자손은 한 번 더 이전보다 심한 박해를 견뎌내야 한다. 다음과 같은 대언자들의 예언들을 주의해서 살펴보자.

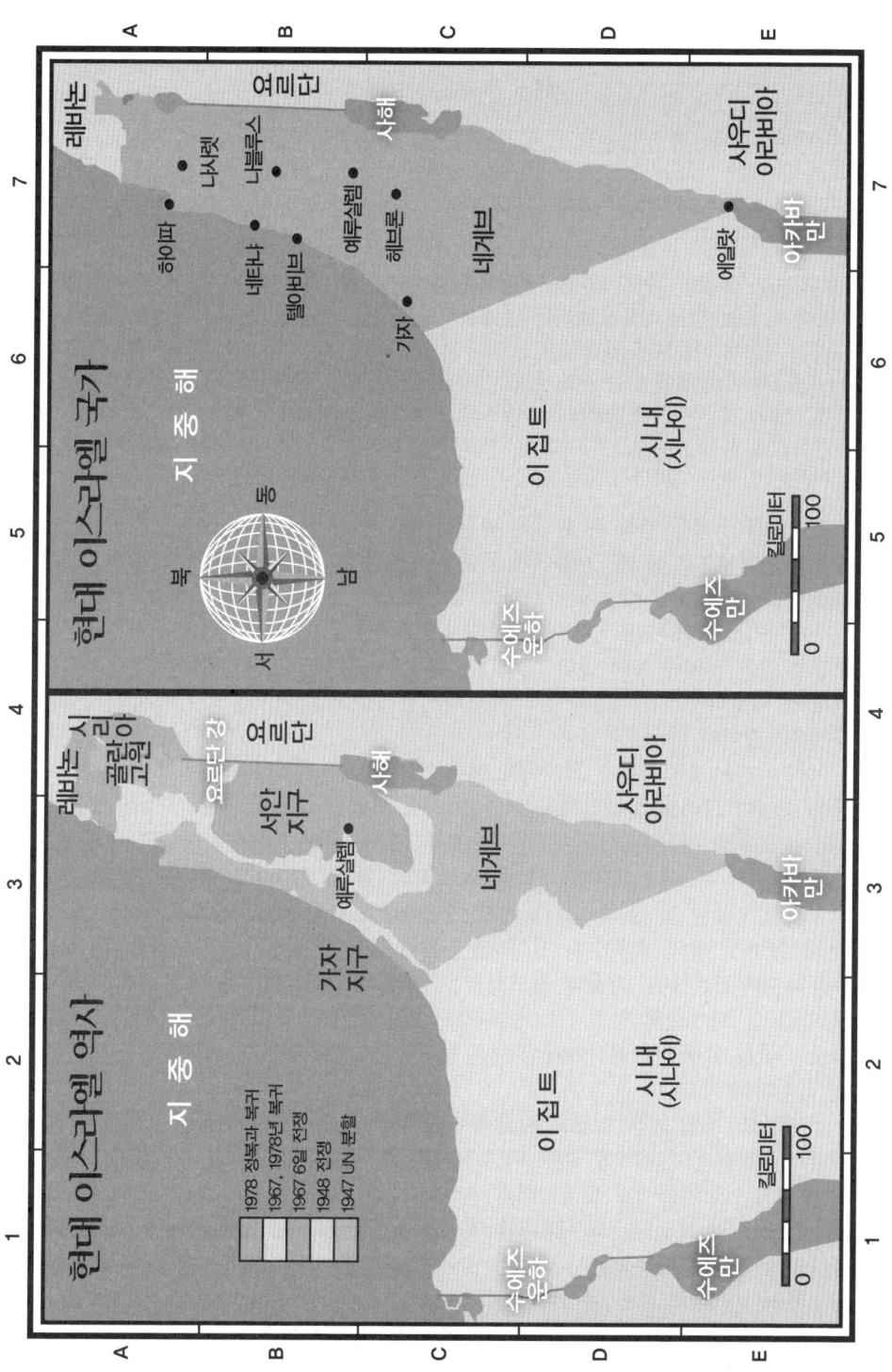

〈현대 이스라엘 역사와 이스라엘 국가〉

슬프도다! 그 날이 커서 어떤 날도 그것과 같지 아니하니 그날은 곧 야곱의 고난의 때니라. 그러나 그가 그 고난에서 구원을 받으리라(렘30:7).

그때에 네 백성의 자손들을 위해 서 있는 큰 통치자 미가엘이 일어날 것이요, 또 고난의 때가 있을 터인데 그것은 민족이 존재한 이래로 그때까지 결코 없었던 고난일 것이며 그때에 네 백성이 구출을 받되 책에 기록된 것으로 드러난 모든 자가 구출을 받으리라(단12:1).

그러므로 *주께서* 대언자 다니엘을 통해 말씀하신 황폐하게 하는 가증한 것이 거룩한 곳에 서 있는 것을 너희가 보거든 (누구든지 읽는 자는 깨달을지어다.) 그때에 유대에 있는 자들은 산들로 도망할지어다. 지붕에 있는 자는 자기 집에서 무엇을 취하려고 내려가지 말며 들에 있는 자는 옷을 가지러 되돌아가지 말지어다. 그 날들에는 아이 밴 자들과 젖 먹이는 자들에게 화가 있으리로다! 그러나 너희의 도피하는 일이 겨울이나 안식일에 일어나지 않도록 너희는 기도하라. 그때에 큰 환난이 있을 터인데 세상이 시작된 이래로 이때까지 그런 환난이 없었고 이후에도 결코 없으리라(마24:15-21).

유대인들이 겪을 가장 큰 환난은 확실히 미래에 일어날 것이고 또한 대언자들의 예언의 문맥상으로 볼 때 그 환난의 무대는 이스라엘 땅이다. 우리는 이미 에스겔서 38장 예언에서 유대 백성이 자기들의 땅으로 돌아 왔으나 아직 불신 상태에 있고 심지어 자기들의 하나님도 믿지 않는 상태에 있으며 바로 이 마지막 날에 곡의 이스라엘 침입이 있을 것임을 보아 왔다. 그러나 그들은 기적적으로 구출을 받게 되고 이로 인해 전 이스라엘은 자기들의 무신론과 다신론을 버리고 자기들의 아버지 하나님을 믿게 될 것이다.

그러나 슬프게도 그들은 그때에도 예수 그리스도를 자기들의 구원자로 인정하지 않을 것이며 그래서 하나님께서는 이 '마지막 야곱의 고난의 때'를 그들에게 주실 것이다. 그리고 마침내 그들은 그 환난으로부터 구출될 것이며 사도 바울도 이 사실을 가리켜 '결국 온 이스라엘이 구원을 얻으리라'(롬11:26)라고 말하고 있다.

이것이 오늘날 그 땅 즉 하나님께서 아브라함에게 영원한 상속으로 주신 가나안 즉 팔레스타인 땅의 상태이다. 이스라엘 사람들은 그 땅에 자기들의 나라를 세웠으나 그들의 대부분은(특히 그들의 지도자들은) 개인적으로 하나님을 믿지 않으며 예수 그리스도를 자기들의 창조자요, 구원자로 받아들이지 않고 있다. 그래서 그들은 여전히 불신 상태에서 러시아와 무슬림 동맹국들의 임박한 침입 위협을 바라보면서 늘 근심하고 있다.

1967년의 '6일 전쟁' 이래로 지금까지 거의 50년 동안 유대인들이 예루살렘시를 치리해 왔다는 것은 참으로 놀란 만한 일이다. 그래서 '예루살렘은 이방인들의 때가 찰 때까지 이방인들에게 짓밟히리라'(눅21:24)라고 하신 예수 그리스도의 예언은 성취된 것처럼 보인다. 느부갓네살 대왕의 예루살렘 점령/통치 이후로 처음으로 유대인들의 손에 예루살렘이 맡겨진 지금, 예언대로라면 그들은 예수 그리스도를 영접했어야만 하고 또한 메시아 왕국도 마침내 세워졌어야만 하는 것처럼 보인다.

그러나 문제는 예루살렘의 가장 중요한 부분 즉 예루살렘을 '거룩한 도시'(Holy

city)로 불리게 하는 지역이 아직도 이방인들에게 짓밟히고 있다는 데 있다. 이곳은 하나님께서 거하시며 자신의 백성들을 만나시는 곳 즉 성전이 놓일 터이다. 또한 이곳은 이런 목적을 위해 아브라함이 오래전에 이삭을 제물로 드렸던 산이며 후에 다윗 왕이 아라우나로부터 값을 주고 산 곳이다. 하나님께 경배를 드리기 위한 이 필수적인 장소가 예루살렘에 있고 하나님의 시계 안에 있으나 이곳은 아직까지 무슬림들의 '바위 돔'(Dome of the Rock)과 이슬람교 사원에 의해 더럽혀지고 있으며 완전히 무슬림 통치 아래 있어 유대인들은 전혀 접근할 수 없다. 이제 이스라엘은 소수의 정통파 유대인들이 원하는 것처럼 아랍 사람들로부터 쉽게 그곳을 빼앗아 자기들의 성소를 건설할 수 있을 것이다.

그러나 이러한 행동은 즉각적으로, 러시아를 배후에 두고 있는 무슬림 전 지역의 극심한 분노를 가져올 것이며 또 이스라엘의 지도자들과 지식인들은 성전이 재건되는 걸 원치 않기 때문에 무슬림 교도들이 아직도 예루살렘시의 가장 중요한 부분을 통치하고 있다.

사실 러시아와 무슬림 동맹국의 침입과 패배 후에 있을 야곱의 이 끔찍한 고난의 때는 이러한 상황을 바꾸기 위한 것이다. 예루살렘이 진정 '평화의 도시'가 되기 전에 그리고 이스라엘이라는 무화과나무가 좋은 과실을 맺기 전에 유대인들은 다시 한 번 엄청난 시련을 겪어야만 할 것이다.

그들이 내게 말하기를, 우리가 주의 집으로 들어가자, 할 때에 내가 즐거워하였도다. 오 예루살렘아, 우리 발이 네 성문들 안에 서리로다.
예루살렘은 전체가 잘 짜인 도시로 건설되었도다.
지파들 곧 주의 지파들이 주의 이름에 감사를 드리려고 이스라엘의 증언을 향해 거기로 올라가나니 *그분께서* 심판의 왕좌들 곧 다윗 집의 왕좌들을 거기에 두셨도다.
<u>예루살렘의 평화를 위해 기도하라.</u>
<u>너를 사랑하는 자들은 번영하리로다.</u>
네 성벽 안에는 평화가 있고 네 궁궐 안에는 번영이 있기를 원하노라.
내가 내 형제들과 벗들을 위해 이제 말하기를, 네 안에 평화가 있기를 원하노라, 하리로다. 주 우리 하나님의 집으로 인해 내가 네 복을 구하리로다(시122편).

이스라엘의 창조

실로 이스라엘의 영원한 창조는 7년 환난기 끝에 이루어질 것이다. 한 날에 삽시간에 한 국가가 세워질 때 즉 다시 말해 모든 유대인들이 '자기들이 찌른 자'(슥12:10) 즉 메시아를 바라보고 애통할 때 아마도 그들은 사53:3-12의 고백 (특별히 6절과 같은 고백)을 하게 될 것이다.

우리는 다 양 같아서 길을 잃고 각각 자기 길로 돌아섰는데 **주께서는** 우리 모두의 불법을 그에게 지우셨도다(사53:6).

전례 없는 이 환난의 시기에 주 하나님께서는 이스라엘의 열두 지파로부터 각각

12,000명씩 모두 144,000명의 '하나님의 종들'을 부르실 것이다(계7:4-8). 그리고 이들은 아마도 이 환난기 끝부분에 예수 그리스도가 나타나실 때 자기 동족들이 그분을 영접하도록 준비시키며 또 온 세상에 다니면서 왕국의 복음을 증언하게 될 것이다. 아마 지금도 주님께서는 이스라엘에 있는 소수의 그리스도인들의 증언과 특히 그 땅에 좋은 씨앗으로 뿌려진 성경책과 기독교 서적들을 사용하셔서 이 144,000명의 증인들을 예비하고 계심이 확실하다.

우리가 이번 장에서 살펴보았듯이 이스라엘 온 영토와 그 안의 모든 백성의 길고도 놀라운 유랑의 역사 끝에 이처럼 한 국가 전체가 예수 그리스도께 돌아오는 이 놀라운 사실 - 그러나 곧 이루어질 사실 - 은 너무도 특이한 것이어서 하나님께서는 이것을 가리켜 특별한 창조라고 부르신다.

오히려 너희는 내가 창조하는 그것을 영원히 기뻐하고 즐거워하라. 보라, 내가 예루살렘을 즐거움이 되도록 창조하고 그녀의 백성을 기쁨이 되도록 창조할 것이며 내가 예루살렘을 기뻐하고 내 백성을 기뻐하리니 슬피 우는 소리와 부르짖는 소리가 다시는 그녀 안에서 들리지 아니하리라(사65:18-19).

여기서 사용된 '창조'라는 말은 주로 근본적인 창조나 하나님의 위대하시며 초자연적인 역사를 나타낼 때만 사용되는 말이다. 이 말은 히브리어로 '바라'(bara)이며 이것은 하나님께서 창조의 주체가 되심을 보여 주는데 그 이유는 오직 하나님만이 무(無)에서 유(有)를 창조하실 수 있기 때문이다. 예를 들어 성경은 예수 그리스도 안에서 믿음으로 다시 태어나는 사람을 '새로운 창조물'(new creature)이라고 한다. 구속받은 이스라엘과 예루살렘의 특별한 경우를 살펴볼 때 수없이 많은 세대를 통해 이스라엘을 만들고 보존하시기 위하여 하나님의 초자연적인 역사가 있어야만 했기에 여기에서 '창조'라는 말을 쓴 것은 아주 합당하다.

주께서 시온을 건설하실 때에 친히 자신의 영광 속에서 나타나실 것이요, 그분께서 빈궁한 자들의 기도에 관심을 기울이시며 그들의 기도를 멸시하지 아니하시리로다. 이것이 다가올 세대를 위해 기록되리니 창조될 백성이 주를 찬양하리로다(시 102:16-18).

바벨로 되돌아감
Back To Babel

바빌론의 재건

종말이 다가옴을 보여 주는 또 다른 두드러진 표적은 고대 도시 바빌론의 재건이다. 바빌론은 예루살렘 다음으로 성경에서 가장 많이 언급되는 도시이며 하나님의 백성인 이스라엘의 고질적인 원수였다. 두 도시가 재건되어 지난날의 뛰어난 모습들을 다시 보인다는 것은 정말로 주목할 만한 일이다.

이 두 도시의 외적인 모습도 중요하지만 이들이 나타내 주는 심원한 영적/상징적 역할은 더욱 중요하다. 사도 바울은 갈4:26에서 '그러나 위에 있는 예루살렘은 자유로우며 우리 모두의 어머니라'라고 기록했으며, 요한은 바빌론을 가리켜 '땅의 창녀들과 가증한 것들의 어미'(계17:5)라고 말했다. 구원받은 모든 자들이 영원히 기할 기록한 도시는 '새 예루살렘'이라고 불리는 반면에(계21:2), 바빌론은 '온 땅을 멸하는 멸망의 산' 혹은 '온 땅의 쇠망치'(렘51:25; 50:23)라고 불린다.

대언자 이사야는 바빌론의 권력이 절정에 달하고 마침내 이스라엘을 침략하기 한 세기 전에 이미 바빌론의 사악함과 잔인함 그리고 우상 숭배로 인해 바빌론이 멸망할 것을 예언했다.

왕국들의 영광이요, 갈대아 사람들의 뛰어난 아름다움인 바빌론이, 하나님이 소돔과 고모라를 엎어 멸한 때와 같이 되리니 그곳에는 결코 사람이 거주하지 아니하고 대대로 사람이 거하지도 아니할 것이며 아라비아 사람도 거기에 장막을 치지 아니하고 목자들도 거기서 양 우리를 만들지 아니할 것이요(사13:19-20).

이 예언이 있은 지 백 년이 지난 후 많은 유대인들은 바빌론으로 잡혀갔으며 느부갓네살 왕이 예루살렘과 성전을 불태우고 난 뒤 예레미야는 비슷한 어조로 다음과 같이 예언했다.

어찌 온 땅의 쇠망치가 쪼개어지고 부러졌는가! 어찌 바빌론이 민족들 가운데서 황폐한 곳이 되었는가!…그러므로 사막의 들짐승들이 섬들의 들짐승들과 함께 거기에 거하며 올빼미들이 그 안에 거할 것이요, 그곳에는 영원토록 다시는 사람이 거주하지 아니하겠고 대대로 그 안에 거할 자가 없으리라(렘50:23, 39).

이와 비슷한 다른 많은 예언들은 바빌론의 멸망과 영구적인 폐허 상태를 말해 준다. 그러나 이러한 것들이 아직 완전히 성취되지는 않았다. 바빌론은 결코 하나님께서 소돔과 고모라를 소멸시키신 때처럼 갑자기 멸망하진 않았다. 오늘날까지도 옛 바빌론인 이라크 내의 아랍 사람들은 옛날처럼 자기들의 천막을 치고 있고 그 도시를 재건하는 과정 중에 있다. 지금도 이곳에는 사람들이 거주하고 있다. 바빌론은 예수님 이후 약 1세기가 지난 뒤 서서히 거의 다 몰락되었지만 완전히 폐허가 되어 거주민이 없었던 적은 한 번도 없었다.

소수의 아랍계 거주자들이 그 전의 바빌론의 영광의 폐허 가운데 여기저기 흩어져 살고 있다. 성경의 마지막 예언서에서 사도 요한은 마지막 때에 있을 바빌론이 '땅의 왕들 위에 군림하는 저 큰 도시'이며 '고운 아마포와 자주색 옷감과 주홍색 옷감으로 옷 입고 금과 보석과 진주로 꾸민 저 큰 도시'라고 말했다(계17:18; 18:16). 그 뒤에 그는 음녀 바빌론이 다스리던 땅의 왕들이 그녀를 불로 태워서 하루 동안에 사망과 애통과 기근이 임하는 것을 보았다.

> 네가 본 열 뿔 곧 짐승 위에 있는 이것들이 그 음녀를 미워하여 그녀를 황폐하게 하고 벌거벗게 하며 그녀의 살을 먹고 그녀를 불로 태우리라…그러므로 그녀가 받을 재앙들 곧 사망과 애곡과 기근이 한 날에 닥치리라. 그녀가 완전히 불에 타리니 이는 그녀를 심판하시는 주 하나님께서 강하시기 때문이라(계17:16; 18:8).

사실 사도 요한은 이사야와 예레미야 대언자의 옛 예언들을 반복하고 있다. 구약 대언자들의 예언은 부분적으로 이루어졌고 성경의 예언들이 대개 두 번 성취되는 것을 고려해 보면 이 예언들은 미래에 완전히 성취될 것이다.

> 바빌론이 *폐허* 더미가 되고 용들의 거처가 되며 거주민이 없어 놀랄 일과 비웃음거리가 되리라(렘51:37).

> 그가 우렁찬 음성으로 힘차게 외쳐 이르되, 저 큰 바빌론이 무너졌도다, 무너졌도다. *그녀가* 마귀들의 거처가 되고 모든 더러운 영의 요새가 되며 모든 부정하고 미움받는 새의 집이 되었도다(계18:2).

그리고 마지막으로 다음과 같은 일이 있을 것이다.

> 바다가 바빌론 위로 올라왔으므로 그녀가 바다의 많은 파도에 덮였도다(렘51:42).

> 한 강력한 천사가 큰 맷돌 같은 돌을 들어 바닷속으로 던지며 이르되, 저 큰 도시 바빌론이 이같이 세차게 던져져서 결코 다시는 보이지 아니하리라(계18:21).

그러므로 한때 '바그다드의 미치광이'인 이라크의 독재자 후세인이 고대 바빌론과 아시리아가 차지했던 영토를 차지했고 또 자기의 석유로 축적된 부(富)를 바빌론 재건설 즉 느부갓네살 치하의 영광의 재현이라는 거대한 계획에 사용했다는 것은 매우 중요하다. 그 계획은 1950년대 초반 이라크가 관광객들을 유치할 목적으로 석유 자원을 개발하기 시작한 직후에 처음으로 착상되었다. 그리고 그것은 1979년 후세인이 권력을 잡을 때까지 천천히 진행되었다. 그는 1980년 이란과 전쟁을 시작했고 1982년부터 바빌론을 회복하기 위하여 갖은 노력을 집중적으로 기울이기 시작했다. 이란과의 전쟁과 바빌론의 회복이라는 두 개의 계획은 그에게 있어 국가적 자부심을 불러일으킬 만한 역사적 상징물이었다.

이란과의 전쟁은 거대한 고대 바빌론 제국의 종말을 가져온 페르시아 즉 옛 이란에 의한 바빌론 정복을 뒤집어 보려는 것이었다. 또한 바빌론의 회복은 이라크가 모든 아랍 국가들의 중심지로 인정을 받게 하기 위함이었다. 그의 꿈은 모든 아랍 국가들 즉 모든 회교도들을 연합하여 장차 세계를 정복하려는 것이었다. 그는 자신을 느부갓네살 대왕의 후계자로 생각했고 권력을 잡은 후 줄곧 이 사실을 이라크 사람들에게 주지시켜 왔으며 특히 바빌론 거리와 바빌론 궁의 재건설을 강력히 주장했다.

그러나 그는 옛 페르시아 즉 지금의 이란과의 8년 전쟁에서 실패했다. 더욱이 느부갓네살 대왕의 후계자로서 그가 지녔던 꿈 즉 바빌론을 통한 세계 지배의 꿈은 비참하게 실패하였고 그는 이 세상의 모든 사람들이 가는 길로 가고 말았다. 그는 미국을 위시한 다국적군과의 치명적인 전쟁에서 붙잡혀 죽고 말았다.

그럼에도 불구하고 바그다드에서 남쪽으로 88킬로미터 떨어진 유프라테스 강 위의 도시 바빌론은 여전히 존재할 것이다. 이 글을 쓸 때 바빌론은 단지 부분적으로 회복되었고 지난 10년 동안의 이라크가 치른 두 번의 전쟁에서도 전혀 손상되지 않았다. 비록 후세인이 바빌론 왕국의 꿈을 성취하지 않았지만 다른 누군가가 이 바빌론 재현의 꿈을 이룰 것이다.

유럽 통합 국가

러시아와 이슬람 국가들이 이스라엘 침략에서 결정적으로 패배하여 다시는 세계를 심각하게 위협할 수 없게 될 때 굉장한 크기의 힘의 공백이 동유럽과 북유럽뿐 아니라 중동에서 생길 것이다. 아랍 석유 보유국들의 부(富)는 극동 아시아 – 특히 일본, 중국, 한국 – 와 유럽 대륙의 산업/경제의 중대한 역할을 하고 있으므로 이들은 이것을 포기할 수 없을 것이다. 서유럽 국가들은 아마도 강력한 연합 세력의 이점을 이용하여 이것을 차지하려 할 것이다. 북대서양 조약 기구(NATO)는 2차 세계 대전 이후 군사적 동맹체로 형성되었고 미국을 중요한 – 아마도 가장 영향력 있는 – 구성 멤버로 포함시켰다.

1957년 처음으로 결성된 유럽 공동 시장(European Common Market)은 그리스에서부터 영국에 이르기까지 유럽 전 지역을 포함하는데 원래 이것은 서유럽의 열 개 혹은 그 이상의 나라들로 구성된 경제 연합 공동체였다. 현재 이 유럽 공동체(European Community)는 공식적으로 의회와 공동 유럽 통화 – 예전에는 European Currency Unit 즉 ECU였으나 지금은 EURO임 – 를 갖고 있다.

지난 몇 십 년 동안 유럽에서는 여러 활동 분야에 걸쳐서 전 유럽이 유럽 합중국(United States of Europe)이라 불릴 정도의 완전한 정치적 연합을 형성해야 한다는 강한 압력이 있어 왔다. 사실 그들이 합쳐질 때 그들은 소련이나 미국과 맞먹는 군사적, 경제적인 힘을 가질 것이다.

　성경의 예언을 연구해 온 많은 사람들은 획기적인 유럽 연합(European Union)의 발족이 오랫동안 성경에서 예언되었던 '옛 로마 제국' 부흥의 시작이라고 해석해 왔다. 그러나 옛 로마 제국은 지금의 서유럽의 여러 나라들보다 훨씬 더 복잡하기 때문에 이러한 유럽 연합은 '수정된 로마 제국'(Revised Roman Empire)이라 불리는 것이 더 좋을 것이다. 그것은 서쪽의 벨기에와 영국으로부터 아르메니아와 이라크의 동부까지를 포함하며 지중해를 경계로 하는 모든 나라를 포함하지만 러시아와 페르시아 그리고 그보다 더 떨어진 대륙들은 제외된다. 옛 로마 제국과 지금의 유럽 공동 시장 국가들과의 대응관계는 사실 부분적이고 희박하다고 볼 수 있다. 왜냐하면 옛 로마 제국은 결코 현재 유럽 공동체의 회원국인 독일, 덴마크, 아일랜드나 네덜란드를 합병하지 않았고 반면에 모든 북아프리카, 시리아와 이스라엘 등을 포함하였기 때문이다.

　'회복된 로마 제국'(Revived Roman Empire)의 개념은 다니엘에 의해 해석된 바빌론 느부갓네살 왕의 꿈에 나타난 '예언적 신상'(prophetic image)에 그 기초를 두고 있다(단2:31-45). 이 예언에 따르면 다니엘 시대로부터 바빌론, 페르시아, 그리스, 로마 제국의 순으로 네 개의 지배적인 세계 제국이 있을 것이고 마지막에는 로마 제국의 일부와 근대 민주주의 국가들을 합친 듯한 또 다른 세력이 등장하게 된다. 이 마지막 제국은 예수 그리스도의 재림 때에 구원자의 왕국에 의해 무너지게 될 것이다. 느부갓네살의 신상의 꿈에서 해석된 로마 제국 즉 오래전에 붕괴된 옛 로마 제국은 - 혹은 로마 제국의 영향은 - 예수 그리스도의 재림 때까지 존재하는 것처럼 보이며 따라서 많은 이들이 로마 제국이 회복될 것이라고 가정해 왔다. 사실 21세기 초반에 이탈리아의 독재자 무솔리니는 로마의 고대 제국을 재건설하려는 야망을 갖고 있었기에 많은 그리스도인들이 그가 바로 적그리스도라고 믿었다. 그러나 무솔리니는 좌천되어 죽었고 그 이후로도 히틀러나 다른 이들이 자신을 적그리스도라고 단언해 왔다.

　'로마 제국은 결코 멸망하지 않는다'는 것은 사실이다. 그래서 회복될 필요도 없다. 비록 제국의 수도나 통치자가 없다 하더라도 로마의 법률 체제는 대부분의 근대 법전의 모델이 되었으며 군사, 정부 체계는 폭넓게 복사되어 전 세계 여러 나라에서 사용되어 왔다. 또한 그레코로만 철학이 근대 교육을 지배하고 있으며 로마의 종교와 문화는 로마 카톨릭교회와 그리스/러시아 정교회 등에서 영속되고 있다. 느브갓네살의 신상의 발이 제시하듯이, 로마의 엄격한 독재주의는 민주주의와 심지어 민주주의의 뒤를 이은 사회주의와 혼합되어 있다. 그럼에도 불구하고 로마 제국은 그 본질 면에서 현재까지도 그대로 지속되고 있다.

　사실상 로마 제국은 미국과 오스트레일리아로 확장되었으며 중동의 이슬람 국가들과 북아프리카 국가들이 무슬림들의 침입으로 이슬람 국가로 바뀔 때까지 그들의 문화를 지배했다. 따라서 다니엘이 해석한 느브갓네살 신상의 '로마' 부분은 서유럽 국가들뿐 아니라 곡이 이스라엘을 침입하여 크게 패배함으로써 발생하는 중동 지역의

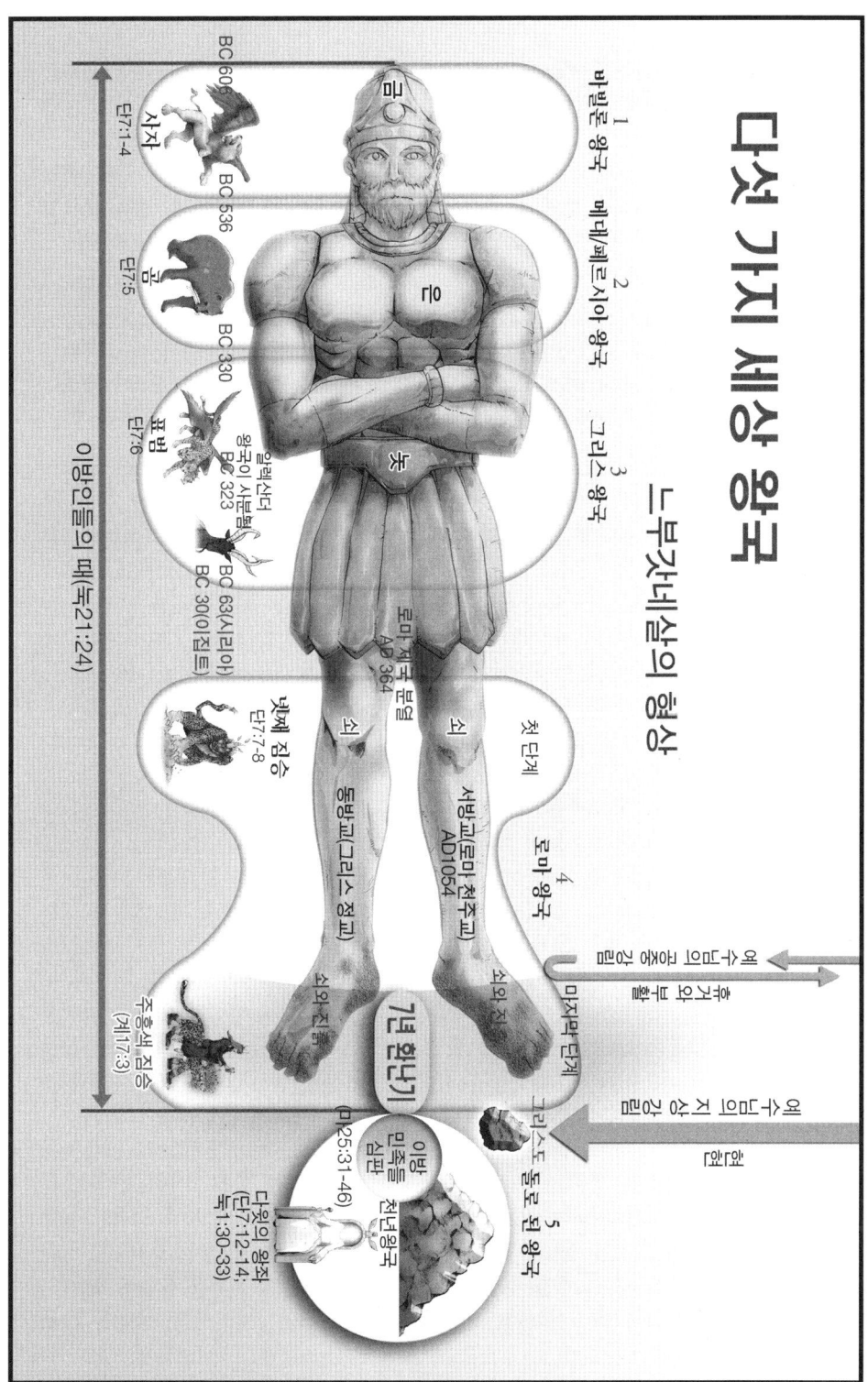

받은 상태에서 사탄 왕국의 영향으로부터 해방될 수 있다.
 비록 우리가 앞으로 도래할 사탄의 종말론적 심판으로부터 완전히 해방
되는 것은 그리스도께서 재림하실 때 동반될 우주적 심판을 통해서이지
만, 현재적으로 그 심판을 앞당겨 맛볼 수 있는 것은 성령의 표적들을 통
한 것임이 분명하다. 그러나 모든 시대의 그리스도인들도 눈에 보이지
않는 성령의 능력이다. 그리고 더 큰 구원론적 의미는 늘 그것을 통해 운
행하시는 이 종말론적 표적들의 기능 속에 담겨져 있다.
 요한에게 또 다른 예언의 마지막 날 짐승을 향한 의 심판은 더 거대한
것이다. 그래서 그는 마지막 때 "내가 짐승 한 마리가 바다에서 나오는
것을 보았다 — 뿔이 열 개이고 머리가 일곱이었다. 그(3절)에는 머리들을
상하게 된 것 같이 보였다. 이 짐승은 그 교만하게 하나님을 비방하는 자
이며 그 예배자들을 거느리고 있다. 그 짐승은 내 백성 성도들과 싸워 이
기기까지 마지막 짐승에 자기 세상을 다스리는 권세를 받을 것이다. 그들
은 생물책에 그 이름이 기록되지 않은 자들이다. 이 해답은 마지막 때
바다에서 올라온 짐승과 예수님을 박해한 자들에 대한 심판과 그 의로부
터의 해방이다(11-12절). 다니엘 7장에서 이 같은 미래의 것이었으나
바다로부터 오신 사람의 아들이 예수님에 의해 성취되었다. '짐승의 사자
는 특수한 세력을 상징한다'(4절). 사람들은 종종적인 것들을 통해 표현
하려 하지만 이것은 마지막 때 시대의 영적 일어날 이 마지막 때의 전쟁
은 매우 강렬한 것이다. 특히 그 교만들과 오만이 더욱 치열해지는 시점
에 이른다(5절). 여기서 사람들을 이끌어가려는 대립자는 짐승을 생각하
며 그 짐승은 다른 짐승의 표를 받게 된 메카 부정해 마친다'(6절).
 이 짐승은 일곱이나 같은 주는 뱀의 편에서 시는 무리들을 인도할 것이
다, 그리고 예수님의 아들의 비웃음거리가 될 것이다. 예수님은 많은 표 적
을 지녔다. 상경에는 종말론적 짐승이 다수 장자에게 의행에 대한 일부 표
현이 뜻이다. 예컨대 짐승, 뿔나팔 등을 가리킨다. '짐승이 이루는 것이다'
11:44; 계16:12), 넷째 짐승에, 뿔로부터 유사하고 십분 이상한 짐승이었더
라'(7절). 이 짐승은 하도 사단의 표적으로부터 나아가 성도를 쓴다.
 내가 반드시 이에 살아 보고 그리 바로에게 일곱 마지막 살의 심판 결 가지고 내
려온 다른 청사가 있어 그 영광이 세상을 마지막 때 짐승이 갇히에 그림과 같으리라
(계13:1-2).

사탄 왕국의 맞은 장공을 일에 앞 동안 것 일이 세계가 지배할 것 터이일 그는 다시 나타나어
있는 제 사탄을 감옥에서 풀었다. 악인은 이 심판이 관한 장소을 지자에게 대응하여
세탄 자신이 영광되지 않도록 위하에 이길 것이다.
세계들이 완전한 영광을 알도록 모두 있긴 것이다.
그들의 최후 일체가 상태가 예배하기를 강요하기 마귀의 개기약
에서 사용을 가지고 운동할 것이다. 여호수아 되어 영광으로써 바라라이들이고
공도, 사용하지 않을 것이다. 앤반사림 체계 자매를 그 영향어내린 배권들이올록

이 목적에 부합하는 더할 나위 없이 이상적인 곳이기 때문이다. 바빌론은 모든 지구 대륙의 지리적 질량 중심과 매우 밀접하기 때문에 정치뿐 아니라 세계 재정, 교통, 통신의 중심지로서 최적의 위치에 놓여 있다. 또한 이곳은 인류가 세웠던 첫째 큰 수도이므로 연합 국가와 세계 정부의 도시로서 지명되기에 알맞다.

그가 이같이 이르되, 넷째 짐승은 땅 위에서 넷째 왕국이 될 터인데 이 왕국은 모든 왕국들과 달라서 온 땅을 삼키고 짓밟은 뒤 부수어 산산조각 낼 것이요, 또 이 왕국에서 나온 열 뿔은 앞으로 일어날 열 왕이며 그들 뒤에 다른 *왕*이 일어날 터인데 그는 먼저 있던 자들과 다르고 또 세 왕을 정복하리라. 또 그가 지극히 높으신 분을 대적하여 엄청난 말들을 하며 지극히 높으신 분의 성도들을 지치게 하고 때와 법들을 바꾸려고 생각할 것이며 그들은 한 때와 두 때와 반 때[3년 반]까지 그의 손에 주어지리라(단 7:23-25).

또 *용이* 그에게 큰 것들을 말하며 신성모독 하는 입을 주고 또 그에게 마흔두 달(3년 반)동안 지속할 권능을 주매(계13:5)

바빌론을 재건할 때에 그것을 완성하기 위해 필요한 부분은 그 짐승이 요구할 노예 노동뿐 아니라 현대의 각종 건설 기술을 사용하여 침략에서 획득한 석유에 의한 부(富)를 가지고 신속히 성취될 것이다. 바빌론은 각 나라에서 온 사람들로 거리마다 붐빌 것이고 온 세상에서 가장 바쁜 상점들과 오락 시설들의 중심지가 될 것이다. 고대 바빌론의 영예와 현대 기술의 화려함이 곳곳에 나타날 것이고 또한 고대와 현대의 사악함과 부도덕이 사회 전반에 퍼질 것이다. 그러나 이것은 잠시뿐이다.

세계 종교와 뉴에이지 운동

다니엘서와 계시록에서 언급된 것처럼 사도 바울은 말세의 그 짐승을 가리켜 '죄의 사람…멸망의 아들'이라고 불렀다(살후2:3). 그는 오늘날 살아 있는 사람일는지도 모른다. 또한 그는 사탄에게 사로잡혀 사탄을 위해 일하고 사탄의 세계 지배를 위한 특별한 역할을 담당할 인물로서 참 창조자 하나님과 구원자 예수 그리스도를 믿는 믿음을 파괴하기 위해 사탄이 준비할 사람이다. 따라서 그는 단일 세계 정부뿐 아니라 전 세계적 반유일신 종교 체제 설립을 꾀할 것이다. 그의 최종 목적 즉 그를 통한 사탄의 최종 목적은 사탄을 하나님으로 섬기는 추종 세력을 온 세상에 키우는 것이다.

그의 '종교 대신'은 '거짓 대언자'(계13:11; 16:13)로 불리는 또 다른 '짐승'인데 그의 기능은 진화론을 신봉하는 범신론적 휴머니즘 종교를 널리 알리고 강요하는 것이다. 이러한 종교관은 여러 세대를 통한 진화 발전 과정 안에서 우주가 만든 최고의 산물인 '사람' 즉 온 우주에서 가장 지적이라고 여겨지는 '사람'에게 경배를 드리게 할 것이다. 전 세계를 지배할 이 대표적인 사람은 '자신이 영원한 우주의 혼(魂)이다'라고 주장하는 이 세상 신(神) 사탄의 이름으로 온 인류를 대표하는 자가 될 것이다.

그러므로 소위 '뉴에이지 운동'이라 불리는 마지막 때의 또 다른 표적이 지금 온 세상을 산불처럼 휩쓸아치는 것은 결코 놀랄 일이 아니다. 이것은 응집력이 있고 순수한 것들을 포함하지 않으며 모든 숭배와 믿음과 조직의 전 영역이 혼합된 과학, 사업, 교육, 의학, 비밀 종교와 철학 등을 포함한다. 이렇게 뉴에이지 안에 모든 것이 혼합되어 있지만 다음의 두 가지 신념 즉 진화와 세계 정부에 대한 신념은 모든 뉴에이지 개념에 공통적으로 존재한다.

우리가 알고 있는 과학적 혁명의 대부분은 기독교 유일신관의 기반 위에서 태어났고 특히 뉴턴, 보일, 주울, 파스칼과 및 이들과 비슷한 다른 크리스천 과학자들의 업적을 통해 주로 나타났다. 그러나 오래지 않아 다윈과 같은 유물론 과학자들과 철학자들이 자연주의, 이신론(理神論), 무신론 등을 도입하여 전 세계를 타락으로 이끌었다.

그러나 최근에는 무작위 과정이 복잡한 우주를 생산해 낼 수 없음이 드러나고 자연적 선택을 통해 예비된 점진적 변화에 의한 진화는 과학적 증거가 없는 것으로 판명되었기 때문에 사람들은 – 특히 젊은이들 – 전통적인 다윈의 진화론적 휴머니즘에 반발하기 시작했다.

오늘날 많은 사람들이 창조자의와 성경적 기독교 신앙으로 되돌아오고 있기는 하지만 불행하게도 그보다 더 많은 사람들이 뉴에이지 신념을 믿고 있다. 모든 뉴에이지 예배와 훈련은 성경적 신앙을 부인하며 – 비록 이들 중 몇몇은 복음주의 교회나 교회 안의 조직으로 침투하기 위해 자신들의 신념을 감추려고 노력을 하기는 하지만 – 또한 전통적 무신론과 우연에 의한 진화 역시 부인한다. 대신에 그들은 다신교 형태를 옹호하고 자연계나 우주 자체가 지성이 있다고 여기며 – 예를 들어 이들은 '어머니 지구'라는 말을 잘 사용함 – 이전 시대들에서 발전된 어떤 영적인 존재들 즉 마귀들을 통해 진화가 이루어진다고 주장한다. 실제로 뉴에이지 신념들은 결코 새로운 것이 아니며 다만 현대어로 포장된 고대 우상 숭배의 반복일 뿐이다. 그들은 우주 즉 코스모스 자체가 신이므로 그 안에 있는 모든 성분이 신의 일부라고 주장한다.

따라서 뉴에이지 운동에서 가장 중요한 것은 모든 인류가 자기 자신의 신성을 자각하는 것이다. 물론 이것이야말로 진화론적 휴머니즘의 극치이다. 그들은 종교도사나 종교 지도자, 구루 등을 숭배하는데 사실 이러한 숭배를 통해 그들은 자기 자신을 숭배하고 있다. 이 운동은 결국 세계적 평화를 가져오리라고 자신들이 굳게 믿는 자 즉 땅의 왕인 '사람'을 숭배함으로써 절정에 달할 것이다.

이 역할을 위해 많은 새 시대 운동가들(뉴에이저)이 추앙하고 있는 한 현저한 후보는 석가모니와 그리스도의 환생이라는 평을 듣는 마이트레야(Lord Maitreya)이다. 그는 영국에 있는 파키스탄 사회의 신비한 이슬람교 지도자이며 많은 이들이 예수님의 재림 때에 그가 그리스도로 세계에 밝혀질 것이라 믿고 있다. 의심의 여지없이 그는 예수 그리스도께서 '올리브산 설교'에서 자신의 제자들에게 경고하셨던 '거짓 그리스도들' 중의 하나이다. 그러나 오늘날 많은 사람들이 그를 믿고 있으며 그는 부시 미국 대통령과 고르바초프 러시아 대통령과 오랫동안 이야기를 나누었다고 주장한다. 여하튼 그는 얼마 동안 뉴에이지 신비론자들 사이에서 대중적 상징으로 부각되어 왔다.

이처럼 뉴에이지 운동이 극성을 부리는 가운데 결국 '옛날의 바벨로 되돌아가는 일'이 이루어진다는 것은 당연하다. 바벨은 세계 최초의 적그리스도와 그가 다스린 최초의 단일 세계 정부의 중심지였으며 따라서 그들에게는 바로 그곳에 최종적이며 영원한 세계 문화 체제를 세우는 것이 큰 의미를 갖고 있다.

이것의 전조로서 많은 사람들이 1987년 9월 22일 즉 후세인이 정한 날에 재건된 바빌론에 모였는데 그 이유는 이 날이 바로 이라크의 이란 침략을 기념하는 7주기 날이었기 때문이다. 이것은 전 세계의 문화 축제로서 여러 나라의 뛰어난 무용가, 음악가들의 공연을 중심으로 계획되었다. 이 모임은 1년 뒤에 또 열렸고 훌륭한 행렬과 극적인 공연이 있었다. 개막 의식에는 바빌론의 여신 이쉬타르를 찬양하는 공연도 포함되었고 마지막 행사는 이 여신을 찬미하기 위해 재건된 '이쉬타르 문(門)'을 통과하는 행진이었다. 유일신 알라를 믿는다고 주장하는 회교도들이 이것에 반대하지 않은 것은 정말 놀라운 일이었다.

그러나 그 뒤 후세인은 이란과의 8년 전쟁 후 고갈된 재정을 보충해야만 하는 급박한 문제 때문에 이 연례행사를 열지 않았다. 그는 석유 가격을 올리기 위해서 작지만 돈이 많은 쿠웨이트의 지도자들에게 압력을 가했다. 그런데 그들이 이 압력에 대항하자 그는 쿠웨이트를 침공했으나 결국 대패하고 말았다. 그의 위대한 '신(新) 바빌론 제국 건설 계획'은 쿠웨이트 침공 실패로 무산되어 버렸다.

비록 바빌론 재건설이 당분간 중단되었지만 이것은 잠정적인 것이며 곧 재개될 터인데 아마도 이번에는 후세인의 자기중심적인 왕국의 꿈을 만족시키기 위해서라기보다는 전 세계 사람들이 참가하여 국제적 계획으로 승화하기 위해서 진행될 것이다. 재건된 바빌론에서 일어나는 모든 것은 앞으로의 일을 분명히 나타내 주는 징조이다.

30년 전까지만 해도 사람들에게 전혀 알려지지 않았던 뉴에이지 운동이 지금은 인간 사회 어디에서나 급속히 지배적인 세력이 되고 있다. 이 운동은 마법, 점성술,

심령술, 사탄주의 등에서부터 지질학자의 가야 가설과 같은 과학적 개념, 생물학자의 속생설과 형태 발생 분야, 그리고 우주학자의 인류발생론적 요소 등에 이르기까지 각종 이단 종교와 활동 등을 포함한다. 사실 이 모든 것은 진화라는 개념에 기초한 것이며 모두가 철학적 관점에서 세계 지향적이며 범신론적이고 경배 측면에서는 인본주의적이다. 새 시대 운동가들은 모두 탁월하신 인격체로서의 하나님을 거부하고 하나님의 흠 없는 말씀으로서 성경을 거부하며, 하나님의 신성이 예수 그리스도 안에서 사람의 육신에 그대로 나타난 성육신을 부인하고, 예수 그리스도께서 인간의 죄로 인해 대신 속죄하시며 죽으신 것을 거부하고 그분께서 죽음에서 육체적 부활을 이루신 사실을 거부하며, 예수님의 사역과 그분에 대한 믿음을 통한 영생과 구원이라는 선물을 부인한다. 이들은 또한 누구나 사랑해야 한다고 주장하면서도 위와 같은 진실을 믿고 가르치는 근본적 기독교인들을 미워한다.

뉴에이지의 교리와 그 추종자들의 행위는 다양하며 그들은 때때로 자기들끼리 혹은 무신론자들과 그리고 현세의 인본주의자들과 다툰다. 그러나 그들은 모두 참 하나님과 그리스도를 거부하는 데는 하나로 뭉친다. 마침내 그들은 계시록의 짐승과 죄의 사람인 적그리스도의 최종적 종교 체제 안에 있는 동방 종교들 즉 힌두교, 불교, 도교 등과 연합할 것이다.

오늘날 세계에서 산불처럼 번지고 있는 뉴에이지 신앙 즉 사탄이 부흥시키고 있는 '오래된 범신론 종교'인 뉴에이지 신앙의 목록은 거의 끝이 없다. 거기에는 석공 조직(프리메이슨, Free Mason)과 같은 비밀 사회 조직과 기독교 과학, 통일체, 몰몬교, 종교 과학, 유니테리언파 등의 종교적인 단체와 초월 명상, 심령술 등을 신봉하는 헤아릴 수 없이 많은 비과학적 종교 단체가 포함되어 있다. 현재 수많은 대중들의 지지를 받으면서 이 뉴에이지 운동은 전 세계 거의 모든 나라 사람들에게 많은 영향을 끼친다. 그들이 제창한 세계적 종교는 매우 빨리 현실화될 수 있다.

가증한 것들의 어미

한때 후세인은 어리석게도 새로운 바빌론을 모든 아랍 왕국의 중심지로 만들기 위해 전쟁을 일으키면서 자기의 군대가 '모든 전쟁의 어미'를 만들 것이라고 선언한 적이 있다. 이때 그는 사실 무의식중에 '땅의 창녀들과 가증한 것들의 어미'(계17:5)라는 바빌론에 대한 성경 구절로부터 힌트를 얻어 그런 선언을 하게 되었다.

실제로 이 구절은 '큰 신비의 바빌론'에 적용된 말씀이다. 신구약 성경에서 '가증함'(Abomination)이라는 말은 특히 우상 숭배와 및 그에 관련된 부도덕한 생활을 나타내는 데 사용되었다. '창녀'란 말은 신성하게 만들어진 결혼 제도 이외의 다른 모든 성적 행동과 연관되어 쓰였다. 다양한 불법의 성적 행위들은 대개의 경우 우상 숭배를 수반하며 이 모두는 홍수 이후의 세계에서 구스와 함을 통한 노아의 손자 니므롯에 의해 건설되고 지배를 받은 바벨에서 비롯되었다(창10:8-10).

의심의 여지없이 위에서 보여 주는 것은 진리의 창조자 하나님의 길보다 사탄의 길을 더 사랑하며 사탄을 섬기는 영적 간음인 우상 숭배의 원천지가 바벨이라는 것이다. 바벨 또는 바빌론이 홍수 이후의 세상에 나타난 사악한 행위들과 모든 거짓 종교의 부패된 원산지였다는 것은 이미 잘 알려져 있다(알렉산더 히슬롭의 「두 바빌론」 (*Two Babylons*) 참조).

이집트, 인도, 그리스, 로마 등의 고대 국가에서 숭배를 받던 신들과 여신들은 실제로 고대 바빌론의 신들 혹은 여신들과 이름만 다를 뿐 동일하다. 이 중요한 사실은 신화와 세계 종교에 관한 많은 권위자들이 공통적으로 증언하는 바이다. 그런데 이런 신들이 – 예를 들어 바다의 신, 풍요의 신, 전쟁의 신 등 – 모두 자연의 체제, 활동, 능력 등이 인격화된 것들이라는 사실은 잘 알려져 있지 않다.

'동물과 사람을 포함한 전 세계가 이러한 우주적 존재들의 행동이나 관계에 의해 즉 대자연의 힘에 의해 초기의 수면 혼돈 상태에서 현재의 형태로 발전되었다'는 개념은 고대의 거의 모든 진화론적 신화에서 발견되는데 사실 이것은 한 마디로 진화론이다. 이런 개념은 물론 범신론적 진화론이며 지난 19세기의 다윈주의나 그 이후의 신다윈주의와 같은 무신론적 진화론은 아니다. 이런 종교 체제는 초자연적 창조를 이루신 인격체 하나님께서 존재한다는 진리를 부인하며 대신에 공간, 시간, 물질과 같은 인격화된 영원한 코스모스(우주)가 의식이 있고 따라서 세상과 그 안의 모든 것들 즉 신, 영, 사람과 동물들을 생성하는 능력이 있다고 가정한다.

이렇게 만들어진 영(靈)들은 하늘에 거주하는 신들과 여신들로 여겨지며 또 이들은 본질상 인간의 삶과 운명에 영향을 미칠 수 있는 별들이나 혹성들로 간주된다. 이런 신들의 영들은 수시로 남자와 여자와 의사소통할 수 있는 것으로 알려져 왔으며 점성술, 동물숭배 그리고 다른 신비 과학뿐 아니라 신화의 영웅 전설도 사실 이 같은 기본 개념에 그 기초를 두고 있다.

다신교, 점성술, 애니미즘, 휴머니즘, 무신론, 사탄 숭배 등과 함께 나타나는 이 거대한 진화론적 범신론 체계로 인해 하나님께서는 결국 바벨에서 인류의 언어를 혼잡하게 하셨고 그곳에 모여 있던 사람들을 온 땅에 흩으사 전 세계로 퍼져 나가게 하셨다(창11:9). 이 범신론 체계는 여러 시대와 장소에서 다양한 형태로 나타났지만 본질적으로 그 내용은 항상 같았다. 근대에 이르러 그것은 다윈주의 진화론이라 불리는 과학적 형태로 나타났지만 이 무신론적 진화론은 과학적으로 불가능하기 때문에 지금은 그것에 대한 반대가 제기되고 있고 그 결과 뉴에이지 운동이라는 가면 아래 처음에 바벨의 니므롯 왕이 제안한 '원래의 진화론적 범신론'으로 돌아가려는 움직임이 일어나고 있다.

고대 바벨에서부터 근대에 이르기까지 진화론은 하나님께 대항한 사탄의 오랜 싸움에서 그가 항상 애용한 기본 무기였다. 진화론이야말로 우상 숭배, 고대 이교도들의 신앙 행위, 그 이교도들의 문화를 그대로 이어받은 많은 현대인들의 온갖 가증스러운 행위뿐만 아니라 전쟁, 착취, 예속, 낙태 지지, 성적 문란, 마약 사용 등 사람에게 알려진 온갖 나쁜 것들을 마치 과학적인 것처럼 제시하는 근거가 되어왔다(이에 대해서는 저자의 저서 「하나님을 대적하는 긴 전쟁」(*The Long War against God* – Baker Book House, 1989)을 참조하기 바람).

사도 요한에게 이야기한 천사가 이 체제와 그 안의 무서운 것들을 통틀어 '땅 위의 가증한 것들과 창녀들의 어미 즉 신비 바빌론'이라고 부른 것은 너무나도 당연하다. 아마도 후대에 수메르 사람들과 바빌론 사람들에 의해 '므로닥' 혹은 '마둑'이라는 이름의 신으로 숭배를 받던 반역자 니므롯을 통해 고대에 널리 전파된 이 체제는 '하늘에 올라 지극히 높으신 이'처럼 되려고 했던 루시퍼 즉 사탄 마귀의 지배를 받는 타락한 천사들에 의해 그에게 처음 알려졌을 것이다.

오 아침의 아들 루시퍼야, 네가 어찌 하늘에서 떨어졌는가! 민족들을 약하게 한 자야, 네가 어찌 끊어져 땅바닥으로 떨어졌는가! 네가 네 마음속으로 이르기를, 내가 하늘로 올라가 내가 하나님의 별들 위로 내 왕좌를 높이리라. 내가 또한 북쪽의 옆면들에 있는 회중의 산 위에 앉으리라. 내가 구름들이 있는 높은 곳 위로 올라가 내가 지극히 높으신 분과 같이 되리라, 하였도다(사14:12-14).

비록 하나님께서 마귀와 또 마귀를 따르는 반역한 천사들을 하늘에서 내쫓으셨지만 그는 하나님께서 자신의 형상대로 지으신 인간 세계를 부패시킴으로써 하나님에게 패배를 안기려고 노력하고 있다.

사탄이 자기의 창조자를 몰아낼 수 있다고 믿는 이론적 근거는 단 하나인데 그것은 하나님께서 자신의 창조자이심을 믿는 것을 거부하는 것이다. 그래서 그는 하나님께서 그를 창조하셨을 때 그가 처음 의식했던 상황 즉 창세기의 '처음 혼돈 상태'로부터 자기와 하나님이 동시에 진화되었다고 믿는 것을 선택했다(창1:2; 시104:1-4; 겔28:13-15 등 비교). 따라서 사탄은 첫째 진화론적 범신론자로서, 하나님께서 대홍수로 아담과 노아 등이 거하던 첫 세상을 휩쓸어 버리신 뒤 바벨에서부터 자신의 패거리들뿐 아니라 모든 남자와 여자를 유혹에 빠뜨리기 위해 계속해서 똑같은 속임수를 쓰고 있다.

이 바벨의 영(靈)은 그 뒤의 세대들을 완전히 덮어 버렸고 그래서 이것은 '큰 신비 바빌론'으로 불리게 되었다. 그러나 니므롯부터 느부갓네살에 이르기까지 하나님의 백성들의 원수가 되었던 초기 도시 바빌론은 마지막 때에 사탄에게 완전히 사로잡혀 조정을 받을 '죄의 사람' 즉 '또 다른 니므롯'이라 할 수 있는 적그리스도의 통치 아래 다시 소생하게 될 것이다. 이 '멸망의 아들'은 바빌론을 부흥시켜 다시 한 번 세계 정부, 금융, 문화, 산업, 무역, 교통 그리고 온갖 음란한 것과 가증스러운 것을 수반하는 거짓 종교의 중심지가 되도록 할 것이다. 또한 신비의 바빌론은 다시 한 번 상업적 바빌론과 함께 전 세계의 중심이 될 것이다.

바빌론의 흥망성쇠

이라크의 지도자 후세인은 자신이 통치하는 제국을 이루려는 꿈을 갖고 바빌론을 재건설하기 시작했으나 그것을 완성할 수 없었다. 그러나 어느 날 뉴욕, 런던, 로마, 제네바 등 세계 금융, 문화, 종교의 수도들의 악한 체제는 바빌론으로 즉 자기들의 조상 체제가 있던 수도로 옮겨질 것이다. 지금부터 약 2,400년 전에 스가랴 대언자는 이러한 일이 있을 것임을 환상 가운데서 보았다.

그때에 나와 말하던 천사가 나와서 내게 이르되, 이제 네 눈을 들어 앞으로 나가는 이것이 무엇인지 보라, 하기에 내가 이르되, 그것이 무엇이니이까? 하니 그가 이르되, 이것은 앞으로 나가는 에바니라, 하고 또 이르되, 이것은 온 땅 전역에 있는 그들의 모양이니라. 보라, 납 일 달란트가 들리고 나서 *보니* 이것은 그 에바의 한가운데 앉아 있는 여인이니라, 하더라. 또 그가 이르되, 이것은 사악함이라, 하고 그것을 그 에바의 한가운데로 던져 넣고 그 납덩어리는 에바의 아가리 위로 던지더라. 그때에 내가 눈을 들어 보니, 보라, 두 여인이 나오는데 황새의 날개 같은 날개가 그들에게 있으므로 그들의 날개에 바람이 있더라. 그들이 그 에바를 땅과 하늘 사이로 들어 올리기에 그때에 내가 나와 말하던 천사에게 이르되, 이들이 에바를 어디로 나르나이까? 하니 그가 내게 이르되, *이것은 그들이* 그것을 위해 시날 땅에 집을 짓기 위함이니라 그것이 굳게 세워지고 거기서 자기의 기초 위에 놓이리라, 하더라(슥5:5-11).

이 환상 속에 나오는 에바는 상업을 의미하는 계량 바구니이다. 그런데 이 에바의 내용물은 사악함의 상징인 한 여자뿐이었다. 납 뚜껑은 두 마리의 황새가 이 사악한 여인을 시날 땅에 있는 그녀의 본거지로 옮길 때까지 바구니를 막고 있었다(성경에서 황새는 부정한 새로 여겨졌다).

시날은 니므롯이 처음 바벨을 세우고 자신의 사악함의 근거지로 삼았던 곳이다(창 11:2). 따라서 이 환상은 느갓네살의 신상의 해석을 통해 알 수 있듯이 바빌론, 페르시아, 그리스, 그리고 전 서방 세계에 영향을 미칠 '확장된 로마'에서 오랫동안 번영한 사악함과 욕망의 잔이 결국 말세에 이르러서는 사악함의 처음 본거지였던 바벨로 되돌아간다는 것을 보여 준다. 한편 그 일은 맹렬한 바람과 거대한 날개의 도움을 받아 매우 빠르게 진행될 것이다.

이 환상이 말세에 관한 것임은 문맥을 보아 확실하다. 이것은 주님께서 스가랴 대언자에게 주신 열 개의 환상 중 아홉째 환상이다. '기름 부음을 받은 두 사람'을 상징하는 두 올리브나무에 관한 일곱째 환상은(슥4:2,3,14) 그 짐승 즉 적그리스도가 3년 반 동안 온 땅을 완전히 지배하는 시점에(계11:3-4; 13:4-5) 말세의 두 증인에 의해 성취될 것이다. 그러므로 바빌론은 분명히 이 두 증인이 제거되며 그 뒤 그 짐승이 마침내 전 세계를 지배할 때에 전 세계의 중심지로서 부각될 것이다.

이것은 계시록 17, 18장에 나오는 두려운 사건과 일치한다. 여기에서 스가랴가 보았던 저 사악한 여인 즉 계시록의 '신비의 바빌론'은 큰 음녀로 묘사되는데(계17:1) 그녀는 더 이상 에바 한가운데 앉아 있지 않고 '백성들과 무리들과 민족들과 언어들'(계 17:15)로 설명되는 '많은 물들 위'에 앉아 있다. 그녀는 또한 '땅의 왕들 위에 군림하는 저 큰 도시'(계17:18)로 불리고 많은 재물을 소유한 채 예수 그리스도를 믿는 성도들의 피에 취해 있다(계17:4,6). 그녀는 다름 아닌 니므롯, 느부갓네살, 그리고 전 세대를 통해 사탄의 체제를 따랐던 세상의 모든 왕들과 백성들이 예배하던 종교 체제를 나타낸다. 사탄의 이 종교 체제는 마침내 바벨에 있는 그녀의 본고향으로 되돌아 왔고 여기서 그녀는 범신론적 진화론과 우상 숭배의 가증함으로 가득 찬 종교 체제 안에서 온 세계를 지배하게 된다.

그리고 우리는 짐승을 보게 되는데 그 짐승 위에는 권력을 쥔 그 여자가 타고 있다(계17:3). 후에 그 짐승은 열 명의 왕들에게 자기를 따르라고 설득한다(계 17:12-13). 그러나 그 짐승이 세력을 확고히 한 후에 이들은 그 음녀를 미워하여 망하게 하고 벌거벗기고 그녀의 살을 먹고 불로 살라 버린다(계17:16). 그때부터 그 짐승 적그리스도는 더 이상 뉴에이지 종교, 배도한 기독교, 휴머니즘 철학, 이슬람교 등 지나간 세대에 신비 바빌론의 역할을 해온 거짓 종교들을 허락하지 않는다. 그때로부터 전 세계는 완전한 사탄 숭배로 만연되며 결국 하나님으로 인정받으려는 루시퍼의 근본적 야망이 잠시 이루어질 것이다.

> 그들이 그 짐승에게 권능을 준 용에게 경배하고 또 그 짐승에게 경배하며 이르되, 누가 이 짐승과 같으냐? 누가 그와 전쟁을 할 수 있느냐? 하더라(계13:4).

그러나 우리가 계시록 18장에서 종교적 바빌론이 아닌 실제 도시 바빌론의 몰락을 보듯이 짐승의 절대적인 통치는 얼마 가지 않을 것이다. 또한 그 도시와 바빌론의 상업 체제를 통해 엄청난 부(富)를 축적한 땅의 상인들도 순식간에 망할 것이다(계 18:10, 19).

비록 그 도시의 파괴 소리가 핵폭탄이 터질 때의 소리와 비슷하긴 하지만 그 도시는 핵폭탄에 의해 파괴되지는 않을 것이다. 하나님께서는 자신만이 알고 있는 비밀스러운 방법으로 그것을 멸망시키실 것이다. 왜냐하면 '그녀를 심판하시는 주 하나님께서 강하신 분이기 때문이다'(계18:8).

이 일은 7년 환난 시대의 거의 끝부분에서 일어날 것이다. 이러한 파멸이 임할 때까지 저 큰 도시 바빌론은 환난기에 있을 여러 가지 형벌로 말미암아 고통을 받을 것이지만 하나님을 대적하면서 이룩해 온 바빌론의 풍성한 교역과 거주자들의 방탕한 생활 모습은 계속될 것이며 이 사람들은 사탄과 자기들의 왕인 짐승에 의해 하나님이 패망할 것이라고 믿으며 끝까지 하나님께 대항할 것이다.

그런데 갑자기 이것은 다 사라질 것이고 멀리서 바빌론이 불타는 모습을 바라보는 사람들의 애곡이 있을 것이다. 그런데 한 가지 주목할 만한 사실이 있는데 그것은 이처럼 애통하는 사람들이 가장 큰 손실 중 하나라고 여기는 것이 1987년 후세인이 처음 개최한 이래 거기에서 계속 열렸던 대 음악 축제가 더 이상 열리지 못한다는 점이다.

> 또 하프 타는 자들과 음악하는 자들과 피리 부는 자들과 나팔 부는 자들의 소리가 결코 다시는 네 안에서 들리지 아니하고(계18:22)

그들은 그게 통곡할 것이다. 추잡한 음악이 믿음 없는 사람들의 마음을 사로잡고 있다는 점은 얼마나 놀라운 일인가? 저 큰 도시 바빌론의 파괴와 함께 지구 역사상 가장 큰 지진에 의해 다른 도시들도 파괴될 것이며(계16:18-19) 그래서 이때 전 세계는 아수라장이 될 것이다. 그러나 아직도 끝은 아니다. '온 세상의 왕들이 히브리말로 아마겟돈이라 하는 이스라엘의 평지로 모일 것이다'(계16:16). 그리고 이때에 우리 주 예수 그리스도께서는 거기서 그들을 심판하실 것이다.

7년 환난기
Seven Years Of Fury

다니엘의 70이레 중 마지막 한 이레

성경에 있는 가장 놀라운 예언들 중 하나는 다니엘서 9장에 있으며 천사 가브리엘을 통해 예언자 다니엘에게 주신 '70이레'(seventy weeks)라 불리는 유명한 예언이다.

주께서 네 백성과 네 거룩한 도시에게 칠십 이레를 정하셨나니 이것은 범법을 그치고 죄들을 끝내며 불법에 대하여 화해를 이루고 영존하는 의를 가져오며 환상 *계시*와 대언을 봉인하고 지극히 거룩하신 분에게 기름을 부으려 하심이라. 그러므로 알고 깨달을지어다. 즉 예루살렘을 회복하고 건축하라는 명령이 나가는 때부터 통치자 메시아*가 올 때*까지 일곱 이레와 육십이 이레가 있을 것이며 참으로 고난의 때에 거리와 성벽이 다시 건축되고 육십이 이레 뒤에 메시아가 끊어질 것이나 *그것은* 그분 자신을 위한 것이 아니니라. 앞으로 올 통치자의 백성이 그 도시와 그 성소를 파괴할 것이요, 그 일의 끝에는 홍수가 있을 것이며 또 그 전쟁이 끝날 때까지 황폐하게 하는 것이 작정되었느니라(단9:24-26).

비록 이 예언에 대하여 몇 가지 다른 해석이 있었기는 하지만 나는 성경의 다른 예언들처럼 이 예언도 쓰여 있는 그대로 문맥적으로 해석하는 것이 가장 좋다고 생각한다.

다니엘은 유다 왕국의 바빌론 포로 생활 70년이 거의 끝났다고 생각하고 있었으나 천사 가브리엘은 자기가 말한 것이 70년이 아니라 70년이 7개 있는 490년이며 또 하나님께서는 이 기간에 이스라엘이 포로 생활에서 최종적으로 돌아오는 것을 세고 계신다고 말했다.

이 490년의 처음 69이레 즉 483년은(69x7=483) 예루살렘을 재건하라는 아닥사스다(Artaxerxes) 왕의 명령과(느2:1-8) - 표준 연대기에 의하면 주전(主前) 445년에 이 명령이 내려짐 - 통치자 메시아가 올 때까지의 기간을 나타내는데 여기서 통치자로 번역된 단어는 흔히 치리자나 지도자로 번역되는 단어이다. 노아의 대홍수 이전부터 성경에서 '예언과 관련된 한 해'(one prophetic year)는 한 달을 30일로 잡은 360일이었다.[7]

---

7) 성경의 한 달이 30일인 것은 창7:11과 창8:3,4(5달=150일), 계12:6(42달=1,260

이 사실과 실제로 예수님께서 주전 4년에 태어나셨고 주전 1년 다음이 곧바로 주후 1년이 된다는 것을 고려해 보면 약속된 메시아가 오는 해는 주후 30년이 된다. 그때 예수님의 나이는 서른세 살 반이었고 바로 그 해에 그분께서는 유다의 약속된 통치자 즉 메시아로서 예루살렘에 입성하셨다. 그러나 일주일 뒤에 그분께서는 자기 백성들에 의해 배척을 받으셨는데 그렇게 된 것은 기록된 대로 '자기 자신을 위한 것이 아니라'(not for Himself) 바로 우리를 위한 것이었다.[8]

이 주목할 만한 예언이 문자적으로 성취됨으로써 다니엘이 예언한 490년의 기간 중 처음 483년이 성취되었다. 그러나 다음의 기록으로부터 명백하게 알 수 있듯이 그 483년 후에 남은 마지막 7년은 즉시 연이어서 일어나지 않았다.

> 앞으로 올 통치자[9]의 백성이 그 도시와 그 성소를 파괴할 것이요, 그 일의 끝에는 홍수가 있을 것이며 또 그 전쟁이 끝날 때까지 황폐하게 하는 것이 작정되었느니라. 그가 많은 사람과 한 이레 동안 언약을 확정할 것이며 그가 그 이레의 한중간에 희생물과 봉헌물을 그치게 하고 가증한 것들로 뒤덮기 위해 심지어 완전히 끝날 때까지 그것을 황폐하게 하리니 작정된 그것이 그 황폐한 곳에 쏟아지리라, 하니라(단 9:26-27).

다니엘의 이 예언은 예루살렘의 파괴와 유다 민족의 분산 등을 통해 이루어졌을 뿐만 아니라 주후 135년 이후로 전쟁과 황폐가 온 세상에 끊임없이 지속되어 왔다는 사실로 미루어 볼 때 문자 그대로 성취되었다.

이 예언은 메시아가 끊어진 뒤 수 세기가 흘러간 후인 '마지막 때'를 가리키고 있는데 이 마지막 때는 다니엘의 70이레 예언 중 다니엘의 백성인 '유대인들을 향해'(upon thy people) – 이방인들을 향한 것이 아님 – 예비된 마지막 한 이레 즉 7년을 가리킨다. 이 기간 중 일어날 일이 다음과 같이 기록되어 있다.

> 그가 많은 사람과 한 이레 동안 언약을 확정할 것이며 그가 그 이레의 한중간에 희생물과 봉헌물을 그치게 하고 가증한 것들로 뒤덮기 위해 심지어 완전히 끝날 때까지 그것을 황폐하게 하리니 작정된 그것이 그 황폐한 곳에 쏟아지리라, 하니라(단 9:27).

일)을 통해 알 수 있으며 하루를 1년으로 계산한 예는 민14:34에서 찾을 수 있고 또한 창29:27을 통해 이레가 역시 7년을 뜻함을 알 수 있다. 하나님께서 이스라엘 백성을 다루시면서 490년이라는 주기를 이용했음에 유의해야 한다. 예를 들어 아브라함부터 가나안까지, 여호수아부터 왕국까지, 그리고 다윗으로부터 바빌론 포로까지의 기간이 모두 490년이다.

8) 한글 개역성경에는 단9:26이 완역되지 않았으나 킹제임스 흠정역 성경에는 분명하게 'not for Himself'가 있다. 다시 말해 그리스도의 죽음은 다른 사람들을 위한 대속(代贖)의 죽임이었다.

9) 장차 올 이 통치자 혹은 치리자는 메시아가 아닌데 그 이유는 이미 참 메시아가 왔기 때문이며 영어의 구조상으로도 26절 다음에 나오는 27절의 '그'(he)는 바로 앞에 있는 26절의 '장차 올 통치자'가 될 수밖에 없다. 그는 27절로 미루어 보아 하나님을 따르지 않는 자임이 분명하다.

그러므로 유다 민족과 그들의 지도자들은 앞으로 나타날 그 통치자(적그리스도)와 언약을 맺게 될 것이다. 그리고 이 언약에 의거하여 그들은 지금까지 무슬림들이 지배하고 있는 예루살렘의 그 중요한 지역을 되찾고 현재 무슬림들이 사원으로 사용하는 '반석 돔'을 없애며 예루살렘에 있는 이 신성한 장소에 자기들의 성전을 세우고 자기들이 예전에 행하던 대로 하나님께 희생 예물을 드릴 것이다.

이 조약은 처음에 7년 동안으로 정해질 것이나 그 기간의 한중간에 이스라엘과 협약을 맺었던 그 통치자는 느닷없이 이스라엘에게 희생물과 봉헌물 드리는 것을 그만두라고 강요함으로써 그 조약을 파기할 것이다. 그 통치자가 이런 희생 제사 의식을 그만두도록 강요한다는 것은 이미 그런 희생 제사 의식이 시작되었음을 보여 주며 사실 유대인들의 율법에 따른 희생 제사 의식의 회복이 그들이 적그리스도와 맺은 언약의 핵심이었음을 보여 준다. 이 사실은 또한 이때에 유대인들이 유랑 생활에서 돌아와서 조약을 맺을 수 있는 정식 정부를 수립했음도 보여 준다.

이 상황은 사실 오늘날 우리 눈으로 보는 상황으로서 우리가 이미 살펴보았던 것처럼 마지막 때의 확실한 표적이다. 더욱이 이 사실은 이미 위에서 논의된 것처럼 무슬림들의 영향이 그곳에서 완전히 제거되었음을 암시하며 새로운 힘이 서부 유럽에서 일어나 그런 조약을 맺을 정도로 강성하게 될 것을 암시한다.

그 통치자 즉 적그리스도가 이스라엘과 맺은 협약을 깨뜨리는 이유는 가증한 것을 널리 퍼뜨리기 위함이다. 우리가 앞에서 주목했던 것처럼 '가증함'(Abominations)이라는 말은 특히 우상 숭배를 나타낼 때 사용된다. '널리 퍼뜨린다'는 말은 '끝까지 확산하는 것'을 의미한다. 다시 말해 이 경건치 못한 통치자는 유대인들의 성전에서 창조자 하나님께 드리는 경배를 가장 극도의 우상 숭배로 대체하려는 결심을 하게 된다. 이때쯤 그는 서방 국가들의 연합체를 확고히 지배할 수 있게 되어 사람들이 참 하나님께 예배를 드리지 못하도록 하며 그들로 하여금 자기에게 절대복종하고 따를 것을 요구할 것이다. 그는 복구된 예루살렘 성전 안에 자기 자신의 거대한 신상 - 아마도 모든 인류를 대표하는 신상 - 을 세울 것이며 이후에 모든 숭배가 이 신상에게 돌려지도록 요구할 것이다. 이것을 거절한 자들은 - 특히 그가 더럽힌 성전에서 예배하던 유대인들은 - 사형을 당하게 될 것이다.

이 가증하며 무서운 행동은 유대인들이나 하나님을 믿는 모든 이들을 서글프게 할 것이다. 이 일이 실제로 발생한다는 것은 사도 바울에 의해 확고하게 예언되어 있으며 그는 또한 앞으로 올 이 통치자의 정체가 누구인가도 보여 주었다. 그는 다가올 '주의 날'(The day of the Lord)에 대하여 다음과 같이 쓰고 있다.

> 아무도 어떤 방법으로든 너희를 속이지 못하게 하라. 먼저 떨어져 나가는 일이 일어나고 저 죄의 사람 곧 멸망의 아들이 드러나지 아니하면 그 날이 오지 아니하리라. 그는 대적하는 자요, 또 하나님이라 불리거나 혹은 경배받는 모든 것 위로 자기를 높이는 자로서 하나님처럼 하나님의 *성전* 안에 앉아 자기가 하나님인 것을 스스로 보이느니라 (살후2:3-4).

또한 주 예수 그리스도께서도 친히 다음의 경고를 통하여 다니엘의 예언이 주는 의미가 무엇인지 확고히 보여 주셨다.

그러므로 *주께서* 대언자 다니엘을 통해 말씀하신 황폐하게 하는 가증한 것이 거룩한 곳에 서 있는 것을 너희가 보거든 (누구든지 읽는 자는 깨달을지어다.) 그때에 유대에 있는 자들은 산들로 도망할지어다. 지붕에 있는 자는 자기 집에서 무엇을 취하려고 내려가지 말며 들에 있는 자는 옷을 가지러 되돌아가지 말지어다. 그 날들에는 아이 밴 자들과 젖 먹이는 자들에게 화가 있으리로다! 그러나 너희의 도피하는 일이 겨울이나 안식일에 일어나지 않도록 너희는 기도하라. 그때에 큰 환난이 있을 터인데 세상이 시작된 이래로 이때까지 그런 환난이 없었고 이후에도 결코 없으리라(마24:15-21).

그때에 네 백성의 자손들을 위해 서 있는 큰 통치자 미가엘이 일어날 것이요, 또 고난의 때가 있을 터인데 그것은 민족이 있은 이래로 그때까지 결코 없었던 고난일 것이며 그때에 네 백성이 구출을 받되 책에 기록된 것으로 드러난 모든 자가 구출을 받으리라(단12:1).

이 구절을 이방인들에게 적용하는 것은 전혀 문맥에 맞지 않으며 이 말씀은 다니엘의 백성 즉 유대인들에게 적용되는 것이다. 우리가 이미 앞에서 살펴보았던 것처럼 이것이 바로 '야곱의 고난의 때'(The time of Jacob's trouble)가 될 것이다(렘 30:7). 이런 대환난기는 다니엘의 마지막 한 이레(7년)의 후반부 3년 반 동안에 있을 것이다. 그것은 너무나 끔찍한 것이어서 예수님께서도 친히 이렇게 말씀하셨다.

그 날들이 단축되지 아니하면 어떤 육체도 구원받지 못할 것이나 선택받은 자들을 위해 그 날들이 단축되리라(마24:22).

그 환난이 극심하므로 이 세상은 3년 반 이상의 고통을 견딜 수 없다. 마지막 때의 이 짧은 기간 동안 세상의 통치권을 획득할 큰 짐승에 대하여 다니엘에게 이미 말을 전한 그 천사는 이 기간에 대해서도 다음과 같이 말했다.

또 그가 지극히 높으신 분을 대적하여 엄청난 말들을 하며 지극히 높으신 분의 성도들을 지치게 하고 때와 법들을 바꾸려고 생각할 것이며 그들은 한 때와 두 때와 반 때까지 그의 손에 주어지리라(단7:25).

이 3년 반 - 한 때와 두 때와 반 때 - 이라는 기간은 다니엘서 12장 7절에도 또 한 번 언급되어 있다.

내가 들었는데 아마포 옷을 입고 강물 위에 있는 사람이 자기 오른손과 왼손을 하늘을 향해 올리며 영원토록 사시는 분을 두고 맹세하여 *이르되,* 그것은 한 때와 두 때와 반 때에 관한 것이니 그가 거룩한 백성의 권세를 흩어 놓는 일을 이루게 될 때에 이 모든 일이 끝나리라, *하더라.*

성경의 마지막 책인 요한계시록은 6장부터 19장에 걸쳐서 다니엘서의 마지막 한 이레 즉 마지막 7년에 이루어질 사건들을 기록하고 있다. 계시록에 1,260일이라고 기록된 기간은 성경의 예언의 햇수로 정확히 3년 반이며 두 증인이 사역하는 기간이다.

내가 나의 두 증인에게 권능을 주리니 그들이 굵은베 옷을 입고 천이백육십 일 동안 대언하리라(계11:3).

이 3년 반 뒤에 그 짐승은 이 두 증인을 죽이고 마흔두 달 즉 7년 환난기의 후반부 3년 반 동안 이 세상을 지배할 것이다.

또 *용이* 그에게 큰 것들을 말하며 신성모독 하는 입을 주고 또 그에게 마흔두 달 동안 지속할 권능을 주매(계13:5).

따라서 이렇게 전반부 3년 반과 후반부 대환난 3년 반을 합치면 정확히 7년이 되므로 우리는 이 기간 전체를 '7년 환난기'라 부른다.

두 증인

이 시대의 마지막 7년 동안 발생할 구체적인 사건들은 사도 요한이 기록한 계시록에 자세히 언급되어 있다. 계시록은 신구약에 기록되어 있는 마지막 기간에 대한 모든 예언들을 취합하여 그 의미를 완전하게 전하고 있다. 나는 이 계시록도 다른 예언서들처럼 문자 그대로 문맥을 따라 해석해야 한다고 믿는다. 물론 그 자체의 문맥이 문자 그대로 해석해서는 안 되는 경우는 달리 보아야 하지만 이런 경우에 성경은 그 구절이 말하는 상징의 의미를 명확히 밝혀 줌으로써 독자가 자기 자신의 상상력에 따라 임의대로 그 구절을 해석할 수 없게 만든다. 성경의 절정 부분을 다루는 이 책에 대해 자세한 설명을 원하는 사람들은 저자가 쓴 세부적인 주석서 「계시록 기록」 (*Revelation Record, Tyndale 1983*)을 참고하기 바란다.

계시록의 중간에 있는 10-15장은 인류의 지나간 역사를 뒤돌아보면서 처음 창조 때부터 앞으로 다가오는 영원한 미래를 조감하며 보여 주는 삽입부와 같은 부분이다.

처음에 하나님께서는 세상을 창조하시고 아담과 이브가 세상을 지배하게 하신 후 새 민족을 이루시기 위하여 아브라함을 부르실 때까지 전 세계 모든 인류들과 상관하셨다. 그 뒤 아브라함부터 예수 그리스도의 출현까지 하나님께서는 주로 이스라엘과 상관하셨다. 이 기간들은 각각 약 2,000년 정도이다.

그러나 그들 모두는 자기들의 창조자이신 하나님께 대항하며 반항했다. 그래서 하나님께서는 연이어 대언자들을 보내어 그들을 돌이키려 하셨지만 모두 실패했다. 하나님께서는 예수님의 초림(初臨) 이후에 유대인이든 이방인이든 상관하지 않고 모든 민족들을 있는 그대로 내버려 두시고 단지 '하나님의 이름을 위한 백성들'(행15:14)로서 자신의 교회를 부르셨다.

하나님께서 유대인이 아니라 모든 이방인과 상관하셨던 '창조 이후의 처음 2,000년 기간'(Pre-Jewish dispensation) 중간에 에녹이라는 대언자가 있었다. 그는 자신이 살던 시대의 사악함에 대항하여 복음을 선포했으며 앞으로 닥칠 심판에 대해 대언했다(유14-15).

이와 비슷하게 하나님께서 이스라엘과 상관하시던 그다음 2,000년 기간(Jewish dispensation) 중간에 엘리야라는 이름의 큰 대언자가 있었고 그는 이스라엘의 사악함에 대항하여 대언했다.

이 두 대언자는 이방인들의 세계와 이스라엘에서 하나님의 대언의 직분을 가진 사람들을 대표하며 그들은 자기들의 임무를 수행하는 가운데 죽음을 맛보지 않고 하늘로 옮겨졌다. 다시 말해서 그들은 육체의 죽음 없이 하늘로 직접 옮겨졌으며 단지 그 두 사람만이 인류 전체 역사에서 그와 같은 특권을 누렸다(창5:23-24; 왕하2:11; 히11:5).

위의 사실은 하나님께서 어떤 목적을 이루시기 위해 그들을 하늘에 보존해 두시려 함을 보여 주는 듯하다. 어쩌면 그분께서는 미래에 그들을 이 땅으로 다시 보내셔서 그들이 자기들의 사역을 끝마치기를 원하시는지도 모른다. 하나님은 사람이 아니므로 변하시지 않고 따라서 우리는 이 이유 밖에는 이 두 사람이 전 시대를 통한 하나님의 훌륭한 증인들 중에서 따로 구별되어 이렇게 큰 은혜를 입은 어떤 다른 이유를 찾을 수가 없다.

사실 우리는 이 때문에 엘리야가 부름받았음을 쉽게 알 수 있다. 예수님이 오시기 전 이스라엘에게 주신 마지막 대언의 메시지인 구약 말라기 끝부분 말씀은 다음과 같다.

> 보라, 크고 두려운 주의 날이 오기 전에 내가 대언자 엘리야를 너희에게 보내리니 그가 아버지들의 마음을 자식들에게 돌아오게 하고 자식들의 마음을 그들의 아버지들에게 돌아오게 하여 내가 와서 저주로 그 땅을 치지 아니하게 하리라(말4:5-6).

예수님께서는 세상에 오시기 전에 이러한 미래 사역을 위해 하늘에서 대기하고 있는 엘리야를 이미 보았다. 어떤 의미에서 보면 침례자 요한은 '엘리야의 영과 권능으로'(눅1:17) 이 세상에 왔다. 그러나 그는 자신이 실제로 엘리야가 아니었음을 인정했다(요1:21).

그러므로 엘리야를 보내시는 것은 하나님께서 '내가 나의 두 증인에게 권능을 주리니 그들이 굵은베 옷을 입고 천이백육십 일 동안 대언하리라'(계11:3)라고 말씀하신 것을 성취하기 위한 것임이 틀림없다.

둘째 증인은 대언자 에녹이나 모세일 것이다. 에녹이 후보가 될 수 있는 이유는 마치 엘리야가 이스라엘에 대한 자기의 대언 사역을 끝마쳐야 하는 것처럼 에녹도 이방인 세계에 대한 자기의 대언 사역을 끝마쳐야 하기 때문이다. 그러나 계시록에 나오는 두 증인의 재앙을 살펴보면 모세가 이집트에서 행한 것과 비슷하며 사실 이 7년 환난기가 이스라엘의 고난의 때임을 고려할 때 이스라엘을 대표하는 즉 율법과 대언자를 대표하는 모세와 엘리야 두 증인에 더 합당할 것이다. 그래서 말라기 끝부분에는 모세와 엘리야가 동시에 언급되고 있다(말4:4-5).

어찌 되었든지 그들의 능력은 '모든 재앙으로 땅을 치는 것'까지도 포함할 것이다. 그리고 그들은 마침내 그 짐승이 그들을 죽일 수 있을 때까지 강성할 것이다(계11:5-7). 그 짐승은 땅 위에 거하는 사람들을 괴롭힌 이 두 증인을 땅에서 제거함으로써(계11:10) 땅 위에서 자기의 통치를 완성하고 권세를 견고하게 하며 결국 '마흔두 달(3년 반) 동안 자기의 통치를 지속할 수 있게 될 것이다'(계13:5).

이와 같이 마지막에 있을 하나님의 두 증인의 대언 경고 사역은 다니엘서에 기록된 마지막 한 이레의 후반부 3년 반 동안에 있을 것이고 이때에는 짐승 즉 적그리스도의 극악한 통치가 있을 것이다.

비록 다니엘의 70이레의 마지막 반인 후반부 3년 반이 예수님께서 말씀하신 '큰 환난'(마24:21)과 예레미야 대언자가 언급한 '야곱의 고난의 때'(렘30:7)가 될 것이지만 그 이레의 전반부 3년 반 동안에도 가혹한 하나님의 심판이 땅 위에 있게 될 것이다. 그 두 증인은 땅 위에 전쟁, 기근, 역병, 지진, 해일, 불, 운석 폭발, 짙은 암흑, 심지어 지옥의 구덩이에서 무서운 마귀 형상의 떼들을 불러내는 큰 재앙을 내릴 것이다. 이 모든 것은 사람들에게 다가오는 하나님의 진노를 피하라고 경고를 주는 것들이다. 따라서 그 짐승이 이런 일들을 일으킨 두 증인을 죽이자 사람들이 기뻐하는 것은 전혀 놀라운 일이 못된다. 이런 것들은 어떤 사람들이 생각하는 것처럼 사람이 사람을 박해하는 것이 아니고 두 증인을 통해 하나님께서 불경건한 세상에 쏟아부으시는 진노이다.

물론 사람들은 이 두 증인이 이 모든 고통을 일으킨 장본인이라고 생각할 것이다. 그러나 사실 그 재앙은 어린양 예수님께서 이 땅에 대한 자신의 소유권을 나타내 주는 큰 두루마리 위에 있는 봉인들을 떼시고(계6장) 그분의 천사들이 승리의 나팔을 불게 된 후에(계8-9장) 하늘로부터 내려오는 것들이다. 사실 이것이 바로 두 증인의 선포의 주제이기 때문에 많은 사람들이 어린양께서 왕좌에 앉아 계신다는 것과 '그분의 진노의 큰 날이 임할 것'(계6:17)을 인정할 것이다.

그러나 그들은 '여전히 자기 손의 행위들을 회개하지 아니하며 오히려 마귀들과 또 금과 은과 놋과 돌과 나무로 만든 우상들 곧 보거나 듣거나 걷거나 하지 못하는 우상들에게 경배하기를 그치지 아니하고 또한 자기들이 행한 살인과 마술과 음행과 도둑질도 회개하지 아니할 것이다'(계9:20-21).

비록 대부분의 사람들이 그들의 증거를 거부하긴 하지만 그래도 그중에 상당히 많은 사람들이 그들의 증거를 통해 예수님을 믿고 구원을 받게 될 것이다. 그들은 위에서 언급되었던 것처럼 '신비의 바빌론'이라는 뉴에이지 종교 체제 즉 이미 온 세상에 널리 퍼진 단일 세계 종교인 진화론적 범신론을 추종하는 자들에 의해 박해를 받게 될 것이다.

두 증인의 증언에 대한 명백한 열매는 계7:4-8에 묘사되어 있는 144,000명의 유대인 증인들이 될 것이다. 그들은 두 증인이 간 후에도 특히 유대인 동포들에게 말씀 선포를 계속할 것이며 마침내 예수 그리스도께서 영광 중에 다시 오실 때 온 이스라엘이 예수님을 맞이하도록 할 것이다.

덧붙여서 거기에는 큰 환난으로부터 나오는 무리 즉 모든 나라와 족속과 백성과 언어의 큰 무리가 있을 것이다(계7:9, 14). 아마도 이들은 그 두 증인과 144,000명의 유대인 증거자들의 전도와 그리고 성경이나 기독교 서적을 읽음으로써 구원받게 될 것이다. 하나님께서는 이 다가올 심판의 때에 수많은 사람들을 구원하실 것이다.

어찌 되었든지 하나님의 두 증인은 마침내 살해되어 전에 많은 대언자들이 죽었던 것처럼 순교당할 것이다. 그 뒤 그들은 3일 반이 지나서 죽음으로부터 아주 멋있게 일어나 하늘로 들려 올라가게 되는데 의심의 여지없이 전 세계 모든 사람들이 TV를 통하여 이것을 보게 될 것이다.

짐승의 형상

계시록 11장은 두 증인의 사역을 묘사하기 전에 예루살렘에 새로 세워질 새 성전에 대해 간략하게 언급하고 있다(계11:1-2). 앞에서 주목했던 것처럼 짐승이라 불리는 그 통치자가 마지막 7년의 초반부에 유대인과 맺는 조약으로 인하여 유대인들은 예루살렘에 성전을 건축하고 예전처럼 하나님을 경배할 수 있게 된다. 성전을 건축하기 위한 자재들이 이미 확보되어 있다는 소문은 이미 오래전부터 있어 왔다. 정통파 유대인들 가운데 한 집단이 수년 동안 성전 건축을 옹호하고 있다는 것 또한 잘 알려져 있다. 어쨌든지 성전은 일단 건축이 시작되기만 하면 매우 빨리 완공될 것이다.

그러나 우리가 이미 다니엘의 예언과 예수님의 '올리브산 설교'를 통해 알 수 있듯이 전반부 3년 반이 지난 뒤 그 짐승은 유대인과의 조약을 깨뜨리고 그 거룩한 도시를 마흔두 달(3년 반) 동안 짓밟을 것이다(계13:5-7). 이때가 바로 후반부 3년 반이며 이 기간에 그 짐승은 전 세계를 지배할 것이다. 바로 이때에 멸망의 가증한 것이 성전의 거룩한 곳에 세워질 것이며 유대인들과 짐승의 형상에 절하지 않는 신자들 – 휴거받지 못하고 환난기에 구원받은 성도들 – 에 대한 박해가 시작될 것이다.

계시록 13장에는 이 짐승의 형상에 대한 많은 내용이 자세히 쓰여 있다. 이 장은 마지막 7년의 중간에서 역사를 뒤돌아보며 사탄이 처음 하나님께 대항하여 반항했던 시기를 보여 주는 삽입부로서 계시록에 있는 여러 개의 삽입부 중 하나이다. 계시록 12장에서 사탄은 큰 붉은 용으로 소개되어 있는데 그는 사내아이를 낳으려는 상징적인 여인을 막 공격하려 한다(계12:1-4). 이것은 의심할 여지없이 여자의 씨와 뱀의 씨 사이에 있을 미래의 전쟁에 대한 창세기의 예언을 상징적으로 언급하는 것이다(창 3:15). 여자의 씨는 철장으로 만국을 다스릴 사내아이 즉 예수님이시다(계12:5; 계19:15 비교). 뱀의 씨는 그 짐승(the Beast)인데 그는 '멸망의 아들'(살후2:3)이라 불리며 일곱 머리와 일곱 뿔을 가진 짐승으로 묘사되어 있다(계13:1).

그러나 만국을 다스릴 그 사내아이를 하나님께서 데려가셨기 때문에 용과 그의 천사들은(하늘의 별들의 삼분의 일) 그 아이를 죽이지 못한다. 그 뒤에 용과 그의 천사들은 마지막 7년의 중간에 하늘로부터 영원히 내쫓기며 다시는 하늘에 접근하지 못하게 된다(계12:7-8).

여기 나오는 용의 실체가 누구인가는 다음의 사도 요한의 기록을 통해 명백히 알 수 있다.

그 큰 용 즉 저 옛 뱀 곧 마귀라고도 하고 사탄이라고도 하며 온 세상을 속이는 자가 내쫓겼는데 그가 땅으로 내쫓기니 그의 천사들도 그와 함께 내쫓기니라(계12:9).

〈사탄의 삼위일체〉

여기에서 '온 세상을 속이는 자'라는 구절은 특히 중요하다. 왜냐하면 이 구절은 사탄이 과거와 현재를 통해 거짓말로 온 인류를 속여 왔다는 것을 우리에게 상기시켜 주기 때문이다. 그 거짓말의 본질은 모든 것이 진화했다는 것 즉 하나님께서 창조자라는 것을 부인하는 것과 또한 모든 만물은 초기의 물로 이루어진 혼돈 상태로부터 진화되어 왔다고 강력하게 주장하는 것이다. 따라서 사람들은 참 하나님을 무시할 수 있으며 이 거짓말의 결과로 사람이 신(神)으로 숭배받을 수 있다. 이 거짓말에 따르면 인간은 과거의 모든 진화 과정에서 이루어진 최고의 걸작이고 따라서 모든 사람들 중 가장 위대한 사람은 모든 사람의 대표로 마땅히 숭배의 대상이 되어야만 한다.

이것을 성취하기 위하여 사도 요한이 계13:7에서 또 다른 짐승으로 묘사하고 있는 '종교 지도자'는 모든 사람들에게 명령하여 처음 짐승에게 경배를 드리게 한다. 이 목적을 이루기 위해 그는 멸망의 가증한 것인 거대한 짐승의 형상을 만들어 예루살렘에 있는 성전에 세울 것이다. 더욱이 그는 그 형상에게 생기를 주는 힘을 가지고 있으며 그 형상에 절하지 않는 많은 사람들을 처형할 것이다(계13, 15장).

인류의 기술은 이 모든 것을 과학적으로 성취할 수 있도록 이미 잘 발달되어 있다. 로봇 공학, 비디오 문화, 레이저 무기, 초능력 컴퓨터 등은 아주 잘 발달되어 있어 사람들은 각자 자기 집에서 그 큰 형상의 작은 모형을 쉽게 눈으로 볼 수 있을 것이다. 또한 이 '거짓 대언자'의 본부에 있는 통치 기구를 통하여 모든 사람들은 감시를 받게 되며, 사람들이 명령받은 대로 짐승을 숭배하지 않을 때 어떤 치명적인 기구가 작동된다. 그때에 그 짐승에 의해 완벽한 '평화와 조화'가 유지되려면 어떠한 의견 차이도 용납될 수 없다. 게다가 이러한 짐승의 통제는 사거나 파는 모든 사람의 오른손이나 이마 안에 표를 새길 것을 요구함으로써 보장될 것이다(계13:17). 아마도 이 표시는 전자나 광학 기구에 의해서만 감식될 수 있을 것이다.

그러나 단지 하나님만이 홀로 창조자이시며 무엇인가를 의식할 수 있는 생명은 짐승의 생명까지도 하나님의 특별한 창조이기 때문에(창1:21) 그 짐승의 형상에 들어 있는 '생명'은 결코 참 생명일 수 없다. 그럼에도 불구하고 그는 '큰 이적들'을 일으키는데(계13:13) 그것은 의심할 바 없이 '거짓 이적들'이며(마24:24; 살후2:9) 짐승은 그것들을 사용해서 사람들이 자기가 정말로 모든 능력을 갖고 있음을 믿도록 속일 수 있다.

그 속임수는 컴퓨터 두뇌를 달고 단지 자동화된 사람의 동작만을 흉내 내는 로봇들보다 더 설득력이 있을 것이다. 왜냐하면 이런 로봇들은 이미 흔하게 사용되고 있기 때문이다. 그러나 그는 참된 몸을 가진 생명체를 창조할 수는 없다. 어떻든지 그 속임수는 효과적일 것이다. 왜냐하면 '세상의 창건 이후로 죽임을 당한 어린양의 생명책에 이름이 기록되지 않은 자들이 그에게 경배를 드릴 것이기 때문이다'(계13:8).

이 말씀은 생명책에 이름이 기록되어 짐승의 표를 거절할 사람이 꽤 많을 것을 보여 준다. 그들은 계속해서 쫓겨 다닐 것이고 만일 잡히면 사형을 당할 것이다. 그러나 아마도 어떤 사람들은 숨어서 자기들이 저장한 음식에 의지하면서 사람들이 거주하는 곳을 떠나 어떤 방법으로든 살아남을 것이다. 그러나 그때에는 사형당하는 것이 짐승의 표를 받는 사람들 보다 훨씬 더 좋을 것이다. 왜냐하면 '그 표를 받은 사람의 고통의 연기가 영원무궁토록 올라가기 때문이다'(계14:11).

한편 타협하지 않고 큰 환난으로부터 나오는 자들은 더 이상 굶주리지 않으며 더 이상 목마르지도 않을 것이다. 왜냐하면 하나님께서 친히 그들의 눈에서 모든 눈물을 닦아 주실 것이기 때문이다(계7:14-17).

광야의 여자

계시록에는 후반부 3년 반에 대한 또 다른 언급이 있다.

그 여자가 광야로 도피하였는데 거기에 하나님께서 예비하신 한 처소가 그녀에게 있으니 이것은 그들이 천이백육십 일 동안 거기서 그녀를 먹이게 하려 함이더라(계12:6).

그 여자가 큰 독수리의 두 날개를 받았으니 이것은 그녀가 광야 곧 그녀의 처소로 날아가 거기서 그 뱀의 얼굴을 피해 한 때와 두 때와 반 때 동안 양육받게 하려 함이더라(계12:14).

위에서 언급된 '여자'는 사내아이 즉 메시아를 낳은 여자이며 그 아이는 약속된 대로 여자의 씨로서 죽었다가 다시 부활하여 하나님의 왕좌로 올라간다. 비록 마리아가 예수님의 육신적 어머니이긴 하지만 위 구절은 명백하게 이 여자가 예수님의 생물학적 어머니가 아니고 구약 성경에서 '여호와의 아내'로 불린 메시아의 모국(Mother Land) 이스라엘임을 보여 준다. 어떤 이들은 이 여자가 교회라고 주장하는데 그렇게 되면 교회가 예수님을 낳는 모순이 생기게 된다.

'멸망의 가증한 것' 즉 짐승의 형상이 예루살렘에 있는 거룩한 곳에 세워질 때 하나님을 믿는 유대인들에게는 큰 환난이 있게 될 것이고 그들은 목숨을 구하기 위해 빨리 도망쳐야 할 것이다. 이미 오래전에 예수님께서는 '올리브산 설교'에서 그들에게 소유물 때문에 번민하지 말고 '산들'(mountains)로 급히 도망할 것을 경고하셨다(마24:16). 왜냐하면 이것은 3년 반의 대환난이 진행되고 있다는 명백한 징조가 되기 때문이다.

그들이 도망할 곳으로 성경이 지정한 광야와 산들은 아마도 사해의 남동쪽에 위치한 곳 즉 지금의 요르단 지역인 에돔, 모압 그리고 암몬 등의 고대 국가들이 위치했던 지역일 것이다. 이스라엘의 많은 사람들 즉 짐승의 군대를 피하여 자기들의 성전과 복원된 여호와 신앙을 버려두고 도망할 수밖에 없었던 자들은 그곳에서 이미 예수님을 영접한 144,000명의 유대인 증인들 중 많은 이들과 합류하여 예수님에 대해 3년 반 동안 배우게 될 것이다. 그들은 마치 3,500년 전 그들의 조상들이 약속의 땅 가나안에 들어가기 위해 이집트를 탈출한 뒤 광야에서 보전되고 예비된 것처럼 그곳에서 하나님의 섭리 아래 보호를 받고 번성할 것이다.

내 백성아, 올지어다. 너는 네 방들로 들어가 네 주변의 네 문들을 닫고 격노가
지나갈 때까지 잠시 숨을지어다. 보라, 주께서 땅의 거주민들의 불법으로 인해 그들을
벌하시려고 자신의 처소에서 나오시나니 땅도 자기 피를 드러내며 자기의 죽임 당한
자들을 다시는 덮지 아니하리라(사26:20-21).

그러므로, 보라, 내가 그녀를 끌어당겨 광야로 데려가서 그녀에게 위로하는 말로
말하며 거기에서 그녀의 포도원을 그녀에게 주고 아골 골짜기를 소망의 문으로 주리니
그녀가 자기의 어린 시절에 하던 것같이, 이집트 땅에서 올라오던 날에 하던 것같이
거기서 노래하리라.…내가 나를 위해 그녀를 땅에 심고 긍휼을 얻지 못하였던 그녀에게
긍휼을 베풀며 내 백성이 아니던 자들에게 이르기를, 너는 내 백성이라, 하리니
그들이 이르기를, 주께서는 내 하나님이시니이다, 하리라, 하시니라(호2:14-15,23).

옛 뱀인 용은 의심할 여지없이 하나님의 백성을 압제하기 위해 짐승과 그의 군대를
사용해서 그 여자를 죽이려 할 것이다. 그러나 하나님의 원수가 홍수처럼 닥쳐올
때에 주님의 영께서는 그를 대항하며 기를 높이 세울 것이며(사59:19) 땅이 거대한
틈을 열고 그 추적하는 군대들을 다 삼킬 것이다(계12:6).

그러므로 그들이 서쪽에서부터 주의 이름을 두려워하며 해 뜨는 곳에서부터 그분의
영광을 두려워하리니 원수가 홍수같이 올 때에 주의 영께서 그를 대적하여 군기를
들어 올리시리라(사59:19).

이런 사건들로 말미암아 세계 곳곳의 많은 유대인들이 영향을 받게 될 것이고
또한 모든 종족과 국가에서 성도들이 새로 많이 생겨날 것이다. 이들은 짐승의 표를
거부할 것이며 만일 죽음의 군대를 피할 수만 있다면 목숨을 구하기 위하여 도망할
것이다. 물론 그들은 예루살렘이나 이스라엘의 다른 지방에 사는 유대인들처럼 유대의
산이나 광야로 도망할 수 없지만 예수님의 충고를 따라서 자기들이 거하는 땅의
산이나 광야 등으로 도망할 수 있을 것이다. 비록 많은 사람들이 잡혀서 사형에
처해지긴 하지만 거기에는 적어도 대환난 기간 동안 생존하여 앞으로 있을 아마겟돈
전쟁에서 영광 중에 재림하실 주 예수님을 만날 준비를 할 사람들도 있을 것이다.

사탄과 그의 사역자 즉 저 죄의 사람은 요르단의 광야 지역에서 초자연적인 보호를
받고 있는 사람들을 더 이상 찾을 수 없을 것이고 대신에 그들은 짐승의 형상에게
경배하지 않는 곳곳의 많은 사람들을 파멸시키기 위해 각종 노력을 기울일 것이다.

용이 여자에게 진노하여 그녀의 씨 중에서 남은 자들 곧 하나님의 명령들을 지키고
예수 그리스도의 증언을 가진 자들과 전쟁을 하려고 가니라(계12:17).

뱀의 씨와 여자의 씨 사이의 분쟁은 끝까지 계속될 것이다. 영적으로 볼 때 뱀의
저주를 받은 후손들인 짐승의 군대와 경찰력은 자기들이 할 수 있는 모든 것을 동원하여
그 여자의 영적 후손으로 남아 있는 모든 사람들을 발견해서 파괴하려 하며 이 일을
위해 온 세상을 수색할 것이다.

누가 적그리스도인가?

사도 시대 이래로 많은 기독교인들이 성경에서 짐승, 죄의 사람 그리고 또 다른 불미스러운 이름으로 불리는 적그리스도에 관한 예언들에 큰 관심을 표명해 왔다. 주후 1세기경에 박해받은 성도들 중 많은 사람들은 네로 황제가 적그리스도라고 생각했는데 거기에는 그럴만한 이유가 충분히 있었다. 그리고 그 이후로도 많은 사람들이 적그리스도라고 추측되곤 했다. 종교 개혁 시대와 그 뒤에는 많은 개신교 지도자들은 교황과 그의 로마 카톨릭교회가 적그리스도라고 주장했다. 한편 동시대에 로마 카톨릭교회는 마르틴 루터와 개신교도들이 바로 적그리스도이며 예루살렘이 신비의 바빌론이라고 가르쳤다.

인류 역사의 다양한 시대 속에서 나폴레옹이나 히틀러 등과 같은 사람들도 적그리스도라고 생각되어 왔다. 그러나 그 누구도 성경에 묘사된 적그리스도의 모습과 같지는 않았다. 20세기 초반에는 고대 로마의 제국주의를 건설하려는 야망을 품은 이탈리아의 지도자 무솔리니가 최상의 후보자로 생각되었다. 가장 최근에 그 지위를 물려받은 사람은 바로 이라크의 후세인이었다. 사실 이 모든 사람들은 예수님과 그분의 말씀을 싫어했다. 아마도 그들은 그래서 사도 요한이 기록한 대로 '많은 적그리스도들'(요 2:18) 안에 포함될 수 있을 것이다. 그러나 이 중에 그 누구도 진정한 적그리스도는 아니었다. 사실 그의 정체는 아직 드러나지 않았다.

그의 정체를 명확하게 드러내 주는 사건은 다니엘의 70이레 예언에 기록되어 있는 것처럼 그 위대한 독재적 통치자가 이스라엘과 7년 협약을 맺는 것이며 이 협약을 통해 그는 이스라엘에게 성전을 다시 짓는 것과 옛날에 그늘이 행하던 대로 하나님께 희생 제사를 다시 시작하는 것을 허락할 것이다(단9:27). 그가 이 계약을 맺을 수 있음을 고려해 보면 이때쯤 그는 이미 서방 국가들 사이에서 큰 명성과 지위를 확고히 굳혀 왔음을 알 수 있다. 이스라엘과의 7년 협약은 바로 그가 그 인물 즉 적그리스도임을 확실하게 보여 줄 것이다.

이 협약 후 첫 3년 반 동안 그는 자신의 권력을 더욱 굳게 하며 확장할 것이다. 그러나 우리가 이미 살펴보았던 것처럼 이스라엘과의 7년 협약의 중간 시기에 그는 이 조약을 파기할 것이고 자칭 하나님으로서 경배를 받기 위하여 예루살렘에 있는 하나님의 성전에 '멸망의 가증한 것' 즉 자기 자신의 형상을 세울 것이다(살후2:4).

그러나 그는 아직 이것들 중 어느 것도 할 수 없다. 왜냐하면 지금은 그를 억제하는 분이 있기 때문이며 그분은 길에서 옮겨지실 것이고 바로 그때 그 사악한 자가 드러날 것이다(살후2:7-8). 따라서 우리가 아직 그를 식별하지 못하는 것은 아주 당연하다.

불법의 신비가 이미 일하고 있으나 다만 지금 막고 있는 이가 막되 길에서 옮겨질 때[be taken out of the way]까지 *막으리라*(살후2:7).

적그리스도는 사탄의 역사를 따라 모든 능력과 표적과 거짓 이적으로 임하는데(살후 2:9) 그렇다면 이렇게 권능이 있는 그를 억제할 수 있는 것은 무엇일까? 하나님 한 분 외에는 아무도 사탄을 억제할 수 없지 않은가? 성령 하나님께서 적그리스도를 억제하고 계신다면 그분은 과연 어떤 방법으로 길에서 옮겨지실까? 아무튼 하나님의 존재와 능력은 사탄과 또 사탄에 사로잡힌 멸망의 아들이 세계를 향한 자신들의 계획을 완전히 이룰 수 있기 전에 이 세상으로부터 옮겨질 것이 틀림없다.

물론 하나님께서는 성령님이라는 인격체 안에서 지금도 이 세상에 계신다. 또한 성령님은 주 예수 그리스도 안에 있는 모든 진실한 신자들을 돕고 계신다. 이와 같이 성령님께서 이 세상으로부터 옮겨질 것이기에 모든 진실한 신자들도 마찬가지로 옮겨질 것이다. 따라서 적그리스도의 나타남을 방해하는 것은 다름 아닌 성령님이 내주하시며 권능을 주시는 세상에 있는 성도들 즉 교회로 볼 수 있다.

이것은 또한 살후2:3에 잘 암시되어 있다. 주님의 날은 먼저 떨어져 나가는 일이 있고 멸망의 아들 즉 죄의 사람이 드러나야 임하게 될 것이다.

먼저 떨어져 나가는 일(falling away)이 일어나고 저 죄의 사람 곧 멸망의 아들이 드러나지 아니하면 그 날이 오지 아니하리라(살후2:3).

'떨어져 나가는 일'(falling away)과 '길에서 옮겨지는 것'(taking out of the way)은 거의 동시에 일어나는 일들이다. 왜냐하면 그 사악한 자 즉 적그리스도가 그 일들이 있고 나서 나타나기 때문이다.

여기서 '떨어져 나간다'로 번역된 'falling away'의 그리스어는 문자적으로 '따로 떨어져 있음' 혹은 '분리'를 의미하는 '아포스태시아'(apostasia)이다. 이 말은 신약 성경의 다른 부분에서 두 번 더 사용되었는데 그 두 번 다 '버리다'로 번역되었다. 한편 이 말은 또한 '길에서 취하여 간다'(taking out of the way)는 의미로도 이해될 수 있다. 물론 이것은 '배교'로도 번역될 수 있으므로 성경 주석가들은 이 구절을 설명하면서 이 말이 적그리스도의 정체가 드러나기 바로 전에 있을 기독교회 내의 큰 배교라고 해석했다.

그러나 이러한 해석에는 두 가지 문제점이 있을 수 있다. 첫째는 스스로 교회라고 주장하는 교회 안에서는 사도 시대 이후 수많은 배교가 있어 왔다. 따라서 여기에서 언급된 배교가 어떤 특별한 중요성을 갖기 위해서는 보편성을 지닌 채 기독교회 전체에 영향을 끼쳐야만 한다. 그런데 이렇게 되는 경우 이것은 결국 전체 교회가 길에서 옮겨지는 것 ― 즉 휴거 ― 과 똑같은 의미를 준다.

둘째로 여기서 '떨어져 나가다'로 번역된 'falling away'는 데살로니가 성도들이 이미 가르침을 받아 왔던 사건이다(5절을 주목하라). 그러나 데살로니가전후서에는 그 전에 어떤 배교가 있었다는 기록이 없다. 그 대신에 살전4:13-17에는 죽은 자나 살아 있는 신자들이 예수님과 함께 거하기 위해 세상으로부터 분리되어 공중으로 올라가는 부활과 휴거의 교리가 성경에서 가장 확실하게 묘사되어 있다. 따라서 만일 '분리된다'(Falling away)는 말이 위에서 언급된 것처럼 성도들의 휴거를 의미한다면 이 말과 7절에서 언급된 '길에서 옮겨지는 것'이라는 말과의 상관관계가 아주 명백해진다.

즉 이 두 구절은 다 현시대에서 모든 크리스천들이 예수님과 함께 있을 곳으로 옮겨질 때까지는 적그리스도가 드러나지 않을 것을 지적하고 있다. 휴거라 불리는 이 큰 사건은 나중에 더 자세하게 묘사될 것이다. 적그리스도가 지금 이 땅에 살고 있으며 앞으로 세상에 모습을 드러내기 위하여 사탄의 지도하에 준비되고 있을지도 모른다. 그러나 어떤 사람도 지금 이 시각 적그리스도가 누구인지 확실히 알 수 없다는 것을 강조하기 위하여 여기에서 휴거를 언급할 필요가 있다.

비록 지금 우리가 그의 정체를 알 수 없다 해도 성경은 그의 성격 혹은 모습을 자주 보여 준다. 첫째로 다니엘의 70이레 예언은 그가 주후 70년에 유대인들의 성전을 파괴하고 주후 135년에 예루살렘시를 파괴한 국가의 국적을 소유하고 있음을 보여 준다(단9:26). 이 사실로 인해 사람들은 그가 이탈리아 사람이라고 생각할 수도 있다. 사실 이것이 1920-1930년대에 매우 많은 사람들이 무솔리니가 적그리스도라고 믿었던 이유였다. 그러나 그가 꼭 이탈리아 사람일 필요는 없다. 예루살렘을 파괴했던 로마의 군대는 주로 시리아 장정들로 구성되어 있었다는 증거가 많이 있다. 이 사실로 미루어 볼 때 적그리스도는 옛날 로마 제국에 속해 있던 여러 국가들 중 한 국가나 말세에 확장되거나 개정된 '신 로마 제국'으로부터 나오는 인물일 것이다. 적그리스도를 암시해 주는 말세에 관한 구약의 다른 예언에서는 그가 아시리아 사람으로 언급되고 있다(사10:24; 30:31).

사실 베들레헴에서 예수님께서 탄생하실 것을 보여 준 미가 대언자의 위대한 예언은 (미5:2) 앞으로 임하실 이스라엘의 통치자가 영원 전부터 계시는 분으로서 세상 끝까지 다스리실 것을 보여 주며, 그분께서 이스라엘에 오실 때 그분의 군대가 니므롯의 땅을 황폐시킬 것이며 이스라엘을 그 아시리아 사람으로부터 구해 내실 것이라고 기록하고 있다.

또 그가 **주**의 능력과 **주** 자기 하나님의 이름의 위엄으로 서서 먹일 것이요, 이로써 그들이 *안전히* 머물리니 이는 이제 그가 땅끝에 이르기까지 크게 될 것이기 때문이라. 이 사람은 그 아시리아 사람이 우리 땅에 들어올 때에 화평이 되리라. 그자가 우리 궁궐에서 밟을 때, 그때에 우리가 그를 대적하려고 일곱 명의 목자와 여덟 명의 우두머리를 일으키리니 그들이 칼로 아시리아 땅을 피폐하게 하며 니므롯 땅을 그곳의 어귀에서 피폐하게 하리라. 그 아시리아 사람이 우리 땅에 들어와 우리 경계 안에서 밟을 때에 그가 이같이 우리를 그 *사람*에게서 구출하리라(미5:4-6).

이 구절은 바벨(바빌론)의 왕인 아시리아 사람이 부정하게 이스라엘 땅으로 들어왔음을 제시해 주면서 또한 말세에 있을 니므롯의 땅 즉 바벨에 대해 다시 한 번 언급하고 있다. 니므롯은 바벨과 니느웨를 세웠고 바빌론과 아시리아와 시리아는 지리적으로 정치적으로 상호 연결되어 있었다. 이것은 적어도 적그리스도가 이 지역으로부터 오거나 아시리아 사람으로 불릴 것이라는 가능성을 보여 준다. 왜냐하면 그는 이미 위에서 논의된 것처럼 바빌론을 자기의 수도로 만들려고 노력할 것이기 때문이다. 이 모든 것은 그가 남아프리카나 동아시아 출신이 아님을 확실히 보여 주며 동시에 그 누구도 지금 이 시각 그 짐승의 국적을 확실히 알 수 없다는 것을 보여 준다.

예언을 담고 있는 성경 구절에서 묘사되는 적그리스도의 성격에는 다음과 같은 것이 있다. 비록 그가 하나님을 경외하는 가족적 배경을 가지고 있다 할지라도 그는 자기중심적일 뿐 아니라 범신론적 진화론자일 것이다.

그 왕이 자기 뜻대로 행하며 자기를 높이고 모든 신보다 자기를 크게 높이며 신들의 신을 대적하려고 놀라운 것들을 말하며 번영하되 *그분의* 격노가 이루어질 때까지 하리니 이는 작정된 그것이 이루어질 것이기 때문이라. 그가 자기 조상들의 하나님과 여자들의 바라는 것을 중히 여기지 아니하며 어떤 신도 중히 여기지 아니하리니 이는 그가 모든 것 위로 자기를 크게 높일 것이기 때문이라. 오히려 그는 자기 영토에서 힘의 신을 공경할 것이요, 금과 은과 보석과 기뻐하는 것들로 자기 조상들이 알지 못하던 신을 공경하리라(단11:36-38).

38절의 '힘'(forces)이라는 단어는 '세력'이나 '강한 요새' 등으로 번역될 수도 있다. 이 사람은 진정한 하나님을 대신하여 힘과 권력을 인격화하는 자연신을 숭배할 것이다. 그는 또한 자기의 통치를 기꺼이 받으려는 모든 국가들에게 평화나 번영을 약속해 줄 수 있는 뛰어난 능력을 소유할 것이다.

그들의 왕국의 마지막 때 곧 범법자들이 가득할 즈음에 사나운 얼굴을 하고 숨겨진 글의 뜻을 이해하는 한 왕이 일어날 것이요, 그의 권세가 강력할 것이나 *그것은* 그의 권세로 말미암은 것이 아니리라. 그가 놀랍게 파괴하고 번영할 것이며 또 꾸준히 행하고 강력한 자들과 거룩한 백성을 멸하리라. 그가 또한 자기 정책을 통해 자기 손안에서 속임수가 성공하게 하고 자기 마음속에서 자기를 크게 높이며 평화를 빌미로 많은 *사람*을 멸할 것이요, 또한 통치자들의 통치자를 대적하여 일어설 것이나 그가 손으로 말미암지 아니하고 무너지리라(단8:23-25).

이 짐승의 신분에 대하여는 또 다른 수수께끼 같은 단서가 있다. 그 단서는 공식적으로 그가 드러나기 전에 그를 알아보라고 주님께서 주신 것이다.

여기에 지혜가 있으니 지각이 있는 자는 그 짐승의 수를 세어 볼지니라. 그것은 어떤 사람의 수요, 그의 수는 육백육십육이니라(계13:18).

이러한 하나님의 계시 속에 들어 있는 지혜는 그 짐승이 사람이지 결코 어떤 운동(혹은 주의)이나 조직체가 아님을 확실히 보여 준다.[10]

더욱이 이 구절은 이 사람의 이름이나 호칭에 대한 수적 동의어를 확실히 언급하고 있다. 신약 성경을 기록할 때 사용된 그리스어는 각 문자가 숫자로도 사용되었다. 예를 들면 알파는 1, 베타는 2, 감마는 3을 가리켰다. 이런 점에서 그리스어는 숫자를 가리키기 위해 다른 상징들 즉 아라비아 숫자를 사용하는 영어 등과는 달랐다. 이 같은 그리스어의 특성을 이용하여 사람들은 어떤 그리스 단어에 대한 숫자를

---

10) 한글 개역성경은 이 구절을 '사람의 수'(number of man)라고 번역하여 666이 사람의 수 6을 세 개 더한 것이라는 주장을 펼 수 있게 만들지만 킹제임스 흠정역 성경은 '어떤 사람의 수'(number of a man)로 정확히 기록하여 특정한 인물 즉 적그리스도를 보여 주고 있다.

계산하기 위해 간단하게 그 단어 안에 있는 모든 문자의 숫자들을 더했다. 그러나 현대의 이름에 이런 방법을 적용하는 것은 맞지 않을지도 모른다. 그러나 한 가지 가능한 것은 현대의 이름을 신약의 그리스어 알파벳으로 옮긴 뒤에 그 숫자를 더하는 것이다. 예를 들면 영어로 'bag'은 그리스어로 '베타, 알파, 감마'일 것이고 이것은 '2+1+3'의 수적인 의미 즉 6이라는 의미가 있다.

또 다른 가능성은 적절한 현대 단어의 각 문자에 그리스 사람들이 사용하는 것과 똑같은 방법을 사용하여 숫자를 지정하고 자신의 언어로 사람의 이름에 대한 숫자를 세어 보는 것이다. 그런데 이 절차 역시 처음 것만큼이나 의심스럽다. 아마 거기에도 더 나은 접근 방법이 있을 것이나 이것은 아직 확실하게 공식화된 절차가 아님이 명백하다. 아마도 그것은 사람들이 그 짐승의 이름에 대한 숫자를 정말로 알 필요가 있을 때 더 명백해질 것이다. 그러나 아직은 그때가 아니다. 그래서 현재 그의 신분은 드러나지 않고 있다.

아무튼 적그리스도의 통치는 단지 7년으로 매우 짧을 것이다. 그러나 그 7년은 무서운 환난의 기간이 될 것이다. 그는 마침내 모든 진화론자들과 인간 중심적인 범신론자들이 오랫동안 추구해 온 일 즉 창조자가 아닌 창조물이 중심이 되고 모든 것을 통치하는 전 세계적 경제 및 문화 배경을 갖는 '단일 세계 정부'라는 목표를 달성하게 될 것이다(롬1:25). 그리고 그는 자기가 할 수 있는 한 자기에게 복종하지 않는 자들을 파멸시키기 위해 그들을 찾을 것이고 그들에게 격노할 것이다. 그러나 이보다 더 중요한 것은 이 7년이 '주의 크고 무서운 날'(욜2:31) 즉 '하나님의 진노의 날'이라는 것이다. 지구를 변화시킬 심판 즉 다가오는 주(主) 예수님의 심판은 다음 장에서 자세히 의논될 것이다.

과학과 재림
Science And The Second Coming

탄식하는 창조물

하나님께서는 6일 동안의 '창조 사역'을 마치신 뒤 친히 창조하신 모든 것을 보시고는 '심히 좋았다'(창1:31)고 말씀하셨다. 그러나 아담의 불순종으로 인해 세상에 죄가 들어옴으로 말미암아(롬5:12) 하나님께서는 아담과 그의 소유물에게 쇠퇴와 죽음의 심판을 내리셨고 땅이 아담으로 인해 저주를 받을 것이라고 그에게 이르셨다(창3:17). 따라서 아담의 몸을 포함해 모든 물질 체계의 기본 요소인 땅의 흙은 사도 바울이 기록한 대로 '썩음의 속박'을 당하게 되었다. 이 저주 아래서 현재 모든 창조물이 이제까지 함께 신음하며 고통 중에 산고를 치르고 있다(롬8:22).

옛적에 주께서 땅의 기초를 놓으셨으며 하늘들은 주의 손이 이루신 작품이니이다. 그것들은 멸망할 것이나 주께서는 지속하시겠고 <u>참으로 그것들은 다 옷같이 낡아지리니 주께서 의복같이 그것들을 바꾸시면 그것들은 바뀔 것이나</u> 주께서는 동일하시고 주의 햇수는 끝이 없으리이다(시102:25-27).

위 구절의 밑줄 친 부분의 원리는 너무나도 보편적이어서 과학자들은 그것을 가리켜 '엔트로피 증가의 법칙' 혹은 '열역학 제2법칙'이라고 부르면서 과학의 기본 법칙으로 인지하여 왔다. 그러나 그들은 이 법칙의 성경적 기초와 신학적 중요성을 인정하는 것을 거부했다.

더욱이 그들은 우주 진화에 대한 자기들의 신념과 전적으로 배치되는 명백한 증거들을 부인했다. 그들이 이런 진리를 부인함에도 불구하고 세상은 실로 진화라는 상상 과정을 통해 진보를 향해 치닫고 있지 않으며 오히려 열역학의 실제 과정에 의해 붕괴와 죽음을 향해 내리닫고 있다.

이 쇠퇴/붕괴의 원칙은 세상에서 항상 작용해 왔으나 지금은 더욱 빠르게 진행되고 있는 것 같다. 앞에서 이미 언급한 바와 같이 마지막 날들의 표적 중 하나는 과학과 기술의 폭발적 증가이다. 그러나 역설적으로 이러한 놀랄 만한 과학적 발견과 기술적 발명들 그 자체가 이러한 쇠퇴의 과정을 가속화시키고 있는 듯하며 따라서 전 세계가 고통 속에서 죽어 가고 있는 것 같다.

구약 성경 대언서(예언서)들의 증거가 없다 하더라도 우리는 지구라는 유성의 마지막 때에 살고 있음을 쉽게 알 수 있다. 왜냐하면 지구는 하나님의 간섭으로부터 떨어져서는 더 이상 살아갈 수 없기 때문이다. 세계의 지도자들과 입안자들은 하나님께서 처음에 내리신 저주와 인류의 반란에 대한 그분의 심판이라는 견지에서 현재의 '여러 표적들'을 재고(再考)해 볼 필요가 있다. 이러한 표적들은 너무나도 잘 알려져 있고 심지어 비종교 과학서들에 의해서도 증명되기 때문에 여기서는 일일이 자세하게 기록하지는 않을 것이다.

그러나 그런 몇몇 현상에 대해 간략히 논평함은 유익할 것이다. 이것들은 물론 나름대로 징조를 띠고 있다. 그런데 이것들을 함께 모아 보면, 예수 그리스도께서 다시 오시지 않는다면 이 세계가 더 이상 생존할 수 없을 것이라는 커다란 증거를 구성하게 된다. 즉 이 증거들을 통해 그분께서 곧 다시 오시지 않는다면 어떤 것도 생존할 수 없을 것이라는 것을 누구나 예측할 수 있다. 이 두려운 표적들 중 몇몇을 아래에 기록하고자 한다.

1. 지구 수질 오염 – 지구는 유일하게 '물이 있는 유성'이며 물은 생물체에 절대적으로 필요하지만 호수와 강 그리고 심지어 대양까지도 하수 오물, 유독한 쓰레기 및 다른 오염 물질에 의해 빠르게 오염되어 가고 있다.
2. 지구 대기 오염 – 유해한 스모그는 지구의 도시들을 덮고 있으며 화석 연료로부터 나오는 이산화탄소 – 또한 최근에는 쿠웨이트의 유전들이 불타면서 생긴 이산화탄소 – 오존층을 파괴하는 염화불화탄소, 각종 지구 온난화 가스, 그리고 정상적인 강수에 영향을 미치는 다른 오염 물질들은 지구의 대기를 심각하게 오염시키고 있다.
3. 인구 폭증 – 아직까지 지구상에 사람이 살고 있지 않은 곳이 있기는 하지만 지구의 인구는 – 특히 후진국의 경우 – 식량 공급을 능가하고 있으며 기근이 늘어나고 있다.
4. 치료 불가능한 역병 – 치료가 불가능해서 치명적인 질병인 '에이즈'(AIDS)는 너무나도 빨리 퍼져서 인류의 생존을 위협하고 있다. 현대 의학의 진보에도 불구하고 여러 질병이 퍼지고 있고 심지어는 한때 정복된 것으로 믿어 왔던 유행병들(결핵, 말라리아, 천연두, 선페스트)도 악성 과로로 인해 되살아나고 있다.
5. 매우 정교한 파괴 무기들 – 지금 많은 나라들이 핵무기뿐 아니라 무서운 생물학적/화학적 약품, 레이저 무기, 상상할 수 없었던 전자기 장치들, 심리학적인 전투 기계, 중성자탄 그리고 제한을 두지 않는다면 지구 위의 모든 생물체를 파괴할 수 있는 여러 가지 치명적 장치들을 보유하고 있다.
6. 토지의 부식 – 농업과 식량 생산을 위해 필수적인 표토의 얇은 층은 관개, 도시화, 산림 개간과 다른 부주의로 인해 크게 손상되고 있다. 그 결과 한때는 작물 생산지였던 많은 지역들이 지금은 사막이 되었고 아시아의 경우 극심한 황사가 발생하고 있다.
7. 열대 삼림 파괴 – 아마존 정글과 지구의 다른 열대 지방의 강우량이 많은

삼림들이 사람들의 순간적인 욕심을 채워 주기 위해 다양한 용도로 베어지고 있으며 지구의 깨어지기 쉬운 생태학적 균형과 생명에 관련된 먹이 사슬에 큰 영향을 주고 있다.
8. 마약 사용의 폭증 - 미국과 다른 나라에서도 전례 없이 마약 사용이 급증하고 있고 이로 인해 전체 젊은 세대들이 사회에서 불필요한 존재가 되고 있으며 심지어는 그들의 생명도 위협을 당하고 있다.
9. 합법화된 낙태와 동성애 - 한 세대 전만 해도 생각할 수 없었던 낙태의 합법적 허용과 상대를 가리지 않는 성행위와 모든 형태의 동성애 관습들이 - 심지어 이런 것들을 바람직한 삶의 방식이라고 주장하는 이들이 매우 많음 - 제지되지 않고 계속된다면 결과적으로 미래의 모든 세대를 다 없애버릴 수도 있을 것이다.
10. 종의 멸절 - 매일 동식물 중 최소한 한 종이 (더 많게는 3종 내지 4종이) 지구에서 사라지고 있으며 이러한 일은 인류 역사 이래 매일 벌어지고 있다. 인류 역사에서 새로운 종이 진화되었다고 알려진 일이 없다는 사실은 진화론의 허구를 보여 주는 강력한 고발 사유가 된다. 그러나 멸절되는 모든 종들은 하나님께서 특별한 목적을 가지고 창조하신 것들이므로 그것들의 상실은 전 지구의 생태계에 유해하다. 동시에 이러한 종들의 멸절의 결과로 박테리아, 해충 등의 위험한 종들은 급격히 불어나고 있다.
11. 화학 오염 - 화학 물질들이 대기와 수질을 오염시키고 있는데 덧붙여 다른 많은 끔찍한 물질들이 생명을 위협하고 있다. 살충제, 음식 찌꺼기, 의사의 처방 없이 팔 수 있는 위험한 약들, 하수 잔해물과 다른 화학 물질들 - 이것들 대부분은 발암성이며 여러 면에서 인체에 해롭다 - 은 지구의 환경과 생명을 위협하고 있다.

위에서 언급한 현상들 중 만일 한 가지라도 제대로 제지하지 않고 계속 진행되도록 내버려 둔다면 지구의 모든 생명체는 곧 멸절될 것이다. 이런 것들은 사람의 죄와 하나님께서 사람에게 맡겨 주신 책임 즉 '땅을 정복하라'(창1:26-28)는 책임을 거부했기 때문에 생긴 직접적인 결과이며 동시에 하나님께서 모든 것들을 제대로 잡기 위해 곧 오셔야 할 이유 중의 하나가 된다.

내 백성아, 올지어다. 너는 네 방들로 들어가 네 주변의 네 문들을 닫고 격노가 지나갈 때까지 잠시 숨을지어다. 보라, 주께서 땅의 거주민들의 불법으로 인해 그들을 벌하시려고 자신의 처소에서 나오시나니 땅도 자기 피를 드러내며 자기의 죽임 당한 자들을 다시는 덮지 아니하리라(사26:20-21).

그분의 진노가 발하는 저 큰 날에 그분께서는 '땅을 멸하는 자들을 멸하실 것이다'(계11:18).

지구에 거하는 사람들의 죄는 그들이 지구에 대한 자기들의 책임을 남용한 것 이상으로 더욱 크다. 우리 주 예수님께서는 '노아의 날들에 이루어진 것같이 사람의 아들의 날들에도 그러하리라'(눅17:26)고 말씀하셨다. 노아 당시 하나님께서는 오래 참고 고통스러워 하셨는데 바로 그 뒤에 홍수가 닥쳐와서 모든 것을 휩쓸어 버렸다. 하나님께서는 노아 시대에 세상에 죄악이 팽창하는 것과 모든 육체의 행위가 부패되었음을 보셨는데 이런 사악한 일들이 우리에게도 빠르게 다시 한 번 다가오고 있다.

> 하나님께서 땅을 보시니, 보라, 그것이 부패하였더라. 이는 땅 위에서 모든 육체가 자기 길을 부패시켰기 때문이라(창6:12).

오늘날에도 범죄, 잔인함, 전쟁, 부도덕, 부정직, 술 취함과 육체의 큰 죄악들이 세계 곳곳에 만연되어 있다. 다소 정직하고 도덕적으로 친절하게 사는 사람들조차도 대부분의 경우 하나님의 첫째 명령 즉 '너는 내 앞에 다른 신들을 두지 말라'(출20:3)는 명령을 범하고 있다. 무신교, 다신교, 인본주의, 자유주의, 율법주의, 신비주의와 다른 거짓 종교들이 '선한 사람들' 가운데 퍼져 있는데 이런 일 즉 하나님을 버리는 일은 권능이 많고 거룩하시며 희생적 사랑으로 가득하신 하나님의 관점에서 보았을 때 모든 것 가운데 가장 큰 죄이다.

가 버린 세상과 다시 올 세상

하나님은 결코 실패하지 않으신다. 그분께서는 영광스럽고도 영원한 목적을 위해 이 세상과 그 안의 거주민들을 창조하셨다. 죄와 저주가 잠시 있었으나 그분께서는 언젠가 다시 '모든 것을 새롭게 하시겠다'(계21:5)고 약속하였다.

> 무엇이든지 하나님께서 행하시는 것, 그것이 영원히 있을 줄을 내가 아노라. 그것에 무엇을 더하거나 그것에서 무엇을 뺄 수 없나니 하나님께서 그것을 행하시는 것은 사람들이 사신 앞에서 두려워하게 하려 하심이라(전3:14).

결과적으로 지구는 정화될 것이며 저주도 없어질 것이고 모든 것은 처음 창조 때처럼 다시 '매우 좋게' 될 것이다.

그러나 이 모든 것이 하룻밤 새 이루어지지는 않을 것이다. 영원한 새 땅이 준비되기 전에 먼저 지구상에 7년간의 환난기와 예수 그리스도와 성도들이 통치하는 천년왕국의 시기가 있을 것이다(계20:1-6). 우리가 문자 그대로 이 계시를 받아들이지 못할 이유가 없다. 왜냐하면 1,000년이라는 기간은 계20:2-7에서만도 무려 여섯 번이나 명쾌하게 분명히 제시되고 있기 때문이다.

> 마귀요 사탄인 그 용 곧 저 옛 뱀을 붙잡은 뒤 그를 천 년 동안 결박하여 바닥없는 구덩이에 던져 가두고 그에게 봉인을 하여 천 년이 찰 때까지 그가 더 이상 민족들을 속이지 못하게 하였는데 그 뒤에는 그가 반드시 잠시 동안 풀려나리라. 또 내가 왕좌들을 보았는데 *사람*들이 그것들 위에 앉아 있고 그들에게 심판이 맡겨졌더라. 또 내가 예수님의 증언과 하나님의 말씀으로 인해 목이 베인 자들의 혼들을 보았는데 그들은 짐승과 그의 형상에게 경배하지도 아니하고 자기 이마 위에나 손안에 짐승의 표를 받지도 아니한 자들이더라. 그들이 살아서 그리스도와 함께 천 년 동안 통치하였으나 그 나머지 죽은 자들은 그 천 년이 끝날 때까지 다시 살지 못하였더라. 이것이 첫째 부활이니라. 첫째 부활에 *참여할* 몫을 가진 자는 복이 있고 거룩하도다. 둘째

사망이 그런 자들을 다스릴 권능을 갖지 못하고 도리어 그들이 하나님과 그리스도의 제사장이 되어 천 년 동안 그분과 함께 통치하리라. 그 천 년이 다 차매 사탄이 자기 감옥에서 풀려나고(계20:2-7)

하나님께서는 우리에게 자신의 확실한 말씀으로 이 기간에 지구에 일어나게 될 변화들에 대한 두려운 광경들을 보여 주셨으므로 옛것과 새것 즉 아담과 노아 홍수 이전의 사람들의 옛 세계와 예수 그리스도와 그분의 성도들의 새 세계 사이의 유사점과 대조점을 주목해 봄이 바람직하다.

에덴동산에서의 처음 세계는 '매우 좋은' 세계였으며 죄도 없고 고통도 없고 죽음도 없으며 저주도 없었다. 그런데 새 땅에서도 이와 유사하다.

하나님께서 그들의 눈에서 모든 눈물을 닦아 주실 것이며 다시는 사망이 없고 슬픔도 울부짖음도 없으며 아픔도 다시는 없으리니 이는 이전 것들이 지나갔기 때문이라, 하더라(계21:4).

다시는 저주가 없을 것이며 하나님과 어린양의 왕좌가 그 안에 있어서 그분의 종들이 그분을 섬기고(계22:3).

저주가 지구의 원소들 안으로 스며들었기 때문에 저주를 없애기 위해서는 그 원소들을 깨끗이 씻어 내야만 한다. 이것이 장차 있게 될 일이다.

그러나 주의 날이 밤의 도둑같이 오리니 그날에 하늘들이 큰 소리와 함께 사라지고 원소들이 뜨거운 열에 녹으며 땅과 그 안에 있는 일들도 불태워지리라. 그런즉 이 모든 것이 해체되리니 너희가 어떤 사람이 되어야 마땅하겠느냐?(벧후3:10-11)

물론 '하나님께서 행하시는 모든 일은 영원하기 때문에'(전3:14) 그것들은 완전히 없어지지 않을 것이다. 그분께서 제정한 보존의 법칙은 물질의 한 상태가 다른 상태로 전환될 수 있으며 심지어 물질 그 자체가 에너지로 전환될 수 있음을 명백하게 보여 주고 있다. 땅의 흙 속에 있던 화학적 에너지는 열, 빛, 소리 에너지로 전환될 것이다. '그날에 하늘들이 불이 붙어 해체되고 원소들도 뜨거운 열에 녹을 것이냐'(벧후3:12) 화학적 에너지는 완전히 근절되지는 않을 것이다. 하나님께서는 자신의 창조의 말씀을 사용하사 이렇게 정화된 에너지를 땅과 대기의 하늘에 있는 물질로 전환하실 것이다.

보라, 내가 새 하늘들과 새 땅을 창조하노라. 이전 것은 기억나지 아니하며 생각나지 아니하리라(사65:17).

저주와 죽음이 제거되었으므로 죄 또한 영원히 없어져야 한다. 그래서 우리는 '그분의 약속에 따라 의가 거하는 새 하늘들과 새 땅'(벧후3:13)을 바라보아야 한다. 그때에 하나님의 모든 자녀들 즉 예수 그리스도를 믿음으로 구속받은 자들은 부활의 몸과 그리스도의 마음을 받고 '그분의 아들의 형상과 같은 모습이 될 것이다'(롬8:29). 그래서 새 땅과 그 땅의 거주민들은 죄의 가능성과 과거의 죄와 심판을 기억나게 하는 것들이 없어지는 것을 빼고는 에덴동산의 조건과 같은 조건으로 회복될 것이다.

마찬가지로 저주가 내려진 직후의 땅 즉 노아 홍수 이전의 땅은 여러 면에서 저주가 제거되기 직전의 땅 즉 천년왕국 동안의 땅과 유사할 것이다. 아담이 죄를 지은 뒤 하나님께서 땅에 저주를 내리시자 죽음과 부패의 원리는 즉시 작동하기 시작했으나 세상은 겉으로 보기에 그전과 같이 사람과 동물의 삶에 필요한 것들을 풍족히 채워줄 수 있는 아름답고 즐겁고 '매우 좋은' 세상으로 보였다.

이와 유사하게 예수 그리스도와 그분의 구원받은 성도들이 1,000년 동안 다스리게 될 천년왕국 또한 평화와 번영의 아름다운 세계가 될 것이다. 그때에는 세상에 전쟁과 범죄와 악한 죄가 없을 것이다. 그러나 그때에도 사람들은 여전히 유전으로 물려받은 죄성을 지닌 채 육신을 입고 태어난다. 다만 예수님의 철장 권세로 인하여 그 죄성이 밖으로 드러나지 않고 안에서만 존재하며 이들 역시 모든 시대에 살았던 다른 사람들처럼 그리스도를 믿는 믿음을 통해 영적으로 거듭나기 전에는 영원한 하늘 왕국을 상속받을 수 없다. 더구나 천년왕국 동안에는 죽음도 있을 것이다. 사람들은 노아 홍수 이전의 사람들처럼 다시 몇 백 년을 살게 될 것이나 결국은 죽게 될 것이다.

그때부터는 날수가 *많지 않은* 어린 아기나 자기 날들을 채우지 못한 노인이 다시는 없으리니 이는 아이가 백 세에 죽을 것이기 때문이라. 그러나 죄인은 백 세가 되어도 저주받은 자가 되리라(사65:20).

분명히 그때에는 동물의 세계에도 변화가 생겨 육식성의 난폭한 짐승들도 처음 에덴동산의 짐승들처럼 순하고 초식성을 갖게 될 것이다.

이리도 어린양과 함께 거하고 표범이 염소 새끼와 함께 누우며 송아지와 젊은 사자와 살진 짐승이 함께 있어 어린아이가 그것들을 인도하고 암소와 곰이 *함께* 먹으며 그것들의 새끼들이 함께 눕고 사자가 소처럼 풀을 먹으며 젖 먹는 아이가 독사의 구멍에서 놀고 젖 뗀 아이가 독사의 굴에 손을 넣으리라. 그것들이 나의 거룩한 산 모든 곳에서 상하게 하거나 멸하지 아니하리니 이는 물들이 바다를 덮는 것같이 주를 아는 지식이 땅에 충만할 것이기 때문이니라(사11:6-9).

땅 그 자체가 1,000년 동안 노아 홍수 이전 시대의 아름다운 모습으로 회복될 것이다. 홍수 이전의 땅 즉 처음 창조 때의 '매우 좋았던' 땅에는 살기에 적합하지 않은 사막도 만년설도 높은 산도 없었다. 바다들은 상대적으로 좁고 얕아서 모든 것이 서로 연결되어 있었으며 땅 표면에 고루 분배되어 있어서 땅의 모든 표면은 적당한 습도를 보유하고 있었다.

또한 창조 때에는 '주 하나님께서 땅에 비가 내리지 아니하게 하셨고 땅을 갈 사람도 없었으며 다만 안개가 땅에서 올라와 온 지면을 적셨다'(창2:5-6). 노아 때에 40일 동안 밤낮으로 비가 내렸는데 이 대홍수 이전까지 이러한 제도에는 변화가 없었다. 비가 그쳤을 때 역사상 처음으로 하늘에 무지개가 나타났다(창7:12; 9:13).

위에서 언급한 현상들의 대부분은 지구 대기권의 상층부 역할을 하던 거대하면서 눈에는 보이지 않던 수증기 막 즉 지구를 덮었던 '궁창 위의 물들'(Waters above the firmament)에 의해 잘 설명될 수 있다. 구름 안에 들어 있는 작은 물방울과는 달리 수증기는 비록 눈에는 보이지 않지만 여러 가지 중대한 효력을 발생한다. 비록 수증기가 무지개를 만들 수는 없었겠지만 - 무지개를 만들려면 작은 방울이 필요함 - 강한 온실 효과를 내기 때문에 지구 전체를 따뜻하게, 쾌적하게 만들어 주고 또 일반적으로 강우 특히 폭우를 내리게 하는 공기 덩어리의 움직임을 막아 주었을 것이다.

또한 그 수증기 막은 건강과 장수에 유해한 영향을 끼치는 것으로 알려진 유해 광선들 즉 우주 공간으로부터 유입되는 유해한 빛들을 효과적으로 여과했을 것이다. 노아의 대홍수 때 이 '궁창 위의 물들'이 무너져 내린 것은 홍수 이후에 사람의 생명이 급속히 단축된 주요 원인이었음에 틀림없다. 필수적인 영양물을 풍족히 지닌 처음의 땅 표면에는 대홍수에 의해 파괴적인 부식작용이 생겼고 이로 인해서도 홍수 이후에 사람의 수명이 급속히 단축되었으며 하나님께서도 사람들과 지금의 육식 동물들에게 고기를 먹도록 허락하셨음에 틀림없다.

이와 비슷하게 천년왕국 기간에도 사람의 수명은 다시 길어질 것이며 육식성은 없어지고 모두 다시 초식성을 갖게 될 것이며 비 역시 다시 차분히 내릴 것이고 폭우는 다시 없을 것이며 이로써 전 세계가 다시 살기 좋게 될 것이다.

광야와 적막한 곳이 그것들로 인해 기뻐하고 사막이 즐거워하며 장미같이 피되 무성하게 피어 기쁨과 노래로 즐거워하겠고 레바논의 영광과 갈멜과 샤론의 뛰어난 것을 얻으리라. 그들이 주의 영광과 우리 하나님의 뛰어나심을 보리로다…그때에 눈먼 자들의 눈이 열리고 귀먹은 자들의 귀가 열릴 것이며 그때에 다리 저는 자는 사슴같이 뛰고 말 못하는 자의 혀는 노래하리니 이는 광야에서 물들이 터져 나오며 사막에서 시내들이 흐를 것이기 때문이라. 바싹 마른땅이 연못이 되고 메마른 땅이 물들의 샘이 될 것이며 용들이 각각 누워 거하던 곳에는 풀이 갈대와 골풀과 함께 있으리라(사 35:1-7).

이와 같이 땅은 부드럽고 멋있는 형태를 띠게 될 것이다. 현재 세계에 존재하는 높은 산맥들은 지각에서의 커다란 화산 폭발을 통해 노아 시대 대홍수의 마지막 단계에 치솟은 것들이다. 이와 비슷하게 현존하는 거대하고 넓은 대양들은 홍수 때의 그 많은 물들이 땅을 떠나면서 그것들을 받아 두기 위해 만들어졌다.

주께서 옷으로 덮는 것같이 깊음으로 땅을 덮으시매 물들이 산들 위에 섰으나 주의 꾸짖으심에 그것들이 도망하고 주의 천둥소리에 그것들이 서둘러 물러갔나이다. 그것들이 산들을 따라 오르고 골짜기들을 따라 내려가 주께서 그것들을 위해 기초를 놓으신 곳에 이르나이다. 주께서 경계를 정하사 물들이 넘어가지 못하게 하시며 그것들이 다시 돌아와 땅을 덮지 못하게 하셨나이다(시104:6-9).

하나님께서는 천년왕국 동안 다음과 같은 일을 이루실 것이다.

모든 골짜기가 돋우어지고 모든 산과 작은 산이 낮아지며 구부러진 곳이 곧게 되고 험한 곳이 평탄하게 될 것이요, 주의 영광이 나타나고 모든 육체가 함께 그것을 보리라. 주의 입이 그것을 말씀하셨느니라(사40:4-5).

이 1,000년 기간 중에 지구의 지형은 홍수 전 세계의 지형과 매우 비슷하게 될 것이다.

홍수 이전에 비는 없었지만 강들이 있었고 이것들은 홍수 때 터져 나온 지하 압력수가 저장된 장소 즉 성경이 '큰 깊음'(the great deep)으로 표현한 곳으로부터 물을 공급받았을 것이다(창2:10 참조). 이런 체계는 천년왕국 시기에 다시 회복될 것이다(겔47:1-9).

그 날에 생수가 예루살렘에서 나가되 그것의 반은 앞 바다로 그것의 반은 뒤 바다로 나갈 것이요, 여름에도 겨울에도 그러하리라(슥14:8).

홍수 전 세상의 전원적인 기후와 지형은 홍수에 의해 철저하게 변형되었다. 수증기는 응축되어 땅으로 떨어졌고 매우 깊은 수원(水原)들은 갈라졌으며 이렇게 양쪽에서 나온 물로 온 땅은 황폐케 되었다.

그것들에 의해 그때 있던 세상은 물의 넘침으로 멸망하였으나(벧후3:6)

그 뒤에 큰 산들이 드러났고 분지들의 표면이 물을 받기 위해 열렸다. 홍수 이전의 산들과 침수된 흙은 부식되었고 후에는 침전 작용 때문에 생긴 커다란 분지에 쌓이게 되었다. 따라서 지구의 표면 – 지구의 수리, 기후, 지질 등 거의 모든 것 – 은 크게 변화되었다.

그래서 만일 천년왕국 시대의 상태가 홍수 이전과 같게 되려면 홍수로 인한 결과들이 필연적으로 회복되어야만 한다. 특별히 '궁창 위의 물들'(Waters above the firmament)이 회복되어야 한다. 이것은 시편 끝부분에 있는 5개의 '할렐루야 찬양들' 중 하나인 시편 148편에 잘 암시되어 있다.

> 하늘들의 하늘들아, 또 하늘들 위에 있는 물들아, 너희는 그분을 찬양할지어다. 그것들이 주의 이름을 찬양할지니 이는 그분께서 명령하시매 그것들이 창조되었기 때문이니라. 그분께서 또한 그것들을 영원무궁토록 굳게 고정하셨으며 없어지지 아니할 칙령을 만드셨도다(시148:4-6).

'하늘들 위의 물들'이 영원히 그곳에 있도록 되어 있다면 그것들은 당연히 그곳에 회복되어야만 한다. 왜냐하면 그것들은 대홍수 때에 지구에 떨어져 지금은 그곳에 없기 때문이다.

이와 비슷하게 현재의 산들은 무너져서 지구의 모든 지형은 다시 완만하게 만들어져야 한다. 이 모든 것이 모든 사람에게는 불가능한 것으로 보일 것이지만 하나님께서는 그렇지 않다. 그러나 놀랍게도 7년 환난기에 발생될 것으로 묘사된 많은 물리적 현상들은 간단하게 이 같은 결과를 도출할 수 있다.

맹렬히 지구를 흔듦

다니엘서 9장의 70이레 예언 속의 마지막 7년이란 기간은 우리가 이미 살펴본 바와 같이 적그리스도가 나타나 통치하며 자기를 경배하지 않는 자들에게 무자비한 박해를 가하는 기간이다. 이것은 필연적으로 '야곱(이스라엘)의 고난의 때'를 의미하며 짐승의 손 밑에 놓인 유대인들에게는 큰 고난을 의미한다.

유대인이나 이방인이나 짐승의 표를 거부하는 사람들은 잡히기만 하면 죽음을 면치 못할 것이다. 그러나 이 모든 것은 단지 '7년 환난기'의 부차적인 면들이다.

> 주의 날이 밤의 도둑같이 그렇게 오는 줄을 너희 자신이 완전히 아느니라. 그들이, 평안하다 안전하다, 하고 말할 때에 아이 밴 여자에게 해산의 고통이 닥치는 것같이 갑작스러운 파멸이 그들에게 닥치나니 그들이 피하지 못하리라(살전5:2-3).

다니엘서의 70이레 중 마지막 이레의 시작은 또한 '주의 위대한 날'의 시작을 의미하게 될 것이다. 최소한 하나님께서는 인류에게 지나간 6,000년간의 수련 기간을 허락하셨으나 이 기간은 결국 인류의 반항 기간이 되어왔으며 사람들은 '점점 더 악하여져서'(딤후3:13) 마침내 사람의 날이 끝나고 주의 날이 시작된다.

주의 큰 날이 가까이 왔도다. 그것이 가까이 왔고 심히 급하게 움직이니 곧 주의 날의 소리가 *그러하도다*. 용사가 거기서 비통하게 부르짖으리라. 그 날은 진노의 날이요, 고난과 고통의 날이며 피폐함과 황폐함의 날이요, 어둡고 캄캄한 날이며 구름과 짙은 어둠의 날이요, 요새 도시들과 높은 망대들을 대적하여 나팔 소리와 경고 소리를 내는 날이니라. 내가 사람들에게 고통을 가져와 그들이 눈먼 사람들처럼 걷게 하리니 이는 그들이 주에게 죄를 지었기 때문이라. 그들의 피가 티끌같이 쏟아지며 그들의 살이 거름같이 *쏟아지리라*. 그들의 은이나 그들의 금이 주의 진노의 날에 그들을 구출할 수 없으며 그 온 땅이 그의 질투의 불에 삼켜지리니 이는 그가 그 땅에 거하는 모든 자들을 매우 신속히 제거할 것이기 때문이라(습1:14-18).

그날로 인해 슬프도다! 주의 날이 가까이 왔으며 그날이 전능자에게서 나온 멸망같이 오리라(욜1:15).

군대들의 주의 날이 교만하고 거만한 모든 자와 위로 높여진 모든 자에게 닥쳐서 그를 낮출 것이며…사람의 거만함이 꺾이겠고 사람들의 오만함이 낮아지리라. 그 날에 주께서만 홀로 높여지실 것이며 그분께서 우상들을 철저히 제거하시리라. 또 주께서 일어나사 무섭게 땅을 흔드실 때에 그분의 두려움과 그분의 위엄의 영광으로 인해 그들이 바위 굴과 땅굴 속으로 들어가리라(사2:12-19).

성경에는 다가올 주의 날을 표현하는 이와 비슷한 많은 구절이 있다. 대부분의 경우 이런 예언들은 성경에서 아주 빈번히 나타나는 '예언의 이중적 성취 원리'[11]에 따라 가까운 장래에 그리고 먼 후일에 이중적으로 성취된다. 다시 말해 많은 예언들이 최후에 성취되지만 동시에 소규모 모형같이 먼저 이루어지면서 이중 성취를 지니고 있다. 하나님께서 과거에 이루신 소규모 모형 심판들은 종종 혹독했으나 다가올 심판은 끝내 모든 반역을 없애 버릴 것이다.

사람의 거만함이 꺾이겠고 사람들의 오만함이 낮아지리라. 그 날에 주께서만 홀로 높여지실 것이며(사2:17)

다가올 심판들에 관한 구약의 많은 예언은 계시록에서 더욱 명료해지고 완벽해졌는데 사실 계시록은 7년 환난기에 일어나게 될 사건들을 완벽하게 묘사하고 있다. 전에 언급한 것같이 7년 동안의 심판은 일곱 봉인과 일곱 나팔 그리고 일곱 금병의 재앙들을 통해 이루어진다(계15:7).

이러한 대심판으로 인한 결과로서 특히 땅이 상당히 바뀌게 되며 노아 홍수 이전 세계에서 효력을 발했던 수권, 지질암석권, 그리고 대기권의 상태로 회복될 것이다.

우리가 살펴본 바와 같이 하나님의 두 증인은 땅에 파송되어 후반부 3년 반 동안 선포를 할 것이다.

보라, 크고 두려운 주의 날이 오기 전에 내가 대언자 엘리야를 너희에게 보내리니(말4:5)

---

11) 구약 시대 대언자들은 예수님의 초림과 재림을 동시에 예언하면서도 그 사이에 2,000년 이상의 교회 시대가 있을 것을 알지 못했다(2부에 있는 〈예언의 산봉우리〉 선도 참조). 예를 들어 이사야 대언자는 사9:6-7에서 메시아를 가리켜 아이(초림), 평화의 통치자(재림)로 부르며 40장 이후에서는 '고난 받는 종'과 '메시아'에 대해 대언한다. 멀리서 볼 때에 두 사건이 한 봉우리로 보이기 때문이다. 예수님께서도 이런 것을 잘 아셨으므로 눅4:16-21에서 이사야서 61장을 읽으시면서 '주의 받아 주시는 해(초림)와 우리 하나님의 원수 갚으시는 날(재림)'을 다 말씀하시지 않고 단지 앞부분 즉 '주의 받아 주시는 해만을 언급하시며 이것이 이 날 너희 귀에 성취되었다고 말씀하신다. 즉 재림은 아직 성취되지 않았다는 말이다.

이 두 증인은 하나님께서 이 땅에 보내신 중요한 인간 선교사가 될 것이다. 그들은 곧 인간의 관점에서 하늘로부터 임할 하나님의 심판에 대해 외치기 시작할 것이다. 하나님께서는 이들의 선포에 대해 다음과 같이 말씀하셨다.

> 내가 나의 두 증인에게 권능을 주리니 그들이 굵은베 옷을 입고 천이백육십 일 동안 대언하리라…이들이 하늘을 닫을 권능을 가지고 있으므로 자기들이 대언하는 날들에 비가 내리지 않게 하고 또 물들에 대한 권능을 가지고 있으므로 그것들을 피로 변하게 하며 언제든지 자기들이 원하는 때에 모든 재앙들로 땅을 치리라(계11:3, 6).

그래서 환난기의 후반부 3년 반 동안 지구상 어느 곳에도 비가 내리지 않을 것이며 이것은 '계시록에서 나오는 네 명의 말 탄 자들'(계6:5-6) 중 셋째 말 탄 자로 인한 심판과 일곱 봉인 중 셋째 봉인의 심판에서 예시되었던 것처럼 이 땅에 큰 기근을 가져올 것이다.

물은 여전히 대양에서 증발하여 하늘로 올라갈 것이다. 현재 세상의 질서대로라면 이렇게 증발한 수증기는 땅의 바람들에 의해 대륙으로 옮겨진다. 그러나 미래에는 네 천사가 땅의 네 모퉁이에 서서 '땅의 네 바람을 붙잡아 바람이 땅이나 바다나 어떤 나무에도 불지 못하게 할 것이다'(계7:1). 그러므로 물은 지구 위에 비를 내리기 위해 내륙으로 이동할 수 없을 것이며 따라서 단순히 상부 대기권으로 높이 올라가야만 한다. 그래서 점진적으로 홍수 전 세계 때처럼 '궁창 위의 물들'(Waters above the firmament)이 회복될 것이다.

위의 현상은 좀 더 나아가 강과 호수와 대양 심지어는 지하수의 수위가 떨어질 것을 의미한다. 목초지들은 황폐해지고 초원과 산에 불이 날 것이다.

> 첫째 천사가 나팔을 불매 피 섞인 우박과 불이 잇따라 나와서 땅에 쏟아지므로 나무들의 삼분의 일이 타고 모든 푸른 풀이 타더라(계8:7).

> 짐승들이 어찌 그리 신음하는가! 가축 떼가 어찌할 바를 모르니 이는 그것들에게 초장이 없기 때문이라. 참으로 양 떼가 황폐하게 되었도다. 오 주여, 불이 광야의 초장들을 삼키고 불꽃이 들의 모든 나무들을 태웠으므로 내가 주께 부르짖으리이다. 물 많은 강들이 마르고 불이 광야의 초장들을 삼켰으므로 들의 짐승들도 주께 부르짖나이다(욜1:18-20).

시내나 작은 강들만 말라 버리는 것이 아니라 심지어는 세계의 큰 강들조차도 말라 버리게 될 것이다. 우리는 이미 일곱 금병의 재앙이 내리는 마지막 때에 여섯째 천사가 자기 병을 큰 강 유프라테스에 쏟자 그 강물이 마르는 것(계16:12)을 살펴보았다.

아마도 티그리스강을 비롯한 지구의 다른 큰 강들도 다 말라 버릴 것이다. 적그리스도의 수도 바빌론도 다른 주요 도시들처럼 심각한 물 부족으로 고통당할 것이다. 이 시기가 이르기 바로 전에는 다음과 같은 일이 있을 것이다.

> 넷째 천사가 자기 병을 해에 쏟아부으매 해가 사람들을 불로 태울 권능을 받아 사람들을

큰 열기로 태우니 그들이 이 재앙들을 다스리는 권능을 소유하신 하나님의 이름을 모독하며 또 회개하지 아니하고 그분께 영광을 돌리지 아니하더라(계16:8-9).

이 뜨거운 열기는 그린란드 즉 동북방에 있는 세계 최대의 섬과 남극 주변의 얼음으로 덮인 대륙의 거대한 만년설을 녹일 것이다. 왜냐하면 이것들은 천년왕국 동안에 사람들의 거주지로서 준비되기 위해 제거되어야만 하기 때문이다. 이렇게 녹은 물 때문에 대양의 수위는 잠시 동안 올라가고 결국에는 세계의 해안 도시들의 대부분이 잠기고 파괴될 것이다.

주 군대들의 **하나님**은 그 땅에 손을 대는 자니 *그가 그리하면* 그 땅이 녹고 그 안에 거하는 모든 자들이 애곡하며 그 땅이 홍수같이 전부 솟아올랐다가 이집트의 홍수에 의해 *잠기는 것*같이 물에 잠기리라. 그는 하늘에 자신의 여러 층을 건축하고 땅에 자신의 군대를 세운 자요, 바다의 물들을 불러 지면에 그것들을 쏟는 자니 **주**가 그의 이름이니라(암9:5-6).

강대국 바빌론도 뜨거운 불의 재난 후에 결국 물로 덮여 버릴 것이다.

바다가 바빌론 위로 올라왔으므로 그녀가 바다의 많은 파도에 덮였도다(렘51:42).

7년 환난 기간에는 지진과 또 하늘이 어두워지는 화산 활동의 증가 같은 다른 현상들도 발생할 것이다. 이러한 것들은 환난기 후반에 여섯째 봉인을 뗌으로써 극도로 심각해질 것이다.

그분께서 여섯째 봉인을 여신 뒤에 내가 보니, 보라, 큰 지진이 나며 또 해는 머리털로 짠 상복같이 검게 되고 달이 피같이 되며 하늘의 별들은 무화과나무가 강풍에 흔들릴 때에 설익은 무화과들이 떨어지는 것같이 땅에 떨어지고 하늘은 두루마리가 합쳐져서 말리는 것같이 말려 떠나며 모든 산과 섬도 그것들의 자리에서 옮겨지더라(계6:12-14).

분명히 지구 표면은 그 껍데기 즉 맨틀을 벗어 버리기 시작할 것이며 사람들에게는 그것이 마치 '하늘이 두루마리가 말려서 떠나가는 것처럼' 보일 것이다.

동시에 계6:13에 있는 것처럼 오랫동안 사람들의 두려움의 대상이던 소행성들의 충돌이 일어날 것이다. 하나님의 두 증인이 증언할 때에 사람들은 이러한 일들이 하나님의 심판임을 깨닫게 되고 '그분의 진노의 큰 날이 왔으니 누가 설 수 있겠느냐'(계6:17)라고 외칠 것이다.

그 날들에 내가 내 영을 또한 *남*종들과 여종들에게 부어 줄 것이요, 또 내가 하늘들과 땅에서 이적들을 보이리니 곧 피와 불과 연기 기둥들이니라. 크고 두려운 주의 날이 오기 전에 해가 변하여 어둠이 되고 달이 변하여 피가 될 것이나…**주**께서 또한 시온에서 울부짖으시고 예루살렘으로부터 자신의 목소리를 내실 것이므로 하늘들과 땅이 흔들리리라(욜2:29-31; 3:16).

해안 지방은 지금보다 더 불안정해질 것이며 대양 속으로 잠기게 될 것이다.

땅이 철저히 무너져 내리고 땅이 깨끗이 해체되며 땅이 크게 흔들렸도다. 땅이 술

주정뱅이같이 이리저리 비틀거리고 오두막같이 이동하며 땅의 범법이 땅을 무겁게 누르므로 땅이 넘어지고 다시 일어나지 못하리라(사24:19-20).

이러한 격심한 지질학적/물리학적 현상들이 7년 환난 동안 간간이 계속될 것이며 결국에는 극심한 지진이 있을 것이다.

음성들과 천둥들과 번개들이 있었으며 또 큰 지진이 있었는데 지진이 얼마나 강력하고 얼마나 큰지 사람들이 땅 위에 존재한 이래로 그와 같은 것이 없었더라. 그 큰 도시가 세 부분으로 갈라지고 민족들의 도시들도 무너지며 또 큰 바빌론이 하나님 앞에 기억되어 *그분께서* 그녀에게 자신의 맹렬한 진노의 포도즙 잔을 주시니라. 또 모든 섬이 사라지고 산들도 보이지 아니하더라(계16:18-20).

군대들의 주가 이같이 말하노라. 조금 있으면 내가 다시 한 번 하늘들과 땅과 바다와 육지를 흔들리라. 또 내가 모든 민족들을 흔들 것이며 모든 민족들이 바라는 대상이 오리니 내가 이 집을 영광으로 채우리라. 군대들의 주가 말하노라(학2:6-7).

이 전례 없는 지진은 땅의 산들과 섬들 즉 대양 밑바닥의 산들을 무너뜨리고 바다 깊숙이 옮겨 깊은 대양의 분지들을 채울 것이다. 동시에 지구 표면이 전체적으로 이동함으로써 많은 물들이 내려가게 될 커다란 공간이 생길 것이다. 무너진 산들은 거기에 쌓일 것이며 노아의 홍수 이전에 '큰 깊음'에 존재했던 것 같은 커다란 지하수 저장소를 다시 만들게 될 것이다.

그래서 대륙의 표면 위에는 '모든 골짜기가 돋우어지고 모든 산과 작은 산이 낮아지며 구부러진 곳이 곧게 되고 험한 곳이 평탄하게 될 것이요'(사40:4)라고 대언한 이사야 대언자의 예언이 성취될 것이다. 큰 산들은 낮은 언덕이 될 것이며 얼음으로 덮였던 극지는 비옥한 평야가 될 것이고, 깊고 넓은 대양은 얕고 좁은 바다가 될 것이며 사막은 큰 깊음의 회복된 수원(水原)들로부터 물을 공급받아 샘을 내고 하늘에는 수증기 막이 원래처럼 회복될 것이다. 땅 위에서 하나님의 심판의 7년이 끝날 즈음에 이 지구는 처음에 하나님께서 창조하셨던 아름다운 세계로 회복될 것이며 세상은 땅 위에서 성취될 예수 그리스도의 천년왕국을 위해서 예비될 것이다.

이러한 것들은 앞으로 일어나게 될 주요한 물리적 변화들이며 이 외에도 또 다른 것들이 있다. 예를 들어 지구의 물들이 피로 오염될 것이며 더구나 혜성이 바다에 떨어져 나온 가스로 인해 바다 생물들은 모두 죽게 될 것이다. 분명히 민물 짐승들과 아마도 대양의 포유류들만 살아남게 될 것이다.

이와 같은 시기에 짐승으로 불리는 세계의 지도자가 옛 뱀 즉 사탄의 지도를 받으며 다시 오시는 예수 그리스도와 아마겟돈에서 대면하기 위해 준비될 것이다. 그러나 이런 정치적 움직임들은 여기서 다루어야 할 주제는 아니다. 이 사건들에 대해 상세한 설명을 원한다면 저자의 책인 「계시록 기록」(*The Revelation Record*)을 참조하기 바란다.

천년왕국 동안의 세계 질서

단일 세계 정부와 국제적인 경제 질서 그리고 세계에 퍼져 있는 인본주의적 문화와 진화론적 범신론과 다신론에 기초를 둔 '새 세계 질서'를 만들어 내려는 뉴에이지 운동의 기수들과 또 다른 이상향 설계자들의 꿈은 적그리스도 즉 계시록의 짐승으로 죄의 사람이요, 영원한 사망의 아들인 한 사람에 의해 성취될 것이다. 그때에 온 세상은 사탄 즉 옛 뱀이요, 큰 용이요, 마귀인 그를 숭배할 것이다.

사람들은 결국 하나님께서 하늘에 계신다는 것을 알게 될 것이다. 그러나 그들은 전 우주의 진화론적 투쟁에서 사탄과 그의 무리들이 살아남기에 가장 적합한 자들로 판명될 것으로 확신하기 때문에 하나님을 대적하여 반역을 일으키는 사탄 – 뉴에이지 운동과 많은 비밀 조직들에서는 루시퍼로 알려짐 – 에게 자기들의 운명을 맡겨 버릴 것이다.

그러나 이 새 세계 질서가 사람들이 살아남기에 적합하지 않은 체제임이 곧 밝혀질 것이다. 사람들은 하나님의 말씀을 거부할지 모르지만 그 말씀을 반박할 수는 없다.

그런데 만일 어떤 자들이 믿지 아니하였으면 어떻게 되겠느냐? 그들의 믿지 아니함이 하나님에 대한 믿음을 무효로 만들겠느냐? 결코 그럴 수 없느니라. 참으로 하나님은 진실하시되 사람은 다 거짓말쟁이라 할지어다. 이것은 기록된 바, 이로써 주께서 친히 말씀하신 것들에 의롭다 인정받으시고 판단받으실 때에 이기시리이다, 함과 같으니라(롬3:3-4).

우리는 '성경이 반드시 곧 일어나야 할 것들을 우리에게 명백히 보여 준다'(계1:1)는 사실을 항상 염두에 두어야 한다.

마지막으로 환난기의 끝 무렵에는 큰 지진이 생김으로 세계의 거대한 도시들이 거의 다 황폐하게 될 것이며 바빌론도 결국에는 불타서 돌로 변할 것이고 큰 해일에 잠겨 버릴 것이다. 그러나 예루살렘은 살아남을 것이다. 사실 그 지진은 예수 그리스도께서 자신의 주권을 세우러 다시 오실 때 그 땅의 거주민들을 위해 큰 샘을 열어 줄 것이다.

그 날에 그분의 발이 예루살렘 앞 동쪽에 있는 올리브산 위에 서실 것이요, 올리브산이 그것의 한가운데서 동쪽과 서쪽으로 갈라지므로 심히 큰 골짜기가 생길 것이며 그 산의 반은 북쪽으로, 그 산의 반은 남쪽으로 이동하리라. 너희가 그 산들의 골짜기로 도망하리니 이는 그 산들의 골짜기가 아살까지 뻗어 나갈 것이기 때문이라. 참으로 너희가 도망하되 유다 왕 웃시야 시대에 지진 앞에서 *그것*을 피해 도망한 것같이 하리라. 또 **주** 내 하나님께서 오실 것이요, 모든 성도들이 너와 함께하리라. 그 날에 빛은 밝지도 아니하고 어둡지도 아니할 것이며 그것은 **주**께서 아실 한 날일 터인데 낮도 아니요, 밤도 아니니라. 그러나 저녁때에 그것이 빛이 되리라.

그 날에 생수가 예루살렘에서 나가되 그것의 반은 앞 바다로 그것의 반은 뒤 바다로 나갈 것이요, 여름에도 겨울에도 그러하리라. 또 **주**께서 온 땅을 다스리는 왕이 되시리니 그 날에는 한 **주**만 계실 것이며 그분의 이름 하나만 있으리라. 그 온 땅은 변하여 게바에서부터 예루살렘 남쪽 림몬까지 평야같이 될 것이며 또 그 땅이 들리고 그곳의 처소에 사람이 거주하되 베냐민 문에서부터 첫째 문이 있는 곳과 모퉁이 문까지 또 하나넬 망대에서부터 왕의 포도즙 틀이 있는 곳까지 *거주하리라*. 사람들이 그곳 안에 거할 것이요, 다시는 완전한 멸망이 있지 아니하겠고 예루살렘에 사람이 안전히 거주하리라(슥14:4-11).

'마귀들의 영들이 하나님 곧 전능자의 큰 날에 있을 전쟁을 위해 히브리말로 아마겟돈이라 하는 곳으로 사람들을 모으더라'(계16:14-16)라고 기록된 것처럼, 짐승과 거짓 대언자를 통해 사탄의 지휘를 받으면서 세계의 모든 군대들은 예루살렘에서 북쪽으로 64킬로미터 떨어진 큰 계곡 아마겟돈으로 모일 것이다.

거기서 그들은 정말로 다시 오시는 예수 그리스도와 그분의 성도들과 전투를 하려 할 것이나 그분께서는 간단하게 자신의 입의 말씀으로 그들을 죽이실 것이다.

그분의 입에서 예리한 검이 나오므로 그분께서 그 검으로 민족들을 치시고 친히 쇠막대기로 그들을 다스리시며 또 친히 전능자 하나님의 맹렬한 진노의 포도즙 틀을 밟으시리라(계19:15).

가난한 자들을 *위해* 의로 재판하고 땅의 온유한 자들을 위해 공평으로 꾸짖으며 자기 입의 막대기로 땅을 치고 자기 입술의 숨으로 사악한 자를 죽이며(사11:4)

그 뒤에 저 사악한 자가 드러날 터인데 주께서 자신의 입의 영으로 그를 소멸시키시고 친히 오실 때의 광채로 그를 멸하시리라(살후2:8).

그러므로 지구에서 대규모 전쟁이 일어날 때마다 늘 언급되곤 하던 전설적인 아마겟돈 전투는 사실상 전혀 전투가 아니다. 위대한 창조자 주 예수 그리스도께서는 단지 말씀만 하실 것이며 그러면 승리가 이루어진다. 그분의 말씀이 우주를 있게 하셨으므로 그분의 말씀은 모든 적들을 물리치기에 충분하다.

또 내가 보니 그 짐승과 땅의 왕들과 그들의 군대들이 함께 모여 말 타신 분과 그분의 군대를 대적하여 전쟁을 일으키다가 짐승이 잡히고 또 그 앞에서 기적들을 행하던 거짓 대언자도 그와 함께 잡혔는데 그 거짓 대언자는 짐승의 표를 받은 자들과 그의 형상에게 경배하던 자들을 그 기적들로 속이던 자더라. 이 둘이 산 채로 유황으로 불타는 불 호수에 던져지고 그 남은 자들은 말 타신 분의 검 곧 그분의 입에서 나온 검으로 죽임을 당하니 모든 날짐승들이 그들의 살로 배를 채우더라(계19:19-21).

또 내가 보니 한 천사가 바닥없는 구덩이의 열쇠와 큰 사슬을 손에 들고 하늘로부터 내려와 마귀요 사탄인 그 용 곧 저 옛 뱀을 붙잡은 뒤 그를 천 년 동안 결박하여 바닥없는 구덩이에 던져 가두고 그에게 봉인을 하여 천 년이 찰 때까지 그가 더 이상 민족들을 속이지 못하게 하였는데 그 뒤에는 그가 반드시 잠시 동안 풀려나리라(계 20:1-3).

예수 그리스도를 믿지 않고 죽은 모든 사람들처럼 그 죽은 자들의 영들은 지구 중심에 있는 지옥의 큰 구덩이에 빠질 것이며 그들의 육체는 고기를 먹는 새들의 무리에 의해 뜯길 것이다(계19:17,18,21). 사탄 또한 모든 경계가 천정 구조로 되어있을 것이 틀림없는 지구 중심의 '바닥없는 구덩이 즉 무저갱으로 - 그리스어로는 '아부쏘스'(abussos)이며 문자 그대로 '바닥이 없음'을 뜻함 - 던져질 것이다.

짐승의 표를 받고 살아남은 사람들은 '마귀와 그의 천사들을 위해 예비된 영존하는 불 속에 던져질 것이며, 짐승과 거짓 대언자는 그들보다 먼저 던져질 것이다'(마25:41; 계19:9-11).

그러나 짐승과 그의 표를 받기를 거부하며 도망하여 살아남은 사람들이 있을 것이다. 그들은 요르단의 산과 사막에서 후반부 3년 반 동안 초자연적인 보호를 받은 자들 곧 믿음을 가진 이스라엘 민족으로서 계시록 12장의 '광야의 여자'이다. 또한 각 나라에서도 환난기에 예수 그리스도를 진정으로 믿게 된 사람들과 심지어는 환난과 기근의 때에 진리를 듣고 하나님을 기꺼이 받아들이며 예수 그리스도의 사랑을 실천한 사람들이 있을 것이다(마25:34-40). 이런 사람들에게 주님은 다음과 같이 말씀하실 것이다.

그때에 왕이 자기 오른쪽에 있는 자들에게 이르되, 오라, 내 아버지께 복 받은 자들아, 너희는 세상의 창건 *때*부터 너희를 위해 예비된 왕국을 상속받으라(마25:34).

예루살렘을 대적하러 왔던 모든 민족들 중에서 남아 있는 모든 자가 참으로 해마다 올라와 그 왕 곧 군대들의 主께 경배하며 장막절을 지키리라(슥14:16).

육신을 가지고 천년왕국에 참여할 수 있도록 허락을 받은 자들 즉 휴거받지 못하고 환난기에 들어가 믿게 된 환난 성도들의 수는 이사야 24장 6절에 기록된 바와 같이 '저주가 땅을 삼켜서 그 안에 거하는 자들이 황폐하게 되고 땅의 거주민들이 불에 타서 남은 자가 적게 되므로' 처음에는 매우 적을 것이다.

그러나 이 소수의 무리와 함께 우리 주 예수 그리스도께서는 1,000년 동안 지상의 평화와 의의 왕국 그리고 자신의 '새 세계 질서'를 이룩하실 것이다. '시온에서, 예루살렘으로부터 주의 법과 말씀이 나올 것이므로'(사2:3) 그분이 거하실 수도는 예루살렘이 될 것이다.

마침내 인류는 국제 연합의 결의문이나 정부의 경찰력이 아니고 '그들을 쇠막대기(철장)로 다스리실'(계19:15) 예수 그리스도에 의해 전쟁과 죄가 사라진 새 세계 질서를 누릴 수 있을 것이다. 유대인이나 이방인이나 그 왕국에 들어간 사람들은 모두 믿음으로 예수 그리스도를 자신들의 구원자요, 주로 고백하여 다시 태어난 자들이며 그들은 더 이상 사회의 부당한 압력과 해로운 유혹 그리고 학계의 잘못된 가르침의 영향을 받지 않게 될 것이다. 환경은 홍수 이전처럼 다시 건강한 상태가 되며 모든 것이 조화를 이루고 장수와 높은 생산력이 생기게 될 것이다.

그때에는 하나님을 좇아 하나님의 뜻을 생각하는 진정한 교육이 이루어질 것이다. 과학자들과 기술자들이 자기들의 연구와 발명을 가지고 하나님께 영광을 돌리려 하기 때문에 과학과 기술은 유사 이래 어느 때보다도 훨씬 번영하게 될 것이다. 또한 이때에는 과학 연구를 통해 헤아릴 수 없이 많은 새로운 것들이 발견되고 개발되므로 오늘날의 과학 기술 발전에서 종종 수반되는 정신적/육체적 악영향 없이 현대 문명의 이익이 모두에게 돌아갈 것이다. 이로써 하나님께서 인류에게 주신 첫째 위임 즉 에덴에서의 '통치 명령'(창1:26-28)은 결국 하나님께서 계획하셨던 대로 이루어질 것이다. 새로운 세대가 태어나고 모든 세대가 하나님의 영광과 인류의 이익을 위해 일해나감에 따라 인구는 급격히 증가할 것이다.

또한 예루살렘에서 성전 예배 의식의 한 부분으로서 짐승의 희생 제사가 회복될 것이라는 사실은 실로 흥미로운 일이다. 이에 대해 좀 더 폭넓은 설명을 원하는 독자는 에스겔서 42-46장을 보기 바란다. 심지어 유대인들의 몇몇 절기에는 매년 다른 민족들이 참여할 것이 분명하다(슥14:16-19).

희생 제사 의식의 회복에 대한 이유는 명백하게 주어지지 않았지만 아마도 이런 의식을 통해서 사람들은 오래전에 예수 그리스도께서 단 한 번 영원토록 자기 몸을 드리신 위대한 희생 제사를 기억하게 될 것이다. 그때에 그분께서는 영광 중에 거하실 터이므로 그 당시 사람들이 한때 자기들의 죄 때문에 희생 제물이 되어야만 했던 그분의 비천한 몸을 상상하기란 쉽지 않을 것이다. 특히 새로 태어난 세대들은 죄와 고통의 세계를 전혀 알지 못하기 때문에 이것을 이해하는 것이 더욱더 어려울 것이 틀림없을 것이다.

제단 위에서 흠 없는 짐승을 죽여 하나님께 희생 헌물을 드림으로써 그들은 새로 태어난 아이들에게 그 왕께서 사람들을 대신해서 드리신 그 엄청난 희생이 어떤 것이었는지 가르쳐 줄 수 있을 것이다. 그것은 또한 그 새로운 세대들이 자기들을 죄로부터 구원하신 주 예수 그리스도를 영접하도록 하는 데 이용될 것이다.

사람들은 1,000년 동안 영광을 입고 지상에서 통치하시는 그분을 직접 볼 수 있기 때문에 그분의 신성을 부인할 가능성은 전혀 없을 것이다. 그러나 바로 그런 이유 때문에 그들은 자기들의 죄로 인하여 죽으신 그분의 사랑과 그로 인한 고통을 믿기 어려울 것이다. 새로 태어난 세대들은 자연적인 육신을 가지고 있을 것이며 죄에 특히 마귀의 교만의 죄에 노출될 것이다.

이 기간에 사탄 마귀는 지옥에 갇혀 있을 터이지만 인류는 여전히 첫째 아담으로부터 물려받은 죄성을 가지고 있을 것이다. 그러므로 천년왕국 기간에서도 인류는 자기들의 죄로부터 자기들을 구원하시는 예수 그리스도에 대한 믿음과 회개를 통해 다른 모든 시대 사람들과 같은 방법으로 구원받게 된다. 짐승 희생 제사는 사람들이 이것을 알고 이해하는 데 도움을 줄 것이다.

한편 또 다른 기현상이 성전에서 일어날 것이다.

> 그 뒤에 그가 다시 나를 그 집 문으로 데려갔는데, 보라, 그 집 문지방 밑에서부터 물들이 나와 동쪽으로 흘렀으니 이는 그 집 앞면이 동쪽을 향해 서 있었고 그 물들이 그 집 오른쪽 곧 제단 남쪽에서부터 내려오기 때문이더라(겔47:1).

이것은 분명히 슥14:8-9절에서 언급된 물인데 이 물은 곧 두 개의 큰 강이 되어 하나는 지중해로 흐르고 또 하나는 사해로 흐를 것이다. 이것은 정결한 물이어서

짠물을 '치유하며' 민물로부터 이주해 번식하게 될 많은 물고기들에게 공급될 것이다. 이것은 7년 환난기에 모든 바다 생물이 파괴되며 어떤 물은 큰 깊음으로 가고 또 어떤 물은 궁창 위로 가서 분배되면 결국 모든 물에서 염분이 제거되어 천년왕국 기간의 모든 어류는 담수에서 살 것을 암시하는지도 모른다.

> 그 강들이 다다르는 곳마다 살아서 움직이는 모든 것이 살 것이며 또 물고기가 심히 많으리니 이는 이 물들이 거기에 다다르므로 그것들이 치유될 것이기 때문이라. 그 강이 다다르는 곳에서는 모든 것이 살리라(겔47:9).

아마도 예루살렘에 있는 하나님의 성소에서 나온 '이 치유하는 물'은 초자연적으로 부여된 치유력을 가지고 다시금 지구의 모든 물을 정결하고 깨끗하게 만들 것이다.

그렇지만 세월이 흐르고 새 세대가 계속해서 태어나면서 그들의 부모가 가르쳐 준 전 세대의 값진 교훈들은 점차로 그들의 마음속에서 멀어질 것이다. 그들은 육체에 거하며 여전히 죄성을 물려받아 육신의 정욕에 속해 있을 것이다. 외적으로는 하나님의 의가 요구하는 경건한 제도를 따르지만 많은 사람들이 어떻게 해서든지 이런 구속에서 벗어나기를 원하며 반항의 길을 가게 될 것이다.

바로 이런 이유 때문에 사탄이 다시 한 번 풀려나게 된다.

> 그 천 년이 다 차매 사탄이 자기 감옥에서 풀려나고 나가서 땅의 사방에 있는 민족들 곧 곡과 마곡을 속이며 그들을 함께 모아 전쟁하게 할 터인데 그들의 수는 바다의 모래 같으니라(계20:7-8).

이것이야말로 죄로 가득한 인간의 마음을 적나라하게 보여 주는 대목이다. 모든 것이 아름답고 평화로운 가운데 완벽한 환경 속에서 천년왕국을 보낸 이후에도 여전히 많은 사람들이 죄성으로 인해 주 예수 그리스도께 또다시 반항할 준비를 한 채 기회만 넘보고 있을 것이다.

거룩한 도시에서의 삶
Life In The Holy City

마지막 심판과 불 호수

모든 은혜의 하나님께서도 1,000년 동안의 완전한 세상 이후에 사람들이 자신을 배반하고 크게 반역하는 것을 더 이상 참으실 수 없을 것이다. 그래서 마침내 범죄가 그치고 죄들이 끝나며 불법에 대하여 화해를 이루고 영존하는 의를 가져오는 때가 올 것이다(단9:24). 사탄과 그를 따르는 셀 수 없이 많은 추종자들이 거룩한 도시 예루살렘을 포위하려 몰려들 때 사도 요한은 '하늘에서 하나님으로부터 내려온 불이 그들을 삼켰다'(계20:9)라고 말한다. 또한 이 불은 전 지구를 삼킬 것이며 이때가 바로 사도 베드로의 예언이 성취되는 때일 것이다.

그러나 주의 날이 밤의 도둑같이 오리니 그날에 하늘들이 큰 소리와 함께 사라지고 원소들이 뜨거운 열에 녹으며 땅과 그 안에 있는 일들도 불태워지리라(벧후3:10).

지각 속의 암석들 안으로 파고들어 갔던 죄의 결과들이 — 예를 들자면 노아의 대홍수에 의해 매장되었으나 불신자들이 지질학의 진화론적 화석 연대 자료라고 왜곡 해석해 왔던 화석층들 — 모두 소멸되어야만 하며 부패라는 저주가 모든 원소들로부터 제거되어야만 한다.

사탄 역시 마침내 파멸되어야만 한다.

또 그들을 속인 마귀가 그 짐승과 거짓 대언자가 있는 불과 유황 호수에 던져져서 *그들이 영원무궁토록 밤낮으로 고통을 받으리라*(계20:10).

하나님께서 자신의 심판의 흰 왕좌에 나타나실 때 지구와 대기권의 하늘들은 도피하여 없어질 것이다. 그러나 그 짐승과 거짓 대언자는 여전히 불 호수에 남아 있고 이제 사탄이 그들과 합류할 것이다. 이 사실은 이 불 호수가 현재의 지구나 하나님께서 창조하실 새로운 지구 위에 있지 않음을 확실히 보여 주고 있다. 그러나 이 불 호수는 이 우주 안에 있는 실제 장소로서 영원히 존재할 것이다.

또한 이 불 호수에서 영원히 지내야 하는 사람들이 주님의 눈앞과 그분의 권능의 영광에서 떠나 영존(永存)하는 파멸의 형벌을 받아야 하므로(살후1:9) 이 불 호수는 지구로부터 멀리 떨어져 있을 것이다. 이 구절에 있는 '파멸'(destruction)이라는 단어는 '없어짐'을 의미하지 않고 더 이상 회복이 불가능한 '붕괴' 혹은 '폐허 상태' 등을 의미한다.

주님의 영광이 새 땅 안에 있는 새 예루살렘에 거하므로 그 불 호수는 하나님께서 계신 곳에서 멀리 떨어진 우주의 먼 구석 한 곳에 놓여 있음에 틀림이 없다. 아마도 그것은 창조자/구속자를 거부한 존재들 – 마귀와 그의 천사들(마25:41) 그리고 구원받지 못한 남녀들 – 이 영원토록 갇히게 될 별일지도 모른다(사실 별은 큰 불 호수이다).

그러나 먼저 '큰 자든 작은 자든 죽은 자들이 하나님 앞에 서야 하는' 큰 심판의 날이 있을 것이다. 이때에는 지금까지 구원받지 못한 모든 혼들이 육체의 죽음 즉 '첫째 사망' 이후 갇혀서 지내던 지구의 중심부에 있는 지옥으로부터 풀려날 것이다. 그들의 죽은 몸은 하나님의 심판석 앞에 서기 위하여 기적적으로 되살아날 것이며 그래서 그들은 하나님 앞에서 육체를 가진 모습으로 서게 될 것이다.

> 땅의 티끌 속에서 잠자는 자들 가운데 많은 사람들이 깨어나 얼마는 영존하는 생명에 이르고 얼마는 수치와 영존하는 치욕에 이를 것이며(단12:2)

또한 예수님께서도 '선을 행한 자들은 생명의 부활로, 악을 행한 자들은 정죄의 부활로 나오리라'(요5:29)고 말씀하셨다.

사실 부활이라는 개념은 창조자의 기적적인 권능을 나타내 준다. 이슬람교, 유대교, 기독교 이 세 종교만이 창조를 주장하며 몸의 부활 교리를 믿는데 사실 이것은 특기할 만한 일이다. 세상의 다른 종교들도 어떤 형태의 불사(不死)를 믿기는 하지만 – 예를 들자면 진화가 되어 영적인 존재가 된다거나 윤회하는 것 등 – 사실 그것들은 모두 진화론에 근거한 다원론/다신론을 믿는 것이다. 그래서 그런 종교들은 몸이 죽어서 붕괴되어 흙으로 돌아간 뒤에 다시 부활하는 것은 불가능하다고 주장한다. 오직 눈에 보이는 생물학적 생명체를 창조하신 창조자만이 눈에 보이는 생물학적 생명체를 다시 창조하실 수 있다.

분명히 그분께서는 이러한 부활을 이루실 수 있으시며 그렇게 하실 것이다!

구원받지 못한 수많은 사람들이 남녀노소 할 것 없이 흰 왕좌에 앉아 계신 영원하신 심판자 앞에 서서 심판을 기다리는 이 모임은 정말로 놀라운 모임일 것이다.

> 또 내가 크고 흰 왕좌와 그 위에 앉으신 분을 보았는데 땅과 하늘이 그분의 얼굴을 피해 물러가서 그것들의 자리가 보이지 아니하더라. 또 내가 보니 죽은 자들이 작은 자나 큰 자나 하나님 앞에 서 있는데 책들이 펼쳐져 있고 또 다른 책 즉 생명책이 펼쳐져 있더라. 죽은 자들이 자기 행위들에 따라 그 책들에 기록된 그것들에 근거하여 심판을 받았더라(계20:11-12).

그러나 '모든 사람이 죄를 지어 하나님의 영광에 이르지 못했기 때문에'(롬3:23) 누구도 하나님의 판결 기준인 '완전한 정의'를 측정할 수 없다.

이때에 부활하는 자들은 자기들의 행위에 의해 심판받을 것이다. 그러나 율법의 행위로는 의롭게 될 육체가 없기에(갈2:16) 그 누구도 행위에 의해 구원받지 못할 것이다.

누구든지 생명책에 기록된 것으로 드러나지 않은 자는 불 호수에 던져졌더라(계20:15).

여기서 언급된 이 책은 세상의 창건 이후에 죽임을 당한 그 어린양의 생명책(계13:8)으로서 여기에는 죄들의 용서와 깨끗함을 얻기 위해 하나님의 그 어린양을 자기들의 대속물과 구원자로 신뢰한 사람들의 이름만 적혀 있다. 그런데 이렇게 믿는 자들은 천년왕국이 시작되기 전에 첫째 부활 때에 이미 부활했다.

또 내가 왕좌들을 보았는데 *사람*들이 그것들 위에 앉아 있고 그들에게 심판이 맡겨졌더라. 또 내가 예수님의 증언과 하나님의 말씀으로 인해 목이 베인 자들의 혼들을 보았는데 그들은 짐승과 그의 형상에게 경배하지도 아니하고 자기 이마 위에나 손 안에 짐승의 표를 받지도 아니한 자들이더라. 그들이 살아서 그리스도와 함께 천년 동안 통치하였으나 그 나머지 죽은 자들은 그 천 년이 끝날 때까지 다시 살지 못하였더라. 이것이 첫째 부활이니라(계20:4-5).

단지 첫째 부활에 참여하지 못하고 남아 있던 자들만이 흰 왕좌에서 심판을 받을 것이고 이들은 모두 '둘째 사망' 즉 큰 불 호수에 던져질 것이다(계20:14).

이들은 자기 행위에 따라 심판을 받으며 따라서 그들이 보고도 거절했던 생명의 빛의 양과 관련해서 자기들의 죄의 정도에 따라 여러 형태로 고통을 당할 것이다. 그들이 불 호수에서 어떤 형벌을 받을지 우리는 확실히 모르며 오직 하나님만 아신다. 만일 어떤 이들이 주장하듯이 불 호수에서의 불이 단지 상징적인 불이라 하더라도 이런 불이 상징하는 현실은 너무나도 무서운 것으로서 우리가 상상해 볼 수 있는 가장 무서운 형벌이 그들을 기다림을 나타내 준다.

물론 지옥 불에서 영원토록 고통을 받는다는 것은 하나님과 그분의 구원 계획을 거부하는 사람들 즉 그곳에 갈 사람들에게는 매우 기분 나쁜 일일 것이다. 그러나 그들이 그런 형벌은 공정하지 못하며 잔인한 것이라고 주장하는 것은 그들이 범한 무한한 양의 범죄의 관점에서 살펴보아야 한다.

그를 믿는 자는 정죄를 받지 아니하나 믿지 아니하는 자는 하나님의 독생자의 이름을 믿지 아니하였으므로 이미 정죄를 받았느니라(요3:18).

그들은 자기들을 창조하신 분께 반역했으며, 그분께서 그들을 위해 십자가에서 지옥의 고통을 당하시며 그들을 무한히 사랑하셨지만 이것을 조롱함으로써 자기들의 죄악을 가중시켰다. 또한 그들은 만일 그들이 믿음으로 받아들였다면 그분께서 그들에게 은혜로 거저 주셨을 죄들의 용서와 영원한 생명이라는 그분의 선물을 거절했거나 또는 무시했다.

그들이 잘했다고 주장하는 '많은 선행'은 결코 그들의 창조자와 구속자가 주시는 무한한 사랑을 거절한 이 무한대의 악한 행실을 지울 수 없다. 그분을 무시하는 것은 공공연히 그분을 배척한 것만큼이나 나쁜 것이다. 복음의 명백한 메시지를 전혀 듣지 못한 사람들도 변명할 여지가 없다(롬1:20). 왜냐하면 그들 역시 자연과

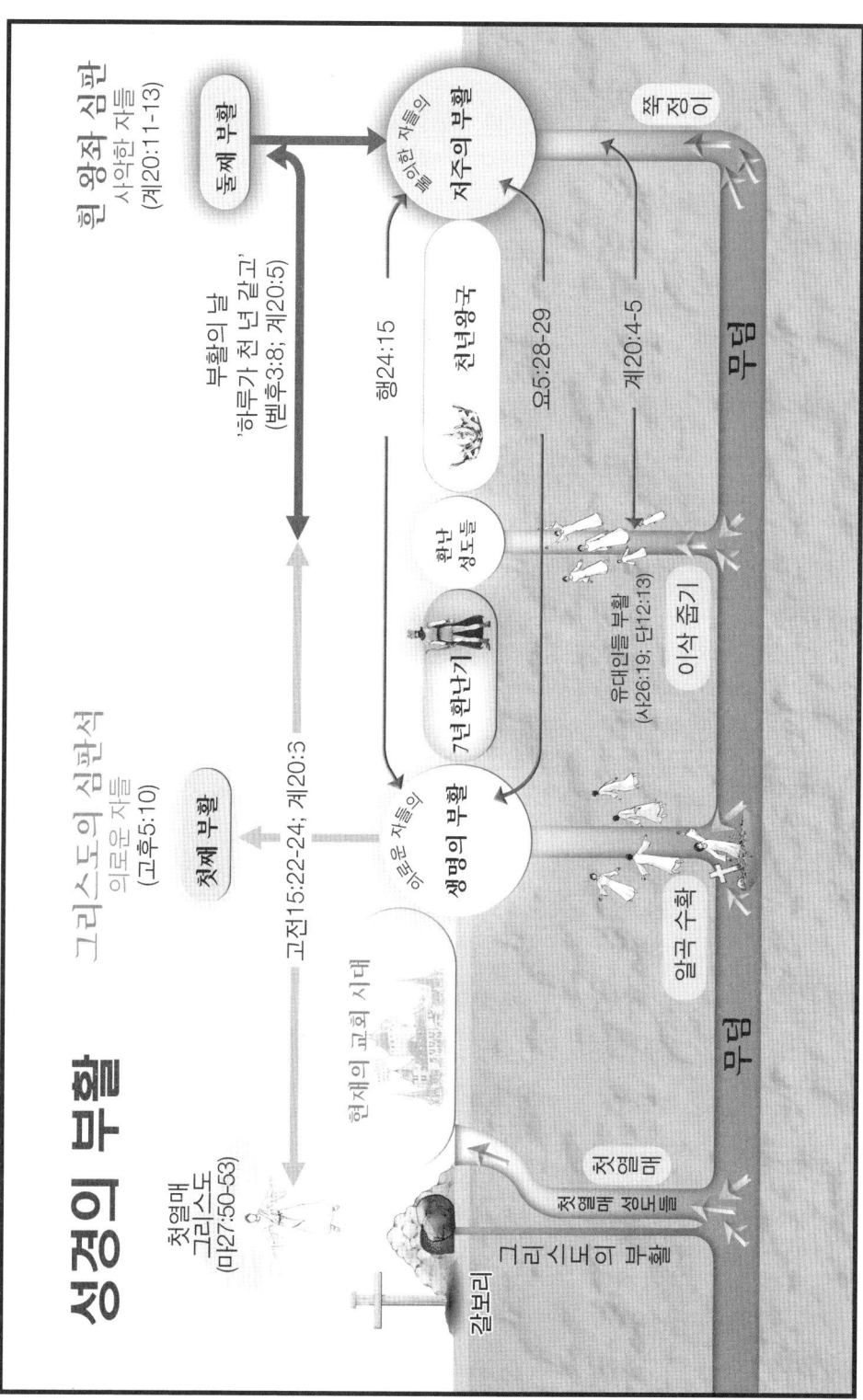

〈성경의 부활〉

양심을 통해 밝히 드러난 창조자/구속자의 증거를 배척하거나 무시했고 결국 자기들이 받은 미미한 빛을 거부했기 때문이다. 하나님을 알 수 있는 빛을 받지 못한 사람은 하나도 없다. 그래서 그들은 변명할 수 없다.

그것은 세상에 들어오는 모든 사람을 비추는 참 빛이었느니라(요1:9).

정죄의 근거는 이것이니 곧 빛이 세상에 왔으나 사람들이 자기 행위들이 악하므로 빛보다 오히려 어둠을 사랑한 것이니라(요3:19).

우리가 완전히 이해하든지 못하든지 예수 그리스도 안에 있는 하나님의 구원 계획을 거부하거나 무시하는 모든 사람들은 마지막 흰 왕좌 심판 때에 그분을 대면한 뒤 불 호수에서 영원을 보낼 것이다.

아버지께서 아무도 심판하지 아니하시고 오히려 모든 심판을 아들에게 맡기셨으니(요 5:22).

그분께서는 이 사실을 아주 명백하게 강조하셨다. 하나님의 아들이신 예수님께서는 다른 어떤 성경 저자들보다도 더욱더 지옥에 대해 많은 말씀을 하셨는데 예를 들자면 다음과 같다.

그때에 그가 왼쪽에 있는 자들에게도 이르되, 저주를 받은 자들아, 너희는 내게서 떠나 마귀와 그의 천사들을 위해 예비된 영존하는 불에 들어가라(마25:41).

만일 네 손이 너를 걸려 넘어지게 하거든 그것을 잘라 내라. 불구가 되어 생명에 들어가는 것이 두 손을 가지고 지옥에, 결코 꺼지지 않을 불 속에 들어가는 것보다 네게 더 나으니 거기서는 그들의 벌레도 죽지 아니하고 불도 꺼지지 아니하느니라(막 9:43-44).

예수 그리스도께서는 우리의 창조자이시며 구속자이시고 동시에 곧 오실 심판자이시다. 그분께서 지은 창조물인 사람은 그분께서 말씀하신 것을 좋아하든지 싫어하든지 그분께서 말씀하실 때에 반드시 청종해야만 한다.

첫째 부활

사도 요한은 마지막 심판 때에 이루어질 무서운 사건들을 묘사하며 예수님을 믿어서 그 어린양의 생명책에 이름이 기록된 수많은 성도들에 대해서는 아무런 언급도 하지 않았다. 분명히 그들은 멀리서 이 마지막 심판을 바라볼 수는 있어도 그 자리에 없을 것이다. 예수님께서는 처음에 세상에 오셨을 때 두 개의 부활이 있음을 분명하게 가르치셨다. 즉 '생명의 부활'과 '정죄의 부활'이 있다(요5:29). 그러나 이 부활 사이에 1,000년이라는 기간이 놓여 있음은 그 당시에 계시하시지 않았다. 첫째 부활은 7년 환난기의 끝부분에서 완성될 것이고 둘째 부활은 천년왕국의 끝부분에서 완성될 것이다.

그 나머지 죽은 자들은 그 천 년이 끝날 때까지 다시 살지 못하였더라. 이것이 첫째 부활이니라. 첫째 부활에 *참여할* 몫을 가진 자는 복이 있고 거룩하도다. 둘째 사망이 그런 자들을 다스릴 권능을 갖지 못하고 도리어 그들이 하나님과 그리스도의 제사장이 되어 천 년 동안 그분과 함께 통치하리라(계20:5-6).

이 구절은 구원받은 사람들과 구원받지 못한 사람들이 동시에 부활해서 함께 심판을 받지 않음을 명확히 보여 주고 있다. 성경은 확실하게 첫째 부활은 구원받은 이들과 관계가 있고, 첫째 부활 이후 1,000년이 지난 뒤에 있을 둘째 부활은 구원받지 못한 이들과 관계가 있음을 보여 주고 있다. 이 둘째 부활에 들어가는 사람들은 결국 불 호수에 던져질 것이다.

그런데 첫째 부활도 단계적으로 이루어진다.

그러나 각 사람이 자기 차례대로 되리니 *먼저는* 첫 열매인 그리스도시요, 그다음은 그리스도께서 오실 때에 그분께 속한 자들이니라(고전15:23).

'그리스도께 속한 사람들'이라는 구절은 지금의 교회 시대에 예수 그리스도를 믿는 모든 사람들을 지칭하며 구약/이스라엘 시대에 예수님의 오심을 기다리던 사람들과는 다른 부류의 사람들이다. '구약 성도들' 즉 구약 시대에 구원받은 이들은 직접 천국에 간 것이 아니라 아브라함의 품에 거하다가 부활의 첫 열매이신 예수 그리스도께서 부활하시고 난 뒤 곧이어 셋째 하늘로 옮겨졌다. 그래서 성도 마태는 예수님의 부활 때에 일어난 일을 다음과 같이 기록하고 있다.

보라, *성전의* 휘장이 위에서부터 아래까지 둘로 찢어지고 땅이 진동하며 바위들이 터지고 무덤들이 열리며 잠든 성도들의 많은 몸이 일어나 그분의 부활 뒤에 무덤 밖으로 나와서 거룩한 도시로 들어가 많은 사람에게 나타났더라(마27:51-53).

그 무덤들은 예수 그리스도께서 돌아가실 때에 지진에 의해 열렸으나 구약 성도들의 몸은 예수님의 부활 이후에 일어났다. 그 이유는 예수님께서 부활의 첫 열매가 되셔야만 하시기 때문이다.

예수 그리스도의 죽음과 부활 사이의 삼 일 동안 그분께서는 성령님의 의해 지구의 중심부에 가셔서 '감옥에 갇혀 있는 반역의 영들'에게 자신의 승리를 선포하셨다(벧전 3:18-19). '감옥에 있는 이 영들'은 노아 시대에 인류를 향한 하나님의 계획을 파괴시키려고 자기 자신의 처음 위치(혹은 계급)를 지키지 않고 자기들의 거주지를 떠난 - 창6:1, 4에 '하나님의 아들들'(the sons of God)이라고 기록된 - 타락한 천사들로서(유6, 벧전3:19) 그들은 타락한 이후로 줄곧 그 감옥에 갇혀 있었다. 그분께서는 땅의 저 아래 부분에 먼저 내려가셔서(엡4:9) 사로잡힌 자들에게 자유를 선포하시고 묶여 있는 자들에게 감옥의 문을 열어 주시며 자신의 사명을 완수하셨다.

그러므로 그분께서 이르시기를, 그분께서 높은 곳으로 올라가실 때에 포로로 잡힌 자들을 포로로 이끄시고 사람들에게 선물들을 주셨도다, 하시느니라. (그런데 그분께서 올라가셨다는 것, 그것은 곧 그분께서 또한 먼저 땅의 더 낮은 부분들로 내려가셨다는 것이 아니면 무엇이냐? 내려가신 분께서 또한 모든 하늘들보다 훨씬 위로 올라가신 바로 그분이시니 이것은 그분께서 모든 것을 충만하게 하려 하심이라.)(엡4:8-10)

그리고 그분께서는 아리마대 요셉의 무덤에 놓여 있는 자신의 잠자는 몸으로 되돌아오셔서 죽음에서 승리하셨다. 지하세계(넓은 의미의 지옥)의 한 부분 즉 낙원에서 예수님을 기다리던 의로운 자들 즉 구약 성도들은 지하의 낙원에서 셋째 하늘로 옮겨졌으며 그들 가운데 여러 사람들은 부활의 몸을 입고 예루살렘에 나타났다(마 27:52-53; 행2:27, 31).

아담부터 침례자 요한에 이르기까지의 성도들 즉 예수님께서 돌아가시며 새로운 언약을 세우시기 전에 믿음 안에서 죽은 구약 시대의 모든 성도들은 예수님이 부활하시면서 그분과 함께 모든 하늘들 위로 올라가 하나님의 왕좌에 이르렀다(엡4:10). 이들 중 일부가 잠시 예루살렘에 나타난 것은 예수님의 부활 뒤에 그분을 목격한 사람들이 큰 능력으로 선포할 그리스도 예수님의 부활에 대한 확실한 증거이다.

한편 바로 이 짧은 시간에 부활하신 예수 그리스도께서는 자기를 처음 보았던 막달라 마리아에게 다음과 같이 말씀하셨다.

예수님께서 그녀에게 이르시되, 내게 손을 대지 말라. 내가 아직 내 아버지께로 올라가지 아니하였노라. 다만 내 형제들에게 가서 그들에게 이르기를, 내가 내 아버지 곧 너희 아버지, 내 하나님 곧 너희 하나님께로 올라간다, 하라, 하시니(요20:17).

바로 이때에 그분께서는 친히 구출하신 구약 시대의 성도들을 데리고 우선 하늘로 올라가셨다가 지상으로 다시 오셔서 사십 일 동안 여러 차례 자신의 부활하신 몸을 입으시고 제자들에게 보이셨다(행1:1-3).

그 이후로 교회 시대가 열렸고 예수 그리스도의 복음이 전파되기 시작했다. 그분께서는 자신의 제자들과 사십 일을 지내신 뒤 승천하시면서 친히 다시 오리라는 약속을 반복하셨다. 십자가에 달리시기 바로 전에 예수님께서는 이렇게 말씀하셨다.

내 아버지 집에 거할 곳이 많도다. 그렇지 않으면 내가 너희에게 말해 주었으리라. 내가 너희를 위해 처소를 예비하러 가노니 가서 너희를 위해 처소를 예비하면 내가 다시 와서 너희를 내게로 받아들여 내가 있는 곳, 거기에 너희도 있게 하리라(요 14:2-3).

그분께서는 승천하시면서 하늘에서 온 천사들의 입을 통해 제자들에게 이렇게 말씀해 주셨다.

그들이 또한 이르되, 너희 갈릴리 사람들아, 너희가 어찌하여 서서 하늘을 바라보느냐? 너희를 떠나 하늘로 들려 올라가신 이 동일한 예수님께서는 너희가 그분께서 하늘로 들어가심을 본 것처럼 그렇게 같은 방식으로 오시리라, 하니라(행1:11).

승천 이후에 제자들은 예수님께서 땅끝까지 이르러 증인이 되라는 명령을 하셨음에도 불구하고(행1:8) 자기들의 생애 안에 예수님의 재림이 있을 것이라고 굳게 믿었던 것 같다. 그래서 신도들이 죽기 시작하자 살아 있는 자들은 약속된 부활에 대해 의문을 제기하기 시작했다. 그래서 사도 바울은 예수 그리스도께서 부활 약속의 첫 열매가 되셨듯이 그분께서 재림하실 때에 신약 시대 성도들의 부활이 있음을 약속했다.

사도 바울은 이 같은 약속을 고린도에 있는 성도들에게 주기 전에 먼저 성령님의 감동을 받아 데살로니가에 있는 성도들에게 다음과 같은 아름답고 놀라운 말씀을 전하였다.

예수님께서 죽으셨다가 다시 일어나셨음을 우리가 믿거든 그와 같이 예수님 안에서 잠자는 자들도 하나님께서 그분과 함께 데려오시리라. 우리가 주의 말씀에 의거하여 너희에게 이것을 말하노니 곧 주께서 오실 때까지 살아서 남아 있는 우리가 결코 잠자는 자들보다 앞서지 못하리라. 주께서 호령과 천사장의 음성과 하나님의 나팔 소리와 함께 친히 하늘로부터 내려오시리니 그리스도 안에서 죽은 자들이 먼저 일어나고 그 뒤에 살아서 남아 있는 우리가 그들과 함께 구름들 속으로 채여 올라가 공중에서 주를 만나리라. 그리하여 우리가 항상 주와 함께 있으리라. 그러므로 이 말씀들로 서로 위로하라(살전4:14-18).

그러므로 신약 시대에 예수님 안에서 죽은 자들이 부활할 뿐만 아니고 그분께서 다시 오실 때에 살아 있는 성도들은 죽지 않고 하늘로 들려 올라갈 것이다. 이들은 모두 예수 그리스도께서 부활하신 후 입으셨던 영광의 몸을 입게 될 것이다.

보라, 내가 너희에게 한 신비를 보이노니 우리가 다 잠자지 아니하고 마지막 나팔 소리가 날 때에 눈 깜짝할 사이에 순식간에 다 변화되리라. 나팔 소리가 나매 죽은 자들이 썩지 아니 할 것으로 일으켜지며 우리가 변화되리니 이는 이 썩을 것이 반드시 썩지 아니함을 입고 이 죽을 것이 반드시 죽지 아니함을 입을 것이기 때문이라(고전 15:51-53).

우리의 생활 방식은 하늘에 있으며 또한 거기로부터 *오실* 구원자 주 예수 그리스도를 우리가 기다리고 있는데 그분께서는 참으로 모든 것을 자기에게 복종시킬 수 있는 능력을 써서 그 능력대로 우리의 천한 몸을 변화시켜 자신의 영광스러운 몸과 같게 만드시리라(빌3:20-21).

사랑하는 자들아, 이제 우리는 하나님의 아들들이니라. 우리가 앞으로 어떻게 될지는 아직 나타나지 아니하였으나 그분께서 나타나시면 우리가 그분과 같게 될 줄 아노니 이는 우리가 그분을 그분께서 계신 그대로 볼 것이기 때문이라(요일3:2).

그러므로 이 부활의 날은 정말 꿈과 같은 날일 것이며 바로 이 날 우리는 공중에서 이 놀라운 모임을 통해 '그리스도 안에 있는 모든 성도들'과 함께 주 예수님을 만날 것이다.

재림의 임박성

사도 바울이 데살로니가에 있는 교회에 편지한 때는 그의 사역의 초기였고 그 자신 역시 예수님의 재림을 확실히 고대하고 있었다.

그 뒤에 살아서 남아 있는 <u>우리가</u> 그들과 함께 구름들 속으로 채여 올라가 공중에서 주를 만나리라. 그리하여 <u>우리가</u> 항상 주와 함께 있으리라(살전4:17).

그 뒤로 몇 년이 지난 뒤 마지막 서신서를 쓸 때에 그는 형의 집행을 기다리며 로마의 감옥에 있었다. 그곳에서 그는 다음과 같이 쓰고 있다.

이제 내가 *헌물*로 드려질 준비가 되어 있고 나의 떠날 때가 가까이 왔도다. 내가 선한 싸움을 싸우고 나의 달려갈 길을 끝마치고 믿음을 지켰으므로 이후로는 나를 위해 의의 왕관이 예비되어 있나니 주 곧 의로우신 심판자께서 그 날에 그것을 내게 주실 것이요, 내게만 아니라 그분의 나타나심을 사랑하는 모든 자들에게도 주시리라(딤후4:6-8).

사도 바울은 그리스도의 재림을 보지는 못했으나 그분의 재림을 사모했다. 우리도 '그분 안에서 이 소망을 가진 자는 다 그분께서 순결하신 것같이 자기를 순결하게 하는 것같이'(요일3:3) 그분의 다시 나타나심을 사모해야 한다. 사도 야고보도 그 당시에 그리스도를 위해 고난을 겪는 유대인 성도들에게 이 소망을 굳건히 할 것을 권고했다.

너희도 인내하며 너희 마음을 굳게 세우라. 주의 오심이 다가오고 있느니라(약5:8).

사도 요한은 '반드시 곧 일어나야 할 것들을 예수님의 종들에게 보이기 위한' 하나님의 계획과 함께 성경의 마지막 책인 예수 그리스도의 계시록을 시작하고 있고 '내가 반드시 속히 가리라'는 예수님의 약속으로 계시록을 끝내고 있다(계1:1; 22:20). '저 복된 소망과 위대하신 하나님 곧 우리 구원자 예수 그리스도의 영광스러운 나타나심을 기다리는 것'은 신약 시대에 살고 있는 모든 그리스도인들에게 경건치 아니한 것과 세상에 속한 정욕들을 거부하고 이 현 세상에서 맑은 정신을 가지고 의롭고 경건하게 살아야 하는 촉진제가 되어 왔다(딛2:12-13).

한편 주 예수님께서는 자신의 종들에게 마음속으로 다음처럼 말하지 말라고 엄하게 주의를 주셨다.

그러나 그 종이 마음속으로 이르기를, 내 주인이 오는 것을 늦추는구나, 하며 남종들과 여종들을 때리고 먹고 마시고 취하기 시작하면 그가 주인을 기다리지 않는 날, 그가 알지 못하는 시각에 그 종의 주인이 와서 그를 잘라 내고 믿지 않는 자들과 함께할 그의 몫을 그에게 지정하리라(눅12:45-46).

종들에게 이런 주의를 주신 것은 그들이 주님에게 마음을 두는 것이 아니라 지금의 악한 세상에게 마음을 둘까 봐 염려하셨기 때문이다. 그분께서는 여러 차례 자신의 재림의 임박성에 대해 말씀하셨다. 예를 들자면 모든 성도들은 우리 주 예수님께서 다음과 같이 권고하시는 말씀에 귀를 기울여야만 할 것이다.

그러나 그 날과 그 시각은 결코 아무도 알지 못하나니 하늘의 천사들도 알지 못하고 오직 내 아버지께서만 아시느니라(마24:36).

그러므로 깨어 있으라. 어느 시각에 너희 주가 올지 너희가 알지 못하느니라(마24:42).

그러므로 너희도 준비하고 있으라. 너희가 생각하지 않는 시각에 사람의 아들이 오느니라(마24:44).

그러므로 깨어 있으라. 너희가 사람의 아들이 오는 그날도 그 시각도 알지 못하느니라(마25:13).

그러나 그 날과 그 시각은 결코 아무도 알지 못하나니 하늘에 있는 천사들도 알지 못하고 아들도 알지 못하며 아버지께서만 아시느니라. 너희는 주의하라. 깨어 기도하라. 그때가 언제인지 너희가 알지 못하느니라(막13:32-33).

그러므로 너희는 깨어 있으라. 집주인이 어느 때에 올지 저물 때일지, 한밤중일지, 수탉이 울 때일지, 아침 녘일지 너희가 알지 못하느니라. 그가 갑자기 와서 너희가 자는 것을 보지 않게 하라. 깨어 있으라. 내가 너희에게 말하는 것은 모든 *사람*에게 말하는 것이니라, 하시니라(막13:35-37).

주인이 와서 그 *종들이* 깨어 있는 것을 보면 그 종들은 복이 있도다. 진실로 내가 너희에게 이르노니 그가 허리띠를 띠고 그들을 음식 앞에 앉힌 뒤 나아와 그들을 섬기리라. 그가 만일 이경에 오거나 삼경에 올 때에 그들이 그렇게 하고 있는 것을 보면 그 종들은 복이 있도다. 이것을 알라. 만일 도둑이 몇 시에 올지 집주인이 알았더라면 깨어 있어 자기 집이 뚫리지 않게 하였으리라. 그러므로 너희도 준비하고 있으라. 너희가 생각하지 않는 시각에 사람의 아들이 오느니라, 하시니라(눅12:37-40).

주님께서는 우리가 항상 깨어 있어서 자신이 언제든지 재림하실 수 있다는 가능성을 깨닫기를 원하셨고 그래서 '깨어 있으라'는 명령을 주셨다.

어린 자녀들아, 이제 그분 안에 거하라. 이것은 그분께서 나타나실 때에 우리가 확신을 가지게 하려 함이요, 또 그분께서 오실 때에 *우리가* 그분 앞에서 수치를 당하지 않게 하려 함이라(요일2:28).

'꾸준히 깨어 있으라'는 이 교리는 신약 시대를 사는 모든 그리스도인에게 안위를 주고 깨끗한 삶을 살게 하는 진리가 되었다. 어떤 특정한 예언의 사건들이 - 예를 들자면 적그리스도의 출현, 유대인과 적그리스도와의 7년 계약, 곡과 마곡의 이스라엘 침략, 아마겟돈 전쟁 등 - 그분의 재림 전에 일어날 필요가 없음은 명백하다. 그렇지 않다면 우리가 예수 그리스도의 오심을 깨어서 준비할 필요가 없고 단지 그분께서 오시기 전에 세상에서 어떤 사건들이 일어나는 것에만 주의를 기울이면 되기 때문이다.

말세의 여러 증거들은 - 즉 과학과 여행의 증가, 불경건과 배도의 증가, 전 세계적인 경제 전쟁, 세계 대전 등 - 모두 그분의 재림이 눈앞에 다가왔음을 보여 주지만 그럼에도 불구하고 역설적으로 그분의 재림은 이런 증거들이나 다른 예언된 증거들의 성취에 달려 있지 않고 어느 때고 이루어질 수 있다.

이와 같은 주장은 역설적이며 혹은 이치에 맞지 않는 것처럼 보일지도 모른다. 그러나 이 문제는 우리가 그분의 재림(再臨)이 그분의 초림(初臨)과 같이 단순하게 순식간에 세상을 심판하는 것이 아니고 여러 개의 사건들을 포함한다는 사실을 깨닫게 될 때 쉽게 풀릴 것이다. 즉 예수님의 초림은 33년 반 동안 이루어졌으며 예수님의 재림 역시 최소한 7년 정도의 기간 사이에 이루어질 것이다.[12]

---

12) 공중 강림과 지상 강림을 이야기하면 예수님의 재림이 두 번 있느냐고 말하는 사람들이 있지만 그것은 사실이 아니다. 예수님의 초림에도 두 단계가 있었다. 즉 비밀리에

이런 여러 사건들 중 – 모든 그리스도인들은 이것들을 주의하여 보라고 권고 받고 있다 – 첫째로 필요한 사건은 그분께서 하늘로부터 공중에 강림하셔서 예수 그리스도 안에서 죽은 자들과 산 자들이 부활하고 영광스럽게 되어 공중에서 예수님을 만나기 위해 들려 올라가는 것 즉 휴거이다. 그분의 재림과 관련되어 예언된 다른 표적들은 이 휴거 이전에 이루어질 수도 있고 그렇지 않을 수도 있다.

이 표적들이 휴거 이전에 일어난다면 우리는 그분의 재림이 정말 가까움을 알게 될 것이다. 왜냐하면 이 표적들은 그분의 재림과 관련된 모든 것과 연관되기 때문이다. 특히 그분께서 지상에 다시 오셔서 아마겟돈에서 모든 반역자들을 진압하시는 아마겟돈 전쟁은 그분의 재림의 절정을 이루는 사건일 것이다.

> 그때에 사람의 아들의 표적이 하늘에 나타나겠고 그때에 땅의 모든 지파들이 애곡하며 사람의 아들이 권능과 큰 영광을 가지고 하늘의 구름들 가운데서 오는 것을 보리라(마 24:30).

> 괴로움을 당하는 너희에게는 우리와 함께 안식으로 갚으시는 것이 하나님께는 의로운 일인데 *이 일은* 주 예수님께서 자신의 강력한 천사들과 함께 하늘로부터 나타나사 하나님을 알지 못하는 자들과 우리 주 예수 그리스도의 복음에 순종하지 아니하는 자들에게 타오르는 불로 징벌하실 때에 *이루어질 것이며 그때에* 그들은 주의 얼굴 앞과 그분의 권능의 영광에서 떠나 영존하는 파멸로 형벌을 받으리라(살후1:7-9).

따라서 그리스도의 재림과 연관된 사건들 중 최소한 몇 가지는 예수님의 공중 강림 때에 살아 있는 성도들이 휴거를 받고 죽은 성도들이 부활한 후에 이루어져야 할 것이다. 특히 적그리스도와 이스라엘 간의 7년 협약은 성도들의 휴거 이후에 조인되어야 한다. 그리하여 적그리스도의 정체가 드러나게 될 것이다.

이스라엘 백성이 예수 그리스도를 영접하지 않는 상태에서 팔레스타인 땅으로 귀환하는 것과 그 이후 곡과 마곡의 이스라엘 침략과 패배 등은 이 7년 협약이 체결되기 전에 일어날 것이다. 그러나 이런 사건들이 휴거 이전에 일어날지 그렇지 않을지는

오신 첫째 단계와 공적으로 나타나신 둘째 단계가 있었으며 이 두 단계를 포함하는 33년 반이 그분의 초림이다. 이와 마찬가지로 예수님의 재림에도 비밀리에 공중에 임하시는 첫째 단계가 있고(휴거, Rapture) 공개적으로 땅에 임하시는 둘째 단계(현현, Revelation)가 있으며 이 두 단계를 포함하는 약 7년간의 기간이 그분의 재림이다. 한편 어떤 이들은 좀 더 범위를 좁혀 지상 강림만을 재림으로 보기도 한다. 어찌 되었든지 재림이 두 번 있는 것이 아니라 재림에 두 단계가 있음에 유의해야 한다(〈그리스도의 초림과 재림〉 선도 참조). 구약 성경은 그리스도께서 유대인들을 위해 친히 왕국을 세우시고 통치하시는 것을 강조하므로 그 안에서 휴거를 찾아볼 수 없으며 복음서는 – 특히 공관 복음서는 – '하늘의 왕국이 가까이 왔느니라'라는 선포와 함께 왕국의 도래를 위한 그리스도의 지상 강림을 강조하므로 여기서도 – 특히 마태복음 24, 25장 등 – 교회의 휴거를 찾아볼 수 없다. 반면에 신약의 서신서는 교회를 위해 기록되었으므로 논리적으로 교회의 복된 소망 즉 휴거를 강조하고 있으며 계시록은 다니엘서와 함께 온 땅에 임하는 환난기를 강조하므로 교회는 이미 휴거되어 계시록 4장 이후에는 나오지 않는다.

확실하지 않다.

　하나님께서 이 7년 협정이 이루어지기 전에 예수님 안에서 죽은 자들을 부활시키고 살아 있는 자들을 휴거시키는 이유는 이 7년 기간이 창조자/구속자 되시는 주 예수 그리스도께 대항하며 그분을 믿지 않는 세상을 향해 하나님께서 친히 진노를 퍼붓는 기간이기 때문이다. 그래서 이것은 '크고 두려운 주의 날'(욜2:31)이며 '어린양의 진노의 날'(계6:16-17)이다.

　그러나 교회 시대 성도들은 그분의 진노의 대상이 아니다. 물론 알곡 가운데도 거듭나지 못한 쭉정이도 있을 수 있지만 여기서 우리는 정말 다시 태어난 성도들에 대해서만 이야기하는 것이다. 어떤 이들은 다시 태어난 성도라도 행위가 바르지 못하면 휴거받지 못한다고 주장한다. 그러나 다시 태어난 성도라면 성화의 정도에 상관없이 하나님의 자녀이므로 진노의 대상이 아니며 따라서 모두 휴거받을 것이다. 사도 바울은 이 점에 대해 다음과 같이 기록하고 있다.

> 주의 날이 밤의 도둑같이 그렇게 오는 줄을 너희 자신이 완전히 아느니라. 그들이, 평안하다 안전하다, 하고 말할 때에 아이 밴 여자에게 해산의 고통이 닥치는 것같이 갑작스러운 파멸이 그들에게 닥치나니 그들이 피하지 못하리라. 그러나 형제들아, 너희는 어둠 속에 있지 아니하므로 그 날이 도둑같이 너희를 덮치지 못하리라…하나님께서는 우리를 진노에 이르도록 정하지 아니하시고 우리 주 예수 그리스도에 의해 구원을 얻도록 정하셨느니라. 그분께서 우리를 위해 죽으셨으니 이것은 우리가 깨어 있든지 자고 있든지 자신과 함께 살게 하려 하심이라(살전5:2-4, 9-10).

　물론 이 같은 확신은 사도 바울이 데살로니가전서 4장에서 언급한 성도들의 부활과 휴거 때 공중에서 예수님을 만나는 것과 그분과 함께 사는 것 등과 관련이 있다(살전 4:15-17).

　이 같은 약속은 확실하게 구원받은 성도라면 누구나 불신자들에게 닥치는 무서운 환난 즉 하나님의 진노를 당하지 않을 것을 보여 주고 있다. 왜냐하면 이 기간은 하나님의 백성을 징계하는 시간이 아니고 하나님께 대적하는 세상에 질병과 심판과 멸망을 쏟아붓는 시간이기 때문이다.

　말세에 사는 성도들뿐만 아니고 지금까지 살아온 모든 성도들이 '많은 환난을 거쳐 하나님의 왕국에 들어가야 하며'(행14:22) '참으로 그리스도 예수님 안에서 하나님의 뜻대로 살려고 하는 모든 자는 핍박을 받을 것'(딤후 3:12)은 확실한 사실이다. 그러나 이런 환난들 혹은 핍박들은 우리 주님께서 주시는 것이 아니고 이 세상이 성도들에게 주는 것이다. 한편 7년 환난기 동안의 고통은 반역하는 세상을 향해 창조자 하나님께서 주시는 무서운 아픔이다.

　물론 환난기에 많은 사람들이 구원받을 것이며 다른 시대에 살았던 성도들처럼 그들 역시 경건치 못한 자들에게 핍박을 받을 것이다. 그러나 하나님의 진노는 환난기에 믿음을 갖게 된 성도들에게 쏟아지는 것이 아니라 짐승과 그의 왕국과 그를 따르는 자들에게 쏟아질 것이다.

　현시대의 성도들이 다가오는 환난 즉 하나님의 진노에 들어갈 필요가 없는 이유는 지나간 다른 시대의 모든 성도들이 하나님의 진노를 받지 않았기 때문이다. 지나간 시대에 살았던 모든 그리스도인들은 고난과 핍박을 경험했고 마지막 시대를 사는 성도들 역시 같은 경험을 할 것이다.

환난에서 나오는 환난기 성도들은(계7:14) 하나님의 진노가 시작되기 전에 예수님께로 오는 것을 게을리했기 때문에 환난을 당한다. 그들은 하나님께서 그들에게 마지막 기회를 주신 것에 대해 감사할 것이다. 물론 이들은 무서운 환난 기간 동안 이 땅에서 살아야 한다.

필라델피아에 있는 교회에게 우리 예수님께서는 다음과 같은 약속을 주셨는데 사실 이 교회는 실제로 주후 1세기경에 소아시아에 있던 교회였고 동시에 모든 시대에 존재했던 그와 비슷한 교회 모두를 대표하는 교회이다.

네가 나의 인내의 말을 지켰으므로 나도 너를 지켜 땅에 거하는 자들을 시험하기 위해 앞으로 온 세상에 닥칠 시험의 시간을 면하게 하리라(계3:10).

우리가 이미 살펴보았듯이 지상에서 교회가 환난 전에 휴거받는 것은 신자들 안에 거하시는 성령님께서 악을 저지하는 자신의 영향력을 이 세상에서 거두어들이시는 것을 의미한다.

내가 여전히 너희와 함께 있었을 때에 이 일들을 너희에게 말한 것을 너희가 기억하지 못하느냐? 그가 그의 때에 드러나게 하려고 무엇이 저지하고 있는지 지금 너희가 알고 있나니 불법의 신비가 이미 일하고 있으나 다만 지금 막고 있는 이가 막되 길에서 옮겨질 때까지 *막으리라*. 그 뒤에 저 사악한 자가 드러날 터인데 주께서 자신의 입의 영으로 그를 소멸시키시고 친히 오실 때의 광채로 그를 멸하시리라(살후 2:5-8).

예수님 안에서 죽은 성도들의 부활과 살아 있는 성도들의 휴거와 함께 공중에서 예수님과 성도들이 만나는 것은 7년 환난기가 시작되기 전에 일어날 것이고 짐승 곧 적그리스도는 성령님과 성도들이 떠난 바로 뒤에 자신의 정체를 알릴 것이다. 수많은 사람들이 갑자기 없어지고 많은 무덤이 열림으로 생기는 흥분과 혼란은 그 짐승 곧 적그리스도가 이 모든 놀라운 사건을 설명해 줄 수 있는 유력한 존재로 등장할 기회를 제공해 줄 수도 있으며 또한 그 짐승은 이 모든 일을 마귀와 관련된 뉴에이지 운동의 관점에서 설명하여 전 세계의 주목을 받을지도 모른다.

어떻든 예수 그리스도의 성도들은 성령님의 권능에 힘입어 이 세상에서 악이 극도로 성장하지 못하게 하다가 결국은 휴거를 받아 갑자기 사라질 것이다. 그러므로 그때에는 그분의 재림에 관한 다른 표적들이 그 어느 때보다 더 많게 될 것이며 진화론에 기반을 둔 인본주의/다신론을 추구하는 '새 세계 질서'를 향한 움직임이 가속화될 것이다. 예수 그리스도의 증인들이 지상에서 사라지는 이때가 바로 다가오는 하나님의 심판에 관하여 자기들의 대언자적 역할을 시작하기 위해 두 증인이 지상에 올 때일 것이다.

공중에서의 모임

따라서 예수 그리스도 안에서 우리가 고대하여야 할 가장 큰 사건은 사도 바울과 사도 요한 그리고 지나간 교회 시대의 모든 성도들이 고대해 왔던 것으로서 예수 그리스도 안에서 죽은 성도들이 부활하고 예수님의 모든 성도들이 공중에서 그분과 만나는 것이다. 물론 이 놀라운 사건은 말로만 예수님을 시인하는 이들에게는 아무런 의미가 없고 오직 예수 그리스도를 자신의 구원자와 부활의 주님으로 믿어서 다시 태어난 자들 즉 성령님께서 내주하시는 성도들에게만 큰 의미가 있다.

자기들이 서 있는 위치가 어디인지 모르는 이들에게 사도 바울은 '너희가 믿음 안에 있는지 너희 자신을 살펴보고 너희 자신을 검증하라. 예수 그리스도께서 너희 안에 계시는 줄을 너희가 스스로 알지 못하느냐? 알지 못한다면 너희는 버림받은 자들이니라'(고후13:5)라고 말씀한다. 또 예수님께서도 '그러므로 너희가 앞으로 일어날 이 모든 일을 피하여 사람의 아들 앞에 서기에 합당한 자로 여겨지도록 너희는 깨어서 항상 기도하라'(눅21:36)고 말씀하셨다.

공중에서 예수님을 만나는 것은 말로 표현할 수 없는 영광일 것이다. 먼저 죽은 우리의 친지들이 올라가고 우리도 그들과 함께 공중에서 주님을 만날 것이다. 이것은 정말 가족들의 큰 재회 모임일 것이다. 내 사랑하는 아내는 자기의 양친과 형제자매들을 만날 것이고 나 역시 부모님과 내 동생들을 보게 될 것이다. 우리는 생의 전성기에 암에 걸려 최근에 죽어서 예수님께로 간 우리 막내아들과 재회하며 크게 기뻐할 것이다. 과거에 우리와 사귐을 가졌던 수많은 친구들도 젊고 활기찬 모습으로 그곳에 와 있을 것이며 이들의 몸은 다시는 아픔과 병 또는 노화 등에 얽매이지 않을 것이다. 우리들 역시 젊고 강한 모습의 새로운 몸을 갖게 될 것이다. 과거와 현재에 '예수 그리스도 안에' 있던 성도들이 다 이와 같이 변화될 것이다.

우리가 갖게 될 새로운 몸은 예수님의 부활하신 이후의 영광스러운 몸처럼 변화될 것이며 중력이나 어떤 자연의 힘에 의한 구속을 받지 않게 될 것이다. 우리는 예수님처럼 공간을 초월하여 움직이며 닫힌 문 사이로 들어갈 수 있을 것이다. 이 몸은 여전히 우리의 실제의 몸이나 자연의 힘이 아닌 영적인 힘에 의해서 제재를 받게 될 것이다. 물론 이 몸은 질병, 아픔, 썩음과 죽음의 제재를 받지 않을 것이다.

어떻게 이런 일들이 일어날 수 있단 말인가? 이에 대한 유일한 이유는 예수 그리스도께서 창조자이시기 때문인데 그분께서는 '모든 것을 자기에게 복종시킬 수 있는 능력을 써서 그 능력대로 우리의 천한 몸을 변화시켜 자신의 영광스러운 몸과 같게 하실 것이다'(빌3:21).

우리가 현재 입고 있는 몸은 사실 예수님 안에서 존재하고 있는데(골1:7) 그 이유는 그분 안에서 우리가 살고 움직이며 존재 가치를 갖기 때문이다(행17:28). 예수님께서는 '자신의 권능의 말씀으로 모든 것을 떠받치시고 계신다'(히1:3). 그러므로 '하늘로부터 호령과 함께 내려오실 때에'(살전4:16) 그분께서는 이런 놀라운 기적 역시 쉽게 이루실 수 있는 것이다.

지상에 남게 된 많은 사람들은 잠시 신비감에 젖어 놀람을 금하지 못할 것이다.

그러나 그들은 일곱 봉인, 일곱 나팔, 일곱 금병, 하나님의 두 증인에 의해 지상에 부어지는 재난들로 인해 이것을 잊어버릴 것이다. 아마도 새 시대 운동 추종자들은 갑자기 없어진 사람들이 미확인 비행 물체(UFO)에 의해 납치되어 어떤 다른 영적 세계로 끌려가 재교육을 받을 것이라고 외쳐댈 것이다. 이렇게 되면서 사람들은 공중에서 일어나는 이 큰 사건을 깨닫지도 못한 채 곧 잊어버리게 될 것이다.

신약 성경 서신서들에 있는 공중에서의 모임에 관한 구절들은 정확히 하늘의 어느 장소에서 이 일이 이루어지는가를 밝히고 있지는 않다. 그러나 다음과 같은 묘한 구절이 있다. 십자가에서 형을 당하시기 전에 예수님께서 자신의 제자들에게 다음과 같이 말씀하셨다.

내 아버지 집에 거할 곳이 많도다. 그렇지 않으면 내가 너희에게 말해 주었으리라. 내가 너희를 위해 처소를 예비하러 가노니 가서 너희를 위해 처소를 예비하면 내가 다시 와서 너희를 내게로 받아들여 내가 있는 곳, 거기에 너희도 있게 하리라(요 14:2-3).

그분께서 처소를 예비하기 위해 가신 곳은 다름 아닌 거룩한 도시 새 예루살렘이다. 왜냐하면 그분의 백성들은 그분과 함께 영원히 그곳에서 살 것이기 때문이다.

나 요한이 보니 거룩한 도시 새 예루살렘이 신부가 자기 남편을 위해 단장한 것같이 예비하고 하늘에서 하나님으로부터 내려오더라. 내가 들으니 하늘에서 큰 음성이 나서 이르되, 보라, 하나님의 성막이 사람들과 함께 있고 그분께서 그들과 함께 거하시리라. 그들은 그분의 백성이 되고 하나님께서는 친히 그들과 함께 계셔서 그들의 하나님이 되시리라(계21:2-3).

이 거룩한 도시가 천년왕국이 끝나며 지상에 내려올 때 이 땅은 지금의 세상이 아니고 새 땅일 것이다. 그러나 주 예수님께서는 환난기와 천년왕국 기간에 계속해서 자신의 백성들과 함께 계실 것이다. 그러므로 예수님께서 이 거룩한 도시와 함께 지구의 대기권 안으로 오실 것이다. 따라서 그분께서 자신의 백성들을 만나기 위해 재림하실 때에 그들은 그분께서 친히 그들을 위해 마련하신 장소 즉 공중에 떠 있는 장소 – 아마도 큰 우주 정거장처럼 지구를 돌고 있는 – 에서 예수님을 만나게 될 것이다.

이 거룩한 도시는 주님께서 자신의 백성들을 위해 예비하신 실제의 장소이다. 이것은 지금 현재도 하나님께서 창조하신 실제의 우주 속 어딘가에 있으며 바로 이곳에서 우리 예수님께서는 부활하신 영광의 몸을 입고 아버지 왕좌 오른편에 앉아 계시면서 우리를 위해서 항상 중보의 간구를 하고 계신다(히7:25).

이곳은 아마도 사도 바울이 한때 채여 올라갔던 '셋째 하늘'에 있는 '낙원'일 것이다. 그곳에서 사도 바울은 사람이 말하면 불법이 되는 말을 들었다(고후12:2, 4). 그곳에는 하나님의 두 증인도 있을 것이며 그들은 다가오는 환난기 동안 지상에서 자기들의 사명을 완수하기 위하여 초자연적으로 육신의 몸이 보전된 채 대기하고 있을 것이다. 예수님 부활 후에 부활하여 영광스러운 영원한 몸을 갖게 된 구약 시대 성도들 역시 그곳에 있을 것이다.

마지막으로 신약 시대에 '예수 그리스도 안에서 죽은 자들의 영' 역시 자기들의 몸의 부활을 고대하며 그곳에 있을 것이다. 우리는 이들이 지금 '예수 그리스도와 함께' 그곳에 있음을 사도 바울의 말씀을 통해 분명히 알 수 있다.

이는 떠나서 그리스도와 함께 있기를 바라며 내가 둘 사이에 끼어 있기 때문이라. *떠나는 것*이 훨씬 더 좋으나 그럼에도 불구하고 육체 안에 거하는 것이 너희를 위해 더 필요하니라(빌1:23-24).

사실 사도 바울에게 있어서는 사는 것이 그리스도요, 죽는 것이 이득이었다(빌1:21). 여하간 하늘나라로 간 그리스도인들은 비록 자기들의 몸이 아직 무덤에 있고 자기들이 아직까지 영광의 몸을 입지는 못했지만 하나님께서 주시는 천상의 몸을 입은 채 지상에서의 고통과 수고를 떠나 안식을 얻고 있다.

만일 땅에 있는 우리의 이 장막 집이 해체되면 하나님의 건물 곧 손으로 지은 집이 아니요, 하늘들에 있는 영원한 집이 우리에게 있는 줄 우리가 아느니라…내가 말하노니 우리는 확신에 차 있으며 오히려 몸을 떠나 주와 함께 있기를 원하노라(고후5:1,8).

의심의 여지없이 이 모든 일은 거룩한 도시 예루살렘과 그 안의 거주민들이 지금의 교회 시대에 속한 부활 성도들을 만나기 위해 대기권 안으로 신속히 들어올 때 즉 우리 주 예수님께서 재림하시는 저 위대한 날에 이루어질 것이다(살전3:13). 이 일이 이루어지기까지 하늘에 있는 수많은 증인들은 우리가 우리 앞에 놓여 있는 경주 길을 인내함으로 끝까지 달려갈 것을 기대하고 있다(히12:1). 비록 그들이 이 지상에서 더 이상 우리를 보지는 못하지만 그들은 우리를 돌보며 안내하는 천사들로부터 우리의 영적 성장에 관한 보고를 듣게 될 것이다. 그러나 이제 곧 믿음은 실제 눈으로 보는 것으로 변할 것이고 모든 세대의 성도들은 서로 연합하여 예수 그리스도와 함께 영원히 거할 것이다. 주님의 날이 지상에 임하게 될 때 공중에서 큰 모임이 있게 될 것이다.

그때에 우리는 믿지 않는 사람들이 이때로부터 1,000년 뒤에 받게 될 무서운 심판을 받기 위해서가 아니라 보상을 받기 위해서 주님 앞에서 심판을 받게 될 것이다.

이는 우리가 반드시 다 그리스도의 심판석 앞에 나타날 것이기 때문이라. 이로써 각 사람이 좋은 것이든 나쁜 것이든 자기가 행한 것에 따라 자기 몸 안에서 이루어진 것들을 받으리라(고후5:10).

그런데 어떤 사람이 이 기초 위에 금이나 은이나 보석이나 나무나 건초나 짚을 세우면 각 사람의 일이 드러나리라. 그날이 그것을 밝히 드러내리니 이는 그것이 불에 의해 드러나며 그 불이 각 사람의 일이 어떤 종류인지 그것을 시험할 것이기 때문이라. 어떤 사람이 그 기초 위에 세운 일이 남아 있으면 그는 보상을 받을 것이요, 어떤 사람의 일이 불타면 그는 *보상의* 손실을 당하리라. 그러나 그 자신은 구원을 받되 불에 의해 받는 것같이 받으리라(고전3:12-15).

그런데 이 심판은 구원이냐 멸망이냐를 가름하는 심판이 아니다. 왜냐하면 심판자이신 그분께서 이미 십자가에서 우리의 죄악을 담당하시고 우리를 영원히 살리셨기 때문이다. 따라서 우리는 믿음을 통해 은혜로 이 영생의 선물을 이미 받았다. 이때 신자들이 받을 보상은 그들이 행한 선행의 양에 달려 있지 않고 질에 달려 있다. 불이 각 사람의 행위가 어떠한가를 시험할 것이다. 다시 말해 예수님께서 '잘하였도다. 선하고 신실한 종아, 네가 적은 것에 신실하였으므로 내가 너를 많은 것을 다스릴 치리자로 삼으리니 너는 네 주인의 기쁨에 참여하라'(마25:21)라고 말씀하시면 된다. 왜냐하면 그때에는 모든 신자들이 하나님으로부터 칭찬을 받을 것이기 때문이다.

그러므로 주께서 오실 때까지 때가 되기 전에 아무것도 판단하지 말라. 그분께서 어둠의 감추어진 일들을 빛으로 가져가 *드러내시며* 마음의 의도들을 드러내시리니 그때에 각 사람이 하나님께 칭찬을 받으리라(고전4:5).

우리가 사는 세대가 마지막 세대인가?

비록 예수님께서 자신이 재림하시는 날짜를 계산하지 말라고 경고를 주셨음에도 불구하고 많은 이들이 재림의 날짜를 예고해 왔다. 만일 몇 월 며칠 몇 시가 미리 계산될 수 있다면 '늘 깨어 있으라'는 예수님의 명령은 의미를 잃게 된다. 따라서 날짜를 계산하는 것은 틀린 일임이 확실하다.

사실 재림의 날짜를 정하는 것은 전혀 새로운 일이 아니다. 이스라엘의 고대 선생들은, 인류의 역사는 하나님께서 이스라엘 이전의 세상을 다루신 2,000년, 이스라엘과 관계를 맺는 2,000년, 그리고 메시아의 재림을 기다리는 2,000년을 합하여 모두 6,000년으로 구성되어 있고 그 뒤에 전 우주적인 평화와 공의가 이루어지는 천년왕국이 있을 것이라고 주장했다. 이런 주장은 하나님께서 천지를 창조하신 첫 한 주간과 관계가 있으며 이 한 주간에서 하루를 1,000년으로 생각할 때 이런 계산이 나오게 된다.

고대와 현대의 많은 주석가들은 벧후3:8을 인용하며 이런 이스라엘 선생들의 주장이 일리가 있다고 생각했다.

그러나 사랑하는 자들아, 주께는 하루가 천 년 같고 천 년이 하루 같다는 이 한 가지 사실에 무지한 자가 되지 말라(벧후3:8).

만일 이런 주장이 옳다면 예수 그리스도께서는 만물이 창조된 뒤 6,000년이 지날 때 재림하시게 된다. 그러나 이 성경 구절의 앞뒤 문맥을 보면 사도 베드로는 창조가 이루어진 시기에 관해 언급하지 않고 반대로 말세에 있는 창조론과 진화론에 대해 언급하고 있다. 즉 그는 하나님께서 진화론자들이 1,000년이 걸릴 것이라고 여기는 것을 하루에 행하실 수 있음을 강조하고 있다.

벧후3:4-6에 언급된 대홍수는 지구의 지질학적 연대를 나타내 주는 것으로서 세상이 창조된 이래 대변혁이 없이 꾸준히 조금씩 변화했다는 진화론자들의 주장을 일축하는 것이다.

먼저 이것을 알라. 곧 마지막 날들에 비웃는 자들이 와서 자기들의 정욕을 따라 걸으며 이르되, 그분께서 오신다는 약속이 어디 있느냐? 조상들이 잠든 이래로 모든 것이 창조의 시작 이후로 있었던 것같이 그대로 계속되느니라, 하리라. 이는 그들이 이 사실 즉 하나님의 말씀에 의해 하늘들이 옛적부터 있었고 또 땅이 물에서 나와 물 가운데 서 있는 것을 일부러 알려 하지 아니하기 때문이라. 그것들에 의해 그때 있던 세상은 물의 넘침으로 멸망하였으나 지금 있는 하늘들과 땅은 *주께서* 같은 말씀으로 보관하여 간직하사 하나님을 따르지 않는 사람들의 심판과 멸망의 날에 불사르기 위해 예비해 두셨느니라(벧후3:3-7).

비록 이 구절들의 문맥이 세상의 역사가 6,000년이 될 것을 의미하지는 않는다 할지라도 우리는 이 해석이 묘하게 잘 들어맞는 것을 볼 수 있다. 사실 어셔의 연대기(Ussher's Chronology)가 맞는다면 아담부터 아브라함까지가 약 2,000년이고 아브라함부터 예수 그리스도의 초림까지가 약 2,000년이며, 예수 그리스도의 초림부터 지금까지가 약 2,000년이다. 따라서 어셔의 연대기가 맞는다면 창조는 주전 4004년에 이루어졌고 따라서 창조 후 6,000년이 되는 때는 1996년이 되며 7년 환난은 1989년에 시작되어야 한다.

그러나 어셔의 연대기는 영감을 받은 성경기록이 아니다. 어셔의 연대기 외에도 창조 시기에 관하여 발표된 자료가 200여 개나 더 있으며 이것들을 종합해 보면 이들이 주장하는 창조의 시기가 대략 주전 3500-7000년임을 알 수 있다.

물론 이 모든 자료는 성경의 기록에 의거하고 있다. 우리가 이런 계산을 모두 종합해 보고 예수님의 재림이 가깝다고 느낄 수 있을는지는 모른다. 그러나 그 누구도 절대로 이런 계산을 통해 재림의 날을 정확하게 예견해 낼 수는 없다.

우리가 이미 위에서 살펴보았듯이 오늘날 예수님의 재림이 가까이 왔음을 알려 주는 많은 징조들이 성취되고 있다. 또한 우리가 이미 공부했듯이 그분의 재림 때에 이루어질 첫째 사건 즉 교회 시대에 살았던 성도들의 부활과 휴거는 이론상 지금의 교회 시대에서 어느 때라도 이루어질 수 있으며 반드시 다른 징조들이 먼저 이루어질 필요는 없다.

그러면 우리는 이처럼 보기에 변칙적인 상황을 어떻게 설명할 수 있을까? 왜 우리 주님께서는 이렇게 오랫동안 재림하시는 것을 늦추고 계시는 것일까? 이 질문은 바로 사도 베드로가 말세에 조롱하는 자들이 묻게 될 질문이라고 예언했던 것이다.

먼저 이것을 알라. 곧 마지막 날들에 비웃는 자들이 와서 자기들의 정욕을 따라 걸으며 이르되, 그분께서 오신다는 약속이 어디 있느냐? 조상들이 잠든 이래로 모든 것이 창조의 시작 이후로 있었던 것같이 그대로 계속되느니라, 하리라(벧후3:3-4).

바로 이 구절 뒤에 사도 베드로는 주님께서 자신의 약속을 지키지 않는 것이 아님을 강조하고 있다. 그분께서 아직도 약속을 지키지 않으시는 이유는 '아무도 멸망하지 아니하고 모두 회개에 이르기를 원하시기 때문이다'(벧후3:9). 아직도 회개하고 믿음으로 예수님께로 나아와 그분께서 거저 주시는 영원한 생명을 선물로 받을 사람들이 많이 있다.

다시 말해 아직도 거룩한 도시 예루살렘에 입주할 사람들이 더 있으며 그래서 그분께서는 우리에게 다른 사람들을 자신에게 데려오라고 요청하고 계신다. 우리 주님께서는 큰 잔치를 마련하셨고 이미 많은 사람들이 왔으나 아직도 참석할 자리가 남아 있다. 그래서 주님께서는 자신의 종들에게 이렇게 말씀하신다.

> 종이 이르기를, 주인이여, 주인께서 명령하신 대로 하였으나 여전히 자리가 있나이다, 하니 주인이 종에게 이르되, 큰길과 산울타리로 나가서 그들을 억지로 들어오게 하여 내 집을 채우라(눅14:22-23).

따라서 우리가 정말로 예수님의 재림을 사모한다면 그분께서 명령하신 대로 세상 끝까지 가서라도 그분의 증인이 되어야만 할 것이다. 사도 베드로가 결론을 내리듯이 우리는 하나님의 날이 속히 이루어질 것을 고대해야만 한다.

우리가 아무것도 하지 않고 예수님의 재림을 기다려서는 안 되며 우리 주님의 오래 참으심이 구원임을 깨닫고(벧후3:12,15) 믿지 않는 사람들이 회개하여 이 세상을 따라 사는 것에서 벗어나(롬12:2) 모든 생각을 사로잡아 예수 그리스도께로 순종시킬 수 있도록 우리의 최선을 다해야만 한다(고후10:5).

우리는 모든 민족들을 가르치며 모든 이들에게 복음을 전하고 세상 끝까지 이르러 예수님의 증인이 되라는 큰 사명을 받았다(마28:19; 막16:15; 행1:8). 이 모든 일이 아직 완료되지 않았고 따라서 하늘 아버지 집에 있는 거할 곳들은 아직 다 채워지지 않았다. 예수님께서는 이렇게 말씀하셨다.

> 왕국의 이 복음이 모든 민족들에게 증언으로 온 세상에 선포되리니 그제야 끝이 오리라(마24:14).

문맥으로 보아 위에서 나오는 복음은 유대인들이 7년 환난기에 전하는 왕국의 복음 즉 왕국이 가까이 왔음을 선포하는 복음이며 바로 이 복음이 세상 끝 날에 모든 민족에게 증언될 것이다. 그럼에도 불구하고 신약 시대 예수 그리스도의 은혜의 복음 역시 지금 세계 거의 모든 나라에 전파된 것처럼 보인다. 선교사들, 성경책들, 기독교 서적들, 기독교 방송들은 전 세계를 덮고 있으며 진실하신 하나님을 성실하게 찾아보려는 모든 이들에게 복음은 아주 가까운 곳에 있게 되었다.

아마도 외딴곳에 사는 몇몇 부족들에게는 아직도 복음이 전파되지 않은 상태이지만 이들에게도 복음을 전하기 위해 선교사들이 노력을 기울이고 있다. 하여간 지금은 대부분의 국가들과 민족들 가운데 많은 사람들이 예수님이 누구신지 알게 되었다.

아직도 우리 주님께서는 기다리고 계시므로 우리가 해야 할 일들이 남아 있으며 그래서 예수님께서는 '내가 올 때까지 관리하라'(눅19:13)고 명령하셨다. 그러나 우리는 예수님의 일이 이 세대 안에서 완성될 수도 있음에 주의를 기울여야 한다.

마태복음 24장에 있는 '올리브산 설교'에서 예수님께서는 재림의 징조들과 - 즉 전 세계적인 전쟁, 기근, 질병, 지진, 그리고 이스라엘을 상징하는 '무화과나무'의 싹이 남 등 - 자신이 권능으로 영광스럽게 이 땅에 재림하기 전에 있을 사건들 즉 7년 환난 기간에 벌어지는 무서운 사건들을 말씀하신 뒤 다음과 같이 의미심장한 약속을 하셨다.

> 진실로 내가 너희에게 이르노니 이 세대가 지나가기 전에 이 모든 일들이 성취되리라. 하늘과 땅은 없어지겠으나 내 말들은 없어지지 아니하리라(마24:34-35).

여기 이 놀라운 예언 속에는 '이 세대'라는 단어가 있는데 이것은 예수님의 재림 때에 있을 특별한 징조들이 이루어지는 세대를 의미하며 바로 '이 세대'가 다 지나가기 전에 예수님께서 영광의 왕으로 세상을 통치하시기 위해 재림하실 것이다.

우리가 추측해 보았듯이 만일에 첫째 징조가 1차 세계 대전이었고 그 뒤로 여러 사건이 일어났다면 예수님의 재림은 정말 문 앞에 다가온 것이다. 나는 1차 세계 대전의 휴전이 선포되기 한 달 전인 1918년 11월 11일에 태어났다. '고통의 시작'인 1차 세계 대전을 알 만한 사람들은 지금 최소한 90세에서 100세 정도의 나이를 먹은 노인들이 되었다. 따라서 확실히 그렇다고 단언을 내릴 수는 없지만 우리가 주님의 재림 이전에 사는 마지막 세대일 수도 있다.

모든 세대를 통하여

이제 우리는 성경의 예언들을 종합하여 중대한 사건들을 연대순으로 정리해 볼 필요가 있다. 우리가 사는 이 세대의 타락은 도덕적으로, 영적으로, 경제적으로, 정치적으로 계속해서 악순환을 거듭할 것이고 동시에 과학, 기술, 거짓 교육 등은 계속해서 발전할 것이다. 이슬람 세계와 중동 지방은 계속 혼란에 빠질 것이고 결국은 러시아와 이슬람 세계에 속한 몇몇 나라들이 이스라엘을 습격함으로써 파국에 다다를 것이다. 러시아와 그 연합국들은 하나님의 섭리에 의해 대패할 것이고 중동에서는 정치 공백이 생기게 되며 이스라엘은 무신론적 인본주의에 대한 경각심을 갖게 될 것이다. 그러나 이스라엘은 그때까지도 예수 그리스도를 자기들이 그토록 오랫동안 고대하던 메시아로 영접할 준비가 되어 있지 않을 것이다.

유럽과 서방의 연합국들이 곧 막강한 힘을 발휘하게 될 것이고 큰 지도자가 나와서 이들을 치리하게 될 것이다. 그는 아마도 새로 지어진 바빌론에 수도를 세우고 전 세계의 권력을 잡으려 할 것이다. 어느 시기에 이르면 그와 그의 연합국은 세력이 커져서 아랍 국가들의 반대를 물리치고 이스라엘과 7년간의 협약을 맺을 것이고 이스라엘은 예루살렘에 있는 새 성전에서 자기들의 전통적인 희생 제사 의식을 부활시킬 것이다. 성경을 이해하는 사람들은 이것이 다니엘의 70이레 예언 중 70번째 이레인 '7년 환난기' 즉 크고 무서운 주의 날의 시작임을 깨닫게 될 것이다.

이 7년간의 협약이 조인되기 전 어느 시점에 이르러서는 주 예수 그리스도께서 하늘로부터 강림하심으로써 자신의 재림 사역을 시작할 것이다. 그분의 재림 때에 이루어질 첫째 사건은 그분의 초림 이후에 살았던 - 죽었든지 살아 있든지- 모든 성도들이 거룩한 천사들과 구약 시대에 살았던 모든 성도들과 함께 내려오시는 주님을 공중에서 만나기 위해 부활하거나 휴거받는 일이다.

그 뒤로 하나님의 심판이 이루어질 7년 환난기가 있을 것이고, 이것은 예수님께서 이스라엘의 아마겟돈에서 적그리스도 짐승과 그의 무리들을 멸망시키기 위하여 영광스럽게 나타나심으로써 절정에 다다를 것이다. 그 뒤 예수님께서는 예루살렘을 중심으로 이 세상에 천년왕국을 세우실 것이다. 환난기에 믿음을 갖게 된 성도들과 순교를 당한 사람들은 이 기간 안에 혹은 바로 이 기간 뒤에 부활하고 휴거되어서 지구의 대기권 높이 떠 있는 거룩한 도시 새 예루살렘 안에 이미 거하는 사람들 즉 주님의 또 다른 구속받은 자들과 연합하고 그리스도와 함께 1,000년 동안 통치하게 될 것이다(계20:4).

하늘에서 예수 그리스도와 함께 거하게 된 '휴거받은 성도들'은 관심 어린 눈으로 지상에서 있을 7년간의 환난을 지켜보게 될 것이다. 지상에 남아 있는 사람들은 지구 위로 큰 도시가 날아다니는 것과 재림하시는 예수 그리스도와의 큰 싸움이 있을 것을 어렴풋이나마 알게 될 것이다(계6:16-17; 11:12; 12:6; 14:6-7; 16:11). 그럼에도 불구하고 그들은 계속해서 사탄과 짐승을 좇아 반역을 할 것이고 결국 예수님께서 지상에 오실 때 아마겟돈에서 멸망할 것이다.

예수 그리스도와 그분의 성도들이 1,000년 간 이 땅을 치리하는 동안 땅에는 평화와 공의가 이루어질 것이다. 그 뒤에 사탄이 한 번 더 높여져서 하나님께 대항하며 마지막 반역을 일으킬 것이다. 그러나 이번에는 세상이 불에 태워져서 정화되고 새 하늘과 새 땅이 이루어지며 죽은 자들의 심판이 완결된 후에 마귀와 구원받지 못한 모든 남녀들 그리고 타락한 천사들은 영원한 불 호수로 던져지게 될 것이다.

이 정도의 얇은 책에서 환난기와 천년왕국 시대에 있을 모든 사건을 다룰 수는 없으므로 지금까지는 단지 큰 사건들만 조사해 보았다. 그러나 이러한 개요만으로도 우리가 목적한 바를 이룰 수 있으며, 더 관심이 있는 사람들은 성경의 예언들을 좀 더 깊게 그리고 체계적으로 연구함으로써 더 많은 것을 깨달아 알 수 있을 것이다. 이 시점에서 우리는 앞으로 다가올 영원한 세계와 새 예루살렘에서 있을 우리의 미래의 삶에 대해 알아볼 필요가 있다.

우리는 이미 다음과 같은 사도 요한의 아름다운 말씀을 통해 우리가 미래에 살게 될 곳과 하나님의 영원하신 '새 세계 질서'에 대해 알고 있다.

내가 새 하늘과 새 땅을 보았으니 이는 처음 하늘과 처음 땅이 사라졌고 바다도 다시는 있지 아니하였기 때문이더라. 나 요한이 보니 거룩한 도시 새 예루살렘이 신부가 자기 남편을 위해 단장한 것같이 예비하고 하늘에서 하나님으로부터 내려오더라. 내가 들으니 하늘에서 큰 음성이 나서 이르되, 보라, 하나님의 성막이 사람들과 함께 있고 그분께서 그들과 함께 거하시리라. 그들은 그분의 백성이 되고 하나님께서는 친히 그들과 함께 계셔서 그들의 하나님이 되시리라(계21:1-3).

이곳이 바로 우리가 영원히 살게 될 장소인데 이 새 예루살렘의 거리는 금으로, 벽은 벽옥으로, 문은 진주로, 기초는 여러 종류의 보석으로 장식되어 있으며 이 도시는 지금까지 사람이 본 것 중 가장 아름다운 곳이다.

그러나 *이것은* 기록된 바, 하나님께서 자신을 사랑하는 자들을 위해 예비하신 것들은 눈이 보지 못하였고 귀가 듣지 못하였으며 사람의 마음속에 들어가지도 못하였도다, 함과 같으니라(고전2:9).

이 도시 중앙의 왕좌로부터 맑은 물이 흘러나오며 이 물의 경계에는 과거의 에덴동산에 있었던 생명나무들이 줄지어 있고 이 나무들은 매달 싱싱한 잎들과 다른 종류의 열매들을 맺게 된다. 어린양이신 예수 그리스도와 전능하신 주 하나님의 임재의 빛이 그 도시를 환하게 밝힐 것이고 따라서 이곳에서는 해와 달이 빛을 낼 필요가 없다(계21:23). 해와 달 그리고 다른 별들은 예전처럼 하늘에 영원히 존재할 것이나 새 예루살렘에는 이것들이 내는 빛이 필요 없다.

새 예루살렘은 대단히 커서 가로, 세로, 높이가 약 2,240km가 되며 정육면체(혹은 피라미드)의 모습을 갖고 있다. 이 도시가 하늘로부터 내려오면 그 꼭대기는 새 하늘보다 더 높은 곳에 있게 되며 ― 물론 현재 지구의 대기권보다 더 높은 곳에 있게 되고 ― 이 도시는 미국의 약 절반 정도의 면적을 차지할 것이다.

아마도 황금 길들은 수평과 수직으로 나 있을 것이고 예수님의 부활하신 몸과 같은 몸을 가진 우리는 어느 방향으로나 빨리 다닐 수 있을 것이다. 분명히 이 도시에는 '거할 곳'이 많이 있어서 모든 거주민이 내 것이라고 부를 수 있는 처소를 소유할 것이다.

아담이 창조된 이후로 약 400억 정도가 되는 사람들이 태어난 것으로 추측되는데 과연 얼마나 많은 사람들이 그곳에 거할지 의문이다. 슬프게도 많은 사람들이 영원히 거할 처소로 새 예루살렘이 아닌 불 호수를 지정받게 될 것이다. 예를 들어 약 200억의 사람들이 새 예루살렘에 살게 되고 ― 이 숫자는 천년왕국 시대에 태어나는 사람들, 출생하기 전에 모태에서 죽거나 아주 어린 나이에 죽은 사람들, 그리고 전 세대를 통해 살아왔던 성도들을 다 합친 것으로 밑에 있는 계산을 통해 추측한 숫자임 ― 새 예루살렘의 약 25%가 이들을 위한 거처와 소유가 된다고 가정하면 그곳에 거하는 사람은 개인별로 한 면이 약 10,000평 정도나 되는 정육면체 크기의 공간을 소유할 수 있게 된다.

이곳은 단지 우리가 사는 곳일 뿐이다. 그분의 종들이 그분을 섬길 것이다(계22:3). 그리고 이 같은 섬김은 하나님의 무한하신 우주 어느 곳에서나 이루어질 수 있다. 수많은 별들이 우주에 있고 이 별들은 다가오는 영원한 세계에 살게 될 성도들이 탐험할 곳이다. 현재 우리는 중력이나 전기, 자기장 등에 의해 구속을 받고 있으므로 약 4광년 떨어져 있는 별들로 ― 그러나 하나님의 시각에서 보면 아주 가까운 별들로 ― 사람들을 데려다줄 수 있는 우주선을 만들 수 없다. 그러나 그때에는 우리가 천사들처럼 상상할 수 없이 빠른 속도로 여행할 수 있을 것이다. 예를 들어 천사 가브리엘은 하나님의 왕좌로부터 다니엘의 기도 처소까지의 그 무한한 거리를 그가 기도를 시작해서 끝마칠 동안에 신속하게 날아 왔다(단9:20-21). 하나님의 우주 안에는 무한히 여행할 수 있는 공간이 있고 무궁무진하게 탐험해 볼 곳이 있으며 이 모든 것을 할 수 있는 영원한 시간이 있다.

우리가 영원히 살게 될 삶은 단순히 하는 일 없이 빈둥거리며 지내는 것이 아니다. 하나님께서는 우리 모두를 어떤 특별한 목적을 위해 창조하셨으며 현재 삶에서 우리가 그분께 드리는 봉사는 영원한 곳에서 앞으로 우리가 하나님께 드릴 봉사를 위한 준비에 불과하다. 우리가 영원토록 행할 사역은 지금 우리가 그분께 드리는 신실함에 비례하여 정해질 것이다. 우리는 주님으로부터 다음과 같은 음성을 들어야 할 것이다.

> 잘하였도다. 선하고 신실한 종아, 네가 적은 것에 신실하였으므로 내가 너를 많은 것을 다스릴 치리자로 삼으리니 너는 네 주인의 기쁨에 참여하라, 하니라(마25:21).

> 보라, 내가 속히 가리니 내가 줄 보상이 내게 있어 각 사람에게 그가 행할 행위대로 주리라(계22:12).

그곳에는 물론 미움이나 질투, 위선, 속임수 같은 악한 것이 없다. 창세기에서 하나님께서 땅에 내리신 저주가 없어질 것이며(계22:3) 따라서 에너지와 엔트로피가 동시에 보존될 것이다(현재는 단지 에너지만 보존되며 엔트로피 즉 무질서를 나타내는 인자는 증가하고 있다).

> 하나님께서 그들의 눈에서 모든 눈물을 닦아 주실 것이며 다시는 사망이 없고 슬픔도 울부짖음도 없으며 아픔도 다시는 없으리니 이는 이전 것들이 지나갔기 때문이라, 하더라. 왕좌에 앉으신 분께서 이르시되, 보라, 내가 모든 것을 새롭게 하노라, 하시고 또 내게 이르시되, 이 말들은 참되고 신실하니 기록하라, 하시며(계21:4-5)

노인들은 다시 젊어질 것이고 다리 저는 사람들은 온전해질 것이며 약한 자는 강해지고 눈먼 자는 보게 되며 귀먹은 자는 듣게 될 것이다.

우리가 예수님처럼 될 것이므로 아마도 우리는 서른 살 정도의 나이를 먹게 될 것이다. 예수님께서는 33년 반이라는 생애를 사시면서 삶의 절정기에 돌아가셨고 부활하신 뒤에도 여러 사람들이 쉽게 그분을 알아봤다. 따라서 우리는 서른 살 정도의 나이를 가진 청장년의 모습을 갖게 됨으로써 아주 효과적으로 예수님을 섬길 수 있게 될 것이다. 이것은 또한 어린 나이에 죽은 성도들도 이와 비슷한 나이를 먹은 청장년의 모습으로 변할 것을 의미한다. 우리는 하나님의 거룩한 말씀 즉 성경과 그분의 창조하신 모든 것을 연구하며 배우게 될 것이다.

당분간은 이것 이상을 넘어서 생각하지 않는 것이 좋을 것 같다. 이 모든 것들 가운데 가장 영광스러운 것은 우리 주 예수 그리스도와 함께 거하는 것이다. 우리가 지상에 거할 때 우리를 인도하며 보호해 주던 여러 천사들을 - 구원의 상속자가 된 우리를 위해 섬기는 영들 - 만나서 그들에게 감사 인사를 할 것이다(히1:14). 그러나 무엇보다도 우리는 왕좌 위에 앉으신 어린양 앞에서 감사한 마음으로 엎드려 경배드리는 기쁨을 가장 고대할 것이다. 왜냐하면 그분께서 고난을 당하시고 지옥 그 자체를 경험하셔서 우리가 구원을 받았기 때문이다.

우리를 기다리는 또 다른 기쁨들과 기회들은 때가 되면 알게 될 것이다. 그곳에는 우리가 상상해 볼 수 있는 것 이상의 것들이 매우 많이 있다.

자신의 아들을 아끼지 아니하시고 우리 모두를 위해 그분을 내주신 분께서 어찌 그 아들과 함께 또한 모든 것을 우리에게 값없이 주지 아니하시겠느냐?(롬8:32)

그러나 이것은 기록된 바, 하나님께서 자신을 사랑하는 자들을 위해 예비하신 것들은 눈이 보지 못하였고 귀가 듣지 못하였으며 사람의 마음속에 들어가지도 못하였도다, 함과 같으니라(고전2:9).

현재의 삶에서 우리는 그분의 은혜로 구원을 받았고 그분의 은혜로 생명을 연장해 왔으며 그분의 은혜로 복을 받고 보호를 받아 왔다. 그러나 이 모든 것은 단지 의복의 밑단에 불과하다. 왜냐하면 하나님께서 그리스도 예수님을 통해 우리에게 베푸신 친절 속에 담겨 있는 자신의 은혜의 지극히 풍성함을 다가오는 시대들 속에서 보여 주려 하시기 때문이다(엡2:7).

이제 우리 안에서 일하는 권능에 따라 우리가 구하거나 생각하는 모든 것 이상으로 심히 넘치도록 행하실 수 있는 분께, 곧 그분께 영광이 그리스도 예수님을 통해 교회 안에서 모든 시대에 걸쳐 끝없는 세상에까지 있기를 원하노라. 아멘(엡3:20-21).

우리 주 예수 그리스도의 재림을 사모하는 모든 성도들에게 하늘의 복이 늘 함께하길 기원한다.

제 2 부

재림과 휴거 바로 알기

(Understanding The Second Coming and Rapture)

주께서 호령과 천사장의 음성과
하나님의 나팔 소리와 함께
친히 하늘로부터 내려오시리니
그리스도 안에서 죽은 자들이 먼저 일어나고
그 뒤에 살아서 남아 있는 우리가 그들과 함께
구름들 속으로 채여 올라가
공중에서 주를 만나리라.
그리하여 우리가 항상 주와 함께 있으리라.
그러므로 이 말씀들로 서로 위로하라.
(살전4:16-18)

목 차

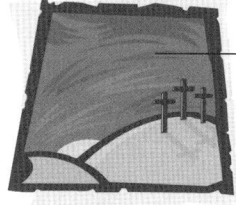

1. 재림 이야기 ………………………………… 140
2. 재림의 징조들 ……………………………… 145
3. 성경 해석의 중요성 ………………………… 148
4. 기독교의 특징: 예언 ………………………… 152
5. 사탄 문제 …………………………………… 153
6. 왕국과 교회 ………………………………… 156
7. 환난기 ……………………………………… 162
8. 다니엘의 칠십 이레 ………………………… 167
9. 마태복음 24-25장 …………………………… 176
10. 계시록의 구조 ……………………………… 172
11. 천년왕국에 대한 견해 ……………………… 188
12. 왜 성경대로 믿지 않을까? ………………… 194
13. 휴 거 ……………………………………… 198
14. 재림의 두 단계 …………………………… 207
15. 노아의 때와 같다 ………………………… 213
16. 베리칩과 짐승의 표 ……………………… 214
17. 포도즙 틀 심판 …………………………… 219
18. 결 론 ……………………………………… 219

한 번 죽는 것은 사람들에게 정해진 것이요 이것 뒤에는 심판이 있나니 이와 같이 그리스도께서도 많은 사람의 죄들을 담당하시려고 한 번 드려지셨으며 또 자신을 기다리는 자들에게 죄와 상관없이 두 번째 나타나사 구원에 이르게 하시리라(히 9:27-28).

　　이 책자는 2012년 8월 15일에 사랑침례교회에서 행한 '재림과 휴거' 세미나를 요약한 것입니다. 홍성인 형제님께서 4시간 강해를 녹취해 주셨고 재림/휴거 그림은 유준호 형제님이 그려 주셨으며 김대용, 장용철 형제님께서 원고를 교정해 주셨습니다. 세미나 자료를 원하는 분은 다음 링크를 참조하기 바랍니다. 저자의 모든 동영상은 유튜브에서 볼 수 있습니다. -- http://www.cbck.org/bbs/board.html?board_table=sermon3&write_id=107

재림과 휴거 바로 알기

Second Coming and Rapture

이 책자의 원제목은 '그리스도의 재림과 성도들의 휴거'이며 조금 더 구체적으로는 '환난 전 휴거의 복된 소망'입니다. 제목이 '재림과 휴거'이다 보니 저자가 어떤 선정적인 것을 소개하여 독자들을 자극하거나 혹은 공포를 조장하지는 않을까 염려하는 분들도 있을 것입니다.

그러나 이것은 기우입니다. 이 책자는 재림과 휴거를 설명하면서 성경을 바로 보는 방법을 알려 줄 것입니다. 쉽게 말해 구약부터 신약까지 전체를 관통하는 하나님의 인간 구원 역사를 파노라마처럼 펼쳐내어 보여 줄 것입니다. 특히 말세의 끝자락에 살고 있는 성도들이 하나님의 예언의 말씀들을 무리하게 억측하지 않으면서 하나님께서 의미하신 그대로 볼 수 있게 명쾌한 길을 제시할 것입니다. 교회를 오래 다닌 분들 가운데도 성경이라는 숲을 제대로 보지 못하고 개개의 나무만 보기 때문에 성경을 이해하지 못하고 심지어 심각한 오류에 빠지는 분들이 더러 있습니다.

사도 바울은 아들처럼 여기던 디모데 목사에게 다음과 같은 말씀을 주었습니다.

너는 진리의 말씀을 바르게 나누어 너 자신을 하나님께 인정받은 자로, 부끄러울 것이 없는 일꾼으로 나타내도록 연구하라(딤후2:15).

하나님의 진리의 말씀인 성경을 처음부터 끝까지 잘 살펴보고 시대별로 구약과 신약을 바르게 나누면서 교회에 적용할 것과 이스라엘에 적용할 것을 분별해야 하나님이 기뻐하고 인정하는 일꾼이 될 수 있습니다.

1. 재림 이야기

요즘에는 말세가 가까이 왔다는 것을 보여 주는 영화들이 자주 개봉됩니다. 〈2012〉라는 영화는 마야 사람들이 사용하던 달력을 근거로 2012년에 세상이 끝난다는 것을 이야기합니다. 물론 벌써 2014년이므로 이런 주장은 이미 오류로 판명되었습니다. 그러나 2012년에는 그런 기사나 영화로 인해 세상이 한때 떠들썩했습니다.

〈스카이라인〉이라는 영화는 외계의 거대 함선이 지구의 스카이라인을 장악하고 사람들을 사냥하는 것이 모티브입니다. 홍보용 포스터에는 사람들이 하늘로 빨려 올라가는 모습이 생생하게 나와 있고, 이것은 얼핏 보면 마지막 때의 휴거를 연상하게 합니다. 그러나 이것은 하늘에 있는 외계인의 거대 함선이 사람들을 끌어 올리는 것입니다. 이런 영화를 통해 사람들은 무의식 속에서 성경의 휴거는 외계인에게 납치되어 비참하게 죽음을 맞이하는 사건이라고 세뇌당하게 됩니다.

최근에는 〈노아〉라는 뉴에이지 영화가 등장했는데 이것은 예수님께서 친히 자신의 재림의 때가 노아의 때와 같다고 하신 말씀에 모티브를 둔 것 같습니다. 성경을 모르는 세상 사람들은 이런 영화를 단순히 기독교 영화라고 생각하지만 성경을 아는 분들은 이것이 진화론을 가르치고 사탄 마귀인 루시퍼를 찬양하는 반성경적 영화임을 금세 알 수 있습니다.

앞으로도 이런저런 이유에 근거해서 '외계인이 온다', 'UFO가 내려온다', '지금 세상은 끝나고 신인류가 생긴다'고 주장하면서 센세이션을 일으키고 공포를 조장하며 성경의 재림과 휴거를 나쁜 것으로 인식시키려는 미디어들이 이모저모로 급속도로 많이 등장할 것입니다.

요즘 전 세계 경제가 어려워지고 전 세계 통화의 단일화 움직임이 보이며 현금 자체가 없어지려는 추세를 보면서 혹시 베리칩 (VeriChip)[1]이 계시록의 짐승의 표는 아니냐고 묻는 분들도 있고 또 베리칩을 근거로 혹독하게 성도들을 괴롭히는 목사들도 있습니다. 이런 목사들은 대개 교회 성도들이 7년 환난기를 통과해야 한다고 가르치면서 "끝까  지 충성해야 구원을 잃지 않는다!"는 구호를 내걸고 성도들을 극단의 코너로 몰아붙입니다. 지식이 없는 성도들은 이런 목사들의 말을 들어야 구원이 유지될 줄 알고 피눈물 나는 믿음 생활을 하면서도 한편으로는 자신의 행위를 보며 뿌듯하게 느끼기도 합니다.

세상과 교계의 이런 비성경적인 실태를 보면서 하나님의 말씀을 가르치는 목사로서 언젠가 한 번은 이런 것들을 바로 잡아 알려주어야 하기에 이번에 이 책자를 출간하게 되었습니다.

하나님께서는 우리에게 두려움의 영을 주지 아니하시고 권능과 사랑과 건전한 생각의 영을 주셨습니다(딤후1:7). 그러므로 우리는 담대하게 "주는 나를 돕는 분이시니 사람이 내게 무엇을 행하든지 내가 두려워하지 아니하리라."고 외치며(히13:6) 주님의 평안 가운데 바르게 읽고 바르게 판단하고 바르게 행해야 합니다.

두려움과 공포는 사실을 잘 모르기 때문에 생깁니다. 그래서 미숙한 성도들의 경우 재림과 휴거 이야기가 나오면 괜히 두렵고 공포감이 생기며, 이 사람이 이야기하면 이것이 맞는 것 같고 저 사람이 이야기하면 저것이 맞는 것 같아 여기저기 교리의 바람에 떠밀려 다니는 불행한 일이 생깁니다.

성도들의 궁극적인 목표는 그리스도의 장성한 분량에까지 이르는 것입니다.

---

1) 베리칩: 생체 검증을 위하여 사람의 피하에 삽입하는 체내 이식용 마이크로 칩. 쌀알만 한 크기로 128개 정보 문자와 데이터 전송용 전자 코일, 동조 콘덴서 등이 실리콘 유리 튜브 속에 들어 있다. 무선 식별(RFID: radio frequency identification) 기술을 사용하며, 약 1미터 거리에서 해당 스캐너로 칩 데이터를 읽는다. 처음에는 의료 경고용 팔찌와 같은 방법으로 의료 인명 구조용으로 사용되었으나 지금은 의료는 물론 보안 목적으로도 사용된다. 베리칩에 대해서는 뒤에서 자세히 의논할 것이다.

이로써 마침내 우리가 다 믿음과 하나님의 아들을 아는 일에 하나가 되어 완전한 사람에 도달하며 그리스도의 충만하심의 장성한 분량에 이르리니 이것이 우리가 이제부터 더 이상 아이가 되지 아니하여 사람들의 속임수와 몰래 숨어서 속이려 하는 자들이 사용하는 간교한 술수에 의해 교리의 모든 바람에 이리저리 흔들려 밀려다니지 아니하고(엡4:13-14)

우리나라에서는 특히 샤머니즘과 극단적 칼빈주의 등이 결합하면서 '행위 구원'의 뿌리가 깊숙이 자리를 잡고 있어서 그리스도인들의 사이버 공간에서도 재림과 휴거 이슈를 가지고 '7년 환난 통과' 교리로 성도들을 내모는 사례가 많습니다. 성도들은 정확한 교리를 알고 싶어 하지만 막상 교회는 가르쳐 주지 않으므로 많은 경우 비성경적인 재림 카페나 블로그에 들어가 자료를 얻고 있습니다.[2]

이들의 주장은 결국 주님의 은혜와 내 행위가 결합하여 7년 환난기 – 일부든 전체든 – 를 통과해야 휴거를 받는다는 것입니다. 그러나 성경은 처음부터 끝까지 휴거를 포함한 사람의 구원은 전적으로 100% 하나님의 은혜로 거저 무료로 주어진다고 가르칩니다. 그러므로 내 행위를 더해서 무언가를 이루려는 시도는 비록 의도는 좋게 보여도 결코 성경의 교리가 아닙니다.

형제들아, 우리 주 예수 그리스도의 오심과 우리가 그분께로 함께 모이는 것에 의거하여 이제 우리가 너희에게 간청하노니 너희는 영으로나 말로나 혹은 우리에게서 받았다 하는 편지로나 그리스도의 날이 가까이 왔다고 해서 쉽게 마음이 흔들리거나 불안해하지 말라(살후2:1-2).

예수님의 재림에 대해 하나님의 말씀이 무어라고 말합니까? 쉽게 마음이 흔들리거나 불안해하지 말라고 권면하지 않습니까? 그렇습니다. 우리가 주 예수 그리스도 안에

---

2) 다음(Daum)의 '주님을 기다리는 신부들'이 가장 대표적인 재림 카페이다.

있으면 전쟁, 지진, 기근, 역병, 베리칩, 세계단일통화, 종교통합, 재림 관련 각종 뉴에이지 영화 및 미디어 등을 접해도 불안해하거나 초조해하거나 두려워할 필요가 없습니다. 주님께서 분명히 "내가 결코 너를 떠나지 아니하고 너를 버리지 아니하리라." 라고 약속하셨기 때문입니다(히13:5).

세상이 더욱더 타락하고 이런 징조들이 더욱더 가속화되어 노골적으로 드러날 때가 사실은 우리들의 전성기입니다. 이런 일들이 증가하면 할수록 우리는, 주님께서 공중에 강림하시면 우리가 공중으로 채여 올라갈 일이 바로 문 앞에 다가왔음을 확신하고 평안 가운데 거해야 합니다.

예수님을 믿는 것이 중노동이며 가산을 다 팔아 없애고 직장 버리고 교회에 가서 사는 것이라고 누가 가르친다면 어서 속히 그런 속박에서 탈출해야 합니다.

구원을 가져다주시는 하나님의 은혜가 모든 사람에게 나타나 우리를 가르치시되 하나님의 성품에 위배되는 것과 세상에 속한 정욕들을 우리가 거부하고 이 현 세상에서 맑은 정신을 가지고 의롭게 하나님의 뜻대로 살며 저 복된 소망과 위대하신 하나님 곧 우리 구원자 예수 그리스도의 영광스러운 나타나심을 기다리게 하셨느니라(딛2:11-13).

예수님의 나타나심이 '복된 소망'이 되려면 불안과 공포와 걱정이 없어야 하지 않겠습니까? 누구든지 주 예수 그리스도 안에 있기만 하면, 주께서 호령과 천사장의 음성과 하나님의 나팔 소리와 함께 친히 공중에서 강림하실 때에 언제 어디에 있든지, 무엇을 하든지 다 공중으로 채여 올라가 그 이후로는 주님과 함께 영원히 있을 것입니다. 그래서 우리 주님은 "이 말씀들로 서로 위로하라."고 권면하십니다. 그러므로 이 시간 우리에게 가장 중요한 것은 성경대로 오직 믿음을 통해 은혜로 구원받아 예수 그리스도 안에 있는 것입니다. 혹시 이 책자를 읽는 분 가운데 아직 구원 문제가 확실하지 않은 분은 속히 예수님의 피를 통해 그분의 은혜로 구원받기 바랍니다. 구원받지 못한 분들에게는 사실 예수님의 재림이 저주이기 때문입니다.

재림의 확실성

그러면 그리스도의 재림에 대해 성경은 얼마나 확실하게 말할까요? 우리는 오직 성경에 근거해서 말하려 하므로 이것에 대해서도 성경의 통계를 가지고 이야기하겠습니다. 신약 시대에 살다 보니 우리는 많은 경우 예수님의 초림 사건들 - 그분의 십자가, 피, 부활, 은혜 등 - 에 중점을 두면서 성경을 읽는 경향이 있습니다.

그런데 신구약 성경을 전체적으로 살펴보면 예수님의 초림보다 재림에 대한 말씀이 여덟 배나 더 많습니다. 즉 하나님께서는 성경에서 예수님의 재림에 대해 우리에게 더 많이 말씀해 주십니다.

신약 성경에는 여러 교리가 나오는데 그중 가장 중요한 교리는 구원 교리입니다. 그런데 구원 교리 다음에 가장 많이 나오는 교리가 바로 재림 교리입니다. 총 218장으로 구성된 신약 성경에만 예수님이 다시 오신다는 말씀이 무려 318회 기록되어 있습니다. 이것은 곧 신약 성경 1장마다 예수님께서 다시 오신다는 말씀이 1.5회 정도 나옴을 뜻합니다. 빌레몬서, 요한2서, 요한3서, 갈라디아서 등을 제외하고는 신약 성경의 나머지 모든 책이 예수님의 재림을 말하고 있습니다. 그러므로 예수님이 다시 오신다는 것은 우리의 추측이 아니라 성경이 처음부터 끝까지 계속해서 반복적으로 전해 주는 매우 중요한 교리입니다. 그러므로 이처럼 중요한 그리스도의 재림에 대해 우리는 이것이 성경대로 성취될 교리라는 확신을 가져야 합니다.

사복음서에서 예수님께서는 자신이 재림한다는 사실을 직접 20회 언급하십니다. 마태복음 23장 37-39절, 마태복음 24-25장, 요한복음 14장 1-3절, 그리고 사도행전 1장 등에 주님의 재림이 자세히 언급되어 있고, 사도 바울도 히브리서 9장 28절을 포함해서 50여 회에 걸쳐 예수님의 재림을 언급하고 있습니다. 성경의 맨 마지막 책인 요한계시록은 책 전체가 예수님의 재림을 다루고 있고 특히 맨 마지막 장인 22장의 마지막 구절 중 하나인 20절 역시 예수님이 다시 오신다고 기록합니다.

이것들을 증언하시는 분께서 이르시되, 내가 반드시 속히 가리라, 하시는도다. 아멘. 주 예수님이여, 과연 그와 같이 오시옵소서(계22:20).

그러므로 예수님의 재림은 논쟁의 대상이 아니요, 확신의 대상입니다. 따라서 그분의 재림이 있다, 없다를 논하는 것은 이미 기독교를 벗어난 것입니다.

한 번 죽는 것은 사람들에게 정해진 것이요 이것 뒤에는 심판이 있나니 이와 같이 그리스도께서도 많은 사람의 죄들을 담당하시려고 단 한 번 드려지셨으며 또 자신을 기다리는 자들에게 죄와 상관없이 두 번째 나타나사 구원에 이르게 하시리라(히 9:27-28).

예수님의 초림의 핵심은 그분께서 십자가에서 죽으심으로써 자신의 피로 사람의 죄 문제를 깨끗이 해결하는 것이었습니다. 반면에 예수님의 재림의 초점은 죄 문제 해결이 아니라 그분의 은혜를 받아들이지 않은 사람들을 심판하는 것입니다.

특별히 예수님의 재림을 사모하며 세상과 분리되어 믿음의 선한 싸움을 싸우는 자들에게는 보상이 약속되어 있습니다.

내가 선한 싸움을 싸우고 나의 달려갈 길을 끝마치고 믿음을 지켰으므로 이후로는 나를 위해 의의 왕관이 예비되어 있나니 주 곧 의로우신 심판자께서 그 날에 그것을 내게 주실 것이요, 내게만 아니라 그분의 나타나심을 사랑하는 모든 자들에게도 주시리라(딤후4:7-8).

그리스도인이라고 하는 분들 가운데도 계시록을 읽지 않는 분이 상당히 많습니다. 여기저기서 계시록은 위험한 책이라는 가르침을 많이 받았기 때문입니다. 그러나 성경은 그렇게 말하지 않습니다.

이 대언의 말씀들 [계시록]을 읽는 자와 듣고 그 안에 기록된 그것들을 지키는 자들은 복이 있나니 이는 때가 가깝기 때문이라(계1:3).

계시록 자체를 읽고 듣고 그 안에 있는 것들을 지키기만 해도 복이 됩니다. 그러므로 우리 주 예수님의 재림을 바로 이해하고 계시록을 비롯해서 성경의 예언의 말씀들을 많이 읽으면 읽을수록 복이 됩니다.

결론적으로 예수님의 재림의 소망을 가지게 될 때, 특히 이 재림의 소망이 크면 클수록 성도의 삶은 경건해지고 거룩해집니다. 그래서 하나님께서 기뻐하시는 삶을 살 수 있습니다. 그러므로 재림을 바로 이해하는 것은 매우 중요합니다.

그러나 주의 날이 밤의 도둑같이 오리니…땅과 그 안에 있는 일들도 불태워지리라. 그런즉 이 모든 것이 해체되리니 너희가 어떤 사람이 되어야 마땅하겠느냐? 모든 거룩한 행실 속에서 하나님을 따르는 가운데 하나님의 날이 오는 것을 기다리고 서두르라…그러므로 사랑하는 자들아, 너희가 그러한 것들을 기다리나니 너희가 점도 없고 흠도 없이 화평 중에 그분께 발견되도록 힘쓰라(벧후3:10-14).

2. 재림의 징조들

이제 재림의 징조들에 대해 몇 가지 말씀드리겠습니다. 재림의 징조들 중에서 우리가 가장 중요하게 여겨야 할 것은 이스라엘의 회복입니다. 하나님께서는 창세기 12, 15장에서 아브라함을 부르시면서 그의 씨를 하늘의 별들처럼 많게 하시고 그들에게 아브라함이 거닐던 가나안 땅 즉 지금의 팔레스타인 땅을 영원토록 주시겠다고 친히 약속해 주셨습니다. 이스라엘은 지난 2,500년 동안 나라를 잃고 온 세상으로 떠돌아다녔지만 드디어 1948년 5월에 자기들 땅으로 돌아가 나라를 세웠습니다.

그런데 구약 성경은 이스라엘이 나라를 잃고 떠돌아다니다가 하나님의 전적인 은혜로 그들의 땅으로 되돌아가 나라를 세우는 때가 곧 주님이 재림하시는 때라고 곳곳에서 말합니다.

[메시아 통치가 이루어지는 재림의 때에] 그 날에 **주**께서 다시 자신의 손을 두 번째 세우사 자신의 백성 중에서 남은 자들 곧 남겨질 자들을 되찾으시되…이스라엘의 쫓겨난 자들을 모으시며 유다의 흩어진 자들을 땅의 사방에서부터 함께 모으시리라(사 11:11-12).

그러므로 이스라엘의 회복을 보면서 우리는 예수님의 재림이 임박했음을 깨달아야 합니다. 또한 1967년 6월에 이스라엘은 '6일 전쟁'을 통해 구(舊) 예루살렘 즉 솔로몬의 성전 터가 있는 구역을 탈환하였고 이제 성전을 지으려 하고 있습니다.[3]

사실 이쯤 되면 하나님의 심판의 날이 매우 가까이 와서 예수님의 재림이 바로 문 앞에 있다는 것을 우리는 기억해야 합니다. 그러나 불행하게도 천주교회와 또 천주교회에서 나온 대부분의 프로테스탄트(개신교) 교회들은 신약의 교회가 구약의 이스라엘을 대체했다고 가르치며 이스라엘의 회복을 대수롭지 않게 여깁니다. 이 같은 주장은 보통 '이스라엘 대체 신학'이라 불리는데 이것의 핵심은 신약 시대의 성도들이 '영적인 이스라엘'로서 구약의 이스라엘의 복과 약속들을 대신 차지한다는

---

3) 이스라엘의 성전 건축에 대해서는 Temple Institute 웹사이트를 참조하기 바란다. https://www.templeinstitute.org/

것입니다. 그러므로 이들은 이스라엘의 회복과 성전 건축 등에 대해 별로 신경을 쓰지 않으며 그 결과 대개 예수님의 재림에 대해 무지합니다. 로마의 교황이 한 번이라도 예수님의 재림에 대해 언급한 적이 있습니까? 그는 어떻게든 정치/종교 세력을 통합/확장하여 적그리스도의 도래를 준비하는 데만 관심이 있습니다. 사실 이 같은 '이스라엘 대체 신학'은 마귀의 가르침이지 성경의 교리가 아닙니다.

1948년 이스라엘의 독립 이후로 전 세계 뉴스의 핵심은 중동의 저 이스라엘과 그 주변 아랍 국가들 그리고 러시아와 미국, EU 등의 행보입니다. 지금 이 시간 이스라엘을 중심으로 온 세상이 갈등을 겪고 있습니다. 성경은 바로 이런 시점이 주님의 재림이 임박한 때라고 가르칩니다.

> 이스라엘을 위한 **주**의 말씀의 엄중한 부담이라. **주** 곧 하늘들을 펼치고 땅의 기초를 놓으며 사람 속에 사람의 영을 짓는 자가 말하노라. 보라, 사방 모든 백성들이 유다와 예루살렘을 대적하려고 에워쌀 때에 내가 예루살렘을 그 백성들에게 사람을 떨게 만드는 잔이 되게 하리라(슥12:1-2).

이 말씀 이후로 스가랴서 12-14장은 구약의 이스라엘의 회복과 주님의 재림에 대해 이야기합니다. 에스겔서 역시 36-39장에서 이스라엘의 회복과 아마겟돈 전쟁 등을 다루고 40-48장은 환난기 이후의 천년왕국에서 이스라엘이 지을 성전과 제사장 체계 확립 및 12지파의 땅 분배 등에 대해 말합니다. 예레미야서 역시 30-31장에서 이스라엘의 7년 환난기 고통과 궁극적인 회복을 가르칩니다. 이사야서는 9장, 26-35장, 62-66장 등에서 이스라엘의 미래 회복과 부흥 그리고 새 하늘과 새 땅의 도래를 이야기합니다. 다니엘서 역시 2장, 9-12장에서 세상 왕국의 변천과 메시아 왕국의 확립 그리고 이스라엘의 부활과 적그리스도의 등장, 구약 성도들의 부활에 대해 이야기합니다.

특히 현재 이스라엘의 최대 관심은 성전을 짓는 것입니다. 거의 모든 것이 준비되어 있습니다. 그런데 신약 성경은 바로 이 성전에 적그리스도가 들어가 스스로 하나님처럼 경배를 받는다고 말합니다.

> 아무도 어떤 방법으로든 너희를 속이지 못하게 하라. 먼저 떨어져 나가는 일이 일어나고 저 죄의 사람 곧 멸망의 아들 [적그리스도]이 드러나지 아니하면 그 날이 오지 아니하리라. 그는 대적하는 자요, 또 하나님이라 불리거나 혹은 경배받는 모든 것 위로 자기를 높이는 자로서 <u>하나님처럼 하나님의 성전 안에 앉아 자기가 하나님인 것을 스스로 보이느니라</u>(살후2:3-4).

적그리스도가 들어가 숭배를 받을 저 성전은 이스라엘 대체 신학이 가리키는 교회가 아니라 지금 저 중동에 있는 예루살렘에 지어질 물리적 성전입니다. 그러므로 이스라엘 사람들이 자기들의 땅으로 돌아와 성전을 짓기 위해 팔레스타인 사람들과 전쟁을 벌이는 뉴스를 거의 매일 접하면서도 주님의 재림이 임박한 것을 알지 못하면 그 사람은 참으로 어리석은 사람입니다.

또한 가장 중요한 재림의 징조들 중 하나는 예수님께서 오시는 때에 이 세상에 진화론이라는 인본주의가 만연해 있다는 것입니다. 이에 대해서는 베드로후서 3장을 보기 바랍니다. 또한 그때는 노아의 때와 롯의 때와 같다고 성경은 이야기합니다. 이 두 사람이 살던 시대의 특징은 한 마디로 동성애의 창궐입니다. 지금 이 시대처럼 동성애가 열렬히 환영받는 시대가 어디 있었습니까? 지금은 전 세계가 동성애를 옹호하며 권력자들이 공공연하게 동성애자들과 공공장소에서 행진을 하고 또 이것을 공공 TV가 방송해 주고 있습니다. 동성애는 하나님의 인간 창조 질서를 무너뜨리는 사악한 죄입니다.

하나님에게 직접적으로 도전하는 일은 인간 복제 등에서도 나타납니다. 사람은 온 우주의 모든 창조물 가운데 유일하게 하나님의 형상으로 지어진 존재입니다. 이런 사람을 사람이 직접 자기가 원하는 대로 개조하고 복제하는 시대가 바로 이 시대입니다. 사람의 복제는 이제 시간문제입니다.

또한 마지막 때는 노아의 때와 같이 온 세상의 도덕이 붕괴하는 때입니다(딤전 3:1-7). 그래서 사람들이 마음에서 상상하는 모든 일이 악한 때입니다. 우리의 현실을 보기 바랍니다. 사람 죽이는 것을 대수롭지 않게 여기는 흉악범들이 얼마나 많습니까? 심지어 청소년들도 양심의 가책 없이 파리 죽이듯 사람을 죽이고 시신을 훼손시킵니다. 앞으로 한 십 년쯤 후에 세상이 어떻게 변할지 생각해 보면 참으로 안타깝습니다. 특히 어린아이들의 장래를 생각하면 가슴이 답답합니다.

또한 약육강식의 원리로 모든 것을 집행하는 진화론이 전 세계에 파급되면서 극심한 양극화 현상이 곳곳에서 일어나고 있습니다. 이런 양극화는 부의 쏠림 현상으로 가장 크게 드러나며, 현재 전 세계는 대륙과 대륙 또 국가와 국가 간의 양극화 그리고 한 국가 안에서도 빈부의 양극화가 급속도로 진행되고 있습니다. 이처럼 경제 문제로 온 세상이 몸살을 앓게 될 때 이 모든 것의 해결사로 적그리스도가 등장하여 정치, 경제, 종교 문제를 일시에 해결하리라고 약속할 것이고 불신 세상은 그를 인류의 메시아로 받아들일 것입니다. 바로 이런 때를 그들은 '뉴에이지' 즉 새 시대라고 하는데 현시대의 모든 일은 뉴에이지를 가져오는 방향으로 진행될 것입니다.

또한 마지막 때에는 과학 기술과 여행이 크게 발달하는 때입니다.

그러나, 오 다니엘아, 너는 끝이 오는 때까지 그 말씀들을 닫아 두고 그 책을 봉인하라.
많은 사람이 이리저리 달음질하며 지식이 증가하리라(단12:4).

비행기가 나온 지 이제 100년 정도 되었습니다. 이제는 미국까지 가는 데 13시간이면 족합니다. 한국도 KTX가 개설되어 사람들이 얼마나 빠르게 다니는지 알 수 없습니다. 심지어 이제는 우주 왕복선이 생겨 돈만 있으면 우주도 며칠 내로 다녀올 수 있을 정도로 사람의 운행이 빨라졌습니다. 또한 지식의 축적과 정보의 전달 속도는 기하급수적으로 치솟고 있습니다. 지금의 스마트폰은 50년 전의 집채만 한 컴퓨터보다 훨씬 더 좋은 성능을 냅니다. 너무나 많은 책들이 쏟아져 나오고 인터넷을 통해 정보가 전달되면서 우리는 말 그대로 정보의 홍수 시대에 살고 있습니다. 불과 10년 전만 해도 이런 일은 상상하기 어려웠습니다.

그런데 다니엘서에서 하나님께서는 말세에 사람들이 빨리 왕래하고 지식이 급속도로 증가한다고 예언해 주십니다. 바로 이런 때가 예수님이 다시 오시는 때라고 성경은 분명하게 말합니다.

종교적으로도 힌두교도/불교도들의 뉴에이지 범신론 사상이 파급되면서 이제는 세상의 가짜 종교들이 단일 종교 체제를 구축하기 위해 공공연히 종교 통합을 시도하고 있습니다. 2013년 가을에는 기독교 국가를 자처하는 한국에서도 대형 교단들이 부산에서 세계 교회 협의회(WCC) 총회를 열었습니다. 이런 영적 간음의 불법을 행하면서도 늑대의 탈을 쓴 종교 지도자들은 오히려 이런 행사가 국가와 기독교에 도움을 준다고 너스레를 떱니다.

오는 10월 하나님 섭리 아래 세계적인 대회가 한국에서 열린다. WCC 부산 총회는 분명 하나님이 주신 선물이다. WCC는 세계 140개국 349개 교단이 연합한 단체다. 세계에 유엔이 있다면 기독교에는 WCC가 있다. WCC에는 약 5억 9000만 명의 성도들이 참여하고 있다. WCC 총회는 7년 만에 한 번씩 열린다. 한국에서 WCC 총회를 개최하게 된 것은 전적으로 하나님의 은혜이다(명성교회 김삼환 목사, 국민일보 쿠키뉴스 2013년 1월 29일).

뉴에이지 시대에는 교계에서 유명하다는 목사들이 공공연하게 배도의 길을 갈 것입니다. 가장 유명한 사례가 바로 빌리 그래함입니다. 그는 예수님이나 성경에 대해 들어본 적이 없는 원시 부족들도 하나님의 사랑으로 천국에 갈 수 있고 또 다른 종교에도 구원이 있다고 주장합니다. 국내에서도 여의도 순복음 교회의 조용기 목사가 동국대학교 초청 강연에서 불교에도 구원이 있다는 발언을 하여 물의를 일으킨 적이 있습니다.

전 세계 기독교계가 영적으로 큰 혼란을 겪으면서 우리의 유일한 구원자 예수님이 다른 종교의 창시자 중 하나처럼 비천하게 여겨지는 때가 바로 주님이 재림하실 때입니다.

3. 성경 해석의 중요성

재림과 휴거 등의 성경 교리를 확립하는 데 있어서 가장 중요한 것은 성경 해석입니다. 성도들 가운데 어떤 분들은 천년왕국이 없다고 말합니다. 장로교의 대부분 신학자들과 목사들은 천년왕국이 없다는 '무천년주의'를 고수합니다. 사실 이런 신학 체계에 젖어 있는 분들에게는 재림과 휴거라는 교리 자체를 논하는 것이 무의미합니다.

천년왕국이 있다고 믿는 분들 가운데 어떤 분들은 예수님의 재림이 천년왕국 전에 일어난다고 하고 다른 분들은 그 이후에 일어난다고 합니다. 전자는 보통 '전천년주의'라고 하고 후자는 '후천년주의'라고 합니다. 이 문제 역시 계시록 19-20장을 보면 초등학생도 알 수 있을 정도로 답이 뻔한데도 자기 견해를 꺾지 않으려는 분들이 많으며 이런 분들에게도 재림과 휴거를 논하는 것이 큰 의미가 없습니다.

또 어떤 분들은 모든 성도들이 7년 환난기의 일부나 전체를 통과한다고 말하고 다른 분들은 교회는 환난기에 들어가지 않고 그 전에 모두 휴거된다고 합니다. 전자는 보통 '환난 통과설'이라고 하고 후자는 '환난 전 휴거'라고 하며 여기에 대해서는 뒤에서 자세히 설명할 것입니다.

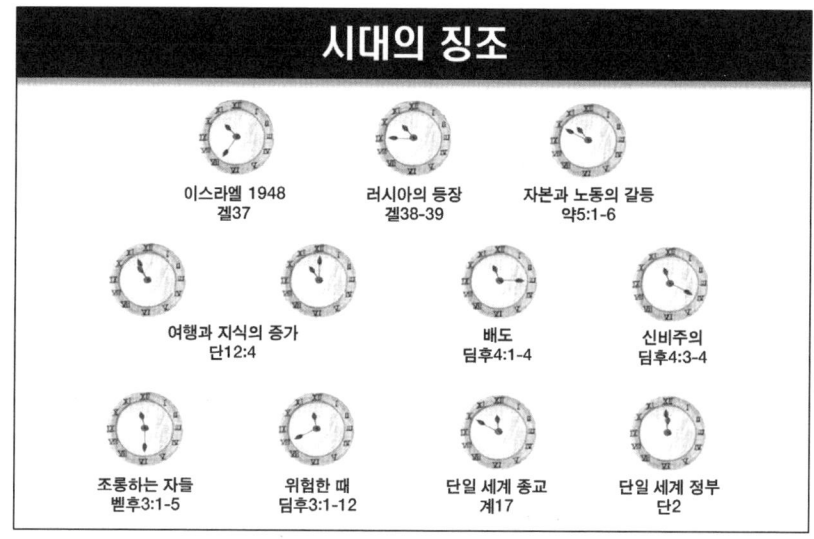

또 어떤 분들은 신약의 교회가 구약의 이스라엘을 대체하였으므로 구약의 이스라엘은 존재 자체가 없고 지금 중동의 이스라엘은 아무 의미가 없다고 주장하고 다른 이들은 바로 이 이스라엘이 구약 성경에 예언된 그 이스라엘이라고 말합니다. 같은 성경을 읽고 같은 예수님을 믿는다는 그리스도인들이 왜 이처럼 상반된 주장을 펴는 것일까요? "현시대 성도들이 환난기를 통과하느냐, 통과하지 않고 그 전에 휴거되느냐?"는 결코 가볍게 넘길 문제가 아닙니다. 실제로 많은 성도들이 이런 문제로 고민하며 불안에 빠져 심지어 정신 질환에 걸리기도 하기 때문입니다.

이처럼 심각한 문제는 근본적으로 성경 해석 방법이 다른 데서 생깁니다.

창세기 1장을 보면 하나님께서 땅(지구)을 포함한 온 우주와 그 안의 모든 것을 엿새 동안에 창조하셨습니다. 또 창세기를 기록한 모세는 **주** 하나님께서 엿새 동안에 하늘과 땅과 바다와 그것들 안에 있는 모든 것을 만들고 일곱째 날에 안식하셨다고 기록합니다(출20:11). 여기의 엿새는 도대체 얼마나 긴 기간일까요? 여기의 하루는 오늘날의 하루와 같은 하루일까요? 아니면 20-30억년도 될 수 있는 긴 기간일까요?

요한계시록 20장을 보면, 이 세상을 지배하며 사람들을 속이던 마귀가 7년 환난기 이후에 붙잡혀 1,000년 동안 바닥없는 구덩이에 갇히고, 첫째 부활에 참여한 자들이 하나님과 그리스도의 제사장이 되어 1,000년 동안 그리스도와 함께 통치합니다. 그리고 그 1,000년이 끝난 후에 마귀가 잠시 풀려나 땅의 민족들을 모아 전쟁을 벌이다가 하나님의 불의 심판을 받고 불호수에 떨어져 영원무궁토록 밤낮으로 고통을 받습니다. 2절부터 7절에는 1,000년이라는 말이 매절 한 번씩 모두 6번이나 나옵니다. 이 1,000년은 정말로 1,000년일까요? 아니면 영원무궁토록 긴 기간일까요? 이 1,000년이 영원무궁토록 기간이라면 어떻게 마귀가 그 1,000년의 끝에 잠시 풀려나고 그 뒤에 불 호수에 던져져서 또 영원무궁토록 고통을 받을 수 있을까요?

에스겔서 37장에는 소위 '마른 뼈 환상'이라 불리는 계시가 나옵니다. 하나님께서는 마른 뼈가 가득한 골짜기에 대언자 에스겔을 두시고 그로 하여금 그 뼈들에게 대언하여 숨이 그것들에게 들어가게 하십니다. 에스겔이 하나님의 명령대로 하자 그 뼈들이 움직이고 힘줄과 살과 살갗이 그 뼈들 위에 생기며 결국 숨이 들어가 그들이 살아서 큰 군대를 이루게 됩니다. 이 뼈들의 정체는 무엇일까요? 많은 부흥사들은 성도들이 과거에 이 마른 뼈들처럼 죽어 있었으나 하나님의 말씀을 듣고 성령님을 받아 살게 되어 주님의 일을 하는 군대가 되었다고 말합니다. 이것은 영적으로 가능한 해석이지만 원래의 의미는 그것이 아닙니다. 답은 바로 그다음 구절에 있습니다.

그때에 그분께서 내게 이르시되, 사람의 아들아, 이 뼈들은 이스라엘 온 집이니라. 보라, 그들이 이르기를, 우리의 뼈들은 말랐고 우리의 소망은 없어졌으며 우리 몸의 부분들에 관한 한 우리는 끊어졌다, 하느니라. 그러므로 그들에게 대언하여 이르기를, 주 하나님께서 이같이 말씀하시느니라. 보라, 오 내 백성아, 내가 너희 무덤들을 열고 너희를 너희 무덤들에서 올라오게 하며 너희를 이스라엘 땅으로 데려가리라(겔 37:11-12).

하나님께서는 이 뼈들이 '이스라엘의 온 집'이라고 말씀하시면서 죽어 있던 그들을 친히 무덤에서 일으켜 이스라엘 땅으로 데려가겠다고 하십니다. 자, 그러면 여기의 '이스라엘의 온 집'은 누구를 가리킬까요? 이스라엘 땅은 어디일까요?

그다음에 하나님께서는 다음과 같이 말씀하십니다.

그들이 내가 내 종 야곱에게 준 땅 곧 너희 조상들이 거하던 땅에 거하되 그들 즉 그들과 그들의 자식들과 그들의 자식들의 자식들이 영원히 그 안에 거할 것이요, 내 종 다윗이 영원히 그들의 통치자가 되리라…내 장막도 그들과 함께 있으리니 참으로 나는 그들의 하나님이 되고 그들은 내 백성이 되리라. 내 성소가 그들의 한가운데 영원히 있게 될 때에 나 주가 이스라엘을 거룩히 구별하는 줄을 이교도들이 알리라, 하라, 하시니라(겔37:25-28).

그들은 분명히 그들의 조상들의 땅에서 떠나 있다가 다시 그 땅에 돌아가며, 그때에는 다윗이 부활해서 그들의 왕이 되고 또 그들 주변의 이교도들 즉 이방 민족들이 주 하나님을 알게 됩니다. 죽어 있던 이스라엘이 자기들의 땅으로 되돌아오고 이미 오래전에 죽은 다윗이 부활하며 이스라엘이 모든 민족들 가운데서 칭송을 받는 이때는 과연 언제일까요? 이것은 인류 역사에서 한 번도 존재하지 않는 때입니다.

성경 말씀을 읽을 때 우리는 성경에 있는 그대로 이스라엘은 이스라엘로, 이스라엘 땅은 저 팔레스타인 땅 즉 가나안 땅으로 이해해야 합니다. 그렇지 않으면 사람마다 성경을 달리 해석하게 되고 그 결과 교리가 왜곡됩니다.

하나님께서 며칠 동안에 온 우주를 창조하셨을까요? 6일입니다.

이때의 하루는 30억 년이 될 수 있나요? 아닙니다!

하나님께서 하루라고 하시는 기간은 창조 때나 모세의 때나 지금이나 똑같이 24시간의 하루입니다. 그렇게 엿새 동안에 우주를 무(無)에서 유(有)로 만들지 못하는 분은 결코 우리의 하나님이 될 수 없습니다. 그런 분이 어떻게 죽어 있는 모든 성도들의 몸을 부활시키고 또 살아 있는 모든 성도들의 몸을 갑자기 변화시켜 공중으로 끌어올릴 수 있겠습니까?

하나님의 말씀대로 믿으면 온 세상과 우주는 지금부터 약 6,000년 전에 말씀에 의해 무(無)에서 창조되었습니다. 이것 외에 다른 견해는 다 사람의 의견입니다. 계시록 20장의 1,000년도 마찬가지입니다. 그 1,000년은 우리가 아는 일 년이 천 번 있는 1,000년입니다. 이것 외의 다른 해석은 다 사적인 해석입니다. 그래서 그 1,000년이 끝난 뒤에야 비로소 옛 땅과 옛 하늘은 사라지고 새 하늘과 새 땅이 영원토록 존재하게 됩니다.

> 내가 새 하늘과 새 땅을 보았으니 이는 처음 하늘과 처음 땅이 사라졌고 바다도 다시는 있지 아니하였기 때문이더라(계21:1).

이와 같이 에스겔서 37장도 문자적으로 있는 그대로 읽으면 거기의 '이스라엘의 온 집'은 지금 중동에 있는 저 이스라엘이고 그때는 천년왕국 시대이며 그때에 구약 시대의 성도들이 부활합니다. 이것 이외의 다른 해석 역시 교단이나 교회나 교주나 전통이 만들어 낸 오류입니다.

이런 식으로 명백한 것들을 명백하게 두지 않고 자기 마음대로 해석하는 것을 보통 '영적 해석' - 짧게는 '영해'(靈解) - 혹은 '비유 해석'이라고 하는데 바로 이 영해로 인해 이단들이 생기고 미약한 성도들이 고통을 받습니다. 영해에 가장 강한 데가 바로 천주교이며 또 천주교에서 나온 개신교도 영해에 매우 강합니다. 사실 이런 교단이나 교파들의 전통에 따른 자의적/사적 해석으로 인해 수많은 성도들이 고생하고 있습니다.

자, 마지막으로 계시록 7장에 보면 이마 안에 하나님의 인(印)을 받은 144,000명이 나옵니다.

> 또 내가 봉인된 자들의 수에 대하여 들었는데 이스라엘 자손의 모든 지파에서 봉인된 자들이 십사만 사천 명이더라(계7:4).

자, 이들은 이스라엘 자손의 모든 지파에서 봉인된 자들입니다. 그리고 5-8절을 보면 구체적으로 유다, 르우벤, 갓, 아셀, 납달리, 므낫세, 시므온, 레위, 잇사갈, 스불론, 요셉, 베냐민 지파 등 12지파에서 각각 12,000명이 봉인되었습니다. 이들은 과연 누구일까요? 신약 시대 성도들이 12지파일까요? 아닙니다! 이들은 문자 그대로 이스라엘의 12지파입니다. 즉 그들은 전 세계 여러 지역에서 살다가 그들의 땅으로 되돌아온 유대인들입니다. 많은 면에서 계시록이 유대인과 그들의 문화적 특성을 보이는 책임을 인식해야 합니다(계15:3의 모세의 노래 등 참조).

이처럼 성경을 있는 그대로 보지 않고 서로의 생각대로 영해하면 성경 해석이 코에 걸면 코걸이, 귀에 걸면 귀걸이가 되며 특히 미래의 예언에 대한 해석은 뒤죽박죽이 됩니다. 과연 하나님께서 한 말씀을 주시면서 수백 가지 해석이 가능하게 했을까요? 보는 사람마다 달리 해석하게 했을까요? 하나님이 질서와 화평의 하나님이라는 점을 고려할 때 이런 혼동은 상식적으로 맞지 않습니다. 그래서 특별한 일이 없는 한 우리는 성경 말씀을 문자 그대로 해석해야 합니다. 특히 예언의 경우 그리해야 합니다. 그래야 재림과 휴거의 모든 문제들이 한꺼번에 바르게 풀릴 수 있습니다.

4. 기독교의 특징: 예언

이제 잠시 기독교의 특징에 대해 말씀드리겠습니다. 기독교의 특징 중 하나는 성경 안에 미래에 대한 예언이 들어 있다는 것입니다. 다른 종교에는 예언이 없습니다. 그 이유는 다른 종교는 모두 사람이 만들었으므로 감히 앞날을 예측할 수 없기 때문입니다. 앞날을 예측했다가 후에 오류로 드러날 경우 그 종교 자체가 설 수 없기에 세상 종교에는 예언이 있을 수 없습니다.

하지만 인류 역사를 다루는 하나님의 전체 계획을 담고 있는 성경은 국가와 개인의 흥망성쇠에 대한 예언뿐만 아니라 특별히 수백 구절에 걸쳐 예수 그리스도에 대한 예언이 들어 있습니다. 구체적으로 구약 성경에는 예수님의 초림에 대해서 적어도 125회, 재림에 대해서 적어도 329회나 예언의 말씀이 기록되어 있습니다.

성경 전체를 볼 때 두 개의 중요한 사건이 있는데 하나는 예수님의 초림이고 다른 하나는 재림입니다. 이 둘이 타원의 두 초점처럼 성경 전체의 초점들로 작용하고 있습니다. 이 사실을 염두에 두고 인류 역사 타임라인에 대해 잠깐 설명하도록 하겠습니다.

먼저 과거의 영원(永遠)이 있습니다. 영원은 사실 사람의 시간 개념으로는 제대로 이해할 수 없는 차원입니다. 유한성을 지닌 사람은 결코 생각해 볼 수 없는 무한대의 영역이 바로 영원이라는 차원입니다. 이 영원의 어느 시점에서 루시퍼는 하나님을 대적하고 반역하였습니다. 그리고 그 이후 어느 시점에 이르러 하나님께서는 드디어 유한 개념인 시간을 만드시며 온 세상 우주만물을 창조하셨습니다. 하나님의 이 특별 창조는 지금부터 약 6,000년 전에 이루어졌습니다.

하나님의 창조 이후로 약 1,000년쯤 지났을 때 노아가 출생하고, 그로부터 약 1,000년쯤 지났을 때 아브라함이 출생하며, 그로부터 약 1,000년 지났을 때 다윗이 출생하고 그로부터 약 1,000년이 지나서 우리 주 예수님이 출생하십니다. 이처럼 구약 시대는 총 4,000년으로 구성되어 있습니다.

중요 사건별로 인류 역사 타임라인을 정리하면 다음과 같습니다. BC 4,004년경에 창조가 있었고 BC 2,348년경에 노아의 대홍수가 있었습니다. 그리고 BC 1,491년 경에 모세를 통해 시내산에서 율법이 수여되었고 이때부터 이스라엘 민족은 신정 국가를 형성하였습니다. 그 뒤 AD 30년경에 예수님께서 십자가에서 죽으시고 부활하셨으며 그 뒤 50일이 지나서 오순절에 성령님께서 강림하시면서 드디어 교회 시대가 열리게 되었습니다. 이 교회 시대는 앞으로 어느 시점에 휴거가 발생하면서 끝나고 그다음에 우리가 자세히 공부할 7년 환난기가 있습니다. 그 뒤에 예수님께서 올리브산에 강림하시고 천년왕국을 세우십니다. 1,000년이 지난 뒤에 예수님 밖에서 죽은 불신자들이 모두 부활하여 흰 왕좌 심판석에서 심판을 받고 그 이후에 새 하늘과 새 땅이 이루어지면서 또다시 유한한 사람이 상상하기 어려운 미래의 영원이 열립니다.

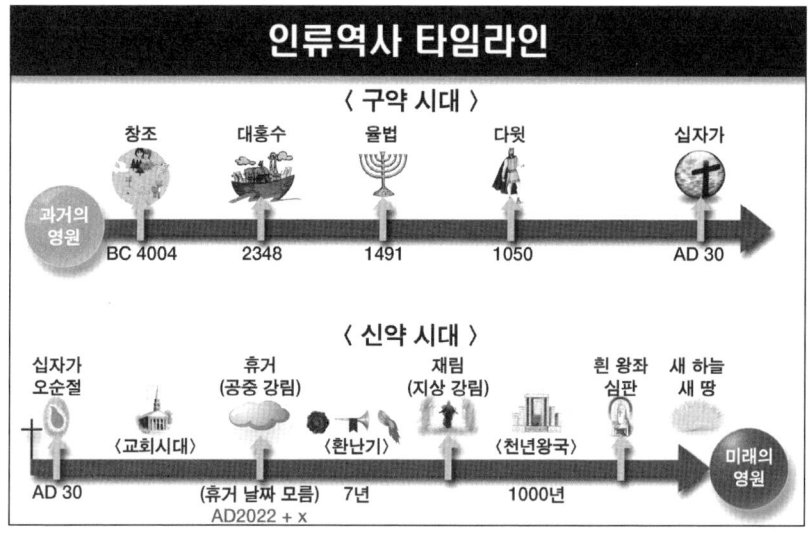

국어 교과서나 다른 문학 책을 읽듯이 성경을 상식적으로 문자 그대로 읽으면 누구라도 이 같은 결론에 다다르게 됩니다. 이것은 어려운 일이 아닙니다. 다만 어떤 자들이 교단 신학과 같은 두꺼운 커튼으로 이런 명백한 사실을 보지 못하게 가리므로 여기에 걸려 넘어지는 불쌍한 성도들이 매우 많아 안타까울 따름입니다.

만일 우리의 복음이 가리어졌다면 그것은 잃어버린 자들에게 가려졌느니라. 그들 속에서 이 세상의 신이 믿지 않는 자들의 마음을 어둡게 하여 하나님의 형상이신 그리스도의 영광스러운 복음의 빛이 그들에게 비치지 못하게 하였느니라(고후4:3-4).

그렇습니다! 마귀는 복음뿐만 아니라 구원, 재림과 휴거 및 부활과 같은 기독교의 근본 핵심 교리들을 두꺼운 커튼으로 가립니다.

5. 사탄 문제

성경을 보면서 우리는 인류의 고통의 근원이 무엇인가를 잘 알아야 합니다. 사실 예수님의 재림과 성도들의 휴거는 사탄이라는 존재 때문에 필연적으로 발생합니다.

하나님께서는 온 우주 만물을 지으시기 전, 과거의 영원의 어느 시점에 영적인 존재들을 창조하셨습니다. 이사야서 14장을 보면 그 영적인 존재들 중에 가장 으뜸가는 존재는 루시퍼(Lucifer)였습니다. 에스겔서 28장을 보면 그 당시 루시퍼는 '덮는 그룹'으로서 하나님의 왕좌 앞에서 존경을 받으며 큰 위엄을 가진 존재였습니다. 그런데 루시퍼는 지극히 높으신 하나님과 같이 되려는 욕망을 가지면서 결국 타락하여 대적하는 자 곧 사탄(Satan)이 되었습니다.

이 사건이 생겼을 때 하나님께서는 곧바로 루시퍼를 엄벌해서 파멸시키실 수도 있었습니다. 그러나 이렇게 하면 셋째 하늘의 영계에서 계속해서 유사한 반란이 생길 수도 있습니다. 그래서 하나님께서는 모든 영적 존재들에게 시청각 교육을 통해 그런 반역이 결코 성공할 수 없음을 보여 주시기 위해 시간과 우주와 사람을 창조하시고 현재까지 자신의 계획을 실현해 오고 있습니다. 지난 6,000년 동안 하나님께서는 루시퍼와 그의 천사들에게 그들이 할 수 있는 모든 것을 동원하여 자신의 특별 계획의 산물인 사람과 이 땅을 망쳐 놓을 수 있으면 망쳐 놓으라고 허용하고 있습니다.

그래서 공중 권세를 잡은 사탄은 먼저 하나님께서 만든 사람을 타락시킵니다. 그리고 창세기 6장에서 보듯이 노아의 때에는 하나님께서 만들어 놓은 사람을 완전히 망쳐놓기 위해 자신의 천사들을 동원하여 사람들의 딸들과 결혼하게 하고 이로써 유전자 변형을 통한 잡종 거인들을 생산해 냅니다. 홍수 이후에도 그는 니므롯이라는 반역자를 통해 바벨탑에서 하나님을 대적하는 일들을 꾸미지만 하나님께서 간섭하셔서 그 일은 중단됩니다(창11). 그 이후에도 그는 메시아 계보를 멸절시키기 위해 부단한 노력을 하며 유다 왕조에서는 아달랴라는 부정한 여인을 시켜 다윗 왕가의 모든 씨를 멸절시키게 합니다(왕하11). 그러나 하나님은 요아스를 보존하셔서 메시아 계보를 이어가십니다. 이러면서 결국 둘째 아담 예수님이 이 땅에 오시니 그는 헤롯을 통해 그분을 죽이려 하고 공생애가 시작되기 전에는 광야에서 직접 그분을 시험합니다(마4). 그리고는 가룟 유다에게 직접 들어가 예수님을 배반하게 만들어 그분이 십자가에서 처형당하게 합니다. 그럼에도 불구하고 예수님께서는 죽으셨다가 부활하심으로써 마귀의 가장 큰 무기인 사망을 이기십니다.

예수님의 지상 사역 이후의 교회 시대에 사탄은 악한 영들을 통해서 온 세상을 지배하면서 중세 1,000년 이상은 카톨릭 교회라는 비성경적 단체를 조직하여 하나님의 성도들을 극도로 핍박하였고 지금도 여전히 종교통합 등을 통해 하나님의 일들을 망치려고 노력하고 있습니다. 이러한 마귀의 계획이 최고조에 이르는 때가 바로 7년 환난기입니다.

요한계시록 12장에 보면 결국 사탄은 환난기 중반에 하늘에서 쫓겨나 땅으로 내려와 자신의 분노를 극도로 퍼붓습니다. 그 이유는 자기에게 시간이 얼마 남지 않았음을 그가 잘 알고 있기 때문입니다.

> 그러므로 하늘들과 그것들 안에 거하는 자들아, 너희는 즐거워하라. 그러나 땅과 바다에 거하는 자들에게는 화가 있으리로다! 이는 마귀가 자기에게 때가 조금만 남은 줄 알므로 크게 진노하여 너희에게 내려갔기 때문이라, 하더라(계12:12).

이렇게 7년 환난기가 끝나면서 사탄은 결박됩니다. 그 뒤 천년왕국이 이루어지고 천년왕국의 끝에 하나님은 마귀에게 마지막으로 사람들을 모아 대적할 기회를 주십니다. 그러나 마귀와 함께하던 대적자들은 하늘에서 내려오는 불에 의해 삼켜지고 사탄과 적그리스도와 그의 대언자는 불 호수 속으로 던져집니다. 그리고 지금 있는 땅과 하늘에서의 모든 것이 마무리되면 새 하늘과 새 땅이 열립니다.

시간이 생긴 이후로 지난 6,000년 동안 하늘의 모든 천사들은 하나님과 루시퍼의

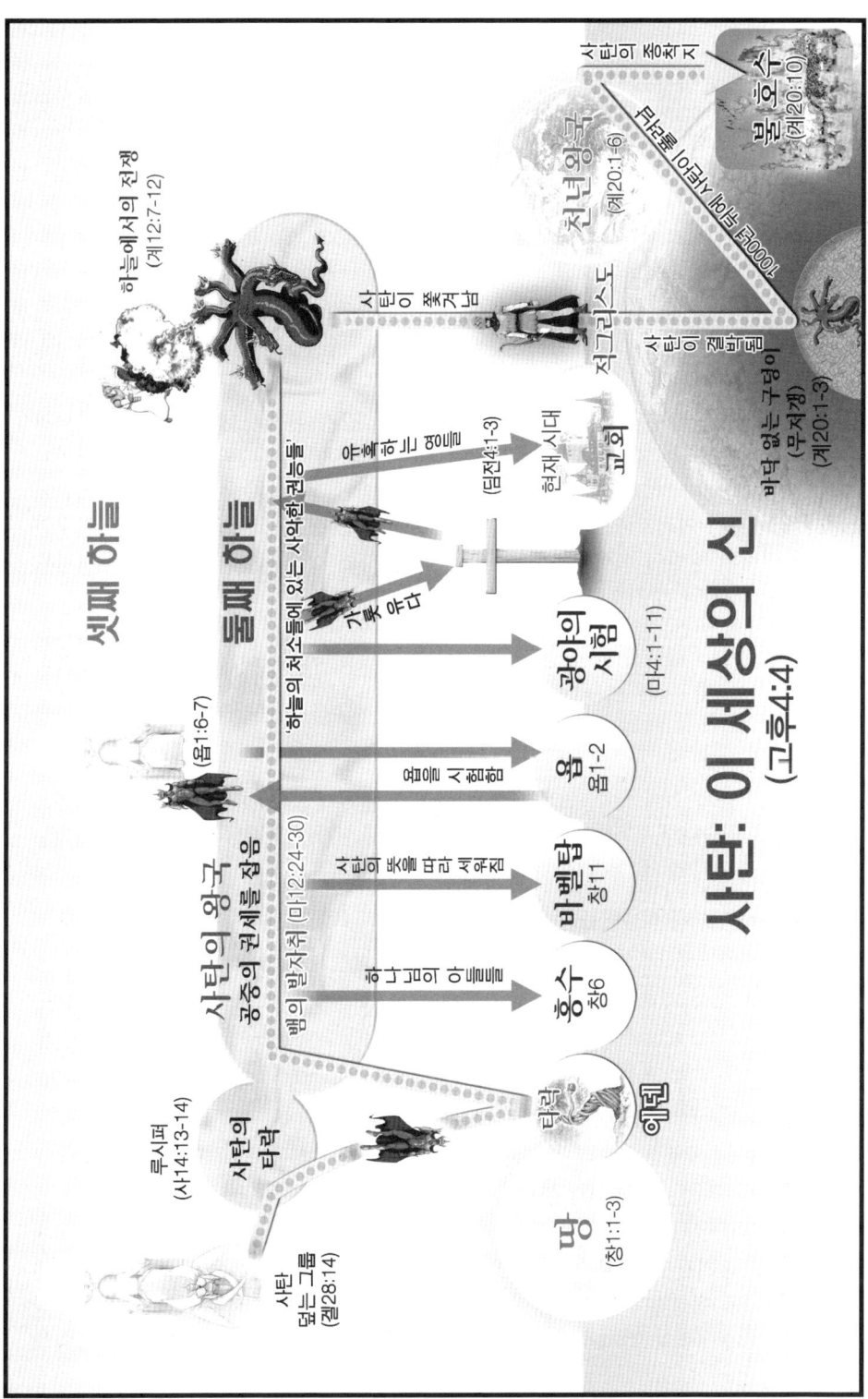

〈사탄: 이 세상의 신〉

갈등으로 인해 발생하는 이 땅에서의 모든 일을 유심히 내려다보고 있습니다. 그리고는 결국 가장 강한 창조물인 루시퍼라도 창조자 하나님과 다투어서는 결코 이길 수 없음을 직접 목격하게 됩니다. 또한 하나님께서는 인류 역사를 통해 신약 시대의 교회를 사용해서 하늘의 영적 존재들에게 하나님의 각종 지혜를 알려주십니다.

> 이것은 그분께서 이제 교회를 사용하사 하늘의 처소들에 있는 권력들과 권능들 [영적 존재들]에게 하나님의 갖가지 지혜를 알게 하려 하심인데(엡3:10)

그러므로 우리는 우리가 당하는 크고 작은 여러 가지 문제들과 인류 역사의 모든 문제들이 단순히 인간의 문제가 아니라 하나님과 마귀 사이의 큰 갈등의 문제임을 직시해야 합니다.

사실 하나님에게는 사람의 1,000년이 하루 같습니다. 그러므로 인류 역사의 약 6,000년이라는 기간은 그분과 그분이 지은 영적 존재들의 눈앞에서는 불과 6일에 지나지 않습니다. 하나님의 시간표에서 단지 6일밖에 되지 않는 바로 이 짧은 기간에 하나님께서는 여러 가지 갈등과 악을 허용하고 있습니다. 그리고 이 기간이 지나면 다시 미래의 영원이 시작되면서 하늘의 영계에서는 영원무궁토록 다시는 루시퍼의 반역 같은 일이 생기지 않을 것입니다.

하나님의 이런 광대한 스케일을 가지고 창세기부터 계시록까지 볼 수 있는 눈을 가지면 왜 우리에게 이런 일이 발생하고 있는지, 왜 예수님이 한 번 오시고 또다시 오셔야 하는지 조금 더 명확하게 알 수 있습니다.

6. 왕국과 교회

모세의 율법 수여 이후 구약 시대에 전 인류는 유대인과 이방인이라는 두 부류로 나뉘게 되었습니다. 그러나 십자가 사건 이후에 교회가 생기면서 이제 신약 시대에는 하나님 보시기에 세 부류의 사람들이 있습니다.

> 유대인들에게나 이방인들에게나 하나님의 교회에나 걸려 넘어지게 하는 어떤 일도 하지 말되(고전10:32)

지금의 교회 시대에도 유대인이 있습니다. 그들은 결코 사라지지 않았습니다. 물론 이방인도 있습니다. 그리고 유대인이든 이방인이든 예수 그리스도를 구원자로 영접한 사람들인 교회가 있습니다.

<u>구약 시대에는 교회가 없었습니다.</u> 이 점을 분명히 해야 합니다.

> 내가 또한 네게 이르노니 너는 베드로라. 이 반석 위에 내가 내 교회를 세우리니 지옥의 문들이 그것을 이기지 못하리라(마16:18).

유대인의 역사는 아브라함과 함께 시작됩니다. 야곱의 열두 아들은 기근을 피해 이집트로 내려갔고 그 뒤 이집트 탈출을 통해 시내산에서 율법을 받은 뒤 이스라엘 민족 국가를 형성하며 가나안 땅에 들어갔습니다. 땅 분배 이후에 이들은 재판관들의 시대와 왕정시대를 거치고 결국 하나님의 심판을 받아 바빌론 땅에서 포로 생활을

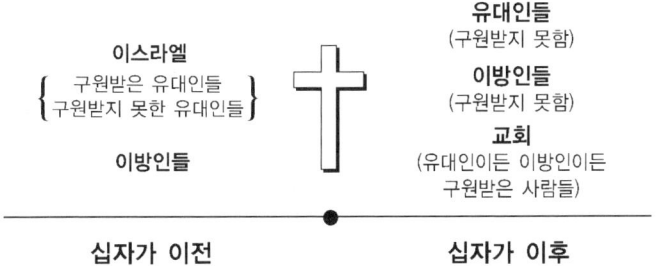

합니다. 이때부터 유대인들은 온 땅에 흩어져 나가기 시작하였습니다.

신약 시대에 예수님께서 메시아로 유대인들에게 오셨으나 유대인들은 예수님을 왕으로 받아들이지 않고 배척하다가 심지어 십자가에서 처형시킵니다. 그리고 AD 70년경에 성전이 훼파되면서 유대인들은 온 세상으로 퍼져 나갔다가 1948년 5월에 다시 가나안 땅으로 되돌아왔습니다. 앞으로도 많은 유대인들이 저 땅에 모여들 것입니다. 믿음으로 예수 그리스도를 영접하고 7년 환난기를 끝까지 견딘 유대인들과 또 믿음을 가진 이방인들이 환난기가 끝난 뒤 천년왕국에 들어갈 것입니다. 그리고 천년왕국의 끝에는 그때에 태어난 자들 중 많은 사람들과 마귀가 연합하여 하나님을 대적하지만 결국 패하고 이 땅에서의 역사는 마감될 것입니다.

인류 역사의 타임라인을 보면서 우리가 기억해야 할 것이 있습니다. 구약 시대에 많은 대언자들이 예수님의 초림과 재림에 대해 예언의 말씀을 기록해 주었습니다. 그런데 이런 예언들을 볼 때 유의해야 할 것은 그들에게는 초림과 재림이 하나로 보였다는 점입니다. 즉 그들에게는 지금의 교회 시대가 보이지 않았습니다.

이 그림에서 보듯이 그들에게는 그리스도의 초림과 재림이 하나의 산꼭대기로 보였고 그 둘 사이의 계곡 즉 교회가 보이지 않았습니다. 그래서 신약 성경은 이방인과

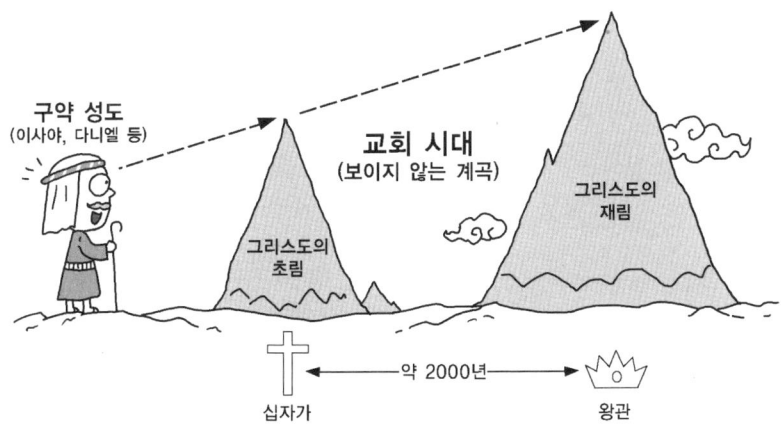

유대인이 동료 상속자가 되는 교회를 가리켜 신비(mystery)라고 기록합니다.

그분께서는 자신의 거룩한 사도들과 대언자들에게 성령을 통해 이제 이 신비를 계시하신 것같이 다른 시대들에서는 사람들의 아들들에게 그것을 알리지 아니하셨는데 이 신비는 곧 복음에 의해 이방인들이 그리스도 안에서 동료 상속자가 되고 같은 몸에 속하게 되며 그분의 약속에 참여하는 자가 된다는 것이라(엡3:5-6).

구약 시대의 유대인들은 감히 이방인이 유대인과 동료 상속자가 된다는 것을 상상조차 하지 않았습니다. 바울도 회심하기 전까지는 이런 사상에 심취하여 스데반을 죽이는 일에 동참하며 하나님의 교회를 모질게 핍박하였습니다.

베드로는 구약 시대 대언자들이 예수님의 초림과 재림에 대해 부지런히 탐구하였음을 이렇게 기록합니다.

[구약의 대언자들은] 자기들 안에 계신 그리스도의 영께서 그리스도의 고난과 그 뒤에 있을 영광을 미리 증언해 주실 때에 그 영께서 무엇을 혹은 어느 때를 겉으로 드러내 보여 주셨는지 탐구하였느니라(벧전1:11).

여기서 그리스도의 고난과 그 뒤에 있을 영광이 곧 초림과 재림인데 구약 성도들에게는 이 둘이 구분되지 않았습니다. 몇 가지 예를 보여드리겠습니다.

주 **하나님**의 영께서 내게 임하셨으니 이는 **주**께서 내게 기름을 부으사 온유한 자들에게 좋은 소식을 선포하게 하셨기 때문이라. 그분께서 나를 보내신 것은 마음이 상한 자들을 싸매고 포로 된 자들에게 해방의 자유를, 결박된 자들에게 감옥에서 놓임을 포고하게 하려 하심이요, <u>주의 받아 주시는 해</u>와 <u>우리 하나님의 원수 갚으시는 날</u>을 포고하고 애곡하는 모든 자를 위로하게 하려 하심이며(사61:1-2)

여기의 '나'는 메시아인데 이 메시아는 두 가지 일을 행합니다. 즉 그분은 초림 때에 하나님께서 받아주시는 은혜를 선포하고 재림 때에 하나님의 원수들을 심판합니다. 사61:2는 전자를 '받아 주시는 해'로, 후자를 '원수 갚는 날'로 구분합니다. 이것은 위에서 설명한 히브리서 9장 27-28절과 같습니다. 그런데 이 둘 사이에 중간기가 없습니다. 초림 다음에 곧장 재림으로 이어집니다.

다음은 예레미야서의 예입니다.

주가 말하노라. 보라, 날들이 오리니 내가 다윗에게 한 의로운 가지를 일으킬 것이요, 한 왕이 통치하고 번영하여 땅에서 판단의 공의와 정의를 집행할 것이며(렘23:5)

이 구절에서도 앞의 '가지'는 초림의 예수님이고 뒤의 왕은 재림의 예수님입니다. 유대인들은 메시아로 오신 예수님을 거부하였고 주님은 그들을 향해 이렇게 말씀하셨습니다.

내가 너희에게 이르노니 이제부터 너희가 말하기를, 주의 이름으로 오시는 분을 찬송할지어다, 할 때까지 너희가 나를 보지 못하리라, 하시니라(마23:39).

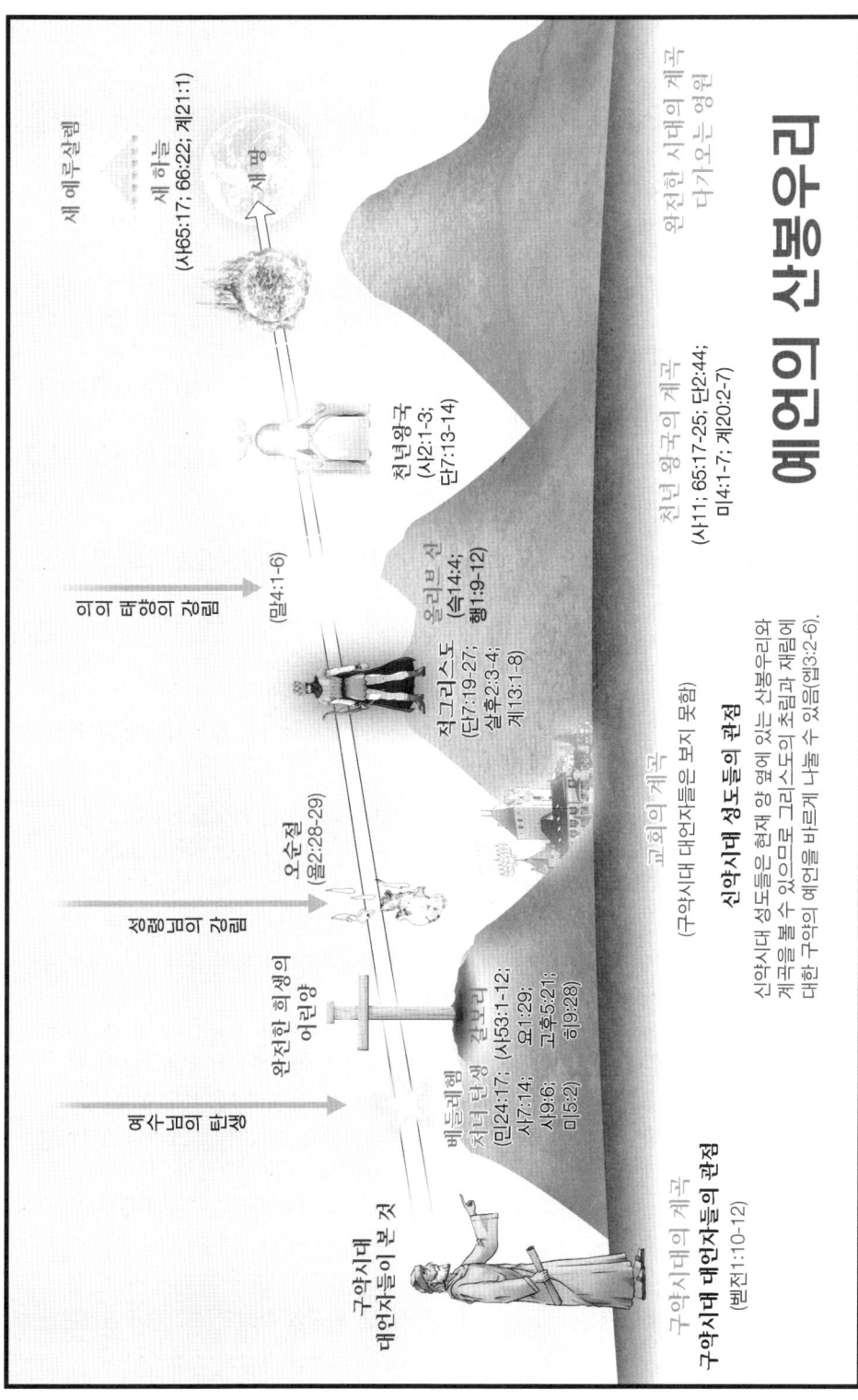

〈예언의 산봉우리〉

이 구절을 그대로 믿으면 예수님이 다시 오실 때에는 유대인들이 그분을 '주의 이름으로 오시는 메시야'로 받아들일 것입니다. 이 말씀은 시편 118편 26절을 인용한 것입니다. 그런데 메시아 시편으로 알려진 시편 118편은 5절부터 29절까지가 그리스도의 초림에 관한 것입니다. 그런데 예수님은 이 부분을 떼내어 재림에 적용하십니다.

이 말씀을 하시고 우리 주님은 곧바로 마태복음 24장에서 재림이 이루어지기 바로 전에 있을 유대인들의 환난기를 설명하시며 25장에서는 자신의 지상 강림과 더불어 천년왕국을 세우는 것을 설명하십니다. 듣는 사람들이 모두 유대인이기 때문에 우리 주님은 마태복음 24-25장에서 그들에게 신비로 남아 있는 교회에 대해 전혀 언급하지 않았습니다.

이사야서 11장도 1-5절은 초림을 말하며 6-16절은 재림을 말합니다. 이사야서 9장도 6절은 초림을 이야기하며 7절은 재림을 이야기합니다.

예레미야서 31장도 15절은 예수님의 초림을, 16-40절은 재림을 설명합니다.

시편 68편 18-23절을 보면 18-20절은 은혜를 가져오시는 예수님의 초림을, 21-23절은 심판을 가져오시는 예수님의 재림을 가리킵니다.

이렇게 예수님의 초림과 재림이 하나로 연결되어 나타나는 것을 가장 잘 보여 주는 성경 말씀 중 하나가 다니엘서입니다.

다니엘서 2장에는 바빌론 왕국의 느부갓네살이 꿈에서 본 신상이 나옵니다. 이 신상에 대해 다니엘은 그것이 세상 왕국의 변천을 보여 준다고 하면서 신상의 위에서부터 바빌론, 메대-페르시아, 그리스, 로마 왕국의 출현을 이야기합니다. 로마 왕국 이후에는 우리가 알듯이 교회 시대가 있고 그 뒤에 천년왕국이 있어야 하지만 다니엘은 곧바로 이 왕국들 다음에 하나님께서 세우는 하늘의 왕국 즉 천년왕국에 대해 말합니다.

이 왕들의 시대에 하늘의 하나님께서 결코 멸망하지 아니할 한 왕국을 세우실 터인데 그 왕국은 다른 백성에게 남겨지지 아니할 것이며 도리어 이 모든 왕국들을 부수어 산산조각 내서 소멸시키고 영원히 서리이다(단2:44).

다니엘에게는 교회 시대가 계시되지 않았으므로 그는 초림과 재림을 하나로 보았습니다. 예수님이 태어난 로마 시대 다음에 2,000년의 교회 시대 없이 그는 곧바로 하늘의 왕국이 세워지는 것을 예언하였습니다.

이런 현상은 7장에서도 이어집니다. 1-8절에서는 세상 왕국들이 네 짐승으로 나타납니다. 그런데 로마를 상징하는 넷째 짐승이 나온 이후에 곧바로 9-14절에서는 주님의 재림이 나옵니다. 이때 교회 시대는 전혀 언급되지 않고 있습니다.

다니엘서 9장에는 저 유명한 '다니엘의 70이레'라는 예언이 있습니다. 나중에 설명하겠지만 여기에서도 24-26절 초반부는 예수님의 초림 때까지의 기간이 나옵니다. 그리고 26절 후반부부터는 갑자기 교회 시대를 뛰어넘더니 곧바로 적그리스도와 환난기가 등장합니다.

육십이 이레 뒤에 메시아가 끊어질 것이나 그것은 그분 자신을 위한 것이 아니니라. 앞으로 올 통치자의 백성이 그 도시와 그 성소를 파괴할 것이요. 그 일의 끝에는

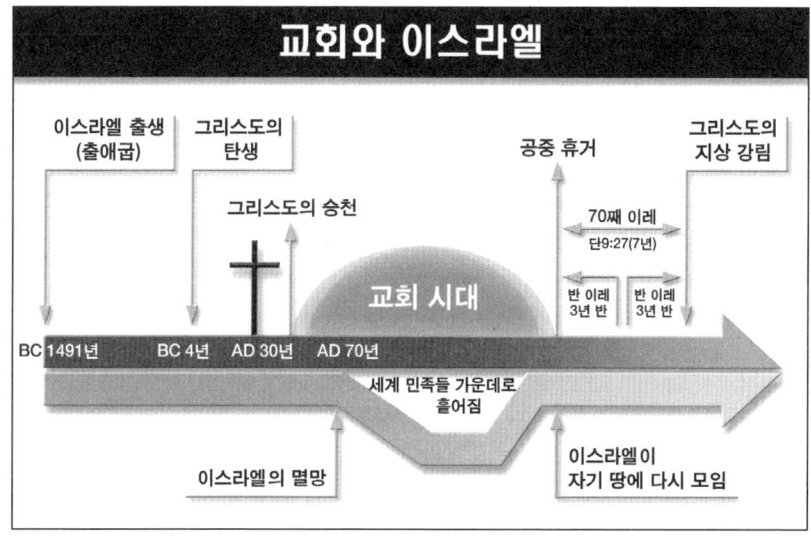

홍수가 있을 것이며 또 그 전쟁이 끝날 때까지 황폐하게 하는 것이 작정되었느니라(단 9:26).

구약 성도들에게 계시된 시간표에는 교회 시대가 없고 예수님의 초림 다음에 곧바로 재림이 있어서 멀리서 보면 그 두 개가 하나로 보였다는 것을 이해하지 못하면 성경의 예언 해석에서 쉽게 오류를 범할 수 있습니다. 즉 우리는 하나님의 왕국 프로그램과 교회 프로그램을 잘 구별해야 합니다. 이 둘은 서로 구별된 독특한 프로그램이며 결코 서로 겹치지 않습니다.

신약 시대 정리

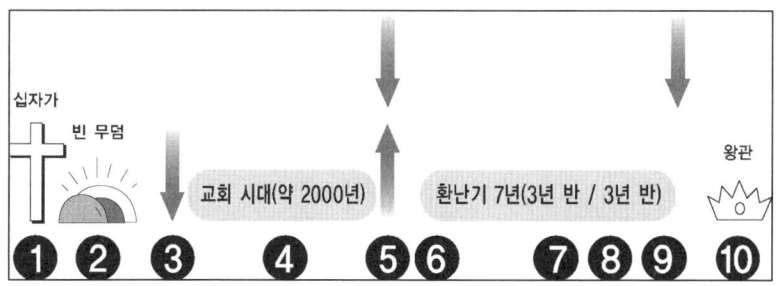

위 그림에 나오는 번호들에 대한 간단한 설명이 아래에 차례로 나와 있습니다.

1. 그리스도의 죽음(고전15:3; 롬5:8; 벧전3:18)
2. 그리스도의 부활(고전15:4; 롬1:4)
3. 오순절 성령 강림(행2장): 그리스도의 몸인 교회의 탄생일

4. 현재의 교회 경륜: 예수 그리스도께서 자신의 교회를 건축하고 자기의 이름을 위하여 한 백성을 불러내고 계심(행15:14).
5. 주 예수 그리스도께서 하늘에서 내려오시고 교회는 '채여 올라가' 즉 휴거되어 공중에서 서로 만나는 때(살전4:13-18): 이 사건은 교회의 휴거라 불리며 교회 시대의 종지부이다.
6. 환난기 혹은 다니엘의 70째 이레 시작: 이스라엘 민족이 모종의 언약(협약)을 맺음으로 7년이 시작된다(단9:27).
7. 7년 중간에 이 언약(협약)이 깨어지고 '죄의 사람'(적그리스도)이 세상의 통치자가 되어 자신을 하나님으로 섬길 것을 사람들에게 요구한다(단9:27; 마24:15-21; 살후2:3-4).
8. 예수님께서 '큰 환난'(마24:21)이라고 말씀하신 나머지 3년 반: 전무후무한 재난의 때로서 사탄의 활동이 가장 극심한 때가 되며(계12:2-12) 사탄의 사람(죄의 사람)이 땅의 통치자가 될 것이다(계13:1-10).
9. 환난기는 예수 그리스도께서 권능과 큰 영광으로 땅에 임하심으로 끝날 것이다(마24:29-30; 계19:11-16).
10. 예수 그리스도께서 땅에 왕국을 세우실 때. 흔히 천년왕국 기간으로 불린다(계20장).

7. 환난기

하나님께서 이스라엘 백성을 통해 왕국을 이루시기 위하여 메시아 예수님을 보내 주셨는데 그들은 이 메시아를 거부하였고 결국 재림 때에 이 메시아를 받아들이게 됩니다(마23:37-39). 그런데 그때에도 그들은 순순히 그분을 받아들이지 않고 엄청난 환난 즉 이스라엘 민족 역사에서 가장 혹독한 시련을 겪은 후에야 비로소 그분을 메시아로 받아들이고 왕국을 세웁니다.

이스라엘의 환난기를 잘 이해해야 교회가 환난 전에 휴거를 받는지, 환난을 통과하는지 정확히 알 수 있으므로 이 내용을 자세히 보시기 바랍니다. 이스라엘의 환난에 대해서는 신명기 4장, 다니엘서 2, 9, 12장, 스가랴서 12-14장, 마태복음 23-25장, 로마서 11장, 그리고 계시록 12장 등이 잘 설명해 주고 있습니다.

먼저 환난이라는 단어를 설명하겠습니다. 환난은 영어로 'tribulation'이며 이 단어는 성경 전체에서 26회 나옵니다(단수로 22회, 복수로 4회). 이 단어는 라틴어 'trivulum'에서 나오며 이 말의 뜻은 '고난', '고통', '괴로움'입니다. 그래서 환난과 고난은 같은 말이라고 봐도 됩니다.

이 말의 기원은 체질을 통해 껍데기를 날려 버리고 알곡만을 추려 내는 데서 나옵니다. 곡식은 알곡과 껍데기로 되어 있으며 알곡을 얻으려면 체질을 해서 껍데기를 추려 내야 합니다. 그러면 결국 껍데기는 날아가고 알곡만 남습니다. 환난이라는 말은 바로 이런 과정을 표현하고 있습니다. 즉 가치 있는 것과 가치 없는 것을 분리할 때 체질 혹은 도리깨질을 하는데 이 과정이 곡식에게는 매를 맞는 과정이므로 매우 힘듭니다. 그러나 이 과정을 겪어야 알곡만 남게 됩니다.

환난은 개인에게도 적용될 수도 있고 민족에게 적용될 수도 있습니다. 또 성경을 보면 누구나 당하는 일반적인 환난이 있고 이스라엘만 당하는 유일무이한 환난이 있습니다. 환난 통과를 주장하는 이들은 "너희가 세상에서는 환난을 당할 것이다."라는 말씀(요16:33)이나 "우리가 반드시 많은 환난을 거쳐 하나님의 왕국에 들어가야 할 것이다."라는 말씀(행14:22) 등을 근거로 인용하곤 합니다. 그러나 이런 구절들의 환난은 예수님을 믿는 성도들이 이 땅에 사는 동안 당하는 일반적인 고난을 이야기합니다(딤후3:11-12). 반면에 재림과 휴거를 이야기할 때의 환난은 이스라엘 민족을 향해서 하나님께서 예비해 놓으신 유일무이한 환난을 말합니다.

이스라엘의 환난은 신명기 4장에 기록되어 있습니다.

> 네가 환난 중에 있어 이 모든 일들 [우상을 숭배하다가 타민족들에게 끌려가는 일]이 네게 닥칠 때 곧 마지막 날들에 네가 주 네 하나님께로 돌아서서 그분의 음성에 순종하면 (주 네 하나님은 긍휼이 많은 하나님이시므로) 그분께서 너를 버리지 아니하시고 너를 멸하지 아니하시며 친히 네 조상들에게 맹세하사 그들에게 주신 언약을 잊지 아니하시리라(신4:30-31).

바로 이 환난이 올리브산 설교에서 우리 주 예수님께서 유대인 제자들에게 친히 알려주신 환난 즉 재림 전에 유대인들에게 임하는 환난입니다.

> 그때에 큰 환난이 있을 터인데 세상이 시작된 이래로 이때까지 그런 환난이 없었고 이후에도 결코 없으리라(마24:21).

예레미야서 30-31장은 특별히 이 환난에 대해 잘 기록하고 있습니다. 여기를 보시면 맨 마지막 때에 우리 하나님께서 이스라엘 백성을 구출해 내시며 유다와 이스라엘이 회복되는 것이 기록되어 있습니다. 그런데 바로 이 일이 있으려면 유대인들의 고난이 있어야 합니다.

> 6 이제 너희는 묻기를, 남자가 아이를 배어 산고를 겪느냐? 하고 또 알아보라. 모든 남자가 산고를 겪는 여인같이 자기 손을 허리에 대며 모든 얼굴이 창백하게 변함을 내가 봄은 무슨 까닭이냐? 7 슬프도다! 그 날이 커서 어떤 날도 그것과 같지 아니하니 그날은 곧 야곱의 고난의 때니라. 그러나 그가 그 고난에서 구원을 받으리라. 8 군대들의 주가 말하노라. 그 날에 내가 네 목에서 그의 멍에를 꺾어 버리고 네 결박을 끊으리니 타국인들이 다시는 그를 종으로 삼아 자기들을 섬기게 하지 못할 것이요, 9 오히려 그들이 주 자기들의 하나님을 섬기고 내가 그들을 위해 일으킬 그들의 왕 다윗을 섬기리라(렘30:6-9).

이때에는 6절에 있듯이 고난이 너무 극심하여 남자들이 해산의 진통을 겪는 여인들처럼 허리를 잡고 끙끙대며 심한 고통을 당하게 됩니다. 7절을 보면 또한 그 날이 야곱 즉 이스라엘의 고난의 날이며 그것과 비교할 날이 없지만 결국 이스라엘은 구원받습니다. 그 뒤에 천년왕국이 되면 다윗이 부활하여 통치합니다. 또 31장 35-37절을 보면 이스라엘은 결국 영존하는 민족이 되며 하나님께서 그들에게 복을 주십니다. 이러한 내용이 그 안에 다 기록되어 있습니다. 그러나 이런 단순한 해석을 버리고 예레미야서 30-31장 등을 교회에 적용하게 되면 반드시 영해를 해야 하며 그 결과 성경이 분명하고 단순하게 가르쳐 주는 재림 교리를 놓치게 됩니다.

바로 이런 기간이 환난기입니다. 환난기의 목적은 이스라엘을 완전히 파멸시켜 없애는 것이 아니라 껍데기를 제거하고 알곡만 거두려는 것입니다. 바로 이 일을 위해 하나님께서 이스라엘에게 고통을 주시며 그래서 그 때는 '야곱의 고난의 날'입니다. 믿음을 가지고 이 기간을 통과하며 예수님을 메시아로 영접하는 알곡들 – 문맥에서는 당연히 유대인들임 – 을 가지고 하나님은 이 땅에 메시아 왕국을 세우십니다.

그러면 이때에 어느 정도의 고통이 이스라엘에게 임하는지 살펴보겠습니다. 스가랴서 12-14장 역시 마지막 때의 이스라엘에 대해 기록합니다. 12장 초반부에서 하나님께서는 마지막 때에 이스라엘이 모든 민족들의 미움을 받고 그 민족들이 그들을 칠 것이라고 말합니다. 이것은 계시록 19장의 아마겟돈 전쟁을 말합니다.

> 또 그 날에 내가 예루살렘을 대적하러 오는 모든 민족들을 멸하려고 힘쓰리라. 내가 다윗의 집과 예루살렘 거주민들 위에 은혜의 영과 간구하는 영을 부어 주리니 그들이 <u>나 곧 자기들이 찌른 나를 바라보고</u> 사람이 자기 외아들로 인해 애곡하듯 그로 인해 애곡하며 사람이 자기의 처음 난 자로 인해 쓰라리게 슬퍼하듯 그로 인해 쓰라리게 슬퍼하리라(슥12:9-10).

민족들의 침략을 받아 극도로 어려운 이 시기에 결국 이스라엘은 '자기들이 찌른 나' 즉 초림 때에 십자가에 못 박은 예수님을 바라보고는 쓰라리게 슬퍼하며 회개하게 됩니다. 12장 전체를 편견 없이 읽으면 누구라도 이때가 마지막 때이며 바로 이때에 하나님께서 이스라엘에게 고난을 주시고 결국 그들이 민족적으로 회개하는 것을 알 수 있습니다. 이때의 환난의 정도는 다음과 같이 기록되어 있습니다.

> **주**가 말하노라. 그 온 땅에서 그 안의 삼분의 이는 끊어져 죽을 것이요, 삼분의 일만 그 안에 남을 것인데 내가 그 삼분의 일을 불 가운데로 지나게 하고 은을 정제하듯 그들을 정제하며 금을 단련하듯 단련하리라. 그들이 내 이름을 부르리니 내가 그들의 말을 들을 것이며 나는 말하기를, 이 백성은 내 백성이라, 할 것이요, 그들은 말하기를, **주**께서는 내 하나님이시니이다, 하리라(슥13:8-9).

여기의 '그 온 땅'은 이스라엘 땅입니다. 그때에 거기 사는 사람들의 삼분의 이가 죽고 나머지 삼분의 일은 용광로를 통과하는 시련을 겪다가 결국 예수님을 주 곧 메시아로 맞이하게 됩니다. 이처럼 많은 사람이 한 번에 죽은 일은 이스라엘 역사에서 전무후무합니다. 그래서 이 일은 세상의 창건 이래로 그 민족에게 없던 일입니다.

현재 이스라엘의 인구는 800만 명입니다. 앞으로 계속해서 유대인들의 귀환이 이루어지면 적어도 1,000만 명 이상이 그때에 이스라엘에 살게 될 것입니다. 이 인구의 삼분의 이가 죽으므로 700만 명 규모의 사람들이 이 짧은 기간에 그 땅에서 죽게 됩니다. 2차 세계 대전 때 유럽 전역에서 죽은 유대인들이 약 600만 명이라고 합니다. 그러나 환난기 때에는 이스라엘 안에서만 적어도 700만 명이 죽는 참사가

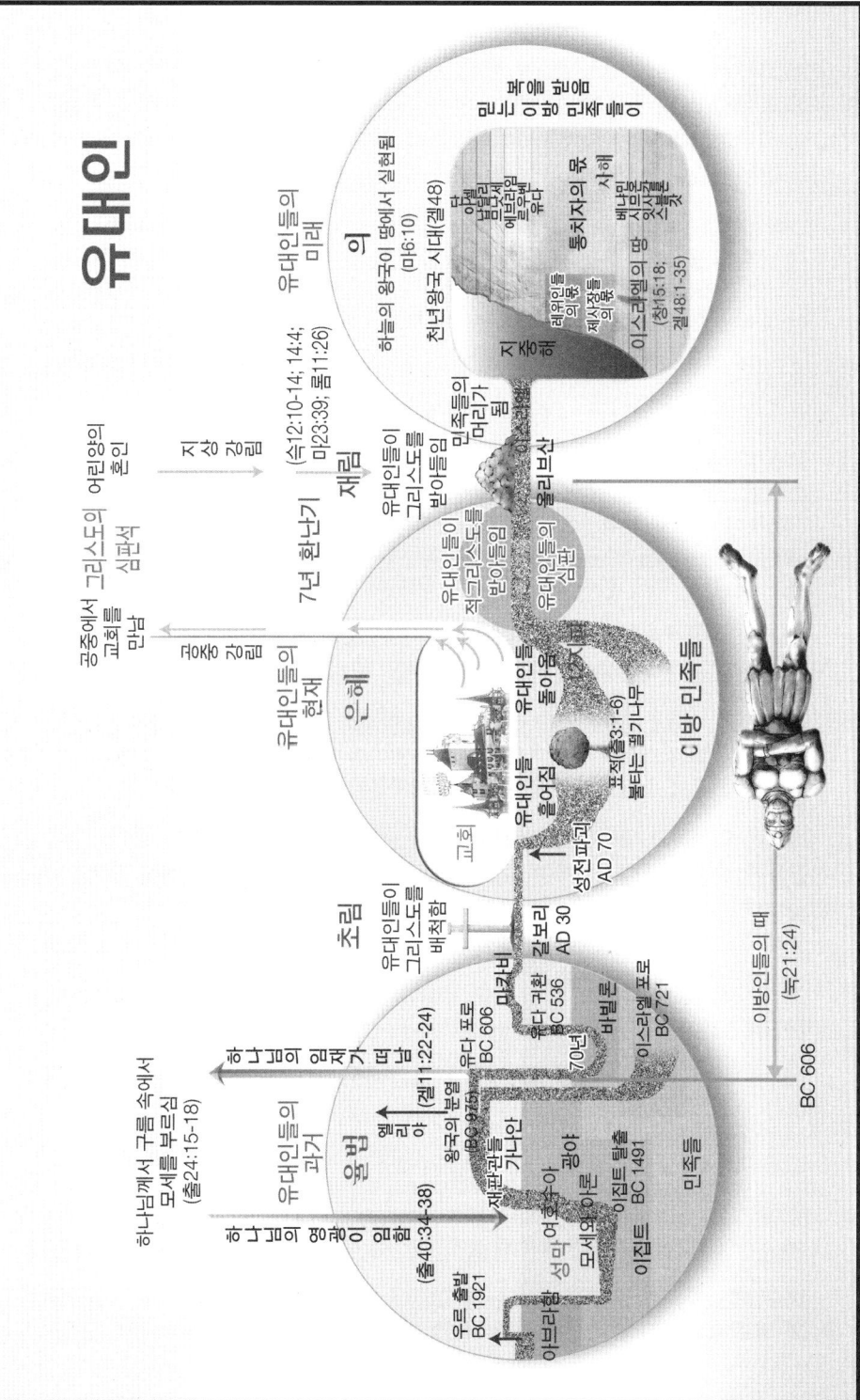

〈유대인〉

일어납니다. 그래서 이스라엘이 당하게 될 이 환난기는 하나님의 진노의 날이요. 무섭고 두렵고 떨리는 날입니다.

이 환난기가 끝나는 때에 우리 주님께서 친히 강림하시는 일이 연이어 14장에 기록되어 있습니다.

> 그때에 주께서 나가사 그 민족들과 싸우시되 전에 전쟁의 날에 싸우신 것같이 하시리라. 그 날에 그분의 발이 예루살렘 앞 동쪽에 있는 올리브산 위에 서실 것이요, 올리브산이 그것의 한가운데서 동쪽과 서쪽으로 갈라지므로 심히 큰 골짜기가 생길 것이며 그 산의 반은 북쪽으로, 그 산의 반은 남쪽으로 이동하리라(슥14:3-4).

올리브산에 발을 디디며 오시는 이 주님은 누구일까요? 부활하신 뒤 올리브산에서 하늘로 올라가신 우리 주 예수님이 아닙니까?

> 그들 [천사들]이 또한 이르되, 너희 갈릴리 사람들아, 너희가 어찌하여 서서 하늘을 바라보느냐? 너희를 떠나 하늘로 들려 올라가신 이 동일한 예수님께서는 너희가 그분께서 하늘로 들어가심을 본 것처럼 그렇게 같은 방식으로 오시리라, 하니라. 그 뒤에 그들이 올리벳이라 하는 산으로부터 예루살렘으로 돌아왔는데 이 산은 안식일에도 다닐 수 있을 만큼 예루살렘에서 가까이 있더라(행1:11-12).

14장의 나머지 부분에는 바로 이 주님께서 이 땅에 천년왕국을 세우는 것이 자세히 기록되어 있습니다. 다니엘서 2장의 표현을 빌리면 다음과 같습니다.

> 이 왕들의 시대에 하늘의 하나님께서 결코 멸망하지 아니할 한 왕국을 세우실 터인데 그 왕국은 다른 백성에게 남겨지지 아니할 것이며 도리어 이 모든 왕국들을 부수어 산산조각 내서 소멸시키고 영원히 서리이다(단2:44).

성경은 단순하고 명백하게 진리를 가르쳐 줍니다. 그러나 칼빈이나 어거스틴 같은 사람들이 성경 기록을 왜곡하며 이런 것들을 영해하여 많은 성도들에게 고통을 주고 있습니다.

침례자 요한은 이 왕국을 예비하기 위해 유대인들에게 회개의 침례를 주었습니다.

> 그 당시에 침례자 요한이 와서 유대 광야에서 선포하여 이르되, 너희는 회개하라. 하늘의 왕국이 가까이 왔느니라, 하였으니(마3:1-2)

예수님도 마귀에게 시험을 받으신 이후에 곧바로 유대인들에게 이 왕국을 제시하셨습니다.

> 그때부터 예수님께서 선포하기 시작하여 이르시되, 회개하라. 하늘의 왕국이 가까이 왔느니라, 하시더라(마4:17).

예수님의 제자들도 오직 이스라엘에게만 이 하늘의 왕국의 복음을 전했습니다.

> 예수님께서 이 열두 사도를 내보내시며 그들에게 명령하여 이르되, 너희는 이방인들의 길로 들어가지 말고 사마리아 사람들의 어떤 도시로도 들어가지 말며 오히려

<u>이스라엘의 집의 잃어버린 양들에게 가라. 너희는 가면서 선포하여 이르되, 하늘의 왕국이 가까이 왔느니라,</u> 하라(마10:5-7).

그러나 당시 유대인들은 이 왕국을 거부하였고 그 이후 전 세계로 떠돌아다니다가 다시 자기들의 조국으로 돌아왔지만 지금도 예수님을 거부하고 있습니다. 그러나 예수님의 재림 전에 이들은 환난기를 통과하면서 온 민족이 회개하고 그분을 메시아로 받아들이게 됩니다(롬11:26). 바로 이 일을 위해 환난기가 필요합니다. 유대인들이 거부했던 하늘의 왕국은 계시록 20장의 천년왕국으로 이 땅에 세워지게 됩니다.

8. 다니엘의 칠십 이레

재림과 휴거 문제에서 가장 중요한 것이 바로 다니엘의 70이레 예언입니다. 위에서 성경 해석의 기본 원리와 환난기의 필요성을 공부했으므로 이제는 모든 것을 정리하여 신약 성도들의 가장 복된 소망 즉 '환난 전 휴거'의 당위성을 제시하려 합니다.

대언자 다니엘은 열다섯 살쯤에 바빌론에 포로로 잡혀왔고 거기서 68년 동안 포로 생활을 했습니다. 지금 노인이 된 상태에서 그는 이 포로 생활이 얼마나 오래갈지 하나님께 여쭙니다. 그리고는 예레미야서를 통해 이 포로 기간이 70년이라는 것을 깨닫게 됩니다(단9:2). 이것을 깨달은 뒤에 그는 9장 3-19절에서 회개하며 이스라엘 민족을 위해 중보 기도를 합니다. 그렇게 간절히 기도를 드리자 하나님께서 보내신 천사 가브리엘이 그에게 와서 능숙함과 깨달음을 줍니다(단9:20-23).

먼저 가브리엘은 유대인들을 향한 하나님의 계획이 70년이 아니라 70이레 (Seventy weeks)라고 가르쳐 줍니다.

24 주께서 네 백성과 네 거룩한 도시에게 칠십 이레를 정하셨나니 이것은 범법을 그치고 죄들을 끝내며 불법에 대하여 화해를 이루고 영존하는 의를 가져오며 환상 계시와 대언을 봉인하고 지극히 거룩하신 분에게 기름을 부으려 하심이라. 25 그러므로 알고 깨달을지어다. 즉 예루살렘을 회복하고 건축하라는 명령이 나가는 때부터 통치자 메시아가 올 때까지 일곱 이레와 육십이 이레가 있을 것이며 참으로 고난의 때에 거리와 성벽이 다시 건축되고 26 육십이 이레 뒤에 메시아가 끊어질 것이나 그것은 그분 자신을 위한 것은 아니니라.………앞으로 올 통치자의 백성이 그 도시와 그 성소를 파괴할 것이요, 그 일의 끝에는 홍수가 있을 것이며 또 그 전쟁이 끝날 때까지 황폐하게 하는 것이 작정되었느니라. 27 그가 많은 사람과 한 이레 동안 언약을 확정할 것이며 그가 그 이레의 한중간에 희생물과 봉헌물을 그치게 하고 가증한 것들로 뒤덮기 위해 심지어 완전히 끝날 때까지 그것을 황폐하게 하리니 작정된 그것이 그 황폐한 곳에 쏟아지리라, 하니라(단9:24-27).

이 말씀은 다니엘의 백성인 유대인들과 그들의 도시 예루살렘에 관한 것입니다. 여기서 '이레'는 한 주를 뜻하므로 70이레는 490일입니다. 그러므로 주님께서는 자신의 백성인 유대인들을 위해 490일을 정해 놓으셨습니다.

예루살렘을 회복하고 건축하라는 명령이 나아가는 때부터 통치자 메시아에 이르기까지 일곱 이레와 육십이 이레 즉 육십구 이레(483일)가 있을 것입니다. 그런데

26절을 보면 그 육십이 이레 뒤에 메시아는 자기가 아닌 타인을 위해 죽습니다. 이것은 명백하게 예수님의 초림 때에 십자가에서 이루신 대속의 죽음을 가리킵니다. 그리고는 갑자기 시간을 뛰어넘어 장차 임하는 통치자가 나오면서 재림의 장면이 나옵니다. 여기서 저는 이것을 강조하기 위해 26절 중간에 ………를 첨가하였습니다. 위에서 언급했듯이 유대인들에게는 초림 다음에 곧바로 재림이 나옵니다. 여기서 다니엘이 뛰어넘은 시간 즉 ………로 표현된 시간이 바로 교회 시대입니다.

그런데 그 뒤를 보면 장차 올 통치자는 메시아가 아닙니다. 그는 적그리스도로서 나머지 한 이레(7일) 동안 유대인들과 언약을 맺었다가 그 이레의 한중간에 즉 3.5일이 지난 뒤에 그 언약을 파기하고는 주님께 희생물 드리는 것을 금하며 황폐하게 하는 가증한 것으로 성소를 더럽힙니다. 그리고 그 끝에는 홍수가 있습니다(계 12:15-16).

다니엘서 12장에는 바로 이때에 천사장 미가엘이 다니엘의 백성인 유대인들을 구원하기 위해 등장합니다.

그때에 네 백성의 자손들을 위해 서 있는 큰 통치자 미가엘이 일어날 것이요, 또 <u>고난의 때가 있을 터인데 그것은 민족이 존재한 이래로 그때까지 결코 없었던 고난일 것이며</u> 그때에 네 백성이 구출을 받되 책에 기록된 것으로 드러난 모든 자가 구출을 받으리라(단12:1).

바로 이때는 이스라엘 민족이 땅에 존재한 이래로 역사상 한 번도 없었던 고난의 때이며 그때에 믿음을 가진 유대인들만 메시아를 영접하고 구원받습니다.

바로 이 내용이 이스라엘의 구원을 다루는 계시록 12장에 나옵니다.

하늘에 전쟁이 있더라. 미가엘과 그의 천사들이 용과 싸우매 용과 그의 천사들도 싸우나 이기지 못하고 또 하늘에서 자기들의 처소를 더 이상 찾지 못하더라…용이 자기가 땅으로 내쫓긴 것을 보고 사내아이를 낳은 그 여자를 핍박하더라(계12:7-8, 13).

계시록 12장의 사내아이는 5절에 있듯이 철장으로 모든 민족들을 다스릴 자 곧 메시아입니다. 물론 그 메시아를 출산한 여인은 이스라엘입니다. 천주교나 개신교처럼 이 여인을 마리아라고 하거나 교회라고 하는 것은 다 거짓입니다. 이 세상의 맨 끝에 있는 환난기에 이스라엘은 마귀의 핍박을 받습니다. 그리고 마귀는 심지어 홍수까지 동원하여 1,260일 동안 즉 3년 반 동안 광야로 피신한 이스라엘을 핍박하는데 이 홍수는 바로 다니엘서 9장에 있는 그 홍수입니다(단9:26; 계12:15-16).

이런 부분에서 교회를 찾으려고 하면 안 됩니다. 이것은 하나님의 왕국 프로그램이지 교회 프로그램이 아니기 때문입니다. 교회 프로그램은 이런 일이 있기 전에 이미 휴거를 통해 완성되었습니다.

우리 주 예수님께서는 이 환난기에 대언자 다니엘이 말한 멸망의 가증한 것이 거룩한 곳에 서리라고 말씀하셨는데 그것이 바로 단9:27이 말하는 바이며 또 위에서도 소개한 바와 같이 살후2:3-5에 있는 대로 적그리스도가 하나님의 성전에 들어가 스스로 하나님이라고 하며 경배를 받는 것입니다.

> 그러므로 주께서 대언자 다니엘을 통해 말씀하신 황폐하게 하는 가증한 것이 거룩한 곳에 서 있는 것을 너희가 보거든 (누구든지 읽는 자는 깨달을지어다.)(마24:15)

자! 그러면 70이레 즉 490일은 얼마의 기간을 뜻할까요? 다시 말해 490일의 하루는 얼마의 기간을 뜻할까요? 우리는 보통 문자 그대로 성경을 읽지만 이런 데의 하루는 그냥 하루가 아님도 알아야 합니다. 이제 그 이유를 설명하겠습니다.

다니엘의 때로부터 얼마의 시간이 지난 뒤 예루살렘을 회복하고 건축하라는 명령이 나아가는 때로부터 통치자 메시아가 와서 죽는 때까지 69이레 즉 483일이 지나갑니다. 사실 여기의 하루를 하루로 계산하면 문제가 풀리지 않습니다. 483일은 유대인들의 1년인 360일을 기준으로 환산하면 1.34년인데 이 기간에 이 모든 일이 일어나는 것은 불가능합니다. 그러므로 여기의 하루를 일주일로 보든지, 한 달로 보든지, 일 년으로 보든지, 100년 혹은 1,000년으로 보아야 문제가 풀리는데 이스라엘과 관련된 구약 성경을 보면 여러 사례에서 하루를 일 년으로 본 경우가 많습니다.

대표적인 사례는 민수기 13-14장에서 모세가 가나안 정탐꾼을 보내자 그들이 정탐을 마치고 돌아와 악한 보고를 하였을 때 하나님께서 40일의 정탐 기간을 40년으로 환산하여 그들이 불법의 짐을 지고 40년간 광야를 떠돌도록 심판하신 일입니다.

> 너희가 그 땅을 탐지한 날수 곧 사십 일의 <u>하루를 일 년으로 환산하여</u> 사십 년 동안 너희가 너희 불법들을 담당할지니 이로써 내가 약속을 깨뜨린 것을 너희가 알리라, 하라(민14:34).

또한 에스겔서 4장 4-6절은 하나님께서 이스라엘과 유다의 불법의 햇수를 날수대로 - 각각 390일과 40일 - 계수하셔서 그들이 불법의 짐을 지게 하면서 각 날을 1년으로 정하시는 일에서도 잘 나타납니다.

> 그것들 [390일]을 채우거든 다시 네 오른쪽 옆구리로 누워 사십 일 동안 유다 집의 불법을 담당하라. 내가 네게 <u>각 날을 일 년으로 정하였느니라</u>(겔4:6).

마찬가지로 다니엘서에서도 하루는 1년을 나타낼 수밖에 없습니다. 그 이유는 예루살렘을 회복하고 건축하라는 명령이 나아가는 때로부터 통치자 메시아가 와서 죽는 때까지의 483일은 역사적인 자료를 볼 때 483년이 될 수밖에 없기 때문입니다.

그러므로 70이레 즉 70주는 원래 490일인데 1일을 1년으로 계산하면 유대인들의 죄 문제를 완전히 해결하는 데 490년이 필요함을 알 수 있습니다. 다니엘이 이 예언을 받을 때는 BC 540년경입니다. 그러므로 하나님께서는 BC 540년 이후의 어느 시점에서 예루살렘을 회복하라는 명령이 떨어지고 그때로부터 69이레 즉 483년이 지나면 메시아가 죽을 것이라고 말씀하십니다.

메시아이신 예수님의 십자가 처형은 AD 27-33년경에 있었습니다. 이때로부터 476년[4]을 빼면 BC 449-443년이 됩니다. 우리는 역사 기록을 통해 BC 449-443년경의 느헤미야 시대에 예루살렘 성벽을 쌓으라는 명령이 있었음을 알 수 있습니다(느

2:1-8). 이런 연대들을 정확히 아는 것은 큰 의미가 없기에 하나님께서는 심지어 예수님의 출생 시기나 처형 시기도 정확히 알려주지 않으셨습니다.

다만 한 가지 확실한 것은 다니엘의 환상 이후에 유대인들이 예루살렘으로 돌아간 뒤 예루살렘 성벽을 보수하라는 명령이 떨어진 시점부터 예수님의 죽음까지 69이레 즉 483년(태양력으로 476년)이 지나갔다는 것입니다. 이런 시간 프레임을 종합적으로 살펴보면서 우리는 다니엘의 70이레 해석을 위해 하루를 1년으로 계산하는 것이 지극히 합당함을 자연스럽게 알 수 있습니다. 그러므로 이제 유대인들에게 남은 것은 한 이레 즉 7년입니다. 여러 역사학자들은 예수님께서 BC 4년경에 출생해서 AD 30년경에 십자가에서 죽으셨다고 말합니다. 이 경우 예루살렘을 회복하라는 명령은 BC 445년에 느헤미야의 청원을 받아들인 아닥사스다 왕에 의해 내려진 칙령으로 볼 수 있습니다(느2:1-8). 이때로부터 메시아가 십자가에서 죽은 AD 30년까지는 484년이지만 기원전 1년과 기원후 1년은 2년이 아니라 1년이므로 1년을 빼면 483년(태양력으로 476년)이 됩니다.[5]

이 모든 것을 정리하면 다음과 같습니다. 유대인들에게는 70이레의 490년 중 69이레(483년)가 이미 지나갔고 마지막 한 이레 즉 7년만 남아 있습니다. 69이레 이후부터 70째 마지막 이레가 시작될 때까지의 공백기는 '이방인들의 충만함이 이루어지는 때' 즉 교회 시대입니다. 마지막 한 이레는 물론 7년 환난기이며 이것이 끝날 때 유대인들은 민족적으로 회심하게 됩니다. 그리고 그 이후에 천년왕국이 이어집니다.[6]

70이레는 원칙적으로 다니엘의 백성인 유대인들에게 해당되므로 신약 교회나 신약 성도와는 아무런 관련이 없습니다. 즉 유대인들의 왕국 프로그램과 신약의 교회 프로그램은 결코 서로 겹치지 않습니다. 다만 유대인들에게 계시되지 않은

---

4) 원래는 69이레에 해당하는 483년을 빼야 하지만 성경의 1년은 360일이고 태양력의 1년은 365.25일이므로 유대인들의 483년은 태양력으로 476년이다.

5) 지금부터 100년 전에 영국의 성경학자 Robert Anderson은 자신의 저서 〈Coming Prince〉에서 다니엘의 70이레가 490년임을 가장 먼저 확실하게 증명하였다. 그 뒤로 Clarence Larkin은 〈Rightly Dividing the Word〉에서 이것을 확증하였다. 또한 최근에는 Harold W. Hoehner가 〈Chronological Aspects of the Life of Christ〉에서 이것을 논증하였다. 그러나 예수님의 출생 연도와 예루살렘 성벽의 중건 명령이 내려진 때를 아무도 정확히 알지 못하므로 이들이 추정한 이 두 사건의 연도는 서로 조금씩 다르다. 다만 확실한 것은 70이레의 490일이 490년이 되어야만 이 모든 것이 역사적으로 가능하며 따라서 나머지 한 이레는 7년이 되어야 한다는 것이다. 바로 여기서 환난기가 7년으로 정해지며 그래야 그 이레의 후반부 3년 반이 다니엘의 '한 때와 두 때와 반 때'(단12:7) 또 계시록의 1,260일, 마흔 두 달, 그리고 '한 때와 두 때와 반 때'(계12:6, 14; 계13:5 등)와 일치한다. 다니엘서는 봉인된 책이고 계시록은 봉인이 열린 책이다. 그러므로 계시록이 '한 때와 두 때와 반 때'를 1,260일이라고 해석해 주므로 우리는 역으로 다니엘서의 '한 때와 두 때와 반 때' 역시 1,260일이며 따라서 70이레는 490년임을 확신할 수 있다.

6) 이에 대해 더 자세히 알기 원하면 〈성경 바로 보기〉와 〈요한 계시록 바로 알기〉를 참조하기 바란다.

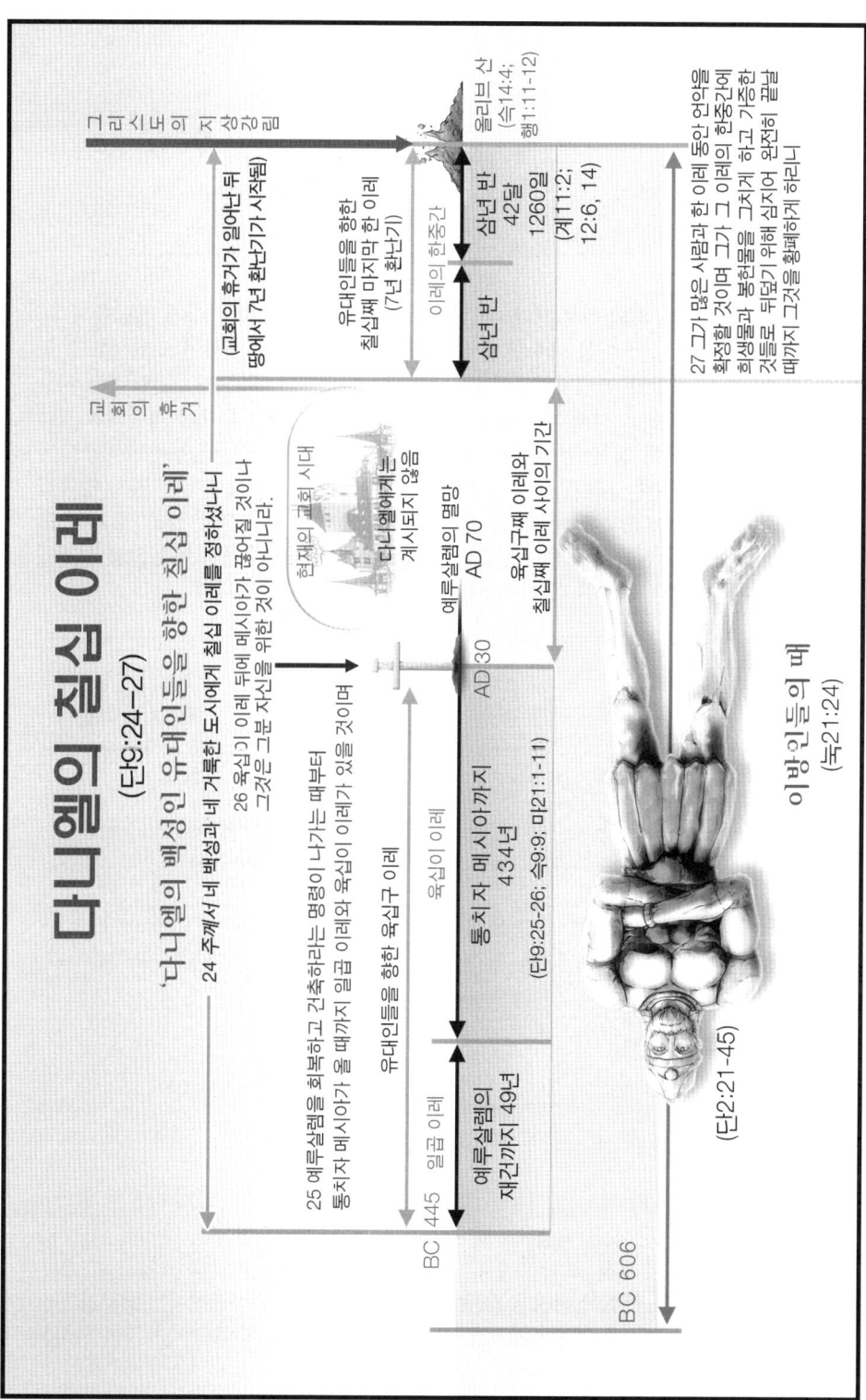

〈다니엘의 칠십 이레〉

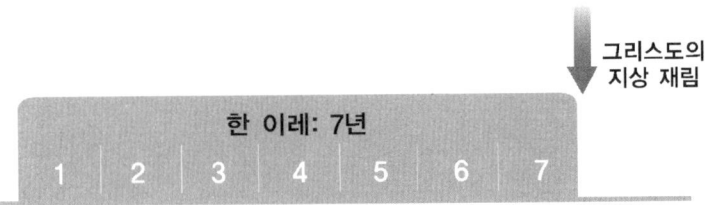

공백기 즉 62이레 후의 공백기가 바로 우리 이방인들의 교회 시대에 해당합니다. 이 기간에 교회의 신랑이신 예수님께서는 승천하셔서 자신의 신부인 교회 성도들을 위해 처소를 준비하고 계십니다(요14:1-3). 이 공백기가 끝나면서 신랑이신 예수 그리스도께서 공중에 오셔서 자신의 신부를 데리고 올라가시면 유대인 역사의 마지막 한 이레인 7년이 이 땅에 임하게 됩니다. 바로 그 기간에 하늘에서는 그리스도의 신부에게 보상을 주는 그리스도의 심판석의 심판이 열리고, 땅에서는 믿지 않다가 환난기에 들어간 유대인들과 이방인들에 대한 환난기가 시작됩니다. 한편 적그리스도는 환난기 시작 후 3년 반 되는 때에 이스라엘과의 언약을 깨면서 예루살렘 성전에 들어가 자기를 가리켜 하나님이라 하며 경배를 요구할 것입니다.

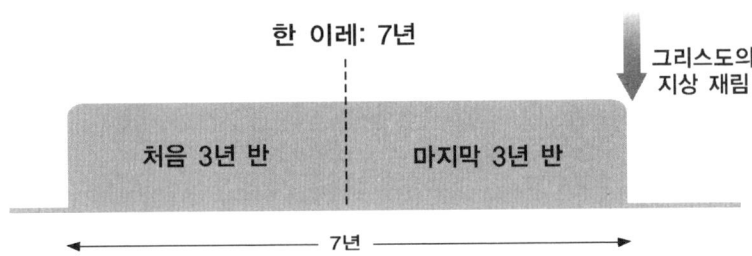

유대인들이 실제로 극심한 고통을 겪는 후반부 3년 반은 '대환난'(Great tribulation)이라고도 불리며 성경은 이 기간을 다음과 같이 여러 가지로 표현합니다.

1. 1,260일(계12:6,14)
2. 마흔 두 달(계11:2; 13:5)
3. 한 때, 두 때, 반 때(계12:14) – 한 때는 1년이고 두 때는 2년이며 반 때는 반년이므로 모두 3년 반이다.
4. 짧은 때(계12:12)

이처럼 다니엘서의 예언은 매우 구체적이고 수학적으로 되어 있기 때문에 알고자 하는 사람에게는 모든 것을 확실하게 해 주는 구체적인 증거가 됩니다. 우리가 환난기를 포함해서 재림과 휴거를 포함한 인류의 마지막 역사를 확신 있게 조명할 수 있는 것은 이렇게 신구약 성경의 여러 조각들이 마치 퍼즐처럼 딱 맞아떨어지기 때문입니다. 성경의 전체적인 증거들을 입체적으로 살펴보지 않고 한두 곳에서 자신들이 원하는

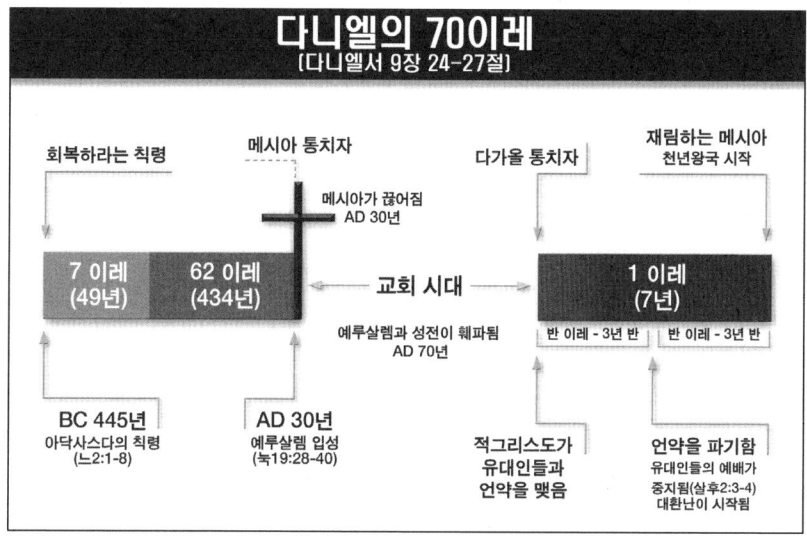

구절을 이용해 교리를 만드는 이단들을 우리는 조심해야 합니다. 하나님께서 보존해 주신 절대무오한 킹제임스 성경과 단순히 그 안의 기록들을 믿는 믿음을 가지고 맑은 정신으로 말씀을 겸허하게 연구하고 풀어 가려는 자세를 가지면 하나님께서 이런 진리를 드러내 주실 것입니다.

위의 그림은 이 모든 것을 요약해서 정리한 것입니다. 이 그림을 잘 이해하면 구약의 이스라엘을 위한 490년 프로그램을 알게 되고 그중 마지막 7년 환난기는 신약 교회와 아무 상관이 없음을 확신할 수 있습니다.

환난기에 대해 요약하면 다음과 같습니다. 교회가 휴거되어 하늘로 올라간 이후에 적그리스도가 등장해서 환난기의 전반부 3년 반 동안 이스라엘을 보호해 준다고 언약을 맺습니다. 이 기간에 유대인들에게는 레위 제사장 체계가 형성되어 그들은 구약 시대처럼 성전에서 희생 예물을 바칩니다. 그런데 이스라엘과 언약을 맺은 뒤 정확히 3년 반 되는 시점에서 적그리스도는 성전에 들어가 자기가 하나님이라고 선포하며 자기를 섬기라고 요구합니다.

그제야 잘못을 깨달은 이스라엘은 광야로 도피하게 되고 적그리스도는 이스라엘을 핍박하는데 그 핍박은 이스라엘이 민족이 된 이래로 한 번도 경험한 적이 없는 유일무이한 핍박이 될 것입니다. 후반부 3년 반의 대환난기에 유대인들의 삼분의 이가 죽게 되고 7년이 차서 예수님이 재림하시면서 적그리스도의 통치는 끝나며 믿음을 가진 이스라엘은 구원을 받습니다. 그래서 주님은 끝까지 견디는 자는 - 여기도 문맥으로 보면 유대인임 - 구원을 받으리라고 하셨습니다(마24:13). 물론 여기의 '끝'은 죽음을 뜻하는 목숨의 끝이 아니라 환난기의 끝입니다. 마태복음 24장 14절에 '끝'의 의미가 나와 있습니다. 이로써 사도 바울의 로마서 말씀이 성취됩니다.

형제들아, 너희가 스스로 지혜로운 것으로 여기지 않게 하기 위하여 이 신비에 대해 너희가 모르기를 내가 원치 아니하노니 그것은 곧 이방인들의 충만함이 들어올 때까지 일부가 눈머는 일이 이스라엘에게 일어났다는 것이라. 이런 식으로 온 이스라엘이 구원을 받으리라. 이것은 기록된 바, 시온에서 구출자가 나와 야곱에게서 하나님의 성품에 위배되는 것을 치워 버리리니 내가 그들의 죄들을 제거할 때에 이것이 그들을 향한 내 언약이니라, 함과 같으니라(롬11:25-27).

사도 바울은 로마서 9-11장에서 이스라엘 백성의 미래에 대해 이야기해 줍니다. 그런데 교회를 오래 다녔지만 로마서 9-11장을 이해하지 못하는 분들이 매우 많습니다. 그 이유는 많은 목사들이 이 부분을 영해해서 가르치기 때문입니다. 여기의 핵심은 마지막 때에 믿음을 가진 이스라엘이 환난기를 거친 뒤 구출 받아 하나님의 백성이 된다는 것입니다. 비록 지금의 신약 시대에는 이스라엘의 일부가 눈머는 일이 생기지만 결국 그들은 이방인들의 충만함이 이른 뒤에 즉 교회 시대가 끝난 뒤에 민족적으로 구원을 받습니다.

이방인들의 사도인 바울은 자기 민족의 구원에 대해 깊은 관심을 가졌고 이에 하나님께서는 그를 통해 이스라엘의 미래를 정확히 보여 주셨습니다. 수십 차례 로마서를 읽은 목사들 중에도 이것을 발견하지 못하는 경우가 많은데 그 이유는 신학교에서 배운 칼빈주의와 무천년주의라는 두꺼운 비늘이 그들의 눈에 끼어 있기 때문입니다. 이 비늘을 제거하지 않는 한 어느 누구도 하나님의 경륜을 바로 볼 수 없습니다. 교단이나 전통 혹은 교주가 만들어 준 비늘을 제거하고 평이하게 상식적인 눈으로 로마서 9-11장을 읽으면 누구라도 동일한 결론에 다다를 것입니다.

이렇게 이스라엘이 구원받은 뒤에 일어날 일들이 다니엘서 12장에 있습니다.

날마다 드리는 희생물이 제거되고 황폐하게 하는 가증한 것이 세워질 때부터 <u>천이백구십 일</u>이 있으리라. 기다려서 <u>천삼백삼십오 일</u>에 다다르는 자는 복이 있도다. 그러나 너는 끝이 올 때까지 네 길로 가라. 네가 안식하다가 그날들의 끝에 네 몫으로 정해진 곳에 서리라(단12:11-13).

날마다 드리는 희생물을 제거하며 황폐하게 하는 가증한 것을 세우는 때로부터 1,260일이 지나면 주님의 재림이 이루어집니다. 그리고 그 이후에 30일은 성전을 정화하는 기간으로 보면 됩니다(11절의 1,290일). 그리고 그 이후의 45일은 천년왕국에 들어가는 이방 민족들을 심판하는 때로 볼 수 있습니다. 요엘서 3장과 마태복음 25장 후반부에는 양과 염소 민족들을 나누는 심판이 있습니다. 이 모든 것이 끝나면서 믿음을 갖고 끝까지 살아남은 유대인들과 이방인들이 육체를 입고 천년왕국에 들어가게 됩니다(67쪽 그림 참조). 그리고 이때에 다니엘, 다윗 같은 구약 성도들이 부활하여 자기 지파에게 부여된 상속 유업 땅에 설 것입니다(단12:13). 물론 욥과 같은 이방인들도 당연히 이때에 부활합니다(욥19:25-27).

환난기의 주요 인물

환난기를 주도하는 주연급 인물들은 다음과 같습니다.

- 죄의 사람(짐승 혹은 적그리스도라 불림, 계13:1-10; 살후2장)
- 거짓 대언자(둘째 짐승으로 불림, 계13:11-18)
- 용(혹은 마귀, 계12장)
- 심판자 하나님(계6, 8, 9, 16장)
- 이스라엘 민족(혹은 여자, 계12장)
- 세상의 여러 나라들(슥12:9; 14:2)
- 오실 왕(계4-5장; 19:11-16)

환난기 동안에 등장하지 않는 것이 하나 있는데 그것은 '교회'입니다. 하나님은 요한계시록 3장 10절에서 세상에 임할 환난과 고통의 때로부터 교회를 분리시켜 지키겠다고 약속하셨습니다. 이후부터 요한계시록 4-19장까지는 환난기에 대한 내용입니다. 그러므로 교회가 이미 휴거되어 없으므로 이 부분에서는 교회에 대한 언급이 하나도 없습니다(계4-19장). 물론 '교회'라는 단어도 발견할 수 없습니다. 왜냐하면 예수 그리스도께서 환난 전에 교회를 하늘로 데려가실 것이기 때문입니다.

환난기에도 소망이 있는가?

휴거 이전에 예수 그리스도를 거부한 사람들은 휴거 이후에도 구원받을 수 없다고 가르치는 사람들이 있습니다. 이것은 곧 한 번 구원을 거절한 사람에게는 이후에 다시는 구원의 소망이 없다는 것입니다. 그들은 이것에 대한 근거로 데살로니가후서 2장 10-12절을 듭니다. 그들은 휴거 이전에 한 번도 복음을 들어 보지 못한 사람만 환난기 동안 구원받을 수 있다고 말합니다.

하지만 데살로니가후서 2장 10-12절은 실제 그런 내용이 아닙니다. 즉 그것은 휴거 이전에 진리를 거절했던 사람들에 대한 말씀이 아닙니다. 그것은 환난기에 진리를 거절하는 사람들에 대한 말씀입니다. 이들은 고의로 죄의 사람을 따르기로 작정한 자들입니다(살후2:3-9). 그들은 진리를 거부하고 거짓말 즉 죄의 사람을 경배해야 한다는 거짓말을 믿습니다. 그들은 의도적으로 짐승의 표를 받고 죄의 사람을 경배합니다. 이런 자들은 결국 짐승의 표를 받고(계14:9) 하나님의 진노를 받습니다(계14:10-11). 환난기 동안 의도적으로 죄의 사람에게 자신을 내맡긴 자들은 모두 심판과 정죄를 받습니다(살후2:12). 결국 데살로니가후서 2장 10-12절의 등장인물들은 흑과 백이 너무나도 분명히 드러나는 때에 진리를 거절한 사람들을 말합니다.

이때에 사람들은 하나님께 경배하든지(계14:6-7), 죄의 사람에게 경배하든지(계14:9-11) 둘 중 하나를 택해야 합니다.

동시에 우리는 다음에 나오는 내용들을 신중히 기억해야 합니다.

1. 인류 역사의 어느 때를 살든지 진리를 거절하면 매우 위험하다.
2. 구원의 때는 오늘이지 내일이 아니다. 오늘 구원받지 않으려 하는데 내일 구원받을 수 있으리라 누가 보장하겠는가?

3. 오늘날같이 그리스도를 믿는 일이 어렵지 않은 때 즉 핍박이 거의 없는 때에도 안 믿으려 하는 사람이 예수님을 믿는 일이 어려운 때 즉 믿는 자들이 극심한 핍박을 겪는 환난의 시기에 믿으려 하겠는가? 그때에는 많은 사람이 믿음을 지키려다 순교할 것이다. 오늘 복음을 거절하면 내일도 그럴 것이다. 휴거 이전에 복음을 거절한 사람이 장차 환난기 때 죄의 사람을 경배할 가능성이 높다. 오늘의 불신자는 대개 내일의 불신자로 남기 때문이다.
4. 우리는 한 때 진리를 강력히 거절한 사람도 하나님께서 구원하실 수 있으리라 생각한다. 누구든지 회개하고 하나님의 아들과 그분의 말씀을 믿으면 구원받을 수 있다. 다소의 사울을 생각해 보라!
5. 지금 구원을 받아야 한다! 앞에서 배운 환난기가 바로 내일 일어날 수도 있다는 것을 기억하라. 휴거는 현시대에 언제든지 일어날 수 있다. 그리고 곧장 환난기가 시작될 것이다!

만일 그리스도께서 오늘 믿는 이들에게 오신다면(요14:3; 살전4:13-18) 당신도 하늘로 올라갈 준비가 되어 있습니까? 확실히 구원받았습니까? 영원한 생명이 있음을 확신하십니까? 미래를 맞을 준비가 되어 있습니까? 그렇지 않다면 여러분의 목사님이나 성경 교사에게 찾아가기 바랍니다. 그들이 도움을 줄 것입니다.

9. 마태복음 24-25장

우리는 마태복음 24장에 대해서도 정확히 알아야 합니다. 마태복음은 유대인들의 왕(마2:2)으로 태어나신 예수님께서 여러 가지 왕국의 표적들을 보여 주시면서 줄기차게 유대인들에게 하늘의 왕국을 주겠다고 제안하시지만 그들이 이 제안을 공식적으로 거부하고(마23장) 곧바로 환난기로 들어가는 것을 보여 줍니다(마24-25장). 따라서 우리가 명심해야 할 것은 마태복음 24-25장에는 교회가 나오지 않는다는 점입니다. 예수님의 제자들은 은밀히 그분께 와서 물었습니다.

> 그분께서 올리브산에 앉아 계실 때에 제자들이 은밀히 그분께 와서 이르기를, 우리에게 말씀해 주소서. 어느 때에 이런 일들이 있으리이까? 또 주께서 오시는 것의 표적과 세상 끝의 표적이 무엇이리이까? 하니(마24:3)

여기서 제자들은 주님이 다시 오실 때에는 어떤 일이 있을지 또 세상 끝에는 어떤 일이 있을지 물었습니다. 예수님이 가르쳐 주신 그때의 표적 중 하나는 다음과 같습니다.

> 그때에 그들이 너희를 넘겨주어 고통받게 하고 너희를 죽이리니 너희가 내 이름으로 인해 모든 민족들에게 미움을 받으리라(마24:9).

여기의 '너희'는 당연히 유대인들입니다. 그들이 모든 민족들에게 미움을 받습니다. 모든 민족들로 구성된 신약 성도들은 결코 여기의 '너희'가 될 수 없습니다. 이것은 누가복음에도 잘 나와 있습니다.

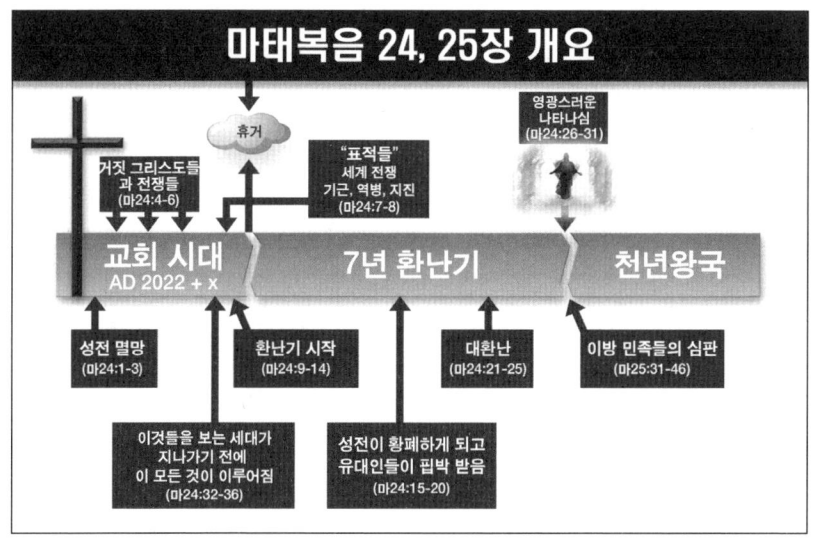

> 더욱이 그 날들에는 아이 밴 자들과 젖 먹이는 자들에게 화가 있으리로다! 그 땅에 큰 고난이 있겠고 이 백성에게 진노가 있으리라. 또 그들이 칼날에 쓰러지고 모든 민족들에게 포로로 잡혀갈 것이며 예루살렘은 이방인들의 때가 찰 때까지 이방인들에게 짓밟히리라(눅21:23-24).

여기의 '이 백성'과 '그들'은 이스라엘 백성입니다. 또 그들이 거하는 그 땅 즉 팔레스타인 땅에 큰 고난이 있습니다. 그러므로 이런 구절들을 신약 교회에 적용하는 것은 성경을 왜곡하는 것입니다. 이것은 또한 계시록에서도 증명됩니다.

> 또 내가 막대기 같은 갈대를 받았는데 그때 그 천사가 서서 이르기를, 일어나 하나님의 성전과 제단과 그 안에서 경배하는 자들을 측량하되 성전 밖에 있는 뜰은 내버려 두고 측량하지 말라. 그것이 이방인들에게 주어졌으므로 그들이 그 거룩한 도시를 마흔두 달 동안 발로 짓밟으리라(계11:1-2).

7년 환난기의 후반부 3년 반 즉 마흔두 달 동안 이방인들이 예루살렘을 짓밟을 것입니다. 그러므로 이 위험한 때에 다니엘이 말한 멸망의 가증한 것이 성전에 서면 '유대에 있는 자들'은 산들로 도망가야 합니다(마24:16). 물론 '유대에 있는 자들'은 당연히 유대인들입니다. 어떻게 '유대라는 특정 지역에 있는 자들' 즉 팔레스타인 땅에 거하는 자들이 신약 교회 성도들이 될 수 있습니까?

> 그러나 너희의 도피하는 일이 겨울이나 안식일에 일어나지 않도록 너희는 기도하라. 그때에 큰 환난이 있을 터인데 세상이 시작된 이래로 이때까지 그런 환난이 없었고 이후에도 결코 없으리라(마24:20-21).

여기 나오는 '그들'은 또한 안식일을 지키는 자들입니다. 그러므로 그들은 유대인들입니다. 또한 유대의 겨울은 추우므로 그들의 도피하는 일이 겨울에 일어나면 많은 사람이 죽기 때문에 그것을 피할 수 있도록 기도하라고 주님은 말씀하십니다. 이스라엘은 북반구에 있으므로 유대 지방이 겨울이면 호주나 뉴질랜드 같은 남반구 국가들은 여름입니다. 그러므로 이런 말씀은 오직 유대라는 지역에 거하며 안식일을 지키는 유대인들에게만 해당됩니다. 바로 이때가 혹독한 심판이 임하는 후반부 3년 반이고 주님께서는 21절에서 이것을 '큰 환난'이라고 하십니다. 이렇게 혹독한 환난기가 끝나면서 천체들의 변화가 생긴 뒤 곧바로 주님께서 올리브산에 강림하십니다.

> 그 날들의 환난 뒤에 즉시 해가 어두워지고 달이 자기 빛을 내지 아니하며 별들이 하늘에서 떨어지고 하늘들의 권능들이 흔들릴 것이며 그때에 사람의 아들의 표적이 하늘에 나타나겠고 그때에 땅의 모든 지파들이 애곡하며 사람의 아들이 권능과 큰 영광을 가지고 하늘의 구름들 가운데서 오는 것을 보리라(마24:29-30).

마태복음 24장뿐만 아니라 25장도 마24:3에 있듯이 주님께서 오시는 때와 세상 끝의 일들을 이야기합니다. 그러므로 마태복음 25장의 열 처녀 비유도 바로 이때의 일입니다.

> <u>그때에</u> 하늘의 왕국은 자기 등잔을 가지고 신랑을 맞으러 나간 열 처녀에 비할 수 있으리라(마25:1).

열 처녀 비유를 언급하면서 기름을 성령님이라고 하고 성령님이 떠나가면 등불이 꺼지므로 힘써서 끝까지 기름을 준비해야 한다고 가르치는 것은 큰 오류입니다. 신약 시대에는 성령님께서 각 성도 안에 영원토록 내주하시므로 기름이 떨어져서 즉 성령님이 소멸돼서 등불이 꺼지는 일은 결코 없습니다. 열 처녀 비유의 시작에 '그때에'라는 말을 보면 이것이 마태복음 24장에 이어서 나오는 주님의 재림 때의 일임을 누구라도 알 수 있습니다.

환난기에 살아남은 이방인들의 심판

마태복음 25장 31-46절에는 예수님께서 친히 천년왕국에 들어갈 이방 민족들을 분리하시는 일이 기록되어 있습니다. 잘 아시다시피 천년왕국에는 육체를 입은 자들이 들어가서 아기를 낳습니다. 공중으로 휴거받아 순식간에 영화로운 몸으로 변화된 신약 시대 교회 성도들은 더 이상 아기를 낳지 못합니다. 이사야서를 보면 이때에는 사람의 수명이 창세기 초반부의 사람들처럼 거의 1,000년이나 되면서 나무의 수명과 비슷해집니다.

> 그때부터는 날수가 많지 않은 어린 아기나 자기 날들을 채우지 못한 노인이 다시는 없으리니 이는 아이가 백 세에 죽을 것이기 때문이라. 그러나 죄인은 백 세가 되어도 저주받은 자가 되리라…그들이 지은 곳에 다른 사람이 거주하지 아니하겠고 그들이 심은 것을 다른 사람이 먹지 아니하리니 이는 내 백성의 날수가 나무의 날수와 같고 내가 선택한 자들이 자기 손으로 일한 것을 길이 누릴 것이기 때문이라(사65:20, 22).

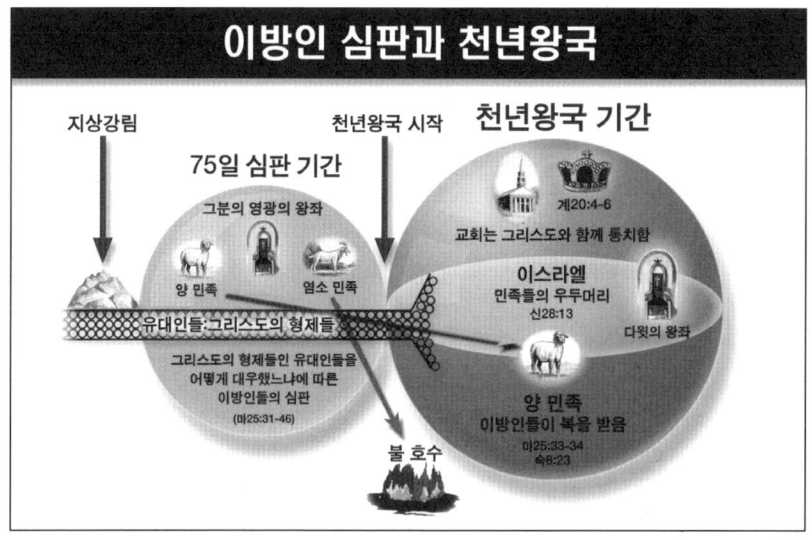

　환난기를 통과한 이방인들 가운데 믿음 없이 도피하여 살아남은 사람들은 마태복음 25장의 양과 염소 민족의 심판을 통해서 곧장 지옥 불 속에 들어가고 믿음으로 선한 행위를 보인 자들은 영존하는 왕국 즉 천년왕국을 소유합니다.

　그때에 왕이 자기 오른쪽에 있는 자들에게 이르되, 오라, 내 아버지께 복 받은 자들아, 너희는 세상의 창건 때부터 너희를 위해 예비된 왕국을 상속받으라(마25:34).

　이런 식으로 환난기에 믿음을 가지고 끝까지 견디며 메시아 예수님을 영접한 유대인들과 또 믿음을 가지고 이 유대인들을 도와주며 살아남은 이방인들이 천년왕국에 들어가 자식들을 낳습니다. 처음에 왕국에 들어간 자들은 100% 구원받은 자들이지만 이들의 자식들 가운데는 그렇지 못한 자들이 있습니다. 그래서 이사야서 65장 20절은 이런 자들을 죄인이라고 하고 천년왕국의 끝에 마귀는 이들을 규합하여 주님을 대적하지만 결국 이 모든 무리는 지옥 불 속으로 던져집니다.

　이때에 교회 성도들은 영화로운 몸을 입고 주 예수 그리스도와 함께 통치합니다. 이스라엘은 신명기 28장 13절에 있는 것처럼 민족들의 우두머리가 되며 천년왕국에 거하는 이방인들은 반드시 장막절을 지켜야 합니다.

　참으로 많은 백성들과 강한 민족들이 와서 예루살렘에서 군대들의 **주**를 찾고 **주** 앞에서 기도하리라. 군대들의 **주**가 이같이 말하노라. 그 날들에 민족들의 모든 언어들 중에서 열 사람이 나와서 붙들되 곧 유대인인 사람의 옷자락을 붙들고 말하기를, 우리가 너희와 함께 가리니 하나님께서 너희와 함께 계심을 우리가 들었노라, 하리라, 하시니라(슥8:22-23).

　예루살렘을 대적하러 왔던 모든 민족들 중에서 남아 있는 모든 자가 참으로 해마다 올라와 그 왕 곧 군대들의 **주**께 경배하며 장막절을 지키리라(슥14:16).

또 이스라엘의 지형이 바뀌면서 예루살렘 성전의 동편에서 생수가 흘러나가 죽어 있던 사해를 살려서 많은 물고기들이 거기 거하게 됩니다. 또한 사막들도 살아나게 됩니다.

그때에 그가 내게 이르되, 이 물들은 동쪽 지역을 향해 흘러나와 사막으로 내려가서 바다 [사해]로 들어가리니 그것들이 바다로 들어가면 그 물들이 치유되리라. 그 강들이 다다르는 곳마다 살아서 움직이는 모든 것이 살 것이며 또 물고기가 심히 많으리니 이는 이 물들이 거기에 다다르므로 그것들이 치유될 것이기 때문이라. 그 강이 다다르는 곳에서는 모든 것이 살리라(겔47:8-9).

또한 팔레스타인 지방의 지형들도 크게 변하며 찬송가에 있듯이 황무지가 장미꽃같이 됩니다.

모든 골짜기가 돋우어지고 모든 산과 작은 산이 낮아지며 구부러진 곳이 곧게 되고 험한 곳이 평탄하게 될 것이요, **주**의 영광이 나타나고 모든 육체가 함께 그것을 보리라. **주**의 입이 그것을 말씀하셨느니라(사40:4-5).

광야와 적막한 곳이 그것들로 인해 기뻐하고 사막이 즐거워하며 장미같이 피되 무성하게 피어 기쁨과 노래로 즐거워하겠고 레바논의 영광과 갈멜과 샤론의 뛰어난 것을 얻으리라. 그들이 **주**의 영광과 우리 하나님의 뛰어나심을 보리로다(사35:1-2).

메시아가 나타나면서 사35:2; 40:5에 있듯이 모든 육체가 그분을 보는 때가 바로 이때입니다. 욥도 이때에 대해 증언하면서 자신의 부활에 대해 언급하였습니다.

내 구속자께서 살아 계시며 마지막 날에 그분께서 땅 위에 서실 것을 내가 아노라. 내 살갗이 없어진 뒤 벌레들이 이 몸을 멸할지라도 내가 여전히 내 육체 안에서 하나님을 보리라(욥19:25-26).

에덴동산 때부터 노아의 홍수 이전까지는 모든 짐승이 풀을 먹었고 짐승을 죽이는 일이 없었습니다. 마찬가지로 천년왕국 때에도 짐승들이 다시 풀을 먹게 됩니다.

이리도 어린양과 함께 거하고 표범이 염소 새끼와 함께 누우며 송아지와 젊은 사자와 살진 짐승이 함께 있어 어린아이가 그것들을 인도하고 암소와 곰이 함께 먹으며 그것들의 새끼들이 함께 눕고 사자가 소처럼 풀을 먹으며 젖 먹는 아이가 독사의 구멍에서 놀고 젖 뗀 아이가 독사의 굴에 손을 넣으리라. 그것들이 나의 거룩한 산 모든 곳에서 상하게 하거나 멸하지 아니하리니 이는 물들이 바다를 덮는 것같이 **주**를 아는 지식이 땅에 충만할 것이기 때문이니라(사11:6-9).

이리와 어린양이 함께 먹고 사자가 수소처럼 짚을 먹으며 흙이 뱀의 양식이 되리니 나의 거룩한 산 모든 곳에서 그것들이 해치거나 멸하지 아니하리라. **주**가 말하노라(사65:25).

이런 구절에 나오는 짐승들을 '영적 짐승'으로 만들면 안 됩니다. 성경에 있는

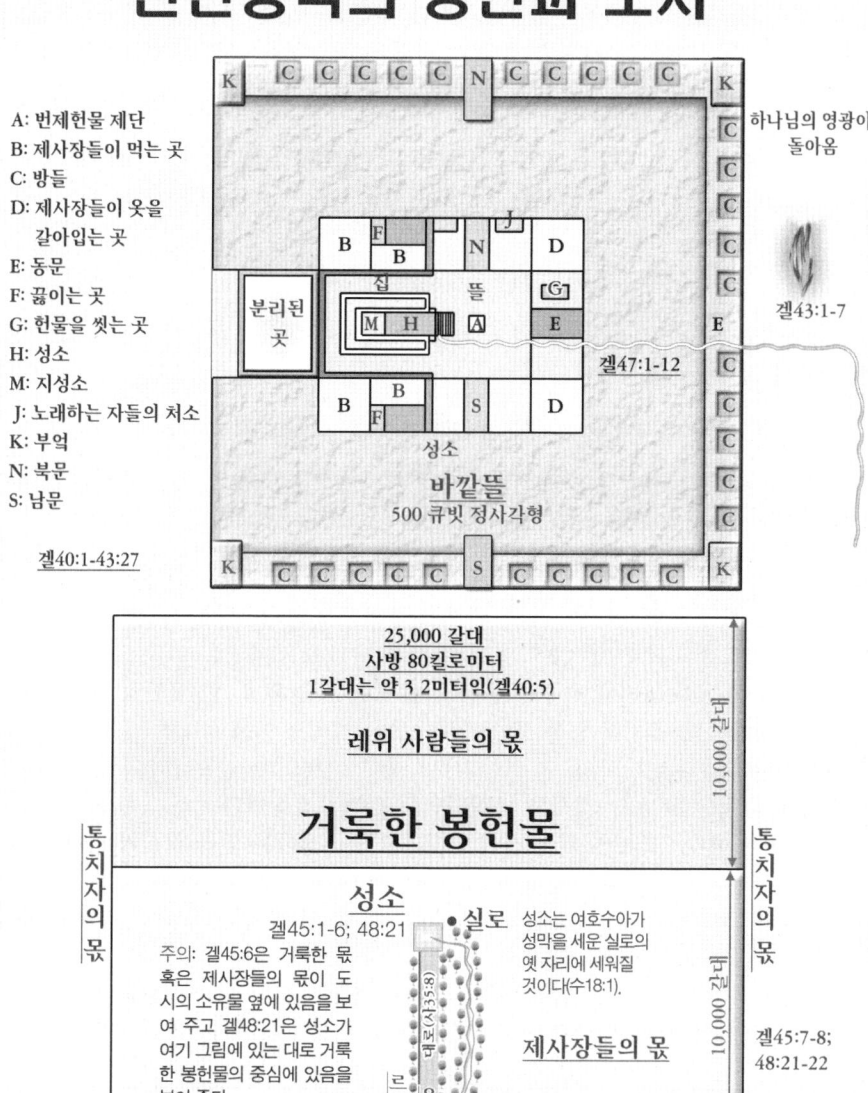

〈천년왕국의 성전과 도시〉

그대로 믿어야 합니다. 이런 일이 이 땅에서 실제로 일어납니다.
또한 이때에는 사11:9에서 언급된 것처럼 하나님을 아는 지식이 온 세상에 충만하게 되므로 어떤 사람이 하나님의 말씀을 대언한다고 하면 그는 죽임을 당합니다.

물들이 바다를 덮는 것같이 땅은 주의 영광을 아는 지식으로 가득 차리라(합2:14).

어떤 사람이 여전히 대언을 하면 그를 낳은 그의 아버지와 어머니가 그에게 이르기를, 네가 주의 이름으로 거짓을 말하니 살지 못하리라, 하고 그가 대언할 때에 그를 낳은 그의 아버지와 어머니가 그를 찌르리라(슥13:3).

10. 계시록의 구조

계시록을 이해하려면 그 책의 구조를 잘 알아야 합니다. 계시록의 구조는 1장 19절에 잘 나와 있습니다.

네가 본 것들과 지금 있는 것들과 이후에 있을 것들을 기록하고(계1:19)

총 22장으로 되어 있는 계시록은 요한이 본 것들과 지금 있는 것들과 이후에 있을 것들의 세 가지로 구분됩니다.

- 요한이 본 것들: 1장
- 지금 있는 것들: 2-3장(요한 당시 소아시아의 일곱 교회)
- 이후에 있을 것들: 4-22장

재림과 휴거와 관련해서 우리가 관심 있게 볼 부분은 4-22장입니다. 여기에는 교회의 휴거 이후에 있을 일곱 봉인, 일곱 나팔, 그리고 일곱 금병의 심판으로 구성된 7년 환난기와 천년왕국과 새 하늘과 새 땅이 기록되어 있습니다.

다음 그림을 보면서 계시록 타임라인을 살펴보겠습니다.

1장에는 예수 그리스도의 비전이 나타나고 2-3장에는 일곱 교회가 나타납니다. 그리고 4장이 시작되자마자 곧바로 1절에 "이리 올라오라!"는 음성과 함께 사도 요한은 말 그대로 휴거되어 하늘나라에 올라가서 이 땅에서 7년 동안 진행될 환난기의 모든 모습을 보고 기록하였습니다.

환난기에는 일곱 봉인, 일곱 나팔, 그리고 일곱 금병의 심판이 있습니다. 그런데 많은 분들이 이것들을 다음과 같이 시간 순서로 배열해서 계시록을 해석하려 합니다.

봉인 1 2 3 4 5 6 7 → 나팔 1 2 3 4 5 6 7 → 금병(대접) 1 2 3 4 5 6 7

즉 환난기의 1/3은 일곱 봉인, 그다음의 1/3은 일곱 나팔, 그리고 마지막 1/3은 일곱 금병 심판으로 이해하는 분들이 매우 많습니다.

그러나 계시록은 총 404절 가운데 278절이 유대교의 요소를 담고 있으며 특히 전형적인 히브리 계시 문학의 형태를 띠고 있습니다. 이런 형태의 문학은 대개 한 번 이야기한 것을 다시 이야기하고 또 강조해서 이야기하는 구조로 되어 있습니다. 그러므로 이 세 가지 심판은 비슷한 때의 일들을 재차 나열하는 것으로 이해하여야 합니다. 곧 보여드리겠지만 계시록 자체가 그것을 명백하게 보여 줍니다.

봉인		1	2	3	4	5	6
나팔(일곱째 봉인)	(일곱째 봉인) ☞	1	2	3	4	5 6	7
금병						1234	567

그러므로 처음 나오는 일곱 봉인 – 실제로는 여섯 봉인 – 은 7년 환난기 전체를 다룹니다. 계8:1에서 일곱째 봉인을 떼면서 시작되는 일곱 나팔은 7년의 중간쯤부터 시작해서 다시 3년 반을 다룹니다. 그리고 맨 마지막에 나오는 일곱 금병은 7년의 거의 맨 끝에 하나님의 진노가 병으로 정확하게 쏟아 붓듯이 한 번에 집중되어 떨어지는 것을 말합니다.

그래서 6장이 시작되면 적그리스도가 나타나고 전쟁과 기근과 사망이 일어나며 순교자들이 생기고 여섯째 봉인을 떼니 지진과 천체들의 변화가 생깁니다. 이것으로 7년 환난기는 끝납니다. 이것은 마태복음 24장 29절에서 환난기가 끝나면서 천체들의 변화가 생기는 것과 동일합니다.

일곱째 봉인을 떼니 일곱 나팔이 등장합니다. 환난기 중반쯤에 드디어 나팔을 부는 천사들이 나타나고 그들이 각각 여섯 나팔을 분 뒤 일곱째 천사가 나팔을 불면 그때에 환난기가 끝나고 그리스도의 왕국이 이루어집니다. 이것은 계시록 11장 15-19절에 자세히 나와 있습니다.

> 일곱째 천사가 나팔을 불매 하늘에 큰 음성들이 있어 이르되, 이 세상의 왕국들이 우리 주와 그분의 그리스도의 왕국들이 되었고 그분께서 영원무궁토록 통치하시리라, 하니(계11:15)

다시 한 번 강조하지만 일곱째 나팔 소리가 울리면 그리스도의 왕국이 세워지면서 하나님의 신비가 다 이루어집니다.

> 일곱째 천사가 음성을 내는 날들 즉 그가 나팔을 불기 시작할 때에 하나님의 신비가 그분께서 자신의 종 대언자들에게 밝히 드러내신 것같이 이루어지리라 하더라(계10:7).

한편 일곱 금병은 환난기의 맨 마지막에 집중적으로 정조준돼서 이 땅에 쏟아 부어집니다. 계시록 10장 11절에는 이들이 되풀이되어 일어나는 것을 보여 주는 매우 중요한 단어가 하나 있습니다.

> 그가 내게 말하기를, 네가 반드시 많은 백성들과 민족들과 언어들과 왕들 앞에서

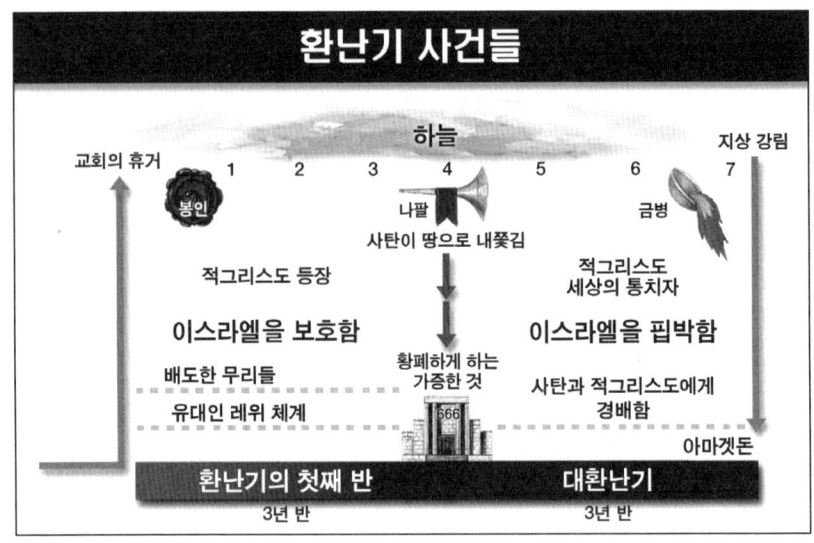

<u>다시</u> 대언해야 하리라, 하더라(계10:11).

즉 여섯째 천사가 나팔을 분 다음에 요한은 다시 대언해야 했습니다. 그래서 일곱째 나팔이 울리기 전에 그는 16장부터 다시 일곱 금병 심판을 대언합니다. 일곱 금병의 경우는 히브리 계시 문학의 형태에 따라 거의 마지막 부분에서 집중적으로 이루어집니다. 즉 계시록은 시간 순서로 기록되어 있지 않고 전개되면서 계속해서 7년의 앞부분, 중간 부분, 뒷부분을 '왔다 갔다', '왔다 갔다', '왔다 갔다' 하는 구조로 되어 있습니다(적어도 4번 반복됨). 다시 대언해야 하므로 요한은 7년 환난기의 어느 시점부터 다시 대언합니다. 예를 들어 계시록 7장에는 유대인들로 구성된 144,000명이 나옵니다. 그런데 이 144,000명은 14장에 또 나옵니다. 즉 14장에는 또다시 환난기가 다른 관점에서 반복되어 묘사되고 있습니다.

이러는 가운데 사탄은 계시록 12장에 있듯이 환난기의 3년 반 되는 시점에서 하늘에서 쫓겨나 그의 천사들과 함께 이 땅으로 내려오고 이때부터 환난기가 끝날 때까지 3년 반 동안 이스라엘은 혹독한 고통을 당합니다. 바로 이 기간에 11장에 있는 두 증인의 사역이 이루어집니다. 그러면서 맨 끝에 가서 17-18장에는 바빌론의 멸망이 기록되어 있습니다. 바빌론은 창세기 11장에서 바벨탑 사건을 일으킨 니므롯이 세운 최초의 단일 세계 국가였고 하나님의 개입으로 바벨탑에서 사람들의 언어가 혼잡하게 된 이후로 바빌론의 정치, 종교, 문화 체제는 이 세상의 신, 공중의 권세 잡은 통치자 마귀를 따르는 온 세상의 근본이 되었습니다. 즉 하나님을 대적하는 모든 인본주의 사상의 근본이 바빌론에서 나왔습니다.

그가 [천사가] 우렁찬 음성으로 힘차게 외쳐 이르되, 저 큰 바빌론이 무너졌도다,

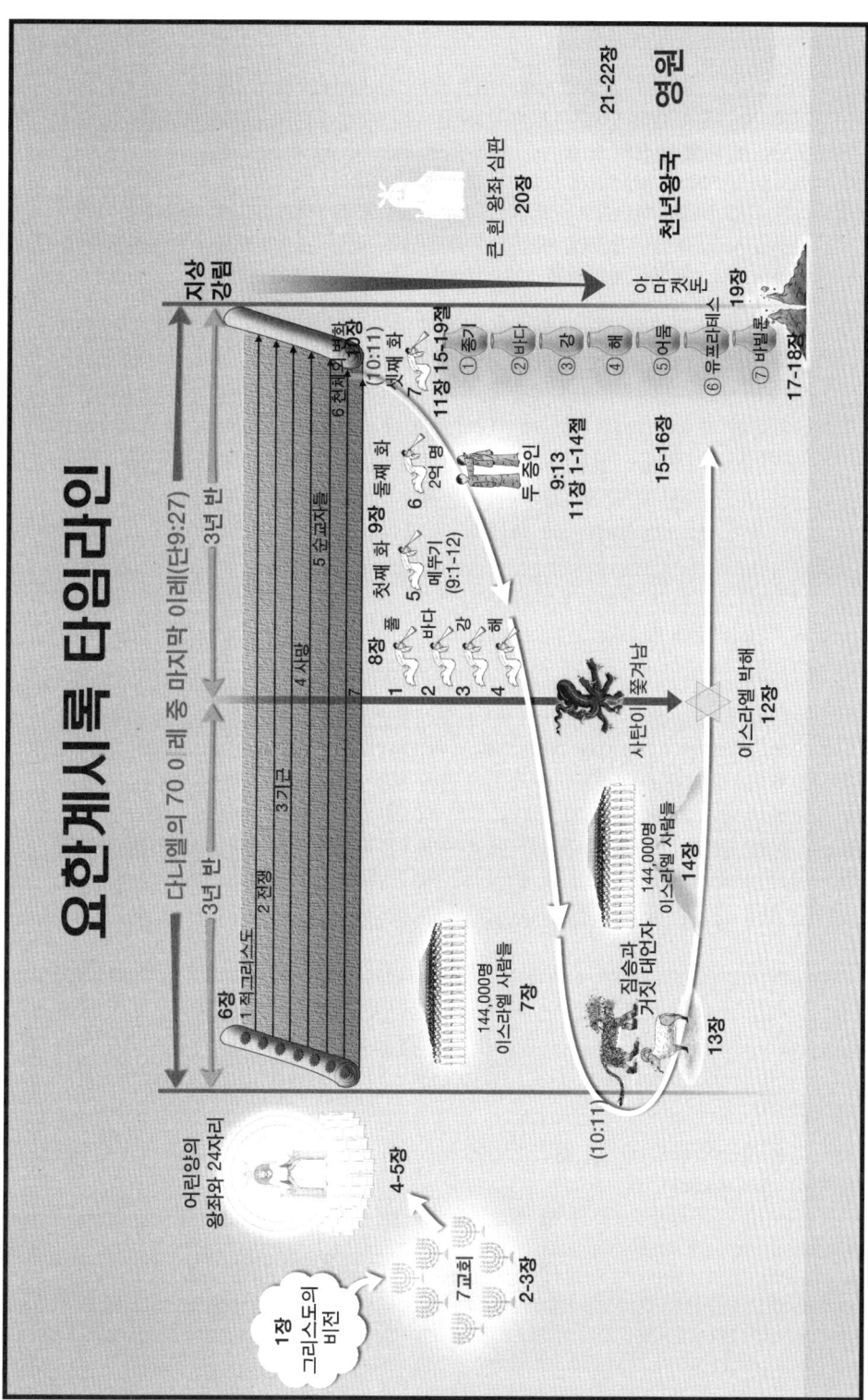

〈요한계시록 타임라인〉

무너졌도다. 그녀가 마귀들의 거처가 되고 모든 더러운 영의 요새가 되며 모든 부정하고 미움받는 새의 집이 되었도다. 이는 모든 민족들이 그녀의 음행으로 인한 진노의 포도즙을 마셨고 땅의 왕들이 그녀와 음행하였으며 땅의 상인들도 그녀의 넘치는 사치로 말미암아 부유하게 되었기 때문이라, 하더라. 또 내가 들으니 하늘로부터 다른 음성이 나서 이르되, 내 백성아, 너희는 그녀에게서 나와 그녀의 죄들에 참여하는 자가 되지 말고 그녀가 받을 재앙들을 받지 말라. 이는 그녀의 죄들이 하늘에 닿았고 하나님께서 그녀의 불법들을 기억하셨기 때문이라(계18:2-5).

마귀의 영역에 속한 모든 것들 즉 노아의 홍수 이후부터 하나님을 대적하던 모든 바빌론 체계 - 정치, 종교, 문화 등 - 가 이때에 심판을 받고 완전히 무너져버립니다. 그리고 19장에는 예수님의 지상 강림이 기록되어 있고 20장에는 주님이 세우시는 천년왕국이 자세히 나옵니다. 천년왕국의 끝에는 그리스도 밖에서 죽은 모든 자들 즉 생명책에 기록되지 않은 모든 자들이 부활해서 하나님의 크고 흰 왕좌 앞에서 심판을 받고 다시 죽어 불 호수라는 둘째 사망에 영원토록 던져집니다.

그다음에 21-22장에는 새 하늘과 새 땅이 나오면서 미래의 영원이 기록되어 있습니다.

그러면 7년 환난기에는 누가 들어갈까요? 거기에는 믿지 않는 유대인들과 믿지 않는 이방인들만 들어갑니다. 유대인이든 이방인이든 누구든지 그리스도 예수님 안에 있는 자들은 환난기가 시작되기 전에 부활하거나 휴거를 받습니다.

우리가 주의 말씀에 의거하여 너희에게 이것을 말하노니 곧 주께서 오실 때까지 살아서 남아 있는 우리가 결코 잠자는 자들보다 앞서지 못하리라. 주께서 호령과 천사장의 음성과 하나님의 나팔 소리와 함께 친히 하늘로부터 내려오시리니 그리스도 안에서 죽은 자들이 먼저 일어나고 그 뒤에 살아서 남아 있는 우리가 그들과 함께 구름들 속으로 채여 올라가 공중에서 주를 만나리라. 그리하여 우리가 항상 주와 함께 있으리라. 그러므로 이 말씀들로 서로 위로하라(살전4:15-18).

부활과 휴거는 또한 고린도전서에도 기록되어 있습니다.

보라, 내가 너희에게 한 신비를 보이노니 우리가 다 잠자지 아니하고 마지막 나팔 소리가 날 때에 눈 깜짝할 사이에 순식간에 다 변화되리라. 나팔 소리가 나매 죽은 자들이 썩지 아니할 것으로 일으켜지며 우리가 변화되리니 이는 이 썩을 것이 반드시 썩지 아니함을 입고 이 죽을 것이 반드시 죽지 아니함을 입을 것이기 때문이라(고전 15:51-53).

죽은 자들이 썩지 아니할 것으로 일어나는 것이 부활이요, 살아 있는 우리가 변화되는 것이 휴거입니다.

심지어 예수님도 부활과 휴거에 대해 친히 말씀하셨습니다.

예수님께서 그녀에게 이르시되, 나는 부활이요 생명이니 나를 믿는 자는 죽어도 살겠고 누구든지 살아서 나를 믿는 자는 결코 죽지 아니하리라. 이것을 네가 믿느냐? 하시니(요11:25-26)

여기서 죽어도 사는 것은 부활이고, 살아서 그분을 믿으며 결코 죽지 않는 것은 휴거입니다.

24장로

그러면 환난기가 시작되기 전에 교회 시대가 끝나면서 그리스도 예수님 안에 있는 모든 자들이 부활하거나 휴거되어 하늘에 있는 것을 어떻게 알 수 있을까요?

4장에 보면 사도 요한이 "이리 올라오라!"는 음성을 듣고 하늘로 올라갔더니 거기에는 스물네 장로가 있었습니다.

또 그 왕좌 둘레에 스물네 자리가 있더라. 내가 보니 그 자리들에 스물네 장로가 흰옷을 입은 채 앉아 있는데 그들이 머리에 금왕관을 썼더라(계4:4).

여기의 24장로는 누구를 가리킬까요? 성경은 천사나 하늘의 있는 그룹이나 스랍을 가리켜 장로라고 한 적이 없으며 성경에 나오는 장로는 다 사람입니다. 그러므로 일단 여기의 24장로는 분명히 사람임이 틀림없습니다. 또한 이들은 사람은 사람인데 누군가를 혹은 어떤 그룹을 대표하는 사람들이며 또한 분명히 구원받은 사람들입니다. 계시록 5장에서 이 24장로는 새 노래를 부르면서 다음과 같이 말합니다.

그들이 새 노래를 불러 이르되, 주께서는 그 책을 취하여 그 책의 봉인들을 열기에 합당하시니이다. 주께서 죽임을 당하시고 주의 피로 모든 족속과 언어와 백성과 민족 가운데서 우리를 구속하사 하나님께 드리셨으며 또 우리 하나님을 위해 우리를 왕과 제사장으로 삼으셨으니 우리가 땅에서 통치하리이다, 하더라(계5:9-10).

이 말씀들로 보건대 그들은 예수님의 피로 구속받은 사람들입니다. 예수님은 이들을 왕과 제사장으로 삼으셨고 이들은 나중에 예수님과 함께 땅에서 통치할 것입니다. 이쯤 되면 이들의 정체가 무엇인지 어느 정도 인식할 수 있을 것입니다. 즉 이들은 예수님의 피로 구속받은 사람들을 대표하는 사람들입니다.

이들은 흰옷을 입고 금관을 쓰고 있습니다. 계시록 2-3장에서 보면 알지만 흰옷을 입고 금관을 받아 쓴 이 사람들은 교회에 속하는 사람들로 볼 수 있습니다(계2:10; 3:4; 3:18 참조). 그러면 성도들은 언제 금관을 받을까요?

내가 선한 싸움을 싸우고 나의 달려갈 길을 끝마치고 믿음을 지켰으므로 이후로는 나를 위해 의의 왕관이 예비되어 있나니 주 곧 의로우신 심판자께서 그 날에 그것을 내게 주실 것이요, 내게만 아니라 그분의 나타나심을 사랑하는 모든 자들에게도 주시리라(딤후4:7-8).

성도들은 예수님이 오실 때 관을 받습니다. 하나님의 말씀으로 양떼를 먹인 목사들도 그분께서 오실 때에 영광의 관을 받습니다(벧전5:3-4).

요한은 "이리 올라오라!"는 음성을 듣고 하늘로 올라갔는데 거기에는 24장로가 이미 관을 쓰고 자리에 앉아 있었습니다. 그들은 그때에 관을 받은 것이 아니라 이미 관을 쓰고 있었습니다. 그러므로 예수님이 이미 그들에게 나타나셨음이 분명하니다. 이것을 근거로 우리는 이 24장로가 이미 휴거받은 성도들이라는 것을 알 수 있습니다. 다시 한 번 말하지만 4장에서 24명의 장로들이 관을 쓰기 전에 이미 휴거가 일어났습니다. 즉 예수님께서 자신의 신부를 데려가시기 위해 이미 공중에 나타나셨습니다. 그래서 계시록 4장 1-4절을 쭉 살펴보면 1절의 말씀과 함께 이미 휴거가 일어났다는 사실을 알 수 있습니다.

성경을 살펴보면 아브라함이나 다윗 같은 구약 성도들은 모두 7년 환난기가 끝난 뒤에 부활합니다. 이에 대해서는 이사야서 26장 19-21절, 욥기 19장 25절, 다니엘서 12장 1-3절과 13절을 참조하기 바랍니다.

이 모든 것을 종합해 볼 때 계시록 4장의 24장로는 신약 시대에 예수님의 피로 구속받은 사람들을 대표하는 사람들이라고 결론을 내릴 수 있습니다. 그러므로 휴거받은 신약 성도들은 하나님과 함께 자기들의 자리에 앉아서 이 7년이라는 기간에 땅에 심판이 떨어지는 것을 하늘에서 내려다보게 됩니다.

역대기상 24장 1-19절을 보면 다윗은 구약 시대 제사장들이 그들의 직무를 잘 수행하게 하려고 조직적으로 그들을 24계열로 나누었습니다. 그러므로 24계열은 제사장 체계 전체를 가리킵니다. 하나님께서 우리를 왕과 제사장으로 삼으셨으므로(벧전2:9; 계1:6) 24장로는 신약 시대의 영적인 제사장 체계 전체를 가리킨다고 볼 수 있습니다.

11. 천년왕국에 대한 견해

성경대로 믿으면 당연히 환난기 이후에 1,000년 동안 지속하는 천년왕국이 있습니다. 그런데 천주교를 비롯해서 거기서 나온 장로교 등 개신교는 대개 천년왕국이 없다는 무천년주의(Amillennialism)를 주장합니다. 무천년주의는 천주교의 교리를 확립해 준 어거스틴이 만든 비성경적 교리입니다. 다음은 '네이버 지식 백과'에서 인용한 글입니다.

> 무천년주의자들은 현재의 교회 시대가 사탄의 영향력이 점차 줄어들어 복음이 온 세상에 전파되는 천년왕국 시대(계20:1-6)라고 말한다. 그리스도와 함께 천년 동안 이 땅을 다스릴 사람들은 이미 죽은 그리스도인들이며, 그들이 하늘에서 그리스도와 함께 통치하고 있다는 것이 바로 무천년주의자들의 관점이다.
>
> 그들이 믿는 천 년 동안의 그리스도의 통치란 땅 위에서 이루어지는 육체적인 통치가 아닌 하늘의 통치를 말한다. <u>그래서 무천년이라는 말은 그리스도가 다스리시는 천 년이 지금 현재 진행 중에 있으므로 미래에 다가올 천 년이라는 개념은 없다고 보는 것이다.</u> 계시록 20장에서 묘사된 것이 교회 시대인 지금 여기에서 성취되고 있기 때문이다. 그러나 정확히 교회 시대가 언제까지인지, 즉 그 천년이란 수치가 언제부터 언제까지를 가리키는지는 명확하지 않다. 그들은 이것이 그저 어렴풋하게 하나님의 완전한 목적이 성취되는 오랜 기간을 가리킨다고 믿고 있다.
>
> 무천년주의자들은 이러한 교회 시대는 그리스도가 오실 때까지 지속될 것이라고

한다. 그리스도가 이 땅에 오시는 때 즉 재림의 때가 오면 육적으로 죽었던 모든 사람들이 부활하여 몸과 영이 다시 결합될 것이며, 그리스도를 믿는 자는 영원한 천국의 기쁨에 참여하고 믿지 않는 자들은 최후의 심판을 받아 영벌(永罰)에 처해진다고 그들은 주장한다. 그들에 따르면 바로 이때부터 새 하늘과 새 땅이 시작되며 마지막 심판 직후의 영원한 상태는 영원히 계속된다.

어거스틴은 연옥, 마리아 숭배 등의 이단 교리를 만든 장본인이며 그는 '신국'(神國)으로 알려진 〈하나님의 도시〉라는 책에서 천주교회가 다스리는 이 땅이 곧 하나님의 왕국이라는 이론을 폈습니다. 이에 근거해서 중세 암흑시대의 1,000년 이상 로마의 교황들은 이 세상을 통치하기 위해 수단과 방법을 가리지 않았고 심지어 예루살렘을 차지하기 위해 십자군 전쟁을 일으켜 수많은 사람을 희생시켰습니다.

1517년 마르틴 루터의 종교 개혁 이후 프로테스탄트(개신교도)들이 등장했지만 이들 역시 천주교회에서 배운 대로 무천년주의의 틀에서 세상 역사를 이해하였고 그 결과 여러 곳에서 사람들을 압제하였습니다. 그중의 대표적인 사례가 스위스 제네바에서 신정 통치를 구현하려던 칼빈이었습니다. 참으로 칼빈은 프로테스탄트 교황으로서 4년 통치 기간에 무려 58명을 학살하였고 그중 35명은 화형에 처하였습니다. 칼빈은 교회가 세상을 통치해야 한다는 어거스틴의 무천년주의에 근거해서 칼빈주의라는 이론 철학을 만들어 제네바 시민들에게 강요하였고 자기의 이론에 반대하는 자는 모두 처형하면서 극도의 독재 체제를 수립하였습니다.

그 이후에 칼빈의 저서 〈기독교 강요〉를 근간으로 스코틀랜드의 장로교, 영국의 청교도, 개혁주의 등이 동일하게 무천년주의를 수용하였고 이들은 한결같이 유대인들의 권리를 인정하지 않으며 구약 성경의 왕국에 대한 예언을 비유로 해석하였습니다. 우리가 알고 있는 유명한 청교도들 즉 존 오웬, 매튜 헨리, 조나단 에드워즈, 마틴 로이드 존스, 존 파이퍼, 폴 워셔, R. C. 스프로울, 마크 데버 등도 성경의 예언에 관한 한 천주교회의 무천년주의를 그대로 신봉하는 분들입니다.

성경대로 믿는 성도들은 칼빈이든 어거스틴이든 에드워즈든 그 누구든 비성경적인 교리를 가르치는 분들과는 거리를 둡니다. 그들의 다른 것은 존경할 수 있어도 일관된 성경 해석에 있어서 그들의 견해는 무익한 이론으로 받아들입니다. 사실 무천년주의에 기반을 둔 칼빈의 언약주의는 1948년 5월에 중동에 이스라엘이 재건됨으로써 마땅히 폐기되었어야 할 이론입니다. 그러나 마지막 때에 적그리스도가 통치하기 위해서는 '반유대 정서'(Anti-semitism)가 기승을 부려야 하므로 유대인들의 권리를 무시하는 이런 신학이 다시 고개를 들고 오히려 큰소리를 치고 있습니다.

주후 500-1500년경에 어거스틴에게서 나와 칼빈이 정착시킨 언약주의는 말 그대로 천주교회가 세상을 통치하던 그 시대의 산물입니다. 그러므로 우리는 이제 사람이 만든 이런 이론에 의존할 필요가 없습니다. 성경에 있는 대로 성경을 읽고 믿고 따르려는 마음을 가지면 성령님께서 우리를 진리로 인도해 주실 것입니다.

내가 아버지께 구하면 그분께서 다른 위로자를 너희에게 주사 그분께서 영원토록 너희와 함께 거하게 하시리니 곧 진리의 영이시라…그분 곧 진리의 영께서 오시면 너희를 모든 진리 가운데로 인도하시리니 그분은 스스로 말씀하지 아니하시고 무엇이든지 자기가 듣는 것만을 말씀하시며 앞으로 일어날 일들을 너희에게 보이시리라(요 14:16-17, 16:13).

한편 후천년주의(Post-millennialism)는 사람들이 자기 힘을 다해서 이 땅에 유토피아를 건설하면 그 이후에 예수님이 오신다는 이론으로 대개 인본주의자들이 지지하는 견해입니다. 다음 글도 '네이버 지식 백과'에서 인용한 글입니다.

후천년주의자들은 천 년이 흐른 후에 그리스도가 이 세상에 다시 돌아온다고 주장한다. 이들은 복음이 전파되고 교회가 성장함에 따라 점차적으로 예수를 믿는 사람들이 늘어나게 되며, 그 결과 기독교의 영향력이 커지고 세상은 점점 더 하나님의 뜻에 합당하게 바뀌어 간다고 본다. 이러한 현상이 점점 더해지면, 점차적으로 '평화'와 '의'의 천 년 시기가 이 땅 위에 도래하게 되고, 정확한 수치로서의 천 년은 아니지만 그 천 년만큼의 오랜 세월을 의미하는 기간이 지속된다고 믿는다.

후천년주의자들에 의하면 이 천 년 시기가 끝나는 마지막 시점에 그리스도가 이 땅 위에 재림하고, 그리스도를 믿는 자와 믿지 않는 자 모두 부활하여 마지막 심판이 이뤄진다. 그때 비로소 새 하늘과 새 땅이 시작된다. 후천년설은 세상에 점점 평화와 의가 풍성해진다고 보았다. 만약 세상에 전쟁과 갈등이 점점 사라져 간다면 그들의 주장이 설득력을 얻을 수 있을지 모르나, 오늘날과 같이 분쟁이 더욱 심화되어 가는 세상에서 이러한 후천년설은 하나의 바람에 불과할 것이다.

성경대로 믿으면 예수님의 재림은 천년왕국 이전에 이루어집니다. 그래서 이런 믿음은 보통 전천년주의(Pre-millennialism)라 불립니다. 사실 이것은 이론이 아니라 성경의 믿음이므로 '주의'라고 말 수 없지만 이미 기독교계에서 그렇게 불리고 있으므로 우리도 '전천년주의'라는 용어를 쓸 때가 있음을 이해해 주시기 바랍니다.

천년왕국과 예수님의 재림을 논하면서 한 가지 더 소개해야 할 이론이 있습니다. 이것은 소위 개혁주의자라 불리는 장로교인들의 일부가 수용하는 이론으로서 역사적 전천년주의(Historical-millennialism)라는 것입니다. 이것을 주장하는 분들은 예수님이 천년왕국 전에 재림하는 것은 맞는데 계시록 4-19장의 일들은 마지막 7년 환난기에 이루어질 일이 아니라 교회가 설립된 이후로 지난 2,000년 동안 이 땅에서 이루어진 일들이라고 주장합니다. 이들의 주장의 핵심은 계시록의 1,260일이 1,260년 이라는 것입니다. 그래서 교황권이 지배한 중세 1,260년이 곧 계시록의 주요 기간이 됩니다. 그래서 그들은 교황이 적그리스도라고 주장합니다. 주로 종교개혁자들이 이런 우스꽝스러운 견해를 지지하였습니다.

이런 사람들 중에 특출한 사람이 하나 있었는데 그는 19세기에 나타난 윌리엄 밀러였습니다. 그는 다니엘서 8장 14절의 2,300일을 2,300년으로 계산해서 세상의 끝이 1844년 10월 27일에 임한다고 주장하며 이 세상의 많은 사람들을 현혹시켰습니다. 그런데 그 날 재림이 이루어지지 않자 그들은 이것을 대실망이라고 불렀습니다. 그리고는 그의 이론을 수정해서 제7일 안식교회라는 이단을 만들었습니다.

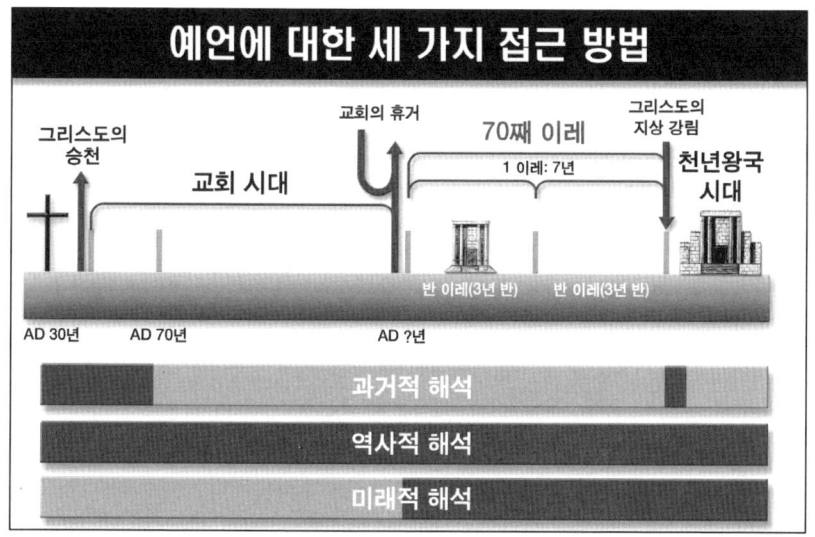

여하튼 마르틴 루터, 이삭 뉴튼, 매튜 헨리, 반즈 주석의 저자인 엘버트 반즈, 그리고 최근에는 플러 신학교의 조지 래드, 아일랜드의 이안 페이즐리 등이 이런 식의 역사적 전천년주의를 주장하는데 사실 그 내용을 들여다보면 황당무계합니다.

그들에 따르면 계시록의 일곱 교회는 교회 시대의 일곱 개 변천기를 보여 줍니다. 일곱 봉인은 사도 요한 시대부터 4세기경까지를 말하고, 일곱 나발은 5세기에 이교도들이 서방을 침공한 것입니다. 그래서 고트 족의 로마 침략, 반달 족의 지중해 침략, 훈 족의 북로마 침략, 오스만 터키의 동로마 제국 점령 등이 일곱 나발 심판입니다. 그다음에 일곱 금병 심판은 프랑스 혁명, 이슬람의 확장, 로마 카톨릭 교회의 확장입니다. 그래서 첫째 짐승은 정치적인 교황이고, 둘째 짐승은 종교적인 교황입니다.

이쯤 되면 이 이론이 허구 그 자체임을 누구나 알 수 있습니다. 그런데 이런 엉터리 주장을 지지하는 사람들이 매우 많습니다. 그 이유는 그들이 성경을 인정하고 싶지 않고 오직 교단 신학을 따르려 하기 때문입니다. 성경에 분명히 천년왕국이 있으므로 무천년주의를 주장하는 것은 논리적으로 맞지 않고 성경대로 믿으면 세대주의자[7]로 분류가 되므로 이들은 어정쩡하게 인간의 상상력을 동원한 체제를 만들어 가르치고 있습니다.

계시록 4장 이후에 나오는 일들은 아직 한 번도 이 땅에서 일어나지 않았습니다. 그것들은 모두 앞으로 이루어질 것입니다.

---

[7] 세대주의란 여기서 소개하는 것처럼 문맥에 맞게 가능한 한 문자 그대로 역사적 관점에서 성경을 일관성 있게 해석하는 신학 체계를 가리킨다. 성경 말씀 중심의 침례교가 주류를 이루는 미국에서는 세대주의 신학 체계가 가장 널리 보급되어 있다.

천년왕국의 필요성

하나님께서는 아담을 통해서 이 땅에 자신의 통치가 이루어지는 왕국을 이루시려고 했습니다. 그런데 마귀의 개입으로 그것이 잠시 보류되었습니다. 그분께서 마귀에게 모든 것을 허락하시며 반역할 수 있는 기간을 주시지만 결국 그는 패배하게 됩니다. 그 뒤에 하나님께서는 자신이 하고자 했던 그 일 즉 이 땅에 왕국을 세우는 일을 하십니다. 그래서 하나님의 공의와 화평이 이루어지는 때 즉 천년왕국 통치가 반드시 필요합니다.

또한 사람들의 불평 및 불만을 잠재우기 위해서도 천년왕국이 필요합니다. 하나님을 대적하는 인본주의자들 중에서는 타고난 환경이 좋지 않아서 사람이 죄를 지을 수밖에 없다고 주장하는 자들이 있습니다. 그래서 하나님께서는 사람을 유혹하여 죄를 짓게 하는 마귀를 천년 동안 바닥없는 구덩이에 집어넣고 사람을 시험하십니다. 그런데 그 결과는 무엇입니까? 천 년이 끝나서 마귀가 풀려나자 '이때다' 하고는 바다의 모래 같이 많은 무리들이 마귀를 따르며 주님을 대적합니다. 이런 반역자들은 다 천년왕국이라는 지상의 유토피아에서 태어난 자들입니다. 그러므로 환경이 나빠서 사람이 죄를 짓는 것이 아닙니다. 하나님께서 최종적으로 보여 주시고자 하는 요점은 첫 사람 아담의 피를 입은 사람은 비록 마귀가 없는 완전한 환경인 천년왕국에서 태어났을지라도 구원받지 않는 한 여전히 마귀의 자식이라는 것입니다. 바로 이런 이유에서도 천년왕국이 필요합니다.

과거주의자들

계시록과 관련된 예언의 해석에 대해서는 세 가지 관점이 있습니다. 첫째는 미래적 해석입니다. 이것은 다니엘의 70째 이레인 7년 환난기가 아직 이루어지지 않았고 앞으로 어느 시점에서 이루어질 것으로 보는 관점입니다. 물론 성경은 이것을 지지합니다. 둘째는 위에서 역사적 전천년주의에서 설명한 대로 계시록의 예언들이 교회의 설립 이후로 역사에서 성취되었다는 견해입니다. 물론 이것은 종교 개혁자들의 사적인 견해입니다. 셋째는 환난기가 AD 70년에 모두 이루어졌다는 견해입니다. 이것 역시 장로교의 많은 분들이 믿는 사적 견해입니다. 이들은 예수 그리스도의 재림과 관련된 성경의 예언들이 주후 70년경 예루살렘이 로마 사람들에 의해 파괴될 때 모두 성취되었다고 잘못 믿고 있습니다. 그래서 그들은 예언을 모두 과거의 일로 여기고 앞으로 일어날 것으로 생각하지 않습니다. 신학적으로 이들은 과거주의자(Preterists)라 불립니다.

> 진실로 내가 너희에게 이르노니 여기 서 있는 자들 가운데 몇 사람은 사람의 아들이 자기 왕권(王權)을 가지고 오는 것을 볼 때까지 죽음을 맛보지 아니하리라, 하시니라(마 16:28).

위 말씀은 그리스도께서 왕권을 가지고 왕국에 임하는 것을 보여 줍니다. 그런데 과거주의자들은 예수님의 이 말씀이 주후 70년에 모두 성취되었다고 주장합니다.

그러나 모두 알다시피 예수님은 주후 70년에 이 땅에 왕국을 세우러 오지 않았습니다. 성경에 의하면 예수님께서 왕권을 가지고 오실 때에는 적어도 다음과 같은 열 가지 일이 일어나야 합니다.

1. 그리스도께서 이 땅에 왕국을 세우러 오실 때에는 직접 땅에까지 내려오시므로 모든 사람의 눈이 볼 수 있습니다(마24:25-30; 계1:7). 물론 이런 일은 주후 70년에 일어나지 않았고 아무도 그때에 그리스도를 보지 못했습니다.

2. 그리스도께서 왕권을 가지고 이 땅에 왕국을 세우러 오실 때에는 유대인들이 땅의 모든 나라에서 자기들의 약속의 땅인 가나안(팔레스타인)으로 돌아옵니다 (마24:31; 사43:5-7; 겔11:14-18; 36:24; 렘16:14-15; 23:7-8; 31:7-10). 물론 이런 일은 주후 70년에 일어나지 않았고 오히려 유대인들은 잡혀서 죽임을 당하거나 세상으로 흩어졌습니다.

3. 그리스도께서 왕권을 가지고 이 땅에 왕국을 세우러 오실 때에는 땅에 전쟁이 없을 것입니다(사2:4; 미4:3; 시46:9; 슥9:10). 물론 이런 일은 주후 70년에 일어나지 않았고 오히려 로마 군인들에 의해 엄청난 전쟁이 있었습니다.

4. 그리스도께서 왕권을 가지고 이 땅에 왕국을 세우러 오실 때에는 왕국이 이스라엘에게 다시 회복될 것입니다(행1:6). 또 메시아가 예루살렘에서 다윗의 왕좌에 앉아 다스릴 것입니다(사9:7; 렘17:25; 23:5-6; 33:15; 호3:4-5; 암9:11-15; 눅1:32-33). 물론 이런 일은 주후 70년에 일어나지 않았고 오히려 예루살렘은 파괴되고 다윗의 혈통에서 나온 어떤 왕도 왕좌에 앉아 다스리지 않았습니다.

5. 그리스도께서 왕권을 가지고 이 땅에 왕국을 세우러 오실 때에는 유대인들이 크게 구출을 받고 복을 받습니다(렘30:7-9; 겔34:25-31). 물론 이런 일은 주후 70년에 일어나지 않았고 오히려 40년 전에 메시아를 거절하고 십자가에 못 박은 유대인들은 큰 심판과 저주를 받았습니다.

6. 그리스도께서 왕권을 가지고 이 땅에 왕국을 세우러 오실 때에는 하나님의 성소 즉 그분의 성전이 그분의 백성들의 한가운데에 있을 것입니다(겔37:26-28; 40:5-43:27). 물론 이런 일은 주후 70년에 일어나지 않았고 오히려 유대인들의 성전은 파괴되어 그들은 더 이상 성전 예배를 드리지 못했습니다.

7. 그리스도께서 왕권을 가지고 이 땅에 왕국을 세우러 오실 때에는 성전에서 섬기는 제사장들의 체계가 확립되고 짐승의 희생을 다시 바치게 됩니다(겔44:1-46:24). 물론 이런 일은 주후 70년에 일어나지 않았고 오히려 로마 사람들은 성전을 파괴하고 짐승의 희생을 더 이상 드리지 못하게 하였습니다.

8. 그리스도께서 왕권을 가지고 이 땅에 왕국을 세우러 오실 때에는 유대인들이

약속의 땅을 차지하고 그것을 열두 지파의 수대로 열두 개로 나누어 소유합니다. 물론 이렇게 12지파 별로 나누는 것은 여호수아 시대에 땅을 나눈 것과는 다릅니다. 왕국에서 열두 지파가 차지할 몫에 대해서는 에스겔서 47장 13-48장 29절에 나와 있습니다. 일곱 지파는 성전의 북쪽을 차지하고(겔48:1-7) 나머지 다섯 지파는 남쪽을 차지합니다(겔48:23-29). 물론 이런 일은 주후 70년에 일어나지 않았고 오히려 로마 사람들은 그 당시 살아 있던 유대인들을 모두 죽이거나 온 세상으로 분산시켰습니다. 그 뒤 1,900여 년이 지나서 일단의 유대인들이 이스라엘 땅으로 들어가 유대인 국가를 세웠습니다.

9. 그리스도께서 왕권을 가지고 이 땅에 왕국을 세우러 오실 때에는 예루살렘을 향한 화평의 메시지가 있습니다(사52:7-10). 이 메시지는 화평의 소식과 메시아가 시온에서 통치한다는 소식과 하나님께서 자신의 백성을 위로하신다는 소식과 하나님께서 예루살렘을 구속하셨다는 소식을 담고 있습니다. 그러나 이런 일은 주후 70년에 일어나지 않았고 오히려 유대인들을 향해 나쁜 소식만 있었습니다. 그것은 곧 심판과 파괴와 멸망과 죽음의 소식이었습니다.

10. 그리스도께서 왕권을 가지고 이 땅에 왕국을 세우러 오실 때에는 기쁨과 즐거움이 있습니다(사35장). 이때에는 사막이 옥토가 되고(1-2, 6-7절) 메시아가 이스라엘을 구하러 오며(3-4절) 다리를 절거나 못 보거나 못 듣는 자들이 치유를 받고(5-6절) 들짐승이 더 이상 해를 끼치지 못하기 때문에(9절) 이런 기쁨과 즐거움이 생깁니다. 물론 이런 일은 주후 70년에 일어나지 않았고 오히려 로마 사람들의 침략에서 겨우 벗어난 유대인들마저도 기쁨과 즐거움 대신 슬픔과 한숨을 갖게 되었습니다(사35:10 비교).

마태복음 16장 28절이 문자 그대로 이루어지는 것을 보는 것은 대단히 중요합니다. 이처럼 문자 그대로 이루어지는 것을 보기 위해 우리는 마태복음 17장의 변화산 사건을 보아야 합니다. 이 구절에서 '여기 서 있는 사람들 중에 얼마'는 베드로와 야고보와 요한을 말하며 '사람의 아들이 자기 왕권을 가지고 오는 것을 보는 것'은 주님의 영광스러운 변형을 목격하는 것을 뜻합니다. 이것은 베드로후서 1장 16-18절을 통해 알 수 있습니다. 거기에는 주님의 변형을 가리켜 '우리 주 예수 그리스도의 오심과 권능'이라고 말합니다. 변화산에서의 주님의 변형은 실제 우리 주님께서 왕권을 가지고 권능 있게 왕국을 세우러 오시는 일을 예표로 미리 보여 주신 것입니다.

12. 왜 성경대로 믿지 않을까?

지금까지 드러난 문제들을 종합해 보면 이 모든 차이의 핵심은 성경의 예언을 문자 그대로 보느냐, 비유로 해석하느냐에 있습니다. 신학계에서는 이런 상이한 신학체계를 간단히 세대주의와 언약주의라고 부릅니다. 세대주의자들처럼 성경을 문자 그대로 하나님의 역사적 경륜의 관점에서 보게 되면 어쩔 수 없이 이스라엘과 교회가 서로 분리되어 있다는 것을 알 수 있습니다.[8] 바로 이 점에서 세대주의는

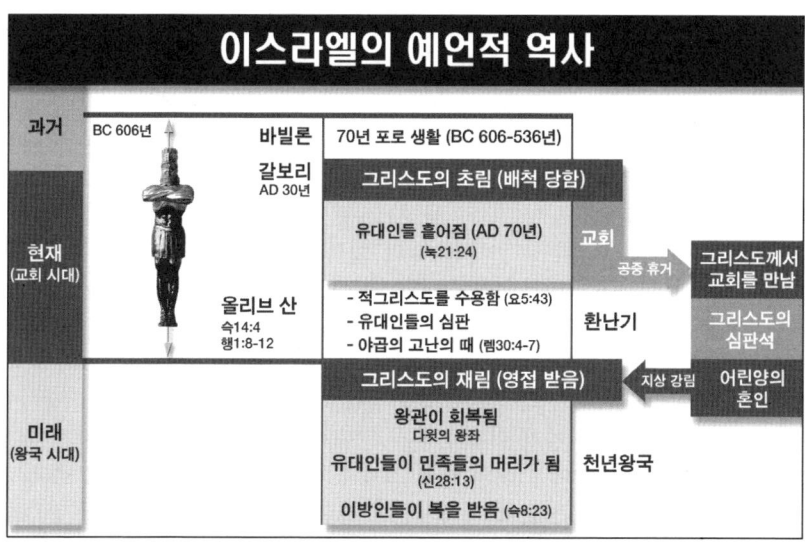

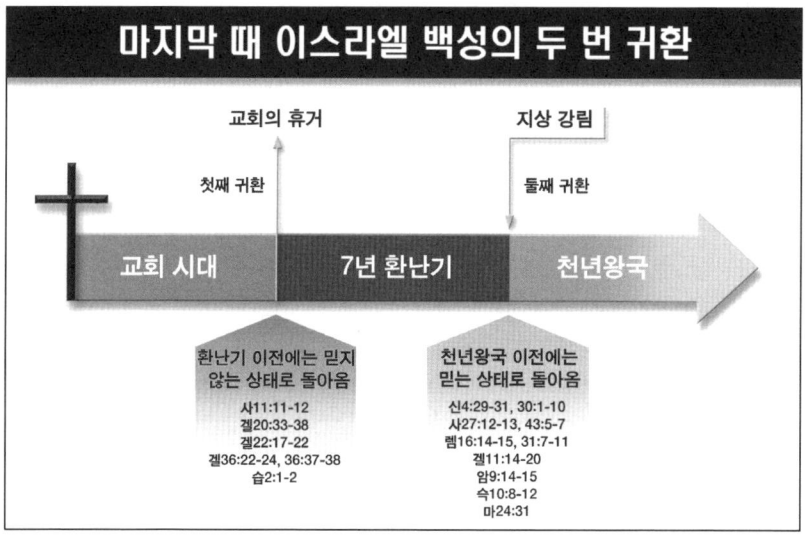

---

8) 세대주의와 언약주의에 대해서는 그리스도 예수안에 출판사의 〈성경 바로 보기〉와 〈요한계시록 바로 알기〉를 참조하기 바라며 또 다음의 기사들도 보기 바란다. http://www.middletownbiblechurch.org/reformed/reformed.htm

언약주의와 갈등을 일으킵니다. 언약주의는 교회가 이스라엘을 대체했다는 천주교회의 어거스틴 신학에서 나와 칼빈을 거쳐 정착된 '이스라엘 대체 신학'입니다.

칼빈 당시만 해도 이스라엘은 전 세계를 떠돌아다니는 유랑 민족에 불과했고 그래서 전 유럽에서 박해와 고난을 당하던 그들이 자기들의 땅에 돌아가 이스라엘이라는 나라를 세우고 성전을 지을 것이라는 예언의 말씀은 그 누구도 상상하거나 심지어 인정할 수도 없는 일이었습니다. 특히 제2차 세계 대전을 겪으면서 600만 명 이상의 유대인들이 학살되는 상황에서 이스라엘의 회복은 신실한 그리스도인들에게조차 현실적으로 거의 불가능한 일로 보였습니다. 이런 이유로 1948년도에 이스라엘이라는 하나님의 국가가 세워지기 전에 나온 성경 주석들의 대부분은 이스라엘의 회복을 영적인 것으로 해석하였습니다.

그럼에도 불구하고 세대주의자들은 성경 말씀의 문자적 해석에 따라 그 당시에는 불가능하게 보였던 이스라엘의 회복이 문자 그대로 이루어질 것을 줄기차게 외쳤고 때가 이르자 그 일이 성경에 기록된 대로 그대로 이루어졌습니다. 그러므로 성경적 세대주의자들은 천년왕국과 같이 이스라엘과 관련된 나머지 예언들도 문자 그대로 모두 이루어지리라고 믿습니다.

성경에 기록된 것을 문자 그대로 믿는 것이 비난의 대상이 될 이유가 있습니까? 오히려 16세기 칼빈 시대의 언약주의라는 틀에 박혀 사람의 전통을 지키기 위해 성경을 있는 그대로 보지 않은 것이 문제가 아닙니까? 이제 이스라엘의 회복으로 인해 이스라엘과 관련된 성경의 예언을 영적으로 보려는 시도들은 모두 폐기되어야 합니다.

성경을 문자 그대로 읽을 것을 강조하는 세대주의는 성경을 바로 보게 하는 힘을 키워 줍니다. 그래서 성도들이 특정 교단이나 교회의 틀에 의존하지 않고 스스로 성경을 공부할 수 있게 해 줍니다. 살다 보면 구분해야 할 일들을 만나게 됩니다. 즉 어떤 것들의 차이점을 인식하고 이해할 필요가 있다는 것입니다. 이것은 성경에도 그대로 적용되는 진리입니다. 성경을 바로 나누어 보면 이 시대에게 주어지지 않은 약속들을 취해서 이 시대에 적용하는 일을 하지 않습니다.

이런 것은 특히 구약 성경을 QT용으로 읽는 데서 많이 발생합니다. 어떤 성경 말씀이 주어진 대상과 그 말씀의 1차적 의미 즉 문자적/문법적/역사적 의미를 전혀 구하지 않은 채 영적으로 내 생활에만 적용하려는 QT식 해석은 하나님께서 성경을 주신 목적에 부합되지 않습니다. 1차적인 뜻을 모른 채 내게만 영적으로 적용하면 사람마다 같은 구절을 달리 해석하게 됩니다. 그래서 같은 구절을 강해해도 목사마다 해석이 다르게 됩니다. 하나님은 혼동의 창시자가 아닙니다. 특별한 경우가 아닌 한 하나님이 주신 모든 말씀에는 1차적으로 단 하나의 뜻만 있습니다.

끝으로 세대주의가 배격을 받는 이유를 살펴보겠습니다. 이스라엘 민족은 하나님의 선민으로서 지금까지 하나님의 말씀을 보존하고 그분의 영광을 드러내는 존재로 이 땅에 거주하였습니다. 비록 그들이 메시아 예수님을 배척하였지만 그래도 그들은 여전히 하나님의 선택받은 자들로서 하나님의 말씀이 신실함을 온 세상에 보여 준

샘플이었습니다. 하나님의 대적자 마귀는 이 땅에서 하나님 대신 하나님의 친 백성인 이스라엘을 미워합니다. 특히 이스라엘에 대한 마귀의 증오는 역사를 통해 여러 차례 입증되었습니다. 마귀는 하나님과 그분의 말씀과 그분의 백성을 미워합니다. 그래서 유대인들은 땅을 잃고 온 세상에 흩어져 나가면서 세상 사람들에게 엄청난 학대를 받았습니다. 물론 이것은 부분적으로 그들이 메시아를 거부한 결과이기도 하지만 마귀는 이 기회를 이용하여 반유대주의(Anti-Semitism)를 일으켜 공공연하게 유대인들을 핍박했습니다. 이러한 반유대주의는 히틀러의 유대인 학살로 절정에 다다랐습니다. 요즘 각종 언론 보도를 통해 접하듯이 앞으로도 주님의 재림이 가까이 오면 올수록 점점 더 유대인들은 곳곳에서 더 많은 반대에 부딪히게 될 것입니다.

그런데 이 세상에서 이스라엘을 인정하고 팔레스타인 땅이 하나님께서 아브라함의 씨인 유대인들에게 영원토록 조건 없이 주신 그들만의 보금자리라는 것을 인정하는 신학 체계는 세대주의밖에 없습니다. 다른 체계는 항상 교회가 이스라엘을 대체했다는 천주교 신학과 유사한 것들을 가르칩니다. 우리는 교회가 영적인 이스라엘임을 인정하면서 동시에 문자적인 이스라엘이 있고 지금 중동에 서 있는 이스라엘이 바로 그 이스라엘 즉 아브라함의 씨로서 구약의 예언을 이룰 대상으로서의 이스라엘임을 굳게 믿습니다.

바로 이런 이유 때문에 시간이 가면서 적그리스도의 통치 기간이 다가옴에 따라 전 세계적으로 반유대주의 정서가 고양되고 이스라엘을 변호하는 정부나 민족이나 신학 체계는 점점 더 세상으로부터 비난을 많이 받을 것입니다. 앞으로 이스라엘이 당할 고통은 그 민족이 창건된 이래로 전혀 없었던 대규모의 환난이 될 것입니다(렘 30:7; 단12:1; 마24:20-22). 이와 같은 성경의 예언을 우리의 주변 상황과 신학 체계에 적용해 보면 이스라엘과 그 나라의 권리를 옹호하는 세대주의 신학 체계가 어떤 비난을 받을지 쉽게 상상해 볼 수 있을 것입니다.

요약하면 세대주의는 하나님의 말씀을 문자 그대로 읽고 역사적으로 문법적으로 문맥에 맞게 해석하는 신학 체계입니다. 어느 면에서 이것은 어떤 교단이나 교파의 정형화된 신학 체계가 아니라 성경을 문자 그대로 문맥적으로 읽는 사람들이 공통적으로 발견한 것들을 하나의 간결한 형태로 모아 놓은 성경 그대로의 신학 체계입니다. 우리는 이 책의 내용이 100% 옳다고 주장하지 않지만 이런 식으로 문자 그대로 성경을 읽고 해석하는 일은 반드시 필요하다고 믿습니다.

우리 신약 시대 성도들은 영적인 이스라엘로서 구약에 기록된 참 이스라엘을 돕고 보호해야 합니다. 하나님은 이렇게 아브라함의 씨를 축복하는 자들에게 복을 베풀고 그들을 저주하는 자에게 저주를 내리리라고 약속하셨습니다(창12:3). 성경을 문자적으로 바르게 읽고 시대와 대상을 구별하여 바르게 해석하며 그 안에 기록된 대로 지키면서 살려고 노력하는 하나님의 모든 성도들에게 하늘의 주님께서 평강의 복을 주실 것입니다.

너는 진리의 말씀을 바르게 나누어 너 자신을 하나님께 인정받은 자로, 부끄러울 것이 없는 일꾼으로 나타내도록 연구하라(딤후2:15).

이 규칙에 따라 걷는 모든 자들과 하나님의 이스라엘에게 화평과 긍휼이 있기를 원하노라(갈6:16).

13. 휴 거

휴거(Rapture)는 라틴어 '라페레'(Rapere)에서 나왔고 이 라틴어는 살전4:17에서 성도들이 공중으로 채여 올라가는 것을 표현한 그리스어 '하르파즈'(harpaz)를 번역한 것입니다. 이렇게 갑자기 몸이 영화롭게 변화되면 그 당사자는 극치의 황홀감을 맛보게 될 것입니다. 그래서 영어 단어 'rapture'는 그런 황홀한 감정을 표현한 말입니다.

사람이 공중으로 채여 올라간 일은 사실 성경에 여러 차례 기록되어 있습니다. 휴거와 비슷한 사건이 가장 먼저 창세기 5장에 나옵니다. 하나님과 동행하던 에녹은 죽음을 보지 않고 하늘나라로 들려 올라갔습니다. 또한 열왕기하 2장에서는 엘리야 역시 이와 비슷하게 하늘로 올라갑니다. 그리고 사도행전 8장 38절에는 복음 전도자 빌립도 가자로 내려가는 사막에서 에티오피아 내시에게 복음을 전하고 침례를 준 뒤 공중으로 채여 올라가 다른 지역으로 갑니다. 사도 바울은 이고니움에서 복음을 선포하다가 돌에 맞아 죽어서 셋째 하늘로 채여 올라간 적이 있는데(행14) 고린도후서 12장에서 그는 그 경험을 기술하고 있습니다. 끝으로 계시록 4장에서 사도 요한 역시 하늘로 채여 올라갑니다. 그리고 계시록 12장 5절에는 이스라엘이 출산한 사내아이 즉 메시아가 채여 올라가는 내용이 기록되어 있습니다. 물론 이것은 예수님의 승천을 표현한 것입니다.

어찌 되었든지 이 모든 사건은 위로 채여 올라가는 것이며 이런 현상을 한자로 표현하면 다 '휴거'(携擧)입니다. 즉 휴거는 끌려 올라간다는 뜻입니다. 어떤 분들은 휴거는 틀리고 '공중 들림'으로 써야만 한다고 주장하는데 이런 의견에는 신경을 쓸 필요가 없습니다. 휴거는 정확하게 '위로 채여 올라가는 것'을 뜻하므로 성경적 정의와 동일합니다.

이제부터는 휴거의 여러 견해에 대해 살펴보겠습니다.

1. 환난 전 휴거(Pre-tribulation rapture)

이것은 7년 환난기 전에 교회의 성도들이 하늘로 채여 올라가는 것을 말하며 곧 증명하겠지만 성경은 이것만이 진리임을 분명히 보여 줍니다.

2. 부분 휴거(Partial rapture)

이것은 7년 환난기 전에 이 땅에 사는 교회의 성도들 중에서 독실한 자들만 휴거를 받고 나머지는 환난기를 통과하면서 정화되는 과정을 겪는다는 견해입니다. 이것은 성경의 구원을 제대로 이해하지 못하기 때문에 생기는 오류입니다. 우리의 구원은 전적으로 예수 그리스도의 은혜로 이루어집니다. 휴거도 마찬가지입니다. 예수 그리스도의 은혜로 휴거를 받아 환난기를 피하게 되는 것이 하나님의 진리입니다. "내가

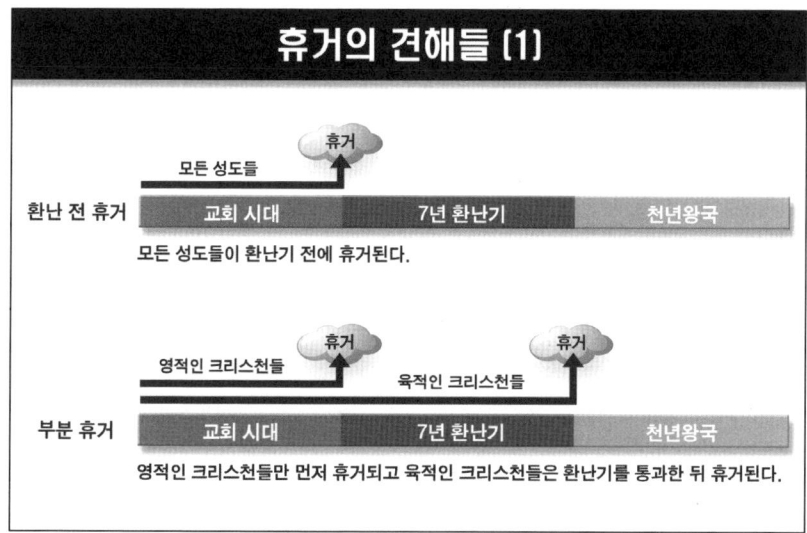

무언가 해야 하지 않겠는가?", "좀 더 깨끗해야 하지 않겠는가?" 다 좋은 생각이지만 우리의 구원이나 휴거는 전적으로 하나님의 은혜로 됩니다. 환난기에는 말 그대로 준지옥이 이 땅에 이루어집니다. 여기를 피하는 것은 전적으로 하나님의 은혜로 이루어집니다.

땅에서 7년 환난기가 이루어지는 동안 하늘에서는 신랑 되시는 어린양 예수님의 혼인 예식이 치러집니다. 그러려면 반드시 그분의 신부가 있어야 합니다. 그분의 신부는 신약 시대에 그분의 피로 구원받은 모든 성도들입니다. 그 성도들 안에는 성숙한 이들도 있고 갓 태어나 미숙한 이들도 있습니다. 그러나 그들은 다 그분의 신부이며 그분의 몸의 지체입니다. 그러므로 그분에게 속한 지체는 머리카락 하나, 손톱 하나까지 다 올라가야 합니다. 그래야 신부가 완성되고 신랑 되신 어린양의 혼인 예식이 거행될 수 있습니다. 다만 모든 성도들은 휴거되자마자 그리스도의 심판석에서 구원받은 이후의 모든 행위에 대해 심판을 받고 행위에 따른 보상을 달리 받을 것입니다.

> 이는 우리가 반드시 다 [바울을 포함하여 구원받은 모든 성도들이] 그리스도의 심판석 앞에 나타날 것이기 때문이라. 이로써 각 사람이 좋은 것이든 나쁜 것이든 자기가 행한 것에 따라 자기 몸 안에서 이루어진 것들을 받으리라(고후5:10).

이처럼 보상이라는 상대적 측면에서는 차이가 있지만 구원과 휴거라는 절대적 측면에서는 그리스도 예수님 안에 있으면 아무 차이가 없습니다.

> 그러므로 이제 그리스도 예수님 안에 있는 자들에게는 결코 정죄함이 없나니 그들은 육신을 따라 걷지 아니하고 성령을 따라 걷느니라. 이는 그리스도 예수님 안에 있는 생명의 성령의 법이 죄와 사망의 법에서 나를 해방하였기 때문이라(롬8:1-2).

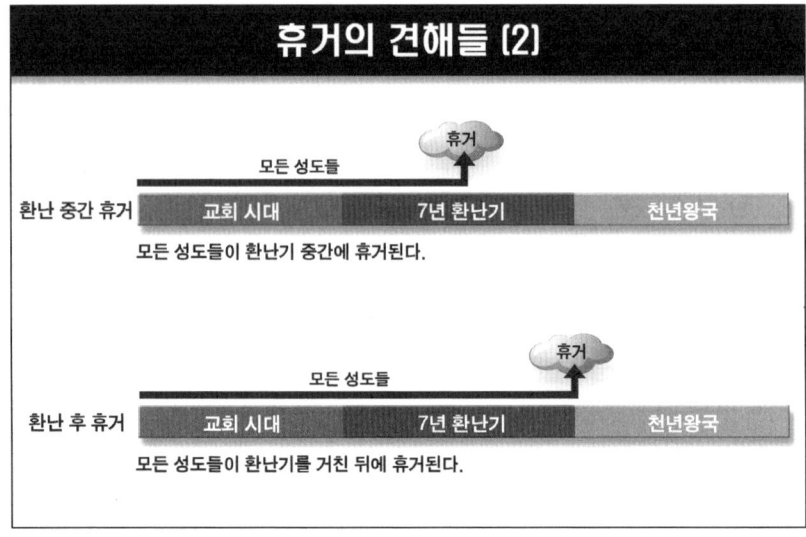

그래서 고전15:51은 나팔소리가 나매 '우리가 다' 변화되리라고 기록하고 있습니다. 그러므로 그때에 휴거받지 못하는 이들은 예수님 안에 속하지 않은 불신자들입니다. 물론 본인은 구원받았다고 확신할 수 있으나 나팔소리가 날 때 휴거받지 못하면 성경적으로 구원받지 못한 것입니다. 그러므로 중요한 것은 그리스도 예수님 안에 있는 것입니다. 그분 안에만 있으면 나팔소리가 언제 나든지 아무 문제없습니다. 아무 걱정하지 않아도 그 사람은 확실히 공중으로 들려 올라갑니다. 다미 선교회나 신부 단장을 주장하는 자들처럼 흰옷 입고 지성으로 한밤중에 모이지 않아도 아무 문제없습니다. 비록 밤에 잠을 잔다 해도 오대양 육대주에서 그리스도 예수님 안에 있는 자들은 남녀노소, 빈부귀천, 인종에 상관없이 다 들려 올라갑니다. 환난기는 오직 믿지 않는 유대인들과 믿지 않는 이방인들을 향한 진노의 기간입니다.

3. 환난 후 휴거(Post-tribulation rapture)

이것은 7년 환난기를 다 거친 뒤에 교회의 성도들이 하늘로 채여 올라가는 것을 말합니다. 이 견해는 성경적으로 큰 딜레마를 안고 있습니다. 교회가 7년 환난기를 통과하고 휴거받으면 그리스도 안에 있는 자들은 다 휴거를 통해 몸이 변화되고 순식간에 하늘로 올라갔다가 다시 순식간에 주님과 함께 땅으로 내려와야 합니다. 그런데 그들이 땅에 내려온다 할지라도 그들은 다시는 자식을 낳지 못합니다.

또한 7년 환난기가 끝나면서 휴거받지 못한 자들은 다 악한 자들이므로 유황 불에 던져집니다. 그러면 육체를 입고 이 땅에서 이루어지는 천년왕국에 들어갈 자들이 하나도 남지 않습니다. 그러나 성경은 분명하게 육체를 입고 천년왕국에 들어가서 아이들을 낳을 유대인과 이방인이 있다고 말하므로 교회가 7년 환난기 전체를 통과하는 것은 비성경적입니다. 또한 환난기가 끝나자마자 휴거받아 위로 올라갔다가 순식간에 다시 내려올 필요가 있을까요? 악인들을 처벌한 뒤 의인들이 그대로 천년왕국에 들어가면 되지 않습니까? 그러면 휴거 자체가 필요 없습니다. 그러나 성경은 분명히 휴거가 있다고 말하므로 이런 견해를 지지하는 분들은 스스로 만든 올무에 걸려들고 맙니다. 이런 이유로 7년 환난기 전체를 통과한 뒤 휴거받는다는 것을 주장하는 분들은 지금은 많지 않습니다.

4. 환난 중간 휴거(Mid-tribulation rapture)

이것은 7년 환난기의 한중간에 교회의 성도들이 하늘로 채여 올라가는 것을 말합니다. 이것은 최근에 나온 견해로서 이 견해를 주장하는 분들은 계시록의 일곱 봉인과 여섯 나팔은 하나님의 진노가 아니라 사탄이나 사람의 진노이고 환난기의 한중간에 울리는 일곱째 나팔 이후의 재앙들만 하나님의 진노라고 주장합니다. 따라서 이 견해에서는 일곱째 나팔이 가장 중요한데 그 이유는 일곱째 나팔이 고린도전서 15장의 마지막 나팔이기 때문입니다.

보라, 내가 너희에게 한 신비를 보이노니 우리가 다 잠자지 아니하고 <u>마지막 나팔 소리가 날 때</u>에 눈 깜짝할 사이에 순식간에 다 변화되리라(고전15:51).

그러나 이것은 성경을 잘못 본 결과입니다. 환난 중간 휴거를 포함해서 환난 전 휴거를 제외한 다른 모든 견해들의 문제는 유대인들의 왕국 프로그램과 신약의 교회 프로그램을 겹치게 만드는 데 있습니다. 그리스도께서 율법의 끝마침이 되셨다는 사도 바울의 진술과 같이 율법 시대와 교회 시대는 절대로 겹치지 않습니다. 그리고 다니엘의 70이레가 보여 주는 바와 같이 교회 시대의 후반부와 환난기는 절대로 겹치지 않습니다. 교회가 없어진 뒤에 이스라엘의 왕국 프로그램의 일환으로 환난기가 옵니다.

또한 환난 중간 휴거의 경우 적그리스도가 이스라엘과 7년 언약을 맺는 때부터 정확히 1,260일 되는 시점에 휴거가 발생합니다. 즉 이 견해대로라면 휴거가 발생하는 날을 누구나 알 수 있습니다. 그러나 위에서 언급한 고전15:51처럼 휴거의 가장 큰 특징 중 하나는 그것이 언제 일어날지 아무도 모른다는 것입니다. 휴거는 언제라도 심지어 오늘 저녁이라도 갑자기 일어날 수 있으며 우리는 이것을 '휴거의 임박성'이라고 부릅니다.

또한 고린도전서 15장의 마지막 나팔은 계시록의 일곱 나팔 중 일곱째 나팔이 아닙니다. 바울이 고린도전서에서 '마지막 나팔'을 언급했을 고린도 교회 성도들은 그 뜻을 알 수 있었습니다. 그렇지 않으면 바울은 아무도 알아듣지 못하게 허공에 대고 말한 셈입니다. 계시록은 고린도전서가 기록된 이후로 30-40년 정도 지난 시점에서 기록되었습니다. 그러므로 바울이 아직 기록되지도 않은 계시록의 일곱째 나팔을 염두에 두고 그것을 마지막 나팔이라고 했을 리가 없습니다. 그랬더라면 고린도 교회 성도들은 그 뜻을 전혀 알지 못했을 것입니다.

성경 해석에서 모든 단어의 뜻은 앞뒤 문맥에서 찾아야 합니다.

고린도전서 15장에서 바울은 첫째와 마지막을 비교하고 있습니다. 45-49절에는 첫 아담과 마지막 아담이 대비되어 있습니다. 또한 마지막 원수라는 말도 나옵니다(26절). 그러므로 이런 것들을 고려할 때 성경에 나오는 첫째 나팔과 이것과 대비되는 여기의 마지막 나팔을 조사해서 비교해 보면 문제가 간단히 풀릴 수 있습니다. 첫째 나팔은 출19:10-20에서 이스라엘 백성을 모으는 장면에서 나옵니다. 이 모임은 시내산에서 율법을 받기 위한 모임이었습니다. 이때에 나팔소리가 울리면 사람이든 짐승이든 산에 닿기만 해도 다 죽었습니다. 이것은 곧 율법은 진노를 이루고 사람을 정죄하여 죽인다는 것을 보여 줍니다. 즉 율법의 직무는 사망의 직무입니다(고후 3:7-9). 이것은 물론 모세가 가져온 것입니다(히12:18-21). 그러나 이와 대조적으로 마지막 나팔은 사망을 누르고 이기는 승리를 가져옵니다. 그래서 이때에 사망이 승리 가운데서 삼켜집니다(고전15:54). 바로 이런 차원에서 첫째 나팔과 마지막 나팔을 비교한 것입니다.

또한 고전15장의 마지막 나팔은 절대적 의미의 마지막 나팔이 아닙니다. 사실 환난기가 끝나면서 예수님이 천사들과 함께 올 때에도 나팔소리가 있습니다(마 24:29-31). 일곱 나팔이 울린 이후에도 천년왕국에서 장막절의 나팔이 적어도 1,000번은 더 울립니다. 그러므로 고린도전서의 마지막 나팔과 계시록의 일곱째 나팔과는 아무 상관이 없습니다.[9]

5. 진노 전 휴거(Pre-wrath rapture)

이 견해 역시 환난 중간 휴거와 비슷하며 다만 휴거의 시기가 환난기의 사분의 삼쯤 되는 지점 즉 일곱 금병 심판이 시작되는 때라는 점만 다릅니다. 다시 말해 이 견해는 일곱 봉인과 일곱 나팔 심판은 하나님의 진노가 아니라 사람이나 사탄의 진노이고 일곱 금병만 하나님의 진노라고 봅니다. 그러나 계시록 6장부터 나오는 일곱 봉인 심판을 보면 이때의 재앙들이 다 하나님이 주시는 심판임을 누구나 쉽게 알 수 있습니다. 그러므로 이런 견해 역시 성경과는 거리가 멉니다.[10]

환난 전 휴거의 증거들

1. 계시록 3장 10절

계시록 2-3장에 보면 소아시아의 일곱 교회가 나옵니다. 이 일곱 교회는 일차적으로 요한 당시에 존재하던 실제 교회였고 또 동시에 일곱이라는 완전수가 보여 주듯이 이 세상에 존재하는 여러 유형의 교회를 예표로 나타냅니다. 그런 교회들 중의 하나가 필라델피아 교회입니다. 문맥으로 보건대 이 필라델피아 교회는 마지막 때를 살고 있는 교회 - 물론 여기의 교회는 구원받은 자들만의 모임임 - 의 예표입니다. 주님께서

---

9) http://bible-truth.org/mid-trib.html을 참조하기 바란다.
10) http://www.middletownbiblechurch.org/proph/prewrath.htm을 참조하기 바란다.

이 교회에 주시는 말씀의 문맥이 이를 지지합니다.

<u>네가 나의 인내의 말을 지켰으므로 나도 너를 지켜</u> 땅에 거하는 자들을 시험하기 위해 앞으로 온 세상에 닥칠 시험의 시간을 면하게 하리라(계3:10).

여기서 '온 세상에 임하여 땅에 거하는 자들을 시험하는 시간'은 역사상 아직 지구에 임한 적이 없고 앞뒤 문맥으로 보건대 환난기가 맞습니다. 그런데 우리 주님은 그런 일이 생길 때 교회를 그 시간에서 면제시켜 주겠다고 약속하십니다. 영어로는 다음과 같이 되어 있습니다.

I also will <u>keep</u> thee <u>from</u> the hour of temptation.

여기에는 'keep ~ from' 이라는 관용구가 나옵니다. 환난 통과를 주장하는 분들은 교회가 환난에 들어가면 하나님께서 그 환난 가운데서 교회를 지켜 주시겠다고 약속하신 것으로 이 구절을 해석합니다. 이것은 잘못된 신학에 세뇌되어 평범한 영어 문장을 왜곡하는 것입니다. 중학교 영어 시간에 배웠듯이 'keep'과 'from'은 바늘과 실처럼 꼭 붙어 다닙니다. 그리고 이런 경우의 'keep'은 'prevent'와 같은 뜻입니다. 그래서 "I kept him from going to church."라고 하면 "내가 그를 교회에 가는 길에서 지켜 주었다."는 뜻이 아니라 "그를 교회에 가지 못하게 막았다."는 뜻입니다. 이와 관련해서 집을 떠나가는 아들을 위해 아버지가 주는 유명한 말이 있습니다.

The Bible keeps you from sin. And sin keeps you from the Bible.

이 말은 "성경은 너로 하여금 죄를 짓지 못하게 하고, 죄는 너로 하여금 성경을 읽지 못하게 한다."는 것을 뜻합니다. 'keep'과 'from'은 서로 붙어 다니면서 무언가를 하지 못하게 하는 것을 뜻합니다. 그러니까 계3:10도 동일하게 마지막 시대의 교회가 온 세상에 임하는 그 시험의 시간에 들어가지 않게 막아 주실 것을 약속한 것입니다. 한 학기가 끝나면서 교수는 학기 내내 과제물을 잘 내고 중간고사도 잘 치른 학생들에게 "너희는 이번 기말고사를 면제해 주겠다."고 이야기하면 당사자들은 어떻게 할까요? 시험 시간에 와서 자리에 앉아 시험을 볼까요? 그러면 교수는 답을 가르쳐 줘서 그들이 시험을 잘 보게 해 줄까요? 아니면 그들은 아예 안 나타날까요? 당연히 안 나타날 것입니다. 이럴 때 교수가 하는 말이 바로 "I will keep you from the final exam."입니다. 바로 이런 원리로 우리 주님께서도 자신의 신부인 교회가 이미 자신의 피에 의해 깨끗하게 되어 신분상 하나님의 자녀가 되었으므로 그들이 환난기에 들어가지 않고 휴거받을 것을 분명히 약속해 주셨습니다.

2. 계시록의 구조

위에서 말씀드린 것처럼 계시록 1장은 요한이 본 것들을, 2-3장은 요한 당시의 일들, 그리고 4장 이후는 앞으로 있을 일들에 대한 것입니다. 우리 주님은 2-3장에서 계속해서 교회들에게 성령님께서 말씀하시는 것을 들으라고 이야기합니다. 계시록에는 교회라는 단어가 총 20회(단수 7회, 복수 13회) 나옵니다.

단수 '교회': 계2:1, 8, 12, 18; 3:1, 7, 14

복수 '교회들': 계1:4, 11, 20(2회); 2:7, 11, 17, 23, 29; 3:6, 13, 22; 22:16

이 단어들이 나타나는 것을 보면 알지만 환난기 이후의 일들을 묘사하는 4장부터는 교회가 전혀 나오지 않습니다. 22장 16절은 계시록을 마감하면서 주님께서 교회들에게 이것들을 증언하게 하였다고 말씀하십니다. 교회에 대한 언급은 이게 끝입니다. 즉 환난기가 시작되는 4장부터 그 이후에는 교회가 그 기간과 전혀 상관없으므로 나오지 않는 것입니다.

이 말은 결코 환난기에 구원받는 자가 없다는 것이 아닙니다. 계시록 7장 9-17절을 보면 환난기에 엄청나게 큰 무리가 구원받습니다.

이 일 뒤에 내가 보니, 보라, 아무도 셀 수 없는 큰 무리 곧 모든 민족들과 족속들과 백성들과 언어들에 속한 큰 무리가 흰 예복을 입고 손에 종려나무 가지를 든 채 왕좌 앞과 어린양 앞에 서서…장로들 중 한 사람이 응답하여 내게 이르되, 흰 예복을 차려입은 이들은 누구냐? 그들은 어디서 왔느냐? 하므로 내가 그에게 이르되, 장로여, 당신이 아시나이다, 하니 그가 내게 이르되, 이들은 <u>큰 환난에서 나와</u> 자기 예복을 씻고 어린양의 피로 그것을 희게 한 자들이니라(계7:9, 13-14).

큰 환난에서 나온 이들은 어린양의 피로 구원받은 자들입니다. 그런데 예수님의 신부인 교회는 아닙니다. 성경을 읽다가 성도라는 말이 나오면 무조건 그것을 구원받은 신약 성도로 이해하면 안 됩니다. 예를 들어 구약에는 복수로 '성도들'이 35회 나오는데 이들은 다 구약 성도들을 말합니다. 예를 들어 다니엘서 7장 18-27절의 성도들은 구원받은 이스라엘 백성을 뜻합니다. 예수님께서 처형당하실 때에 다음의 일이 일어났습니다.

예수님께서 다시 큰 소리로 외치시고 숨을 거두시니 보라, 성전의 휘장이 위에서부터 아래까지 둘로 찢어지고 땅이 진동하며 바위들이 터지고 무덤들이 열리며 <u>잠든 성도들의 많은 몸이 일어나</u> 그분의 부활 뒤에 무덤 밖으로 나와서 거룩한 도시로 들어가 많은 사람에게 나타났더라(마27:50-53).

아직 신약 시대가 열리지 않았으므로 여기의 성도들 역시 구약 성도들입니다. 신약 성도들은 사도행전부터 나오기 시작합니다. 그러므로 계시록 4장 이후에 나오는 '구원받은 자들'은 환난기 성도들입니다.

3. 데살로니가전서 1장 10절

위에서 여러 차례 보여 드렸듯이 환난기에는 교회 시대에 구원받지 못한 유대인들과 이방인들이 들어갑니다. 특히 이때는 이스라엘에게 역사상 유일무이한 고통의 때입니다. 다음은 사도 바울의 기록입니다.[11]

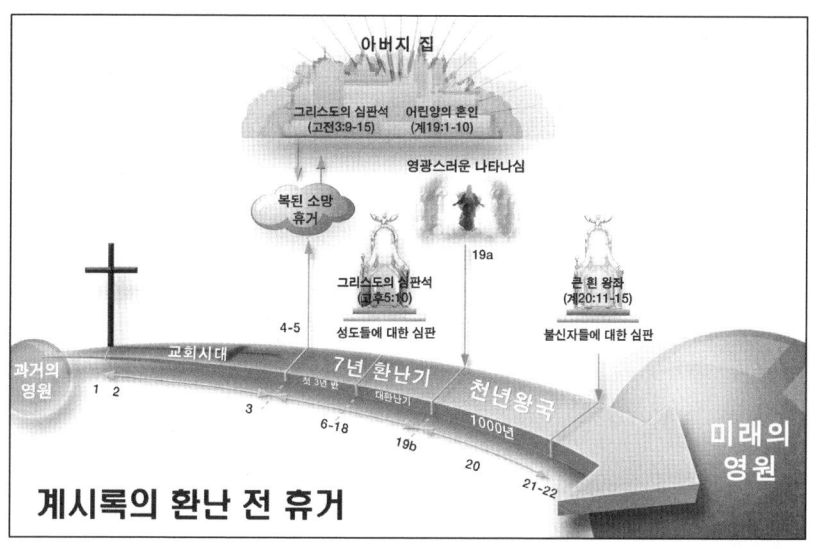

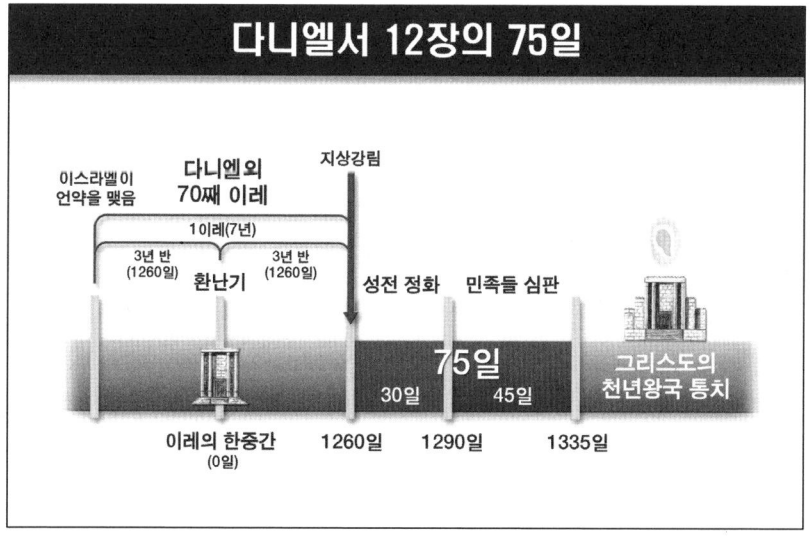

---

11) 미국 미들타운바이블 교회에서는 성경의 모든 교리들을 잘 정리하여 사이트에 올려놓았 습니다. 그리고 클라우드가 운영하는 'Way of Life'도 많은 자료를 제공합니다. 끝으로 칙 출판사 역시 훌륭한 자료를 제공하니 참조하기 바랍니다.
  - http://www.middletownbiblechurch.org/
  - http://www.wayoflife.org/
  - http://www.chick.com/

[그들이] 그분께서 죽은 자들로부터 일으키신 그분의 아들께서 하늘로부터 오실 것을 기다리는지 보여 주는데 이분은 곧 다가올 진노로부터 우리를 구출하신 바로 그 예수님이시니라(살전1:10).

데살로니가전후서는 재림과 휴거에 대해 자세히 보여 줍니다. 살전1:10은 예수님께서 오시는 것을 말하면서 그분께서 이미 그들을 진노에서 건져 내셨다고 말합니다. 그들은 재림이 임박했음을 느끼며 살고 있었는데 우리 주님은 앞으로 그들을 진노에서 건져 내실 것이 아니라 이미 건져 내셨다고 말합니다. 그러므로 그들은 그들 당시에 진노가 임해도 그 전에 휴거받아 안전합니다. 개역성경은 이처럼 중요한 구절을 "이분이 장래 노하심에서 우리를 건지시는 예수시니라"로 오역하여 마치 예수님이 그때의 진노 속에서 그들을 건져내는 것으로 만들며 큰 혼동을 가져다줍니다. 그러나 올바른 성경은 그들을 이미 진노에서 건져 내셨다고 말합니다. 그 일은 이미 끝났습니다. 물론 여기의 진노는 환난기에 있을 하나님의 진노요, 어린양의 진노입니다. 데살로니가전서 5장도 같은 것을 이야기합니다.

하나님께서는 우리를 진노에 이르도록 정하지 아니하시고 우리 주 예수 그리스도에 의해 구원을 얻도록 정하셨느니라(살전5:9).

여기의 구원은 진노로부터 구원받는 것을 말합니다. 하나님은 우리가 진노를 받지 않도록 이미 정하였습니다. 그것은 이미 끝난 일입니다.

로마서 5장 9절도 동일한 것을 이야기합니다.

구약 시대 히브리 대언자들은 환난 혹은 고난에 대해 50여 회 예언의 말씀을 선포하였는데 이것들은 다 이스라엘 백성에게 해당하는 것입니다. 그래서 성경의 예언을 문자 그대로 풀면 관련된 모든 구절들이 짝을 이루면서 교회는 환난 전에 휴거받는 것을 명확하게 보여 줍니다.

디도서 2장 말씀도 살펴보겠습니다.

구원을 가져다주시는 하나님의 은혜가 모든 사람에게 나타나 우리를 가르치시되…이 현 세상에서 맑은 정신을 가지고 의롭게 하나님의 뜻대로 살며 저 복된 소망과 위대하신 하나님 곧 우리 구원자 예수 그리스도의 영광스러운 나타나심을 기다리게 하셨느니라 (딛2:11-13).

여기서 예수님의 '영광스러운 나타나심'은 분명히 그분께서 모든 사람에게 자신을 드러내시는 지상 강림입니다. 그러면 그 앞의 '저 복된 소망'은 무엇일까요? 그것은 재림의 첫 단계인 휴거입니다. 그 소망이 복된 소망이 되려면 환난기에 들어가면 안 됩니다. 그 환난기는 사람이 죽기를 구해도 죽을 수 없는 무서운 때입니다. 이런 데 들어가지 않는 것이 복된 소망 즉 휴거의 소망입니다. 할렐루야!

그러므로 교회 시대 성도들에 대한 하나님의 계획은 아주 명확합니다. 주 예수 그리스도께서 공중에 오셔서 자신의 신부를 모두 데리고 가십니다. 그래서 그분의 몸의 지체들은 다 부활하거나 휴거받아 셋째 하늘에 갑니다. 이것이 바로 바울이

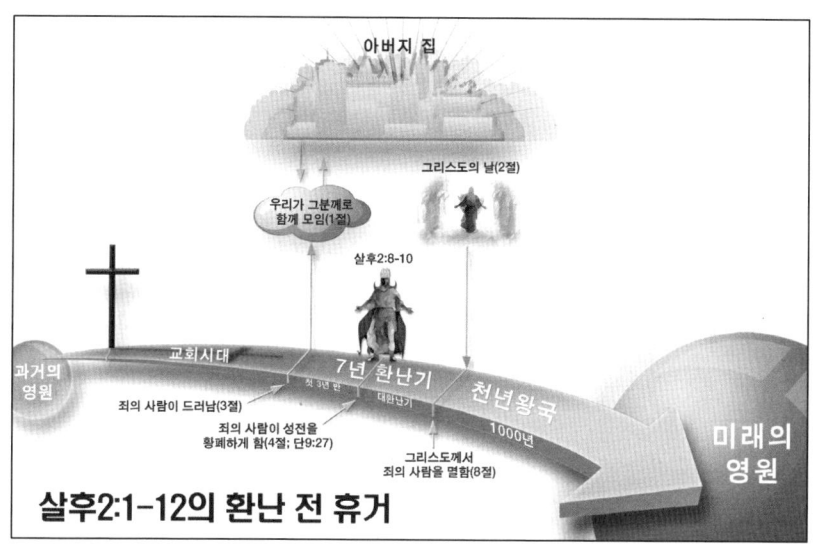

이야기하는 '저 복된 소망'입니다.
데살로니가후서 2장 1-12절도 같은 식으로 되어 있습니다.

> 형제들아, 우리 주 예수 그리스도의 오심과 우리가 그분께 함께 모이는 것에 의거하여 이제 우리가 너희에게 간청하노니(살후2:1)

여기서 '우리가 그분께로 함께 모이는 것'은 다름 아닌 휴거입니다. 그 일 이후에 2절에 보면 그리스도께서 땅의 불신자들에게 진노를 내뿜으며 하늘로 데려간 자신의 신부와 함께 혼인 예식을 치르는 그리스도의 날이 시작됩니다. 이날이 시작되면서 3-4절에 죄의 사람 즉 적그리스도가 등장하며 그는 결국 하나님의 성전에 들어가 자기 자신을 하나님이라고 보입니다. 그러므로 교회 성도들은 환난기 전에 그리스도의 날이 시작되는 순간 모두 부활하거나 휴거받습니다.

결론적으로 디도서 2장 13절에 기록된 '저 복된 소망'은 환난 전 휴거라야만 가능합니다. 그래야만 그리스도의 심판, 어린양의 혼인, 땅에서의 진노 등을 이룰 수 있는 충분한 기간이 확보됩니다. 또 그래야만 성도들도 어떤 표적을 구하지 않으며 임박한 주님의 재림을 항시 고대할 수 있습니다.

14. 재림의 두 단계

과거에 이스라엘 백성은 메시아가 두 번 오는 것을 이해하지 못했습니다. 그래서 그들은 예수님의 초림과 재림을 하나로 보았기에 처음 오신 예수님을 인정하지 못하고 배척했던 것입니다. 예수님의 말씀을 들어 봅시다.

> 그때에 그분께서 그들에게 이르시되, 오 어리석고 대언자들이 말한 모든 것을 마음으

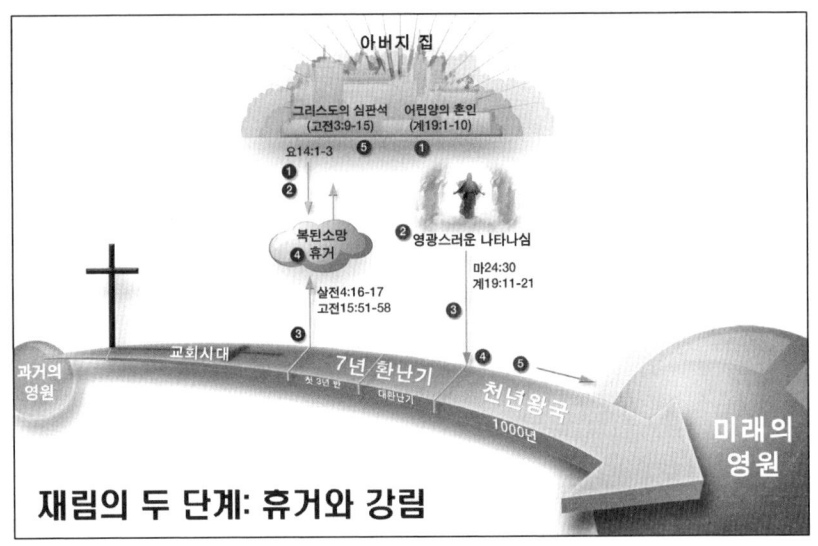

재림의 두 단계: 휴거와 강림

> 로 더디 믿는 자들아, 그리스도가 이런 일들로 고난을 당하고 자기 영광에 들어가야만 하지 아니하느냐? 하시고 (눅24:25-26)

그리스도께서 고난을 당하는 것이 초림이고 영광을 받는 것이 재림입니다. 그러면 초림은 언제를 가리킬까요? 그분께서 베들레헴 마구간에서 태어날 때가 초림일까요? 십자가에서 죽으셨다가 다시 부활하신 때가 초림일까요? 초림은 예수님께서 출생하신 뒤 부활하고 승천하실 때까지의 총 33년 반이 초림입니다. 이 초림에서 예수님은 베들레헴에 비밀리에 오셨다가 올리브산에서 공개적으로 올라가셨습니다.

예수님의 재림도 이와 비슷합니다. 예수님의 재림은 환난기 시작의 한 부분도 아니고 끝도 아니며, 그분께서 공중에 강림하셔서 죽은 성도들을 일으키시고 살아 있는 성도들을 하늘로 채어 올리시는 휴거부터 환난기가 끝나면서 친히 올리브산에 발을 내려놓으실 때까지의 약 7년 기간이 재림입니다. 재림에서도 예수님은 처음에 공중에 비밀리에 오시고 끝에는 올리브산에 공개적으로 내려오십니다. 우리는 이 기간 전체를 재림이라고 이해해야 합니다. 그리고 휴거가 일어날 때에는 그분께서 공중에 강림하시므로 이것을 간단하게 '공중 강림'이라고 부르며 약 7년 뒤 공개적으로 오실 때에는 땅에까지 내려오시면 자신을 드러내시므로 '지상 강림' 혹은 '지상 현현'이라고 부릅니다. 참고로 한 가지 말씀드릴 것이 있습니다. 휴거가 일어나자마자 곧바로 환난기가 시작되지는 않습니다. 잠시 시간이 흐른 뒤 적그리스도가 등장해서 이스라엘과 언약을 맺으면서 7년 환난기가 시작됩니다.

다음 페이지의 표는 그리스도의 초림과 재림을 비교 분석해 놓은 것입니다.

그리스도의 초림	그리스도의 재림
그리스도의 초림은 역사적 사건이다.	그리스도의 재림은 미래적 예언이다.
이미 일어났다.	앞으로 일어날 것이다.
과거에 발생했다.	미래에 발생할 것이다.
그리스도께서 오셨다(요일4:2).	그리스도께서 오실 것이다(요14:3).
십자가	왕관
그리스도께서 세상의 구원자로 오셨다.	그리스도께서 세상의 재판관이요 왕으로 오실 것이다.
죽기 위해 오셨다.	다스리기 위해 오실 것이다.
그리스도께서 죄인들의 구원자가 되셨다(마1:21).	그리스도께서 왕들의 왕으로 오실 것이다(계19:16).
당신은 어떤 주님을 맞이하게 되겠습니까? 만일 당신이 예수 그리스도를 당신의 구원자로 맞이하지 않는다면 어느 날 그분을 심판자로 맞게 될 것입니다.	
사람의 구원자로 오셨다(요3:17).	사람의 재판장으로 오실 것이다(유 14-15)
이스라엘 민족이 자신들의 메시아를 거절했다(요1:11).	이스라엘 민족이 메시아를 맞을 것이다(슥12:10; 마23:39; 롬11:25-27).
아기의 모습으로 오셨다(눅2:7).	정복자로 오실 것이다(계19:11-16).
그리스도께서 나귀를 타고 온유하신 모습으로 오셨다(마21:1-5).	그리스도께서 흰말을 타고 권능있게 임하실 것이다(계19:11).
사람의 마음에 평화를 가져오기 위해 오셨다(엡2:13-19; 롬5:1).	전 세계의 평화를 위해 오실 것이다(사 9:6-7; 슥9:10).
초림 당시 정권은 사람의 손에 있었다(헤롯 대왕, 로마제국 등).	재림 때에 정권이 그리스도의 손과 어깨에 놓일 것이다(사9:6-7).
그리스도께서 원수들에 의해 죽임을 당하셨다(마27:20-25).	그리스도께서 원수들을 죽이실 것이다(살후1:7-10).

재림의 첫 단계인 공중 강림에서 예수님은 자신의 신부를 위해 공중에 강림하셔서 그 신부만 데리고 가십니다. 그리고 그 신부와 함께 혼인 예식을 치른 뒤 7년 뒤에는 이 신부와 함께 땅에 내려오셔서 천년왕국에 들어갈 자들과 들어가지 못할 자들을 심판하십니다.

이 두 개를 비교를 하면 다음 페이지의 표와 같습니다.

	공중 강림(휴거)	지상 강림
시기	환난 전(계3:10), 정확한 시기 모름. 언제라도 일어날 수 있음.	환난 후(마24:29-30), 시기를 정확히 알 수 있다. 휴거 이후 적그리스도가 이스라엘과 언약을 맺은 뒤 7년(2,520일) 후
속도	눈 깜짝할 사이에 사람들이 깨닫기 전에 일어난다(고전15:52).	세계 모든 사람이 알 수 있도록 충분한 여유를 두고 일어난다(마24:27; 계1:7).
표적	표적은 없다. 언제든지 일어날 수 있다.	많은 표적들(예수님께서 오시기 전에 반드시 있어야 할 일들)이 있다. 예수님께서 마태복음 24장 1-28절에서 이 표적들에 대해 언급하셨다.
그리스도를 보는지 여부	신자들은 그리스도를 볼 수 있을 것이다(요일3:2).	모든 사람이 그리스도를 볼 것이다(계1:7). 이 광경을 놓치는 사람은 없을 것이다(마24:24-27).
장소	공중(살전4:17) 그리스도께서 땅에 내려오지 않는다.	지상(슥14:4; 행1:11) 그리스도께서 예루살렘의 올리브산에 내려오신다.
신자와 불신자	믿는 이들은 하늘로 갈 것이고(에녹처럼), 불신자들은 땅에 남아 있을 것이다(살전4:13-18).	믿는 이들은 땅에 남아 있을 것이고(노아처럼) 불신자들은 심판에 넘겨질 것이다(눅17:34-37).
목적	신부인 교회를 영접하는 것(요14:3)	자신의 왕국을 받는 것(눅19:12)

유대인들의 결혼 풍습

예수님의 재림은 신랑과 신부의 결혼과 깊은 관계가 있습니다. 그러므로 유대인들의 결혼 풍습을 잘 이해해야 재림과 관련된 성경 말씀을 바르게 이해할 수 있습니다.

다음은 예수님께서 잡혀서 처형당하시기 바로 전에 제자들에게 주신 위로의 말씀입니다.

너희는 마음에 근심하지 말라. 하나님을 믿고 또한 나를 믿으라. 내 아버지 집에 거할 곳이 많도다. 그렇지 않으면 내가 너희에게 말해 주었으리라. 내가 너희를 위해 처소를 예비하러 가노니 가서 너희를 위해 처소를 예비하면 내가 다시 와서 너희를 내게로 받아들여 내가 있는 곳, 거기에 너희도 있게 하리라(요14:1-3).

이 말씀은 유대인들의 결혼 풍습을 이해하지 못하면 도저히 이해할 수 없습니다.

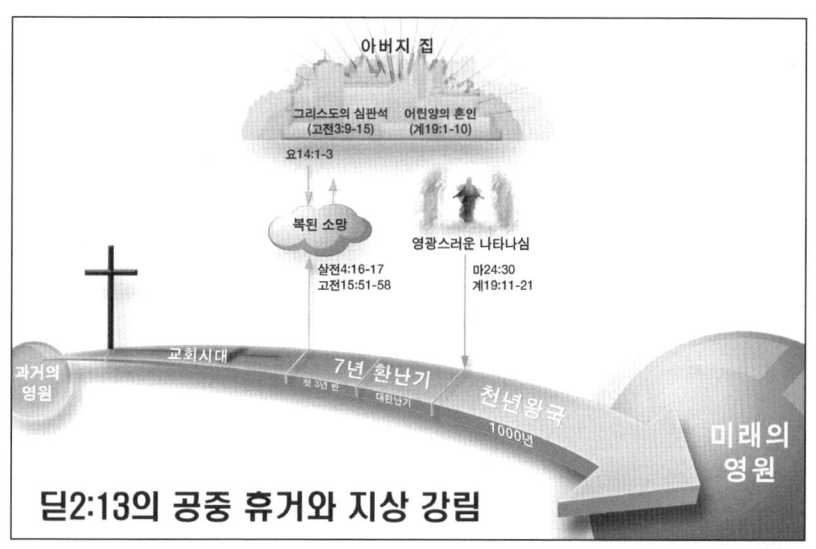

공중 휴거와 지상 강림 비교

	공중 휴거/옮겨짐	지상 강림/왕국 확립
1	모든 성도들이 채여 올리감	채여 올리기는 일이 없음
2	채여 올라간 성도들이 하늘로 감	채여 올라간 성도들이 땅으로 돌아옴
3	땅이 심판받지 않음	땅이 심판을 받고 공의가 확립됨
4	표적이 불필요하고 언제라도 발생 가능함	예언된 표적들, 환난기 이후에 발생함
5	구약에는 없음	구약에 많이 예언되어 있음
6	성도들에게만 해당됨	온 인류에게 영향을 줌
7	주의 진노의 날 이전에 일어남	주의 진노의 날을 끝냄
8	사탄에 대한 언급이 없음	사탄이 결박됨
9	그리스도께서 자신의 백성을 위해 오심	그리스도께서 자신의 백성과 함께 오심
10	그리스도께서 공중에 오심	그리스도께서 땅에 오심
11	그분의 백성만 그분을 봄	모든 사람이 그분을 봄
12	환난기가 시작됨	천년왕국이 시작됨

    유대인들의 결혼 풍습은 몇 단계로 되어 있습니다. 먼저 정혼이라는 것이 있습니다. 이를 위해 신랑은 자기 아버지 집을 떠나 신부의 집으로 가서 지참금을 지급하고 정혼 언약을 맺습니다. 이것이 끝난 뒤 신랑은 자기 아버지 집으로 되돌아가서 거할 곳을 마련합니다. 그리고 일 년 정도 시간이 지난 뒤 어느 날 들러리들과 함께 신부의 집으로 갑니다. 마태복음 25장에 있는 열 처녀 비유는 이때의 일을 보여 주는데 거기의 열 처녀는 신부가 아니라 들러리들입니다. 신랑은 이미 결혼하였고 이들은

결혼한 신랑이 돌아오는 것을 맞으러 나갑니다(눅12:36).

정혼 후에 신부는 신랑이 언제 올지 모르므로 매일 신랑을 기다리며 준비하고 있습니다. 드디어 신랑이 와서 신부를 데리고 자기 아버지 집으로 가는데 거기에는 이미 하객들이 그들을 기다리고 있습니다. 이 두 사람은 혼인 방으로 들어가서 육체적으로 하나가 되고 7일간 거기 머뭅니다. 이 7일 동안 신부는 자기 얼굴을 세상에 보이지 않습니다. 7일 연회가 끝나면 신랑이 신부를 데리고 나와 만인에게 공개하면서 결혼이 공식적으로 완성됩니다.

자! 이것을 그리스도와 교회에 적용하면 다음과 같습니다. 신랑과 신부는 그리스도와 교회입니다. 정혼 언약은 예수님께서 피로 세워 주신 새 상속 언약입니다. 신랑이 자기 아버지 집으로 돌아가 처소를 마련하는 기간이 바로 지금의 교회 시대입니다. 신랑이 언제 신부를 데리러 올지 아무도 모르듯이 그리스도께서 자신의 신부인 교회를 휴거를 통해 언제 데려갈지 아무도 알지 못합니다. 신랑은 처소만 예비되면 언제라도 올 수 있습니다. 그러니까 신부는 늘 깨어서 신랑을 맞을 준비를 합니다.

신랑의 아버지 집에 이른 뒤 치르는 혼인 예식은 계시록 19장 7-9절에 나와 있는 어린양의 혼인 잔치입니다. 이 잔치가 끝난 뒤 신랑이 신부를 공개합니다. 이것이 바로 지상 강림입니다. 그러므로 신랑이 신부를 데리러 가는 것은 혼인 잔치 이전이어야 합니다. 즉 그 일은 반드시 7년 환난기 이전에 있어야 합니다.

그러면 이것을 분명하게 보여 주는 성경 구절이 있을까요?

예! 있습니다.

누가복음 12장 35-40절을 보면 분명하게 다음과 같이 기록되어 있습니다.

너희 허리에 띠를 띠고 너희 등불을 타오르게 하며 너희 자신은 마치 <u>자기 주인의 결혼식에서 돌아올 때에 그를 기다리고 있다가</u> 그가 와서 문을 두드리면 그를 위해 즉시 열어 주려고 하는 사람들같이 되라(눅12:35-36).

이 말씀은 주님의 지상 강림 때의 일로서 마24:45-51과 조화를 이룹니다. 7년 환난기 전에 신랑은 신부를 데려가고 결혼식을 끝낸 뒤 다시 옵니다. 결혼식이 끝난 뒤 신랑이 결혼식에서 돌아오는 것을 기다리라고 주님은 말씀하십니다. 베드로를 포함한 제자들에게 이런 말씀을 하셨을 때에 유대인 제자들은 결혼 풍습을 잘 알므로 그분의 말씀이 무엇을 뜻하는지 정확히 알고 위로를 받았습니다. 물론 이 부분은 환난기가 끝나는 시점에 있는 이스라엘 백성에게 이야기하는 것입니다.

15. 노아의 때와 같다

서두에 종말의 징조들을 여럿 언급하면서 한 가지 이야기하지 않은 것이 있습니다. 예수님께서는 재림의 때가 노아의 때와 같다고 하셨습니다(마24:37). 노아의 시대에 대해 창세기는 이렇게 기록합니다.

> 1 사람들이 지면에서 번성하기 시작하고 그들에게 딸들이 태어나매 2 하나님의 아들들이 사람들의 딸들을 보되 그들이 아름다운 것을 보고 자기들이 택한 모든 자를 자기를 위해 아내로 삼으니라…4 당시에 땅에는 거인들이 있었고 그 뒤에도 즉 하나님의 아들들이 사람들의 딸들에게로 들어와 그들이 저들에게 아이들을 낳았을 때에도 있었는데 바로 이들이 옛적의 강력한 자들 즉 명성 있는 자들이 되었더라. 5 **하나님**께서 사람의 사악함이 땅에서 크고 그가 마음으로 생각하여 상상하는 모든 것이 계속 악할 뿐임을 보시고는(창6:1-5)

사람들은 노아의 때를 언급하면서 주로 5절 말씀 즉 "사람의 사악함이 땅에서 크고 또 마음에서 생각하여 상상하는 모든 것이 항상 악할 뿐이었다."는 말씀에만 주목합니다. 맞습니다. 그 당시 사람들이 머릿속으로 상상하는 모든 것이 악하였습니다. 그런데 그 당시에는 사람들도 사악하였고 또한 '하나님의 아들들'이라 불리는 '마귀의 천사들'이 땅에 내려와 여인들과 결합하며 하이브리드 거인 종족을 만들어 냈습니다. 사실 이때에 마귀는 여자의 씨로 오시는 메시아의 출생을 막기 위해 하나님의 형상으로 지어진 사람의 유전자를 변형시켰습니다. 그래서 온 땅 위에 있는 모든 육체가 자기의 길을 부패시켰고 그 결과 땅에는 폭력이 가득하였습니다(창6:11-12). 그 결과 하나님께서는 홍수로 모든 육체를 멸하실 수밖에 없었습니다.

하나님의 아들들인 천사들(욥1:6; 2:1; 38:7)과 여자들의 비정상적인 결합에 대해서는 유다서 5-7절과 베드로후서 2장 4-6절을 참조하기 바랍니다.[12]

이들의 죄악이 심히 컸기 때문에 하나님께서는 전 인류와 짐승들을 멸절시키고 노아의 가족들과 방주의 짐승들만을 가지고 새롭게 다시 역사를 시작하신 것입니다. 이런 측면에서 유전자 조작은 말세의 징조 중 하나로 볼 수 있습니다. 사실 이것은 동성애와 더불어 하나님의 창조 질서를 무너뜨리는 것입니다.

---

12) 천사들과 여인들의 비정상적인 결합에 대해서는 조회수가 10만-30만 회나 되는 미슬러(chuck Missler)와 퀘일(Steve Quayle)의 유튜브 동영상을 참조하기 바라며 문서로는 그리스도 예수안에 출판사의 〈천사와 UFO 바로 알기〉를 참조하기 바란다. 이런 믿음은 요세푸스를 비롯한 정통파 유대인들의 믿음이었고 초대 교회 성도들의 믿음이었다. 그러나 어거스틴은 '하나님의 도시'라는 개념을 세우기 위해 하나님의 아들들은 '경건한 셋의 후손'이고 사람들의 딸들은 '가인의 후손'이라는 궤변을 만들었고 그 이후로 천주교와 거기서 나온 개신교는 대부분 어거스틴의 이 견해를 따르고 있다.
- http://www.youtube.com/watch?v=oKjd3CV0MCs, Chuck Missler - Genesis Chapter 6 Sons of God Nephilim Rephaim Anakim Emim
- http://www.youtube.com/watch?v=LAQQfzO2wg0, Genesis 6 Giants, Mighty Men of Old - Steve Quayle - Hagmann

그런데 다니엘서 2장에 보면 말세에 이런 일이 다시 일어납니다.

⁴² 그 두 발의 발가락들이 얼마는 쇠요, 얼마는 진흙인 것같이 그 왕국도 얼마는 강하되 얼마는 부서질 것이며 ⁴³ 왕께서 쇠와 진흙이 섞인 것을 보신 것같이 그들이 자신을 사람들의 씨와 섞을 것이나 쇠와 진흙이 섞이지 아니함같이 그들이 서로에게 달라붙지 못하리이다(단2:42-43).

42-43절은 이 땅에 세워지는 마지막 왕국 즉 금 신상의 넷째 왕국을 묘사합니다. 44절을 보면 넷째 왕국 다음에 예수님께서 세우시는 하늘의 왕국 즉 천년왕국이 나옵니다. 그런데 43절을 보면 이 넷째 왕국의 맨 끝은 쇠와 진흙으로 나옵니다. 그리고는 갑자기 매우 이상한 말이 나옵니다.

그들이 자신을 사람들의 씨와 섞을 것이나 쇠와 진흙이 섞이지 아니함같이 그들이 서로에게 달라붙지 못하리이다.

여기의 '그들'이 누구인지 성경은 말하지 않습니다. 다만 한 가지 확실한 것은 여기의 '그들'이 사람은 아니라는 점입니다. 그래서 그들의 결합으로 생기는 하이브리드는 그들과 사람 사이의 어떤 중간 존재가 됩니다. 물론 우리는 마지막 때가 노아의 때와 같다는 말씀을 근거로 이 구절의 '그들'이 천사라는 것을 쉽게 짐작해 볼 수 있습니다. 실제로 계시록 12장을 보면 환난기의 후반부 3년 반에 마귀와 그의 천사들이 땅에까지 쫓겨 내려옵니다(계12:9, 13). 따라서 하나님의 아들들 즉 마귀의 악한 천사들이 노아의 때와 같이 다시 한 번 땅에 내려와 사람들의 딸들을 취하는 일이 문자 그대로 생길 수 있습니다. 이 정도로 환난기의 후반부 3년 반은 위험하고 무서운 때입니다.

그런데 개역성경은 이런 중요한 구절을 '그들이 다른 인종과 서로 섞일 것이며'로 또다시 오역하여 전혀 다른 뜻을 갖게 하였습니다.

16. 베리칩과 짐승의 표

짐승의 표라는 말은 계시록에 여덟 번 나옵니다(계13:16, 17; 14:9, 11; 15:2; 16:2; 19:20; 20:4). 그 여덟 번 중에는 '짐승의 표'라고 기록된 데도 있고 '그 표' 혹은 '그의 표' 혹은 '그의 이름의 표'라고 된 데도 있습니다. 물론 계시록의 짐승은 적그리스도를 말합니다. 그러면 이 짐승의 표를 어디에 받을까요?

그가 모든 자 곧 작은 자나 큰 자나 부유한 자나 가난한 자나 자유로운 자나 매인 자에게 그들의 <u>오른손 안에나 이마 안에</u> 표를 받게 하고(계13:16)

또 내가 예수님의 증언과 하나님의 말씀으로 인해 목이 베인 자들의 혼들을 보았는데 그들은 짐승과 그의 형상에게 경배하지도 아니하고 자기 <u>이마 위에나 손안에</u> 짐승의 표를 받지도 아니한 자들이더라(계20:4).

계13:16과 20:4를 보면 그들은 그 표를 오른손 '안에'(in)나 이마 '안에'(in) 혹은 이마 '위에'(on) 받습니다. 여기 나오는 'in'이나 'on'은 동일한 그리스말을 번역한 것입니다. 어떤 분들은 여기의 'in'이 피부 속을 뜻한다고 봅니다. 또 다른 분들은 이 'in'이 손의 한 부분을 가리킨다고 봅니다. 이마도 마찬가지입니다. 이 모든 것을 만족시키려면 아마도 그 표를 손이나 이마의 어느 부위에 집어넣은 뒤 볼록하게 조금 튀어나오게 해야 할 것입니다. 일단 이 정도로 표의 위치에 대해서 말씀드리겠습니다.

이 정도로 표의 위치에 대해서 말하고 이제는 그것이 무엇인지 살펴보겠습니다.

16 그가 모든 자 곧 작은 자나 큰 자나 부유한 자나 가난한 자나 자유로운 자나 매인 자에게 그들의 오른손 안에나 이마 안에 표를 받게 하고 17 그 표나 그 짐승의 이름이나 그의 이름의 수를 가진 자 외에는 아무도 사거나 팔지 못하게 하더라. 18 여기에 지혜가 있으니 지각이 있는 자는 그 짐승의 수를 세어 볼지니라. 그것은 어떤 사람의 수요, 그의 수는 육백육십육이니라(계13:16-18).

계시록을 보면 사탄도 하나님 비슷하게 삼위일체를 구성합니다. 즉 사탄과 그의 아들 역할을 하는 적그리스도 그리고 성령님과 비슷한 역할을 하는 거짓 대언자가 있습니다. 16절의 '그'는 적그리스도를 도와서 사탄의 일을 실행하는 또 다른 짐승입니다(계13:11-14). 18절을 보면 짐승 즉 적그리스도는 환난기에 이 땅에 존재하는 무소불위의 권력을 가진 한 남자이며 그의 수는 666입니다. 그런데 개역성경은 이것을 '그 수는 사람의 수니 육백육십육이니라'라고 오역하여 마치 그 수 666이 인류 전체를 나타내는 수가 되게 하였습니다. 아닙니다! 666은 환난기에 나타나는 적그리스도라는 한 남자의 수입니다.

그런데 17절에 보니 환난기에 매매를 하려면 그 표나 그 짐승의 이름이나 그의 이름의 수를 가져야 한다고 합니다. 즉 짐승의 표 외에도 그의 이름과 그의 이름의 수가 따로 있고 이 셋 중 하나가 있어야 매매를 할 수 있습니다. 물론 많은 분들이 이 셋이 같은 것이라고 보며 저도 그렇게 볼 수 있다고 생각합니다. 계16:2를 보면 이 표를 받는 자들에게는 악취가 나며 몹시 아픈 헌데가 생깁니다.

자, 그러면 짐승의 표의 가장 큰 목적은 무엇일까요? 많은 분들이 그 표의 목적을 물건 매매로 제한하는 실수를 범합니다. 물론 그 표가 없으면 물건을 매매할 수 없습니다. 그러나 그보다 훨씬 더 큰 목적이 있습니다. 그 표의 가장 큰 목적은 그것을 받는 자들을 영원히 지옥에 보내는 것입니다.

셋째 천사가 그들을 뒤따르며 큰 음성으로 이르되, 만일 누구든지 그 짐승과 그의 형상에게 경배하고 자기 이마 안에나 손안에 그의 표를 받으면 바로 그 사람은 하나님의 진노의 포도즙 곧 그분의 격노의 잔에 섞인 것이 없이 부은 포도즙을 마시리라. 그가 거룩한 천사들 앞과 어린양 앞에서 불과 유황으로 고통을 받으리니 그들의 고통의 연기가 영원무궁토록 올라갈 것이며 짐승과 그의 형상에게 경배하는 자들과 누구든지 그의 이름의 표를 받는 자는 낮이나 밤이나 안식을 얻지 못하리라(계 14:9-11).

그 표를 받는 사람은 하나님의 진노를 받아 불과 유황으로 영원토록 고통을 당합니다.

짐승의 표는 짐승과 사탄에게 연합하기로 작정한 자들이 그들에게 경배하기 위한 도구 혹은 통로입니다. 이들이 이토록 영원무궁한 고통을 받는 이유는 사탄을 창조자 하나님 이상의 신으로 경배하기 때문입니다. 그러므로 그 표는 매매를 위한 수단이기도 하지만 계14:9, 11; 16:2; 19:20; 20:4가 보여 주듯이 마귀 숭배의 표입니다. 이것이 그 표의 가장 중요한 목적입니다. 이 표는 매매와 관련해서는 한 번 언급되었지만 마귀 경배와 관련해서는 무려 다섯 번이나 언급되었습니다. 이 점을 놓쳐서는 안 됩니다.

마귀는 처음에 타락할 때부터 경배를 받기 원했습니다(사14:13-14). 그는 심지어 예수님을 시험하면서도 그분께 경배를 받기 원했습니다(마4:9-10). 그래서 그의 화신(化身)인 적그리스도는 환난기에 하나님의 성전에 들어가 경배를 받습니다(살후 2:4). 그러므로 이 표를 받는 자들은 마귀를 하나님 혹은 그 이상으로 숭배하는 자들입니다. 그래서 그들은 불 호수의 심판을 영원무궁토록 받습니다. 즉 짐승의 표의 1차 목표는 매매 규제가 아니라 마귀 숭배입니다.

이제 이런 것들을 검토하였으므로 현재 크리스천 미디어를 뜨겁게 달구고 있는 베리칩(VeriChip)에 대해 이야기하려 합니다. 베리칩이 짐승의 표이며 그것을 받으면 지옥에 간다고 들었는데 과연 그러냐고 묻는 사람들이 많습니다. 특히 환난 통과를 주장하는 분들은 베리칩을 받으면 아예 구원을 잃는 듯한 뉘앙스로 부정적인 말들을 확정적으로 쏟아냅니다.

요즘 일반 뉴스에서도 국제 테러 방지와 건강 검진 등을 위한 의학용 바이오 칩 등이 소개되곤 합니다. ⟨National Geographic⟩ 잡지나 ⟨Discovery Channel⟩ 같은 영화 제공 업체를 통해서 이런 것들이 사람들에게 전달됩니다. 심지어 댄스파티를 하는데도 이런 표가 있는 사람들만 들어오게 한다는 뉴스도 있습니다.

최근에는 삼성전자가 휴대폰 사업의 후속으로 생체 바이오 칩 개발과 이를 통한 원격 의료 기술 확보에 매진하고 있다는 뉴스도 있습니다. 이를 정당화하기 위해 이들은 외딴곳에 사는 사람들과 고령자들에게 원격 진료를 하면 큰 도움이 된다고 주장하기도 합니다. 이런 기술이 현실화되어 생체 칩이 몸에 삽입되면 로봇을 원격 조정해서 유명 의사에게 직접 수술도 받을 수 있으므로 이런 기술은 큰돈을 벌 수 있는 기회를 제공할 것입니다.[13] 다만 이런 기술이 개발되어 실제로 시행되려면 먼저 여러 사람들에게 실증 실험을 하는 것이 가장 중요합니다. 실증 실험을 통해 기술을 안전하게 확보한 회사가 전 세계의 표준을 만들면서 그 분야를 선도할 수 있기 때문입니다. 이런 차원에서 정부가 미래에 온 국민의 먹거리를 해결하기 위한 방편으로 원격 진료 시스템을 조만간 구축하게 할 수도 있습니다. 물론 이것이 다 나쁜 것은 아닙니다. 다만 부가 한쪽으로 편중되면서 양극화가 극심해질 수 있으므로 그런 점을 조심해야 할 것으로 생각합니다. 저는 이것도 삶의 질 향상을 위한 한 방편이 될 수 있음을 인정합니다.

---

13) 네이버에서 '원격 진료 삼성'을 치면 여러 기사가 나옴

또한 최근에는 마이크로소프트의 창업자 빌 게이츠가 세운 재단의 한 연구팀이 원격 조종이 가능한 피임용 컴퓨터 칩을 개발했습니다.[14)] 가로/세로 20㎜에 두께 7㎜인 이 칩은 여성의 피부 밑에 이식돼 임신 억제 호르몬을 소량씩 분비해 피임을 돕는다고 합니다. 이 칩은 2018년 시판을 목표로 정하고 현재 임상 시험을 위한 신청 절차를 밟고 있다고 합니다. 이 칩의 목표는 강제 인구 조절이라고 하는데 이 경우 유전자가 좋은 사람들만 이 땅에 남게 되고 나머지는 도태될 수 있습니다.

이런 생체 칩은 수술하지 않고 오른손 엄지와 검지 사이에 주사를 통해 10분 정도 시술하면 삽입할 수 있습니다. 그러면 이 생체 칩이 있는 사람의 정보는 스캐너를 통해 자동으로 읽히게 됩니다. 그런데 오른 손에 이런 시술을 하면 짐승의 표로 보는 눈길을 의식해서 여기를 피하려고 노력하는 경우도 많이 있습니다. 또 문신처럼 새기는 것도 나온다고 합니다.

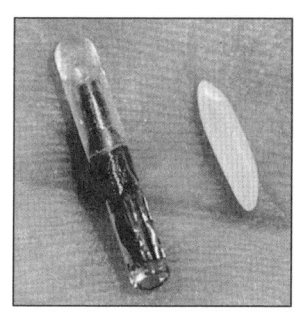
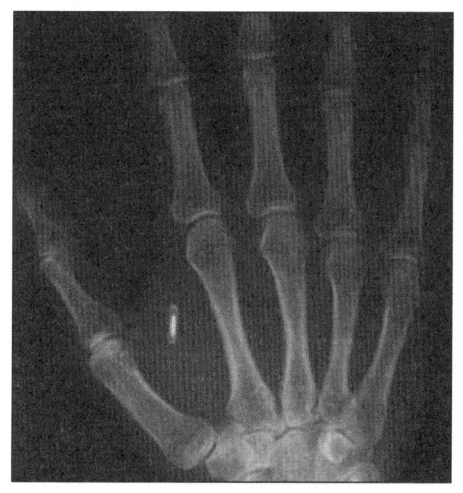

이러는 가운데 근래 사람들 사이에서 가장 많이 회자되는 것이 베리칩입니다. 여기서 '베리'는 '삽입해서 묻는다'는 의미의 'bury'가 아니라 'Verification'의 약자로서 사람의 정체를 확인해 준다는 것입니다. 크기는 다양하지만 사람에게 심은 뒤 그 안의 RFID 시스템이 작동하기 위해서는 적어도 위의 오른쪽 그림에 있는 것처럼 쌀알 정도의 크기는 되어야 할 것으로 보입니다.

요즘 여러 나라들이 아날로그 방송을 접고 디지털 방송으로 전환하고 있는데 그 이유 중 하나는 RFID 전송을 위한 주파수 대역을 확보하기 위함이라는 주장도 있습니다. RFID 칩 기술 자체는 이미 완료되었지만 이것을 인체에 적용하는 데는 아직도 많은 시간이 필요한 것으로 보입니다. 미국의 경우 오바마 대통령의 건강 보험 플랜이 성사가 되면 그것의 일환으로 미국 사람 모두가 RFID 칩을 받아야

---

14) Google에서 'Birth Control Chip Bill Gates'를 치면 여러 기사가 나옴.

한다는 주장이 있습니다. 또한 12억 인구의 인도가 자기 국민을 계수하기 위해 RFID 칩을 사용하는 주민 신분 확인 제도를 만들려고 합니다. 세상이 이런 방향으로 흘러가는 것은 막을 수 없는 추세입니다.

그러면 지금 이 세대에서 우리가 받을지도 모를 이런 생체 칩이 적그리스도의 짐승의 표일까요?

일단 결론을 분명히 말씀드립니다.

<u>환난기가 시작되기 전에 우리가 받는 그 어떤 칩도 짐승의 표가 아닙니다.</u> 짐승의 표는 환난기가 시작되어 짐승 즉 적그리스도가 나타나서 경배를 요구하면서 사람들이 받게 될 표입니다. 그러므로 그런 때가 되기 전에 우리가 몸에 그 어떤 것을 받는다 해도 그것은 우리의 구원과 아무 상관이 없습니다. 그리스도 예수님 안에 있는 성도들은 그런 칩을 받았든지 받지 않았든지 예수님께서 공중에 강림하실 때에 다 휴거되어 하늘로 올라갑니다. 그러므로 우리는 환난기에 일어날 일들에 대해 전혀 염려하지 않아도 됩니다.

그런데 많은 목사들이 세상 돌아가는 이야기를 가지고 자꾸 성도들을 불안하게 만드는 것이 문제입니다. 베리칩 가지고 밥 먹고 사는 목사가 얼마나 많은지 아십니까? 미국에서도 텔레비전 부흥사들, 선동가들이 이런 것을 가지고 사람들을 겁주며 돈을 긁어모읍니다. 성도들은 이런 데 현혹되어 넘어갈 필요가 전혀 없습니다. 과거에 바코드와 신용카드가 나올 때에도 그것들이 짐승의 표라고 하면서 돈을 긁어모은 자들이 매우 많습니다. 우리는 이런 일에 전혀 신경 쓰지 않아도 됩니다. '환난 전 휴거'의 복된 소망이 우리에게 있기 때문입니다. 계시록 4-19장의 환난은 현재 예수 그리스도 안에 있는 성도들과는 아무 상관없습니다. 전혀 해를 끼칠 수 없습니다. 그러므로 우리는 그리스도 예수님 안에 있는가만 확인하면 됩니다.

자, 그러면 베리칩 같은 것이 우리에게 무엇을 가르쳐 줄까요? 주님의 재림이 매우 가까이 왔음을 분명하게 가르쳐 줍니다. 계시록을 문자 그대로 믿으면 짐승의 표는 영적인 표가 아니고 물리적인 표라고 저는 확신합니다. 즉 그 표는 사람의 오른손이나 이마에 무언가를 넣거나 붙이는 형태가 될 것입니다. 그러므로 지금의 베리칩 기술이 오랜 시간 인체에 삽입되어 연구되면서 적그리스도가 등장할 때는 기술이 무르익을 수 있다고 봅니다. 또 지금부터 그런 칩을 받는 데 익숙해지면 나중에 환난기에도 그런 칩을 받을 때 덜 저항하게 될 것입니다. 그래서 지금부터 이런 칩을 받도록 사회의 모든 시스템이 바뀌고 있습니다. 이런 기술은 앞으로 계속해서 발전하게 될 것입니다. 그럼에도 불구하고 지금의 베리칩 자체는 결코 짐승의 표가 될 수 없습니다. 지금의 베리칩은 매매를 위한 수단에 불과합니다. 그런데 위에서 보여 드렸듯이 짐승의 표의 1차 목적은 매매가 아니라 마귀 숭배입니다. 지금 그런 표를 받는 사람들은 사실 마귀 숭배의 목적으로 그것을 받지 않습니다. 대개는 의학용이나 국가의 안전 체계 유지 그리고 신원 확인용으로 받고 있습니다. 따라서 우리는 이런 것들을 그리스도의 재림이 가까이 임한 시대의 징조로 받아들이면 됩니다.

17. 포도즙 틀 심판

7년 환난기는 하나님의 진노가 불신 세상에 쏟아지는 심히 무서운 때이며 성경은 여러 곳에서 환난기의 극심한 고통이 어떤 것인지 잘 보여 줍니다. 특히 환난기 끝에는 포도즙 틀 심판이라는 공포의 심판이 나옵니다.

그 천사가 자기 낫을 땅에 휘둘러 땅의 그 포도나무를 모아다가 하나님의 진노의 큰 포도즙 틀 속으로 던지니 도시 밖에서 그 포도즙 틀이 밟혔고 포도즙 틀에서 피가 나와 말 굴레에까지 닿았으며 천육백 스타디온이나 퍼졌더라(계14:19-20).

일곱 나팔 심판이 끝나는 시점 즉 환난기의 맨 끝 부분에서 천사는 포도를 모아 하나님의 진노의 포도즙 틀 속에 던졌습니다. 그러자 누가 그것을 짓밟아 으깼더니 피가 나와 말의 목까지 차올라오며 300km를 흘러갔습니다.

성경에는 하나님의 진노가 임하는 때에 '포도즙 틀'(wine press)이라는 심판 도구가 많이 나옵니다.[15] 고대 이스라엘의 포도즙 틀은 조그만 틀이 아니라 성인 남녀 20명이 들어가 발로 밟아 포도를 으깰 수 있는, 땅을 파서 만든 큰 틀입니다. 성경에는 지옥과 불 호수가 있습니다. 아마 이 두 개를 제외하고는 하나님의 진노의 포도즙 틀이 이 땅에서 가장 무서운 형틀이 될 것입니다.

말굴레 높이까지 피가 차서 300km까지 흘러가려면 엄청난 수의 사람들이 죽어서 피를 흘려야 하는데 이 사람들은 다 어디서 나올까요? 또 이 피는 어디로 흘러갈까요? 많은 이들이 이런 구절을 대하면서 상징적인 해석을 취하지만 성경은 이런 데서도 실제적인 것을 말합니다.

35 두 여자가 함께 맷돌을 갈고 있을 터인데 하나는 붙잡혀 가고 다른 하나는 남겨질

---

15) 기존 성경은 이것을 포도주 틀이라고 오역하였다. 땅에 판 큰 틀에 포도를 넣고 사람들이 밟으면 포도주가 아니라 포도즙이 나온다.

것이며 ³⁶ 두 남자가 들에 있을 터인데 하나는 붙잡혀 가고 다른 하나는 남겨지리라, 하시니라. ³⁷ 그들이 그분께 응답하여 이르되, 주여, 어디에서 그런 일이 있으리이까? 하니 그분께서 그들에게 이르시되, 어디든지 시체가 있는 곳, 거기에 독수리들이 함께 모이리라, 하시니라(눅17:35-37).

대부분의 교회는 이 구절과 또 마24:40-41이 휴거를 말한다고 가르치지만 그것은 사실이 아닙니다. 여기서 붙잡혀 가는 남녀는 휴거받는 자들이 아니고 시체들이 쌓인 데로 붙잡혀 가는 자들입니다. 그러면 여기서 붙잡혀 가는 남녀는 어디로 갈까요?

계시록 19장에 보면 11절부터 주 예수님의 지상 강림이 기록되어 있습니다. 하늘에 있던 군대들이 내려오고 그분의 입에서 예리한 검이 나오며 그 뒤 그분께서 전능자 하나님의 맹렬한 진노의 포도즙 틀을 밟습니다.

[그분께서] 친히 전능자 하나님의 맹렬한 진노의 포도즙 틀을 밟으시리라(계19:15)

즉 재림하시는 주님께서 직접 포도즙 틀에서 사람들을 짓밟으니 그들이 으깨어져서 피가 쏟아져 나옵니다. 물론 주님은 올리브산에 강림하십니다. 그러면 그때에 올리브산이 반으로 갈라집니다.

내가 예루살렘을 대적하여 전쟁하게 하려고 모든 민족들을 모으니… 그때에 **주**께서 나가사 그 민족들과 싸우시되 전쟁의 날에 싸우신 것같이 하시리라. 그 날에 그분의 발이 예루살렘 앞 동쪽에 있는 올리브산 위에 서실 것이요, 올리브산이 그것의 한가운데서 동쪽과 서쪽으로 갈라지므로 심히 큰 골짜기가 생길 것이며 그 산의 반은 북쪽으로, 그 산의 반은 남쪽으로 이동하리라(슥14:2-4).

마지막 때에 민족들의 군대들이 아마겟돈[16])에 모인 뒤 이스라엘을 대적하려고 예루살렘으로 진격하려 합니다. 그런데 주님의 지상 강림 때에 바로 이 군대들이 도시 밖의 큰 포도즙 틀 속에 던져져서 짓밟히게 되며 이로써 엄청난 양의 피가 나옵니다.

이사야서 34장은 재림 바로 전에 주님께서 친히 민족들을 심판하는 것을 기록하고 있습니다.

¹ 민족들아, 너희는 가까이 와서 들으라. 백성들아, 너희는 귀를 기울일지어다…² 주의 격노가 모든 민족들에게 임하고 그분의 분노가 그들의 모든 군대들에게 임하여 그분께서 그들을 진멸하시고 그들을 넘겨주사 살육당하게 하셨으므로 ³ 그들의 죽임당한 자들은 또한 내던져지며 그들의 사체들에서는 그들의 악취가 솟아오르고 산들은

---

16) 아마겟돈(Armageddon)은 계16:16에 나오는 지명으로 '므깃도의 산'을 뜻한다. 므깃도는 예루살렘에서 북쪽으로 85km 떨어진 데 위치하며 갈멜산 기슭의 큰 평야에 있던 도시로 예부터 큰 살육이 있던 곳이다. 이곳은 솔로몬의 통치 때에 강화되었으며(왕상9:15) 바로 여기에서 아하시야가 죽었고 요시야 왕도 전쟁에서 패하여 죽임을 당하고 백성으로부터 큰 애도를 받았다(왕하9:27; 23:29; 슥12:11). 이처럼 큰 살육과 연관이 있는 이 지역에서 하나님께서는 7년 환난기 끝부분에 자신의 원수들을 모아 큰 살육으로 죽이실 것이다.

그들의 피로 말미암아 녹으리라. 4 또 하늘의 온 군대는 해체되며 하늘들은 두루마리같이 함께 말리리니 곧 하늘들의 온 군대가 포도나무에서 잎사귀가 떨어지는 것같이 떨어지고 무화과나무에서 무화과가 떨어지는 것같이 떨어지리라…6 주의 칼이 피로 가득하며 기름진 것과 어린양과 염소의 피와 숫양의 콩팥 기름으로 기름지게 되었나니 주께서 보스라에서 희생물을 취하시고 이두매아 땅에서 큰 살육을 행하시는도다…그들의 땅이 피로 흠뻑 젖으며 그들의 흙이 기름진 것으로 기름지게 되리라. 8 그 날은 주께서 원수 갚으시는 날이요 시온에 대한 논쟁으로 인해 대갚음하시는 해니라(사 34:1-8).

여기서 보듯이 그날은 주님께서 이스라엘을 치러 오는 민족들에게 원수를 갚는 날입니다. 이때 죽임당한 자들의 사체들에서는 악취가 솟아오르고 그들의 피로 말미암아 산들이 녹습니다(3절). 여섯째 봉인을 뗐을 때와 같이 이때는 환난기의 마지막 때로서 하늘들이 두루마리같이 해체되며 천체의 변화가 일어나는 때입니다(4절). 이때에 특히 이스라엘 주변의 에돔(이두매아)이 하나님의 진노의 포도즙 틀 속에 던져져서 짓밟힙니다(5-6절). 또한 누가복음 17장에서 보았듯이 이스라엘에서도 불신자들이 여기로 붙잡혀가서 피를 흘리고 죽습니다.

또한 예수님께서 땅에 강림하시면서 천년왕국에 들어가지 못할 염소 민족들을 심판하시는데 요엘서 3장에 있듯이 이들도 이때에 여호사밧 골짜기에서 죽임을 당합니다.[17] 물론 이때에도 천체의 변화가 있습니다(15절).

12 이교도들은 깨어서 여호사밧 골짜기로 올라올지어다. 내가 거기에 앉아서 사방의 모든 이교도들을 심판하리라. 13 너희는 낫을 대라. 수확할 것이 익었도다. 너희는 와서 밟으라. 포도즙 틀이 가득 차고 포도즙 독들이 흘러넘치나니 이는 그들의 사악함이 크기 때문이라…15 해와 달이 어두워지며 별들이 빛을 내던 것을 멈추리라. 16 주께서 또한 시온에서 울부짖으시고 예루살렘으로부터 자신의 목소리를 내실 것이므로 하늘들과 땅이 흔들리리라(욜3:12-16).

이렇게 많은 사람들이 짧은 기간에 죽임을 당하면서 엄청난 규모의 피가 흐르게 됩니다. 그런데 이런 피가 300km나 흐르려면 긴 골짜기가 있어야 합니다. 일단 예루살렘에서 지중해 쪽으로 흐르는 것은 거리가 짧아서 안 됩니다. 또한 예루살렘 북쪽의 아마겟돈 골짜기 쪽으로도 마찬가지입니다. 그러므로 그 골짜기는 동쪽이나 남쪽으로 나야 합니다.

스가랴서 14장에서 보듯이 예수님께서 올리브산에 발을 디디시면 올리브산이 동쪽과 서쪽으로 갈라지면서 심히 큰 골짜기가 생깁니다. 바로 이 골짜기 자체가

---

17) 대하20장에는 유다의 경건한 왕 여호사밧이 모압과 암몬 자손의 침략을 받지만 하나님의 도우심으로 극적으로 승리한 것이 기록되어 있다. 이교도들이 모인 장소는 사해 서쪽의 엔게디였으며 이교도들의 심판 후에 이스라엘이 주님을 찬양한 곳은 브라가 골짜기로 불렸다. 여호사밧은 '여호와께서 심판하셨다'를 뜻하며 이때의 승리는 나중에 환난기 끝에 있을 이방 민족들의 심판의 예표이다. 그때에도 주님께서 개입하셔서 이스라엘에게 적대 행위를 한 모든 이교도들을 처벌하실 것이다. 요엘은 이곳을 '판결 골짜기'라고 부르는데(욜3:14) 그 이유는 여기서 이교도들의 최후 심판이 있을 것이기 때문이다.

진노의 포도즙 틀이 되면서 세상의 사악한 자들이 여기서 짓밟혀 피를 흘리고 이 피가 말굴레까지 차오르며 300km나 흘러갑니다. 이렇게 모인 피가 예루살렘 남쪽, 사해 서쪽의 여호사밧 골짜기로 모여서 사해 쪽으로 흘러나간 뒤 남쪽의 에돔 땅을 지나(사34:5-6) 보스라 밑에 있는 홍해(Red sea)로 들어갑니다.

이사야서 63장 역시 마지막 때에 있을 에돔에 대한 주님의 심판을 이야기합니다.

에돔에서 나오며 물들인 옷을 입고 보스라에서 나오는 이자가 누구냐? 의복이 영화롭고 자신의 큰 능력으로 다니는 이자가 누구냐? 의 안에서 말하는 나니 곧 구원하는 능력이 있는 자니라. 어찌하여 주의 의복이 붉으며 주의 옷이 포도즙 틀을 밟는 자와 같으니이까? 백성들 중에서 나와 함께한 자가 아무도 없이 내가 홀로 포도즙 틀을 밟았노라. 내가 친히 분노하여 그들을 밟고 친히 격노하여 그들을 짓밟으리니 그들의 피가 내 옷에 튀어 내가 내 의복을 다 더럽히리라(사63:1-3).

예루살렘 앞 올리브산의 포도즙 틀에서부터 흘러 나간 사악한 자들의 피는 붉은 것을 뜻하는 에돔 지방을 거쳐서 드디어 아카바 만이 있는 홍해에 다다르게 됩니다. 그러면 그 거리가 300km 정도 됩니다. 붉은 에돔처럼 홍해 역시 말 그대로 '빨간 바다'입니다. 이 바다는 이스라엘이 이집트를 탈출할 때 이집트 군사들의 죽음으로 인해 한 번 빨갛게 된 적이 있습니다. 그러나 그때는 이때처럼 심하게 빨갛게 되지는 않았습니다. 마지막 때에 드디어 그 바다는 이름값을 하면서 전체가 시뻘겋게 변할 것입니다. 에돔은 빨간 땅이고 홍해는 빨간 바다입니다. 그래서 마지막에는 사해 밑의 이 지역들이 사람들의 피로 빨갛게 물들며 부패됩니다. 이를 해결하기 위해 예루살렘 성전에서 동쪽으로 생수의 강이 흘러 나갑니다. 그 결과 그 지역이 다시 깨끗하게 됩니다. 이 강은 포도즙 틀 심판을 보여 주는 요엘서(욜3:18), 스가랴서(슥14:8), 그리고 에스겔서에 다 나와 있고 구체적으로 에스겔서 47장은 전 장을 할애하여 이 생수의 강에 대해 설명하고 있습니다.[18]

그러면 중국, 한국, 호주, 미국 등 전 세계 여러 지역에 살고 있는 악인들은 어떻게 될까요? 이들도 다 죽임을 당해야 오직 의인들만 천년왕국에 들어가지 않겠습니까? 성경을 보면 주님의 날이 임할 때 하나님께서는 사악한 자들을 회오리바람으로 데리고 가십니다. 예레미야서 25장에는 이것이 잘 기록되어 있습니다.

그러므로 너는 그들을 대적하여 이 모든 말들을 대언하며 그들에게 이르기를, **주**가 높은 곳에서 울부짖고 자신의 거룩한 거처에서 친히 목소리를 내며 자신의 거처 위에서 힘차게 울부짖고 <u>포도를 밟는 자들같이 땅의 모든 거주민들을 대적하여 고함을 지르리라</u>. 요란한 소리가 심지어 땅끝까지 다다르리니 이는 **주**가 민족들과 다투고 모든 육체와 변론하며 사악한 자들을 칼에 내줄 것이기 때문이라. **주**가 말하노라, 하라. 군대들의 **주**께서 이같이 말씀하시느니라. 보라, 해악이 민족에서 민족에게로 나가며 큰 회오리바람이 땅의 경계에서 일어나리라. <u>그 날에 **주**에게 죽임 당한 자들이 땅 이 끝에서부터 심지어 땅 저 끝까지 있으리니</u> 그들이 애도받지도 못하고 거두어지거나 묻히지도 못하며 땅바닥 위의 배설물이 되리라(렘25:30-33).

---

18) 포도즙 틀 심판 관련 주님의 날의 공포에 대해서는 나1:2-6을 참조하기 바란다.

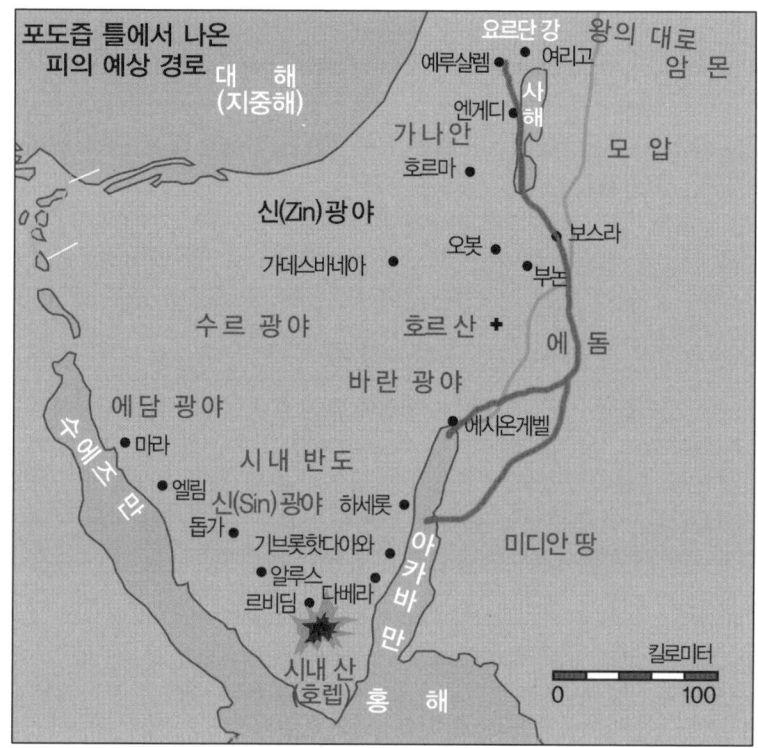

예레미야서 30장 23-24절도 주님의 회오리바람이 사악한 자의 머리 위에 고통과 함께 임하는 것을 기록합니다. 이것은 또한 예레미야서 23장 19-20절에도 동일하게 기록되어 있습니다. 여기의 회오리바람은 미국의 중서부를 강타하는 토네이도 같은 것으로 생각하면 될 것입니다. 토네이도가 지나간 자리는 완전히 폐허가 되고 맙니다. 바로 이런 혹독한 심판이 환난기의 마지막 때에 살아남은 악인들에게 세계 곳곳에서 임한다고 하나님은 말씀하십니다.

이외에 이사야서 40장 22-24절, 시편 58편 9-11절도 동일하게 회오리바람이 사악한 자들을 심판 자리로 데려감을 보여 줍니다. 하나님께서 하시고자 하면 한국이든 중국이든 그 어디에서라도 악인들을 회오리바람으로 날라다가 이스라엘 땅의 포도즙 틀 속에 던져 넣을 수 있습니다. 이때에는 1미터 높이의 피가 강을 이루며 큰 골짜기를 지나 사해를 채운 뒤 에돔을 거쳐 홍해까지 흘러갑니다.

이때에 사악한 자들이 짓밟히는 일은 저 유명한 메시아 시편인 시편 110편에 잘 요약되어 있습니다.

¹ **주께서** 내 주께 말씀하시기를, 내가 네 원수들을 네 발 받침으로 삼을 때까지 너는 내 오른쪽에 앉아 있으라, 하셨도다… ⁵ 주의 오른쪽에 계신 주께서 친히 진노하시는 날에 왕들을 쳐서 부수시리라. ⁶ 그분께서 이교도들 가운데서 심판하사 처소들을

시체들로 채우시고 많은 나라의 머리들을 상하게 하시며(시110:1, 5-6)

여기서 1절을 보면 메시아의 통치가 시작되는 때에 예수님의 원수들은 그분의 발밑에 깔려 발 받침이 됩니다. 이것은 곧 포도즙 틀 심판을 이야기합니다. 그분께서는 이교도들 가운데서 심판하사 처소들을 시체들로 채우시고 많은 나라의 머리들을 상하게 하실 것입니다.

이처럼 무서운 기간이 바로 7년 환난기입니다. 그러므로 환난 전에 공중에 강림하셔서 우리를 하늘로 채여 올리시는 주님의 은혜에 진심으로 감사해야 합니다. 이것이 바로 주 예수님 안에 있는 성도들이 간직한 '환난 전 휴거의 복된 소망'입니다.

18. 결 론

신약 시대 성도들의 가장 큰 소망은 생전에 우리 주 예수님께서 재림하셔서 우리를 공중으로 채어 올리시는 휴거입니다. 사도 바울과 그의 서신서를 수신한 성도들은 자기들 생전에 주님이 재림하실 줄로 믿고 휴거의 복된 소망 속에서 꿋꿋하게 믿음 생활을 했습니다. 이제 주님의 재림이 그 어느 때보다 더 가까이 이른 이 시점에서 많은 성도들이 거짓 교사들의 가르침으로 인해 고통을 받고 있고 하나님의 교리가 심각한 훼손을 당하고 있습니다. 이런 거짓 교사들의 주장은 다음과 같습니다.

1. 신약의 교회가 구약의 이스라엘을 대체하였다.
2. 그러므로 지금 중동에 서 있는 저 이스라엘에는 아무 소망이 없다.
3. 구약에 예언된 메시아 왕국 즉 천년왕국은 물리적으로 이 땅에 세워지는 왕국이 아니라 교회가 이 땅에서 다스리는 영적인 왕국이다.
3. 성도들은 애를 써서 환난기를 - 일부든 전체든 - 통과해야 휴거받는다.
4. 계시록의 144,000명은 특별히 구원받아 천년왕국을 소유할 자들이다.
5. 베리칩은 짐승의 표이므로 그것을 받으면 구원을 잃는다.

반면에 성경은 한 치의 의혹도 없이 매우 명백하게 다음을 보여 줍니다.

1. 하나님의 왕국 프로그램과 교회 프로그램은 다르며 이 둘은 절대로 겹치지 않는다.
2. 지금 중동에 있는 저 이스라엘은 아브라함의 씨로서 구약 성경의 모든 예언을 성취할 것이다.
3. 구약에 예언된 메시아 왕국 즉 천년왕국은 물리적으로 이 땅에 세워지는 왕국이다.
4. 성도들은 7년 환난기 이전에 주님께서 공중에 강림하실 때에 하늘로 채여 올라간다.
5. 예수 그리스도의 재림은 약 7년이며 자신의 신부를 데리러 오시는 공중 강림과 악인들을 심판하러 자신의 신부와 함께 오시는 지상 강림으로 구성되어 있다.
6. 7년 환난기는 적그리스도가 중동의 저 이스라엘과 언약을 맺으면서 시작된다.

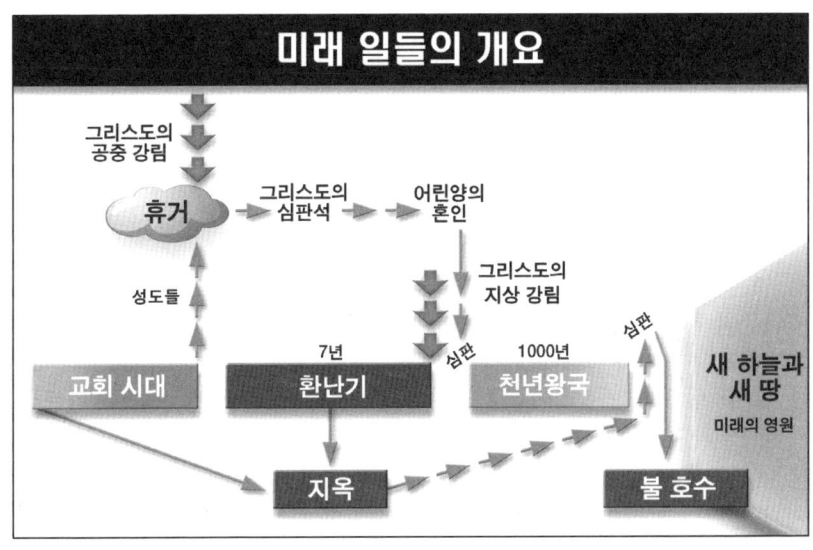

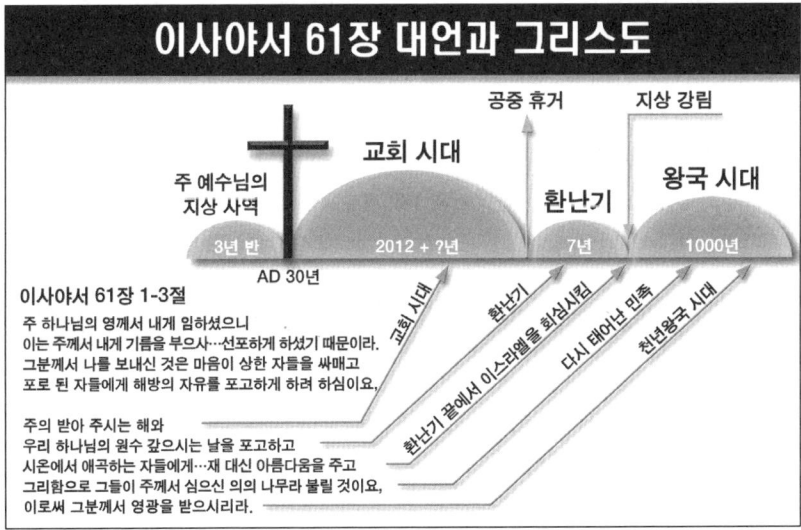

7. 그 뒤 3년 반이 지난 시점에서 적그리스도는 성전에 들어가 자신을 스스로 하나님이라 하면서 경배를 받고 이스라엘과의 언약을 깨뜨린다.
8. 이때부터 3년 반 동안 이스라엘은 세상의 창건 이후로 한 번도 겪어본 적이 없는 혹독한 대환난을 당한다.
9. 이 대환난은 예수 그리스도께서 올리브산에 내려오시면서 이스라엘을 대적하는 이교도들을 단숨에 물리치면서 막을 내린다.

10. 메시아 예수 그리스도께서는 여호사밧 골짜기에서 믿음이 없는 이방인들을 다 멸하시고 믿음을 가진 유대인들과 이방인들만 육체를 입고 천년왕국에 들어가게 하신다.
11. 마귀는 1,000년 동안 바닥없는 구덩이에 갇혔다가 1,000년이 찬 뒤에 잠시 풀려나서 천년왕국에서 태어난 자들 가운데 구원받지 못한 자들을 모아 하나님을 대적하지만 하늘에서 내려온 불에 의해 삼켜지고 그 뒤 불 호수에 던져져서 영원무궁토록 밤낮으로 고통을 받는다.
12. 천년왕국이 끝나는 때에 세상의 창조 이후로 그리스도 밖에서 죽은 모든 자들이 부활하여 흰 왕좌 앞에서 심판을 받고 역시 둘째 사망인 불 호수에 던져져서 영원무궁토록 밤낮으로 고통을 받는다.
13. 그 뒤 새 하늘과 새 땅이 임하고 하나님의 본성에 참여한 성도들은 영원무궁토록 하나님과 함께 새 예루살렘에서 거한다.
14. 적그리스도의 환난기가 도래하기 전에 몸에 받는 어떤 것도 짐승의 표가 아니다. 짐승의 표의 1차 목적은 물건 매매가 아니라 마귀 숭배이므로 그의 등장 이전에 이 땅에 존재하는 베리칩 같은 것은 결코 짐승의 표가 될 수 없다.
15. 이스라엘의 회복 및 성전 건축, 동성애의 창궐, 진화론의 만연, 베리칩 같은 표적들은 예수 그리스도의 재림이 바로 문 앞에 가까이 왔음을 보여 주는 표적들이다. 그러나 휴거는 언제 일어날지 아무도 모른다.
16. 가장 중요한 것은 우리가 예수님의 피로 값없이 구원받아 지금 이 시간 그리스도 예수님 안에 있는가를 점검하고 확신하는 것이다. 그분 안에만 있으면 휴거가 언제 일어나든지 그리스도의 신부는 모두 하늘로 채여 올라가 주님과 함께 영원히 살 것이다.

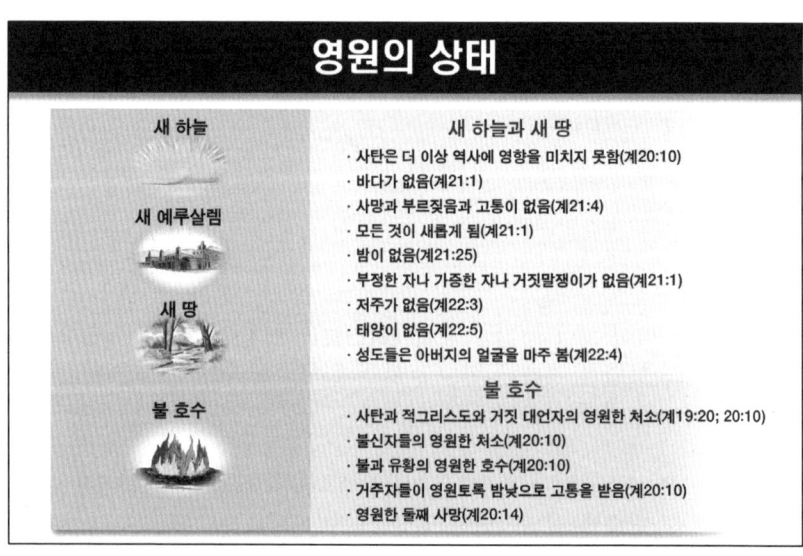

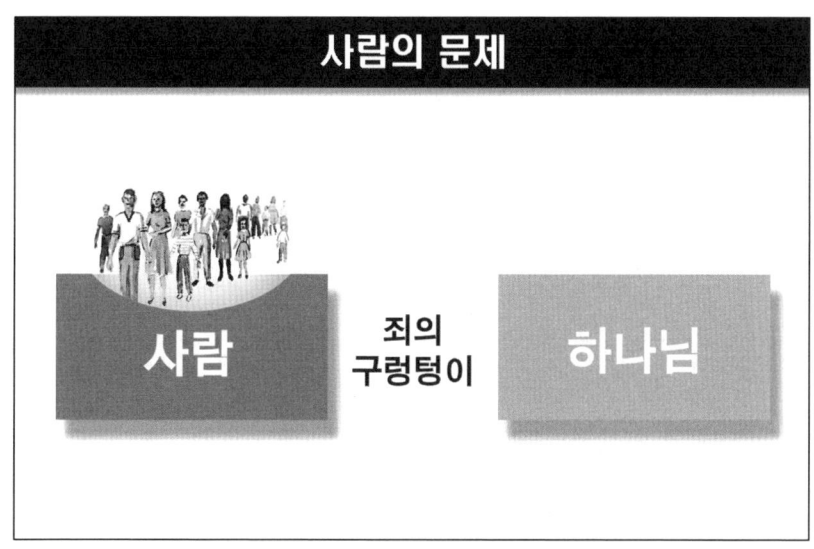

사람의 문제

남녀노소, 빈부귀천, 유식과 무식에 상관없이 사람의 문제는 한마디로 죄 때문에 하나님과의 관계가 벌어져 단절되었다는 데 있습니다.

> 의로운 자는 없나니 단 한 사람도 없으며 깨닫는 자도 없고 하나님을 찾는 자도 없으며 그들이 다 길에서 벗어나 함께 무익하게 되었고 선을 행하는 자가 없나니 단 한 사람도 없도다…모든 사람이 죄를 지어 하나님의 영광에 이르지 못하더니(롬 3:10-12, 23)

사람은 다른 사람의 죄를 볼 수는 있지만 고칠 수는 없습니다. 즉 사람의 죄의 병은 같은 병을 앓고 있는 사람인 공자, 석가모니, 마호메트, 소크라테스, 마더 테레사 등이 고칠 수 없습니다. 오직 사람의 설계자요 창조자이신 하나님 즉 사람과 차원이 다른 외부의 존재만이 사람의 죄의 독을 제거할 수 있습니다(행4:12).

대신 속죄

성경은, 아담의 타락 이후에 하나님께서 죄 없는 짐승을 잡아서 그의 수치를 가리도록 옷을 만들어 주신 이후로(창3:21) 죄인이 하나님 앞에 서려면 죄 없는 희생물을 대신 죽이고 피를 흘려서 속죄를 이루어야만 함을 보여 줍니다. 특별히 구약 성경에서 하나님은 이 점을 시청각 교육으로 잘 보여 주셨습니다.

이스라엘 사람이 죄를 지으면 그는 소나 양 등의 짐승을 끌고 성막 앞의 제사장에게로 갑니다(레1:2-9). 그리고 그 짐승의 머리에 안수하여 자기의 죄를 짐승에게 전가시킨 뒤 칼로 직접 짐승의 목을 찌릅니다. 그가 칼을 짐승의 목에 꽂는 순간 짐승은 비명을 지르고 피가 튀겨 나옵니다. 이로써 죄인은 속죄 받으려면 반드시 죄 없는 희생물이

자기를 위해 피를 흘리고 죽어야만 함을 뼈저리게 느낍니다. 그 뒤 제사장은 피를 제단 위에 뿌립니다. 그런데 여기서 끝나지 않고 죄인이 이 제물을 여러 조각내면 제사장이 그것들을 제단에 던져 태웁니다. 이것을 통해 죄인은 죽음이 끝이 아니라 그 이후에 뜨거운 지옥 불의 정죄가 있어서 불의 고통을 받아야 함을 깨닫습니다.

그러나 짐승의 이런 희생은 죄를 제거하지 못하고 잠시 덮는 역할을 하며 예표의 기능을 했을 뿐입니다(히10:4). 이 세상의 모든 창조물 가운데 창조주 하나님의 공의를 만족시킬 수 있는 존재는 단 하나도 없습니다. 그러므로 창조 세계를 초월해 그 외부에 계신 우리 주 예수님께서 스스로 사람의 몸을 입고 이 땅에 오셔서 완전한 희생물로 십자가에서 피를 흘리고 죽으심으로써 지옥의 고통을 다 담당해서 단 한 번에 영원한 대신 속죄를 이루셨습니다(히9:12). 구약 시대에는 사람과 하나님 사이에 제사장이라는 중보자가 있었으나 우리 주님께서 죽으실 때에 성전의 휘장이 위에서부터 아래로 찢어지면서 사람이 하나님께 직접 나갈 수 있는 길이 활짝 열렸습니다(마27:51; 히6:19-20). 그분께서 단 한 번에 세상의 모든 죄를 영원토록 완전하게 제거하셨으므로 이제는 더 이상 다른 희생물이나 제사장이 필요 없습니다(히10:18).

죄의 삯은 사망이나 하나님의 선물은 예수 그리스도 우리 주를 통해 얻는 영원한 생명이니라(롬6:23).

재림과 휴거 강해의 목적은 바로 이 예수님 즉 온 인류의 유일한 구원자를 알리는 데 있습니다. 이 예수님만이 우리의 모든 문제를 해결할 수 있는 하나님의 유일한 해결책입니다. 그래서 누구든지 그분 안에만 있으면 안전하고 행복합니다. 우리 주 예수님의 은혜가 큰 평안과 함께 그분을 사랑하는 모든 성도들에게 충만히 임하기를 원합니다. 샬롬!

만물의 회복

> 그러므로 너희는 회개하고 회심하라. 그러면 새롭게 하는 때가 주의 앞으로부터 올 때에 너희 죄들이 말소될 것이요, 또 그분께서 예수 그리스도 곧 너희에게 미리 선포된 분을 보내실 터인데 하나님께서 세상이 시작된 이래로 자신의 모든 거룩한 대언자들의 입을 통해 말씀하신 때 곧 모든 것을 회복하시는 때까지는 하늘이 반드시 그분을 받아들여야 하느니라(행3:19-21).

> 하나님의 날이 오는 것을 기다리고 서두르라. 그날에 하늘들이 불이 붙어 해체되고 원소들도 뜨거운 열에 녹을 것이나 그럼에도 불구하고 우리는 그분의 약속에 따라 의가 거하는 새 하늘들과 새 땅을 기다리느니라(벧후3:12-13).

창세기는 죄와 사람의 타락을 보여 주며 계시록은 하나님의 역사의 마지막 부분에 모든 것이 회복되는 것을 보여 준다. 위의 성경 말씀대로 주 예수님께서 다시 오시면 모든 것이 하나님의 뜻대로 회복된다. 주님의 재림 이후에 이 땅에는 문자 그대로 1000년 동안 천년왕국이 열리며 이 기간에 구약성경에 예언된 모든 말씀(창12:2-3; 창15:18-21; 시2; 사11; 겔40-48; 슥14 등)이 문자 그대로 성취될 것이다. 이때에 팔레스타인 땅은 지구의 중심이 되며 아브라함의 씨인 히브리 민족은 민족들 중에서 으뜸가는 민족이 된다. 우리 주 예수님은 이 기간을 '다시 태어나는 때'라고 말씀하셨다(마19:28). 이 기간이 끝나고 신구약성경의 모든 예언이 옛 땅에서 성취되면 새 하늘과 새 땅이 오며(벧후3:10-13; 계21:1) 하나님의 모든 계획이 다가오는 영원 안에서 이루어진다.

〈만물의 회복〉

재림의 사건들 개요

다음에서 제시하는 개요는 신약 교회의 미래와 관련해서 성경이 보여 주는 바를 차례대로 정리한 것입니다.[1] 진리의 성령님께서 독자들에게 밝은 빛을 주실 줄 확신합니다.

그러나 그분 곧 진리의 영께서 오시면 너희를 모든 진리 가운데로 인도하시리니 그분은 스스로 말씀하지 아니하시고 무엇이든지 자기가 듣는 것만을 말씀하시며 앞으로 일어날 일들을 너희에게 보이시리라(요16:13).

먼저 다음 선도는 우리 주님의 재림과 관련해서 중요한 사건들을 요약해서 보여 줍니다. 저는 독자들이 이 안에 들어 있는 참고 구절들과 설명들을 보면서 심도 있게 이 부분을 공부할 것을 권면합니다. 저는 이 선도가 재림 문제에 대하여 아주 명백한 대답을 제시해 줄 것이라 믿습니다.

이런 사건들은 성경 말씀에 명백하게 들어 있으며 성령님께서 우리에게 미래에 대해 보여 주시는 것을 기의 정확히게 담고 있다고 믿습니다(벧후1:21; 요16:13; 고전2:10). 이 글을 통해 저는 독자들께서 영원이 허공과 같은 상태가 아니며 앞으로 다가오는 여러 시대 속에서(엡2:7) 하나님께서 우리에게 자신을 드러내어 보이시는 것임을 깨닫기 원합니다.

---

1) 이 글은 1908년에 블랙스톤(William Blackstone)이 지은 「예수님께서 오신다」(*Jesus Is Coming*)의 8장과 18장을 번역한 것이다. 얼마나 많은 성도들이 블랙스톤의 이 책으로 말미암아 깊은 감화를 받았는지 모른다. 동일한 성령님께서 우리 모두에게 동일한 은혜를 허락하실 줄 믿는다.

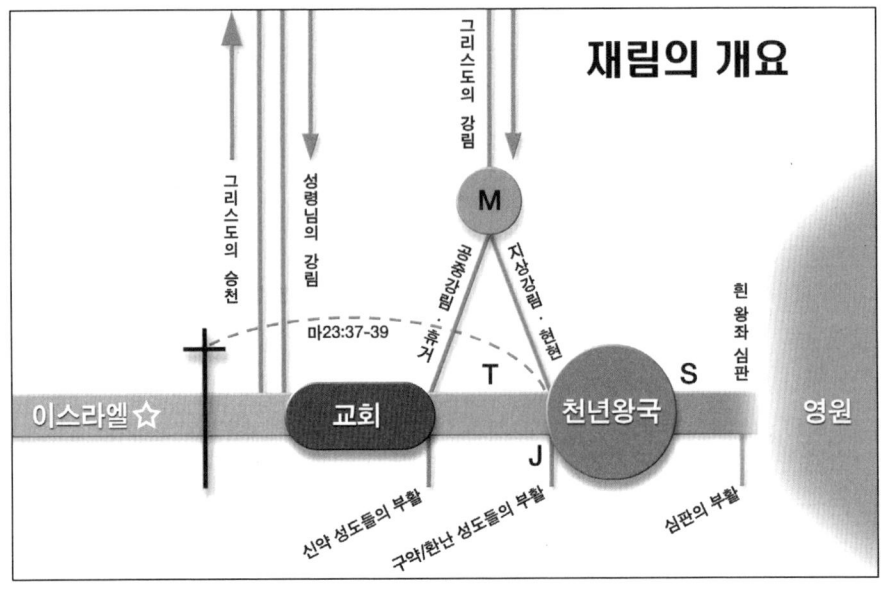

☆ 유대인들의 왕 그리스도의 탄생(마2:2)
† 그리스도의 죽음과 부활
  그리스도의 승천(행1:9)
  성령님의 강림(행2)
교회 - 신비한 그리스도의 몸(엡1:22-23; 3:3-6; 롬12:4-5; 골1:24-27; 고전12:12-27; 그리스도의 신부, 엡5:21-23)
그리스도의 강림 - 자신의 신부를 데려가시기 위해(살전4:16)
의로운 자들의 부활 - 눅14:14; 행24:15; 살전4:15-16; 살아 있는 자들의 변화(고전15:23, 51-52)
공중 강림(휴거) - 구약 시대 에녹과 같이 하늘로 들려 올라가 공중에서 그리스도를 만나는 성도들의 이동(살전4:17)
M(혼인 모임) - 그리스도와 신부의 혼인(살전4:17; 엡5:21-32; 고후11:2) 이것은 다름 아니라 우리가 그리스도께로 모이는 것이며(살후2:1) 어린양의 혼인이다(마22:2-10; 25:10; 눅14:15-24; 계19:7-8). 이로써 우리는 주님과 영원히 함께 있게 된다(요12:26; 14:3; 17:24; 살전4:17). 이것은 교회의 소망이며(빌3:20-21; 딛2:13; 요일3:2-3) 구속(救贖)이다(눅21:28; 롬8:23; 엡4:30). 그러므로 이런 말들로 서로 위로해야 한다(살전4:18). 왜냐하면 교회가 무서운 7년 환난기를 피하기 때문이다(눅21:36; 벧후2:9; 3:10).
T(환난기) - 이것은 지금까지 온 세상이 전혀 알지 못했던 무서운 고난의 시기(단

12:1; 마24:21; 눅21:25-26)이다. 이미 교회가 휴거된 상태에서 하나님께서는 이 기간에 이스라엘과 다시 상관하기 시작하시며(행15:13-17; 시51:18; 102:16) 궁극적으로 그들을 그들의 본토에 회복시키신다(사11:11; 60; 렘 30:3; 31; 32:36-44; 암9:15; 슥8:10; 롬11). 이때에 적그리스도가 드러나고(살후2:8) 하나님의 진노의 금병들이 쏟아부어진다(시2:1-5; 계6:16-17; 14:10, 16). 그러나 사람들은 여전히 하나님을 모독한다(계16:11-21). 한편 이스라엘은 그리스도를 영접하고(슥12:10-14; 13:6) 불 속을 통과하지만(슥 13:9) 사라지지는 않는다(마24:34; 시22:30).

지상 강림(현현) - 그리스도와 그분의 성도들이 불꽃 가운데 나타나서(골3:4; 살전 3:13; 살후1:7-10) 땅 위에서 심판을 집행하는데(유14-15) 이때에 예수 그리스도께서는 땅에 두 번째 내려오신다(행1:11; 신33:2; 슥14:4-5; 마16:27; 24:29-30).

J(심판) - 민족들(혹은 산 자들)에 대한 심판(욜3:1-8; 마25:31-46; 19:28; 행10:42; 벧전4:5). 적그리스도는 멸망을 당하고(살후2:8) 그 짐승과 거짓 대언자는 붙잡힌다(계19:20). 곡과 그의 연합군은 파멸당하며(겔38, 39) 사탄은 묶인다(계20:1-3; 롬16:2).

구약 및 환난기 성도들의 부활 - 이로써 첫째 부활이 완결된다(계20:4-6).

천년왕국 - 그리스도께서 자신의 신부와 함께 1,000년 동안(계20:4) 땅을 통치하신다(딤후2:12; 계5:10; 사2:2-5; 4; 11:1-12; 25:6-9; 65:18-25; 미 4:1 4; 습3:14-20; 슥8:3-8; 8:20-23; 14:16-21).

S(사탄이 풀려남) - 사탄이 잠시 풀려나지만 결국 곡과 마곡과 함께 멸망당한다(계 20:7-10; 히2:14).

심판의 부활 - 계20:12-15; 요5:29; 단12:2

흰 왕좌 심판 - 첫째 부활에 참여하지 못한 모든 불신자들이 부활하여 흰 왕좌 앞에서 심판을 받는다(계20:11-15). 이때에 사망과 지옥도 멸망당한다(계 20:14; 고전15:26).

영원 - 앞으로 다가올 시대들(엡2:7)

다음 페이지부터 나오는 표들은 위의 선도에 있는 사건들을 성경 말씀과 함께 요약한 것입니다. 문맥과 함께 성경 말씀들을 살펴보시면 누구라도 쉽게 재림의 사건들을 이해하게 될 것입니다.

주님의 약속	○ 내 아버지 집에 거할 곳이 많도다. 그렇지 않으면 내가 너희에게 말해 주었으리라. 내가 너희를 위해 처소를 예비하러 가노니 가서 너희를 위해 처소를 예비하면 내가 다시 와서 너희를 내게로 받아들여 내가 있는 곳, 거기에 너희도 있게 하리라(요14:2-3).
	○ 내가 갔다가 너희에게 다시 오리라, 한 것을 너희가 들었나니 너희가 나를 사랑하였다면, 내가 아버지께로 가노라, 하고 말하였으므로 기뻐하였으리라(요14:28).
	○ 조금 있으면 너희가 나를 보지 못하겠고 다시 조금 있으면 너희가 나를 보리니 이는 내가 아버지께로 가기 때문이라, 하시니라(요16:16).
	○ 그러므로 지금은 너희에게 근심이 있으나 내가 다시 너희를 볼 것이요, 그러면 너희 마음이 기뻐하리니 아무도 너희에게서 너희 기쁨을 빼앗지 못하느니라(요16:22).
주님의 신실하심	○ 주께서는 자신의 약속에 대해 어떤 사람들이 더디다고 생각하는 것같이 더디지 아니하시며 오히려 우리를 향해 오래 참으사 아무도 멸망하지 아니하고 모두 회개에 이르기를 원하시느니라(벧후3:9).
	○ (약속하신 분께서 신실하시니) 우리가 우리 믿음의 고백을 흔들림 없이 굳게 잡고 서로를 주의 깊게 살펴보아 사랑과 선한 행위를 하도록 격려하며 어떤 사람들의 습관과 같이 우리의 함께 모이는 일을 폐하지 말고 서로 권면하되 그날이 다가옴을 너희가 볼수록 더욱더 그리하자(히10:23-25).
	○ 조금 있으면 오실 분께서 오실 것이요 지체하지 아니하시리라(히10:37).
	○ 너희도 인내하며 너희 마음을 굳게 세우라. 주의 오심이 다가오고 있느니라(약5:8).
	○ 이것들을 증언하시는 분께서 이르시되, 내가 반드시 속히 가리라, 하시는도다. 아멘. 주 예수님이여, 과연 그와 같이 오시옵소서(계22:20).
교회의 소망	○ 이와 같이 그리스도께서도…자신을 기다리는 자들에게 *죄와 상관*없이 두 번째 나타나사 구원에 이르게 하시리라(히9:28).
	○ 우리의 생활 방식은 하늘에 있으며 또한 거기로부터 *오실* 구원자 주 예수 그리스도를 우리가 기다리고 있는데(빌3:20)
	○ 그것들뿐만 아니라 우리 자신 곧 *성령*의 첫 열매를 소유한 우리 자신도 속으로 신음하며 양자 삼으심 즉 우리 몸의 구속(救贖)을 기다림은 우리가 소망으로 구원을 받았기 때문이라(롬8:23-24).

교회의 소망 (계속)	○ 이로써 너희가 어떤 선물에도 뒤처지지 아니하며 우리 주 예수 그리스도의 오심을 기다리고 있는데(고전1:7)
	○ 저 복된 소망과 위대하신 하나님 곧 우리 구원자 예수 그리스도의 영광스러운 나타나심을 기다리게 하셨느니라(딛2:13).
	○ 주께서 너희 마음을 인도하사 하나님을 사랑하게 하고 또 인내하며 그리스도를 기다리게 하시기를 원하노라(살후3:5).
	○ 그분께서 죽은 자들로부터 일으키신 그분의 아들께서 하늘로부터 오실 것을 기다리는지 보여 주는데 이분은 다가올 진노로부터 우리를 구출하신 바로 그 예수님이시니라(살전1:10).

휴거(Rapture)

신랑이신 주님께서 자신의 신부인 교회를 데려가기 위해 공중에 강림하심	○ 주께서 호령과 천사장의 음성과 하나님의 나팔 소리와 함께 친히 하늘로부터 내려오시리니 그리스도 안에서 죽은 자들이 먼저 일어나고 그 뒤에 살아서 남아 있는 우리가 그들과 함께 구름들 속으로 채여 올라가 공중에서 주를 만나리라. 그리하여 우리가 항상 주와 함께 있으리라(살전4:16-17).
	○ 나팔 소리가 나매 죽은 자들이 썩지 아니할 것으로 일으켜지며 우리가 변화되리니(고전15:52)
	○ 예수님 안에서 잠자는 자들도 하나님께서 그분과 함께 데려오시리라(살전4:14).
그리스도 안에서 죽은 자들이 먼저 일어남	○ 그리스도 안에서 죽은 자들이 먼저 일어나고(살전4:16).
	○ 아담 안에서 모든 *사람*이 죽는 것같이 그렇게 그리스도 안에서 모든 사람이 살게 되리라. 그러나 각 사람이 자기 차례대로 되리니 *먼저*는 첫 열매인 그리스도시요, 그다음은 그리스도께서 오실 때에 그분께 속한 자들이니라(고전15:22-23).
	○ 나팔 소리가 나매 죽은 자들이 썩지 아니할 것으로 일으켜지며(고전15:52).
	○ 죽은 자들의 부활도 이와 같으니 그것은 썩는 것 가운데서 뿌려지고 썩지 않는 것 가운데서 일으켜지며 수치 가운데서 뿌려지고 영광 가운데서 일으켜지며 연약함 가운데서 뿌려지고 권능 가운데서 일으켜지며 본성에 속한 몸으로 뿌려지고 영에 속한 몸으로 일으켜지나니 본성에 속한 몸이 있고 영에 속한 몸이 있느니라(고전15:42-44).
그리스도 안에서 살아 있는 성도들이 변화됨	○ 우리가 주의 말씀에 의거하여 너희에게 이것을 말하노니 곧 주께서 오실 때까지 살아서 남아 있는 우리가 결코 잠자는 자들보다 앞서지 못하리라(살전4:15).

그리스도 안에서 살아 있는 성도들이 변화됨 (계속)	○ 보라, 내가 너희에게 한 신비를 보이노니 우리가 다 잠자지 아니하고 마지막 나팔 소리가 날 때에 눈 깜짝할 사이에 순식간에 다 변화되리라. 나팔 소리가 나매 죽은 자들이 썩지 아니할 것으로 일으켜지며 우리가 변화되리니(고전15:51-52) ○ 우리의 생활 방식은 하늘에 있으며 또한 거기로부터 *오실* 구원자 주 예수 그리스도를 우리가 기다리고 있는데 그분께서는 참으로 모든 것을 자기에게 복종시킬 수 있는 능력을 써서 그 능력대로 우리의 천한 몸을 변화시켜 자신의 영광스러운 몸과 같게 만드시리라(빌3:20-21). ○ 우리가 땅에 속한 그 사람의 형상을 지닌 것같이 또한 하늘에 속하신 그분의 형상을 지니게 되리라(고전15:49). ○ 이는 이 썩을 것이 반드시 썩지 아니함을 입고 이 죽을 것이 반드시 죽지 아니함을 입을 것이기 때문이라(고전15:53).
두 부류가 동시에 구름들 속으로 채여 올라감	○ 그 뒤에 살아서 남아 있는 우리가 그들과 함께 구름들 속으로 채여 올라가 공중에서 주를 만나리라. 그리하여 우리가 항상 주와 함께 있으리라(살전4:17). ○ 형제들아, 우리 주 예수 그리스도의 오심과 우리가 그분께로 함께 모이는 것에 의거하여 이제 우리가 너희에게 간청하노니(살후2:1) ○ 가서 너희를 위해 처소를 예비하면 내가 다시 와서 너희를 내게로 받아들여 내가 있는 곳, 거기에 너희도 있게 하리라(요14:3). ○ 어떤 사람이 나를 섬기면 그는 나를 따를지니 내가 있는 곳, 거기에 내 종도 있을 것이요, 어떤 사람이 나를 섬기면 내 아버지께서 그를 존귀하게 여기시리라(요12:26). ○ 아버지여, 원하건대 아버지께서 내게 주신 자들도 내가 있는 곳에 나와 함께 있게 하사 아버지께서 세상의 창건 이전에 나를 사랑하셨으므로 친히 내게 주신 나의 영광을 그들이 보게 하옵소서(요17:24). ○ 내가 그들에게 영원한 생명을 주노니 그들이 결코 멸망하지 않을 것이요 또 아무도 내 손에서 그들을 빼앗지 못하리라(요10:28). ○ 조금 있으면 세상은 더 이상 나를 보지 못하겠지만 너희는 나를 보리니 내가 살아 있으므로 너희도 살리라(요14:19). ○ 그분께서 우리를 위해 죽으셨으니 이것은 우리가 깨어 있든지 자고 있든지 자신과 함께 살게 하려 하심이라(살전5:10).

두 부류가 동시에 구름들 속으로 채여 올라감 (계속)	○ 이는 단지 잠시 존재하는 우리의 가벼운 고난이 우리를 위해 훨씬 더 뛰어나고 영원한 영광의 무거운 것을 이루기 때문이라(고후4:17).
	○ 이런 까닭으로 그분은 새 상속 언약의 중재자이시니 이것은 첫 상속 언약 아래 있던 범법들을 구속하시려고 죽으심으로써 부르심을 받은 자들이 영원한 상속 유업의 약속을 받게 하려 하심이라(히9:15).
	○ 이기는 자는 내가 내 하나님의 *성전* 안의 기둥이 되게 하리니 그가 다시는 나가지 아니하리라(계3:12).
그리스도의 심판석	○ 이는 우리가 반드시 다 그리스도의 심판석 앞에 나타날 것이기 때문이라. 이로써 각 사람이 좋은 것이든 나쁜 것이든 자기가 행한 것에 따라 자기 몸 안에서 이루어진 것들을 받으리라(고후5:10).
	○ 그런데 네가 어찌하여 네 형제를 판단하느냐? 어찌하여 네 형제를 무시하느냐? 우리가 다 그리스도의 심판석 앞에 서리라. 기록된 바, 내가 살아 있음을 두고 맹세하노니 모든 무릎이 내게 굴복하겠고 모든 혀가 하나님에게 자백하리라. 주가 말하노라, 하였느니라. 그런즉 이처럼 우리 각 사람이 자신에 관하여 하나님께 회계 보고를 하리라(롬14:10-12).
	○ 보라, 내가 속히 가리니 내가 줄 보상이 내게 있어 각 사람에게 그가 행할 행위대로 주리라(계22:12).
일(행위)이 드러남	○ 각 사람의 일이 드러나리라. 그날이 그것을 밝히 드러내리니 이는 그것이 불에 의해 드러나며 그 불이 각 사람의 일이 어떤 종류인지 그것을 시험할 것이기 때문이라(고전3:13).
	○ 그러므로 주께서 오실 때까지 때가 되기 전에 아무것도 판단하지 말라. 그분께서 어둠의 감추어진 일들을 빛으로 가져가 *드러내시며* 마음의 의도들을 드러내시리니 그때에 각 사람이 하나님께 칭찬을 받으리라(고전4:5).
선한 일(행위)	○ 어떤 사람이 그 기초 위에 세운 일이 남아 있으면 그는 보상을 받을 것이요(고전3:14),
	○ 어떤 사람이 무슨 선한 일을 행하든지 그가 매인 자든지 자유로운 자든지 주에게서 바로 그것을 받을 줄을 너희가 아느니라(엡6:8).
나쁜 일(행위)	○ 그러나 부당하게 행하는 자는 자기가 행한 부당한 일로 인해 *보응을 받으리니 이 일에는* 사람들을 외모로 판단함이 없느니라(골3:25).

나쁜 일(행위) (계속)	○ 어떤 사람의 일이 불타면 그는 *보상의* 손실을 당하리라. 그러나 그 자신은 구원을 받되 불에 의해 받는 것같이 받으리라…하나님의 *성*전이 거룩하며 너희가 그 *성*전이기 때문이라(고전3:15-17).
보상	○ 한편 심는 자와 물 주는 자는 하나이며 저마다 자기 수고에 따라 자기 보상을 받으리라(고전3:8).
	○ 그리스도 예수님 안에서 하나님의 높은 부르심의 상을 받기 위하여 푯대를 향해 밀치며 나아가노라(빌3:14).
	○ 너희가 상속 유업의 보상을 주께 받을 줄 아나니 너희는 주 그리스도를 섬기느니라(골3:24).
	○ 내 사랑하는 형제들아, 귀를 기울이라. 하나님께서 이 세상의 가난한 자들을 택하사 믿음에 부요하게 하시고 자신을 사랑하는 자들에게 친히 약속하신 왕국의 상속자들로 삼지 아니하셨느냐?(약2:5)
	○ 시험을 견디는 사람은 복이 있나니 이는 그가 단련을 받은 뒤에 주께서 자신을 사랑하는 자들에게 약속하신 생명의 왕관을 받을 것이기 때문이라(약1:12).
	○ 이후로는 나를 위해 의의 왕관이 예비되어 있나니 주 곧 의로우신 심판자께서 그 날에 그것을 내게 주실 것이요, 내게만 아니라 그분의 나타나심을 사랑하는 모든 자들에게도 주시리라(딤후 4:8).
	○ 그리하면 목자장께서 나타나실 때에 너희가 사라지지 아니하는 영광의 왕관을 받으리라(벧전5:4).
	○ 이기려고 애쓰는 자마다 모든 일에 절제하나니 이제 그들은 썩을 왕관을 얻기 위해 그 일을 하지만 우리는 썩지 아니할 *왕관*을 얻기 위해 하느니라(고전9:25).
	○ 그러나 *이것*은 기록된 바, 하나님께서 자신을 사랑하는 자들을 위해 예비하신 것들은 눈이 보지 못하였고 귀가 듣지 못하였으며 사람의 마음속에 들어가지도 못하였도다, 함과 같으니라(고전 2:9).
	○ 그러므로 주께서 오실 때까지 때가 되기 전에 아무것도 판단하지 말라. 그분께서 어둠의 감추어진 일들을 빛으로 가져가 *드러내시며* 마음의 의도들을 드러내시리니 그때에 각 사람이 하나님께 칭찬을 받으리라(고전4:5).
	○ 보라, 내가 속히 가리니 내가 줄 보상이 내게 있어 각 사람에게 그가 행할 행위대로 주리라(계22:12).

어린양과 교회의 혼인	○ 우리가 즐거워하고 기뻐하며 그분께 존귀(尊貴)를 돌리자. 어린 양의 혼인 잔치가 다가왔고 그분의 아내가 자신을 예비하였도다. 깨끗하고 흰, 고운 아마포 옷을 차려입는 것이 그녀에게 허락되었으니 그 고운 아마포는 성도들의 의라, 하더라(계19:7-8).
	○ 남편들아, 너희 아내 사랑하기를 그리스도께서 또한 교회를 사랑하사 교회를 위해 자신을 주신 것같이 하라. 이것은 그분께서 말씀을 통해 물로 씻음으로 교회를 거룩히 구별하고 정결하게 하려 하심이요, 또 그것을 점이나 주름이나 그런 것이 없는 영광스러운 교회로 자신 앞에 제시하려 하심이며 교회가 거룩하고 흠이 없게 하려 하심이라(엡5:25-27).

[7년 환난기는 성도들의 휴거와 예수님의 지상 강림 사이의 7년간의 기간이다.[1] 환난기가 시작되면서 유대인들은 믿지 않는 상태로[2] 자기들의 고국에 돌아와 성전을 짓기 시작하며[3] 적그리스도와 7년간의 협약을 맺는다.[4] 그런데 첫 3년 반이 지나면서 적그리스도는 죄의 사람으로 정체가 드러나고[5] 유대인들의 성전 재건으로 인해 복원된 매일의 희생 예물을 드리지 못하게 하며[6] 대신 거룩한 곳에 자기 자신의 형상을 세운다.[7] 또 마귀와 그의 천사들은 자기들의 때가 얼마 남지 않았으므로 큰 진노를 보이면서 땅으로 내쫓긴다.[8]

이렇게 되면서 후반부 3년 반 동안[9] 팔레스타인 땅의 거룩한 도시 예루살렘은 이방인들에게 짓밟히게 되고[10] 이 세상이 시작된 이후로 한 번도 없었던 무서운 대환난이[11] 적그리스도[12]와 그의 거짓 대언자[13]로 인해 온 세상에 퍼부어진다.[14] 그 기간에 말씀을 선포하던 두 증인이 죽임을 당하고[15] 짐승의 형상[16]에게 경배하기를 거부하는

1) 단9:27; 계11:3, 7; 13:5
2) 사6:13; 17:10-11; 18:4-5; 66:3-4
3) 사66:1-2; 계11:1-2
4) 단9:27; 요5:43
5) 단9:27; 살후2:3; 계11:7; 13:1
6) 단9:27; 11:31; 12:11
7) 마24:15; 살후2:4; 계13:14-15
8) 계12:7-12
9) 단7:25; 9:27; 계13:5
10) 단9:26; 눅21:24; 계11:2
11) 렘30:7; 단12:1; 마24:21; 계13:14-17
12) 단7:21, 25; 살후2:2; 계13:1, 8
13) 계13:11, 17; 19:20
14) 계3:10
15) 계11:3-7

자들은 사형을 당하며 그의 표를 받지 않은 모든 자들에게 전례 없는 박해가 시작된다.[17] 땅에서 유대인들의 삼분의 일이 이런 고난의 때를 통과하게 되며[18] 주님께서는 그들로부터 찌꺼기를 제거하시기 위해[19] 예루살렘으로 그들을 모으신다.[20] 한편 이방인 민족들은 예루살렘시를 취하며 대적하기 위해 한군데로 모인다. 그래서 그 도시에 거하는 이스라엘 민족은 큰 고통을 당하고 그들의 반은 포로가 된다.[21] 그리고 남은 자들은 더 이상 자기들을 치는 적그리스도를 의지하지 않고 진리 속에서 이스라엘의 거룩하신 이 예수 그리스도를 의지하게 된다.[22] 이때에 땅의 왕들이 여호와 하나님과 그분의 기름 부음 받은 자를 대적하기 위해 모인다.[23] 그러나 주님께서는 자신의 성도들과 함께 나가사 자신의 원수들을 쳐부수시고 자기 백성을 구출하신다.[24]]

주님의 지상 강림	지상 강림 혹은 현현(Revelation)
	○ 그들이 또한 이르되, 너희 갈릴리 사람들아, 너희가 어찌하여 서서 하늘을 바라보느냐? 너희를 떠나 하늘로 들려 올라가신 이 동일한 예수님께서는 너희가 그분께서 하늘로 들어가심을 본 것처럼 그렇게 같은 방식으로 오시리라, 하니라(행1:11).
	○ 그 날에 그분의 발이 예루살렘 앞 동쪽에 있는 올리브산 위에 서실 것이요, 올리브산이 그것의 한가운데서 동쪽과 서쪽으로 갈라지므로 심히 큰 골짜기가 생길 것이며 그 산의 반은 북쪽으로, 그 산의 반은 남쪽으로 이동하리라(슥14:4).
	○ 그 날들의 환난 뒤에 즉시 해가 어두워지고 달이 자기 빛을 내지 아니하며 별들이 하늘에서 떨어지고 하늘들의 권능들이 흔들릴 것이며 그때에 사람의 아들의 표적이 하늘에 나타나겠고 그때에 땅의 모든 지파(支派)들이 애곡하며 사람의 아들이 권능과 큰 영광을 가지고 하늘의 구름들 가운데서 오는 것을 보리라(마24:29-30).
주님께서 왕으로 땅에 강림하심	○ 예수님께서 이르시되, 내가 *그니라*. 사람의 아들이 권능의 오른쪽에 앉아 있는 것과 하늘의 구름들 가운데서 오는 것을 너희가 보리라, 하시므로(막14:62)

---

16) 계13:15; 20:4
17) 계13:16-17
18) 슥13:8-9
19) 사1:21-25; 4:4; 겔22:17-22; 습1:12-13; 슥13:9
20) 겔22:19
21) 슥14:2
22) 사4:3; 10:20-21; 17:6-8; 렘2:27; 호5:15; 슥13:9
23) 시2:1-3; 계16:14-16; 17:14; 19:19
24) 사50:2; 66:5-6; 호5:15; 슥12:9-10; 말4:1-3; 눅21:28

주님께서 왕으로 땅에 강림하심 (계속)	○ 보라, 그분께서 구름들과 함께 오시리라. 모든 눈이 그분을 보겠고 그분을 찌른 자들도 볼 것이요, 땅의 모든 족속들이 그분으로 인해 통곡하리니 참으로 그러하리라. 아멘(계1:7). ○ 내가 다윗의 집과 예루살렘 거주민들 위에 은혜의 영과 간구하는 영을 부어 주리니 그들이 나 곧 자기들이 찌른 나를 바라보고 사람이 자기 외아들로 인해 애곡하듯 그로 인해 애곡하며 사람이 자기의 처음 난 자로 인해 쓰라리게 슬퍼하듯 그로 인해 쓰라리게 슬퍼하리라(슥12:10). ○ 괴로움을 당하는 너희에게는 우리와 함께 안식으로 갚으시는 것이 하나님께는 의로운 일인데 *이 일은 주 예수님께서 자신의 강력한 천사들과 함께 하늘로부터 나타나사 하나님을 알지 못하는 자들과 우리 주 예수 그리스도의 복음에 순종하지 아니하는 자들에게 타오르는 불로 징벌하실 때에 이루어질 것이며*(살후1:7-8; 마25:31 참조). ○ 또 내가 하늘이 열린 것을 보았는데, 보라, 흰말이라. 그 위에 타신 분은 신실하신 분, 참되신 분이라 불렸으며 그분은 의로 심판하시고 전쟁을 하시느니라(계19:11). ○ 보라, 주께서 땅의 거주민들의 불법으로 인해 그들을 벌하시려고 자신의 처소에서 나오시나니 땅도 자기 피를 드러내며 자기의 죽임 당한 자들을 다시는 덮지 아니하리라(사26:21; 미1:3 참조). ○ 그러므로 그들이 서쪽에서부터 주의 이름을 두려워하며 해 뜨는 곳에서부터 그분의 영광을 두려워하리니 원수가 홍수같이 올 때에 주의 영께서 그를 대적하여 군기를 들어 올리시리라. 그 뒤에 구속자(救贖者)가 시온에 오며 야곱 안에서 범법을 버리고 돌아서는 자들에게 오리라. 주가 말하노라(사59:19-20). ○ 오 시온의 딸아, 노래하며 기뻐하라. 보라, 내가 와서 네 한가운데 거하리라. 주가 말하노라(슥2:10).
주님께서 교회와 함께 땅에 강림하심	○ 하늘에 있는 군대들이 희고 깨끗한 고운 아마포 옷을 입은 채 흰말들을 타고 그분을 따르더라(계19:14). ○ 이들이 어린양과 전쟁을 할 것이나 어린양께서 그들을 이기시리니 그분은 주들의 주시요, 왕들의 왕이시며 또 그분과 함께 있는 자들은 부르심을 받고 선정된 신실한 자들이니라, 하더라(계17:14).

주님께서 교회와 함께 땅에 강림하심(계속)	○ 너희가 그 산들의 골짜기로 도망하리니 이는 그 산들의 골짜기가 아살까지 뻗어 나갈 것이기 때문이라. 참으로 너희가 도망하되 유다 왕 웃시야 시대에 지진 앞에서 *그것*을 피해 도망한 것같이 하리라. 또 **주** 내 하나님께서 오실 것이요, 모든 성도들이 너와 함께하리라(슥14:5).
	○ 아담으로부터 일곱 번째 사람인 에녹도 이들에 관해 대언하여 이르되, 보라, 주께서 자신의 수만(數萬) 성도와 함께 오시나니 (유14).
	○ 이것은 우리 주 예수 그리스도께서 자신의 모든 성도들과 함께 오실 때에 그분께서 하나님 곧 우리 아버지 앞에서 너희 마음을 거룩함에 흠이 없도록 굳건히 세우시게 하려 함이라(살전 3:13).
	○ 우리의 생명이신 그리스도께서 나타나실 때에 너희도 그분과 함께 영광 속에서 나타나리라(골3:4).
	○ 사랑하는 자들아, 이제 우리는 하나님의 아들들이니라. 우리가 앞으로 어떻게 될지는 아직 나타나지 아니하였으나 그분께서 나타나시면 우리가 그분과 같게 될 줄 아노니 이는 우리가 그분을 그분께서 계신 그대로 볼 것이기 때문이라(요일3:2).
	○ 창조물이 간절히 기대하며 기다리는 바는 하나님의 아들들이 나타나는 것이니라(롬8:19).

[적그리스도의 권능은 주님의 목소리에 의해 파괴되고[25] 그와 거짓 대언자는 붙잡혀서 산 채로 유황이 타는 불 호수에 던져진다.[26] 또한 연합체의 열 왕과 그들의 군대들은 왕의 왕 되시는 주 예수님의 입에서 나오는 칼에 죽임을 당한다.[27] 그리고 사탄 마귀는 잡혀서 1,000년 동안 바닥없는 구덩이에 갇히고[28] 적그리스도로 인해 순교한 사람들은 부활해서 첫째 부활을 완결하며 주 예수 그리스도와 자기들의 동료 성도들과 함께 땅에서 1,000년 동안 통치한다.[29]]

---

25) 사11:4; 단7:11; 살후2:8
26) 사30:31-33; 계17:8; 19:20
27) 시2:4-5; 110:5; 슥12:9; 계17:14; 19:21
28) 계20:2-3
29) 계20:4-6

생명의 부활	○ 또 내가 왕좌들을 보았는데 *사람*들이 그것들 위에 앉아 있고 그들에게 심판이 맡겨졌더라. 또 내가 예수님의 증언과 하나님의 말씀으로 인해 목이 베인 자들의 혼들을 보았는데 그들은 짐승과 그의 형상에게 경배하지도 아니하고 자기 이마 위에나 손안에 짐승의 표를 받지도 아니한 자들이더라. 그들이 살아서 그리스도와 함께 천 년 동안 통치하였으나(계20:4) ○ 선을 행한 자들은 생명의 부활로, 악을 행한 자들은 정죄의 부활로 나오리라(요5:29). ○ 그때에 네 백성의 자손들을 위해 서 있는 큰 통치자 미가엘이 일어날 것이요, 또 고난의 때가 있을 터인데 그것은 민족이 존재한 이래로 그때까지 결코 없었던 고난일 것이며 그때에 네 백성이 구출을 받되 책에 기록된 것으로 드러난 모든 자가 구출을 받으리라. 땅의 티끌 속에서 잠자는 자들 가운데 많은 사람들이 깨어나 얼마는 영존하는 생명에 이르고 얼마는 수치와 영존하는 치욕에 이를 것이며(단12:1-2) ○ 그 나머지 죽은 자들은 그 천 년이 끝날 때까지 다시 살지 못하였더라. 이것이 첫째 부활이니라(계20:5).
주님께서 땅을 통치하심	○ 이 왕들의 시대에 하늘의 하나님께서 결코 멸망하지 아니할 한 왕국을 세우실 터인데 그 왕국은 다른 백성에게 남겨지지 아니할 것이며 도리어 이 모든 왕국들을 부수어 산산조각 내서 소멸시키고 영원히 서리이다(단2:44). ○ 주가 말하노라. 보라, 날들이 오리니 내가 다윗에게 한 의로운 가지를 일으킬 것이요, 한 왕이 통치하고 번영하여 땅에서 판단의 공의와 정의를 집행할 것이며 그의 날들에 유다는 구원을 받고 이스라엘은 안전히 거하리라. *사람들이* 그를 부를 때 쓸 그의 이름은 이것이니 곧 **주 우리의 의**라(렘23:5-6). ○ 그가 크게 되고 가장 높으신 분의 아들이라 불릴 것이요, 주 하나님께서 그의 조상 다윗의 왕좌를 그에게 주시리니 그가 영원토록 야곱의 집을 통치하며 그의 왕국이 무궁하리라, 하니라(눅1:32-33). ○ 그럼에도 내가 내 왕을 나의 거룩한 산 시온에 세웠노라, *하시리로다*(시2:6). ○ 그때에 즉 군대들의 **주**께서 시온 산과 예루살렘에서 자신의 원로들 앞에서 영광스럽게 통치하실 때에 달이 당황할 것이며 해가 부끄러워하리라(사24:23). ○ 이스라엘 왕 곧 **주**께서 네 한가운데 계시니 네가 다시는 해악을 보지 아니하리라(습3:15).

주님께서 땅을 통치하심 (계속)	○ 그분께서 친히 모든 원수들을 자신의 발아래 둘 때까지 반드시 통치하시리니(고전15:25)
	○ 참으로 모든 왕들이 그 앞에 엎드리며 모든 민족들이 그를 섬기리이다(시72:11).
	○ 일곱째 천사가 나팔을 불매 하늘에 큰 음성들이 있어 이르되, 이 세상의 왕국들이 우리 주(主)와 그분의 그리스도의 왕국들이 되었고 그분께서 영원무궁토록 통치하시리라, 하니(계11:15)
	○ 그가 이교도들에게 평화를 말할 것이요, 그의 통치는 바다에서 바다까지 이르고 그 강에서 땅끝까지 이르리라(슥9:10).
	○ 또 **주**께서 온 땅을 다스리는 왕이 되시리니 그 날에는 한 **주**만 계실 것이며 그분의 이름 하나만 있으리라(슥14:9).
	○ 그분께서는 자신의 옷과 넓적다리에 **왕들의 왕, 주들의 주**라고 기록된 한 이름을 가지고 계시느니라(계19:16).
신부인 교회도 주님과 함께 땅을 통치함	○ 우리가 고난을 당하면 또한 그분과 함께 통치하리라(딤후2:12).
	○ 자녀이면 또한 상속자 곧 하나님의 상속자요, 그리스도와 함께하는 공동 상속자인데 우리가 *그분과* 함께 영광을 받기 위해 고난도 함께 당하면 *그러하니라*(롬8:17).
	○ 이기는 자에게는 나 역시 이긴 뒤에 내 아버지와 함께 그분의 왕좌에 앉게 된 것같이 나와 함께 내 왕좌에 앉는 것을 내가 허락하리라(계3:21).
	○ 하나님 곧 자신의 아버지를 위해 우리를 왕과 제사장으로 삼으신 분께 즉 그분께 영광과 통치가 영원무궁토록 있기를 원하노라. 아멘(계1:6).
	○ 주께서 죽임을 당하시고 주의 피로 모든 족속과 언어와 백성과 민족 가운데서 우리를 구속하사 하나님께 *드리셨으며* 또 우리 하나님을 위해 우리를 왕과 제사장으로 삼으셨으니 우리가 땅에서 통치하리이다, 하더라(계5:9-10).
	○ 아버지께서 우리를 어둠의 권능에서 구출하사 자신의 사랑하는 아들의 왕국으로 옮기셨으니(골1:13)
	○ 또 내가 왕좌들을 보았는데 *사람*들이 그것들 위에 앉아 있고 그들에게 심판이 맡겨졌더라. 또 내가 예수님의 증언과 하나님의 말씀으로 인해 목이 베인 자들의 혼들을 보았는데 그들은 짐승과 그의 형상에게 경배하지도 아니하고 자기 이마 위에나 손안에 짐승의 표를 받지도 아니한 자들이더라. 그들이 살아서 그리스도와 함께 천 년 동안 통치하였으나(계20:4)

신부인 교회도 주님과 함께 땅을 통치함(계속)	○ 성도들이 세상을 판단할 것을 너희가 알지 못하느냐? 세상이 너희에게 판단을 받을 터인데 너희가 가장 작은 문제들을 판단하는 것도 감당하지 못하느냐?(고전6:2)

[이제 왕국이 세워지고 땅에서 주님을 거역하던 자들을 다 제거된 뒤에[30] 주님께서는 먼저 자신의 백성인 유대인들이 얼마나 신실했는가를 심판하시고[31] 그 뒤에 이방인 민족들을 심판하시되 그들이 환난기에 자신의 백성 유대인들을 얼마나 잘 대우했는가를 심판하신다.[32] 이제 이스라엘의 열 지파는 정결하게 된 뒤에[33] 자기들의 땅으로 들어가고[34] 유다의 두 지파와 함께 다시 한 민족을 이룬다.[35] 주님께서는 이들과 새 언약을 맺으시며[36] 그들의 범법을 용서하시고 다시는 그들의 죄를 기억하지 않으신다.[37] 또한 그분께서는 자신의 원수들에게 형벌을 집행하시는데[38] 여기에는 이스라엘을 침공했다가 패배를 당한 곡과 그의 군대들이 포함된다.[39]

한편 유대인들은 하나님께서 허락하신 자신들의 영토를 아브라함에게 약속하신 대로 완전히 소유하게 되며[40] 여기에는 장미처럼 꽃을 내는 큰 사막도 포함된다.[41] 예루살렘과 성전은 하나님의 계획에 따라 다시 건축되며[42] 레위기의 희생 제사와 경배가 조금 수정되어 다시 시작된다.[43] 그래서 거룩한 산에서는 다시는 상함도 없고 멸망당하는 것도 없게 된다.[44] 주님께서는 다시 한 번 두 번째로 자신의 손을 펴사 땅의 사방에서 유다와 이스라엘의 남은 자를 불러 모으신다.[45] 이때에 예루살렘은 온 땅의 칭송을 받으며 기쁨의 근원이 된다.[46] 그 안에 계시는 주님은[47] 예루살렘의 영광이요 영존하는 빛이 되신다. 그래서 거기에는 밤이 없을 것이다.[48] 모든 민족들은

---

30) 사13:9; 33:14; 마13:30,41
31) 마25:14-30; 눅19:12-27
32) 욜3:2,12; 마25:31-46; 행17:31
33) 겔20:33-38; 암9:9-10
34) 사49:12-23; 겔20:40-42; 36:24; 암9:14-15
35) 사11:13; 겔37:16-24; 호1:11
36) 렘31:31-33; 32:40; 50:4-5; 겔37:26; 롬11:26-27; 히8:11
37) 사60:21; 렘31:34; 33:8; 50:20; 겔36:25-33; 미7:18-19; 히8:12
38) 사2:17-21; 26:9; 34:2; 겔28:26; 미5:15; 나1:8
39) 겔38:1-17; 겔38:18-39:21
40) 창15:18; 신11:24; 수1:4; 겔47:13-48:29
41) 사32:15; 35:1-2; 51:3; 겔36:33-36
42) 겔40:1-43:17; 사60:10; 렘31:38-40; 겔48:15-17; 30-35; 슥14:10-11
43) 겔43:18-46:24; 말3:3-4
44) 사11:6-9; 33:24; 35:9; 55:13; 65:25; 겔34:25; 호2:18; 계22:3
45) 사11:11-12; 렘50:4-5; 겔39:25-28
46) 시48:2; 사1:26; 60:14; 62:7; 65:18; 렘31:23; 슥8:3
47) 겔48:35; 욜3:17-21; 습3:15-17; 슥2:10

왕께 경배하려고 예루살렘에 가면서 장막절을 지키고 온 땅은 주님의 영광으로 가득하게 된다.[49]]

신부의 집, 하늘의 새 예루살렘	○ 마지막 일곱 재앙을 가득 담은 일곱 병을 가진 일곱 천사 중 하나가 내게 와서 나와 이야기하며 이르되, 이리 오라. 내가 신부 곧 어린양의 아내를 네게 보여 주리라, 하고는 영 안에서 나를 크고 높은 산으로 데려가 하늘에서 하나님으로부터 내려오는 저 큰 도시 곧 거룩한 예루살렘을 내게 보여 주었는데(계 21:9-10)
	○ 또 내가 내 하나님의 이름과 내 하나님의 도시 곧 하늘에서 내 하나님으로부터 내려오는 새 예루살렘의 이름을 그 *사람* 위에 기록하고 나의 새 이름을 그 *사람* 위에 기록하리라(계 3:12).
새 예루살렘의 크기와 아름다움	○ *그 도시에*는 크고 높은 성벽이 있었고 열두 문이 있었으며 그 문들에 열두 천사가 있었고 그 문들 위에 이름들이 기록되어 있었는데 그것들은 이스라엘의 자손들 열두 지파의 이름들이니라(계21:12).
	○ 그 도시의 성벽에는 열두 기초가 있었으며 그것들 안에 어린양의 열두 사도의 이름들이 있더라(계21:14).
	○ 그 도시의 성벽 건조물은 벽옥으로 되어 있고 그 도시는 순금이며 맑은 유리 같더라. 그 도시의 성벽 기초들은 온갖 종류의 보석들로 장식되었는데 첫째 기초는 벽옥이요, 둘째는 사파이어요, 셋째는 옥수요, 넷째는 에메랄드요, 다섯째는 홍마노요, 여섯째는 홍보석이요, 일곱째는 귀감람석이요, 여덟째는 녹주석이요, 아홉째는 황옥이요, 열째는 녹옥수요, 열한째는 청옥이요, 열두째는 자수정이더라. 그 열두 문은 열두 진주였으며 문마다 각각 한 개의 진주로 되어 있고 그 도시의 거리는 순금이며 마치 투명한 유리 같더라(계21:18-21).
새 예루살렘의 영광과 순수함	○ 또 내가 그 안에서 *성전*을 보지 못하였으니 이는 주 하나님 전능자와 어린양께서 그 도시의 *성전*이시기 때문이라. 그 도시는 안에서 빛을 비출 해와 달이 필요 없었으니 이는 하나님의 영광이 그 도시를 밝혀 주었고 어린양께서 그 도시의 광체(光體)이시기 때문이라(계21:22-23).
	○ *그 도시에* 하나님의 영광이 있더라. 그것의 빛은 지극히 귀중한 보석 같고 벽옥과도 같으며 수정같이 맑더라(계21:11).

---

48) 사60:19-20; 슥2:5; 계22:5

49) 사2:1-3; 렘3:17; 미4:2; 슥8:20-22, 14:16-19; 민14:21; 시72:19; 사11:9; 합2:14

새 예루살렘의 영광과 순수함 (계속)	○ 구원받은 자들의 민족들이 그 도시의 빛 가운데서 다니겠고 땅의 왕들이 자기들의 영광과 존귀를 가지고 그곳으로 들어가리라. 거기에는 밤이 없을 것이므로 낮에 그 도시의 문들이 결코 닫히지 아니하리라. 그들이 그 민족들의 영광과 존귀를 가지고 그곳으로 들어가리라. 더럽게 하는 것은 어떤 것이든지 결코 그곳으로 들어가지 못하며 또 무엇이든지 가증한 것을 이루게 하거나 거짓말을 지어내는 것도 들어가지 못하되 오직 어린양의 생명책에 기록된 자들만 들어가리라(계21:24-27).

[1,000년이 지난 뒤 사탄은 잠시 동안 풀려나는데[50] 이때에 그는 또다시 땅의 사방에서 민족들 – 곡과 마곡 – 을 속이러 나가서 그들을 모아 싸움터로 간다.[51] 이들은 성도들의 진영과 저 거룩한 도시 예루살렘을 에워싸지만 하늘에서 내려오는 불로 멸망당한다.[52] 이들을 속인 마귀는 이미 짐승과 그의 거짓 대언자가 들어간 곳 즉 유황불이 타는 불 호수로 던져지고 거기서 영원무궁토록 고통을 당한다.[53]]

온 땅의 심판자 하나님	○ 또 내가 크고 흰 왕좌와 그 위에 앉으신 분을 보았는데 땅과 하늘이 그분의 얼굴을 피해 물러가서 그것들의 자리가 보이지 아니하더라(계20:11).
	○ 그러므로 내가 하나님 앞과 또 친히 나타나실 때에 자신의 왕국에서 살아 있는 자들과 죽은 자들을 심판하실 주 예수 그리스도 앞에서 네게 명하노니 말씀을 선포하라(딤후4:1-2).
	○ 그분께서 우리에게 명령하사 백성에게 선포하게 하셨고 또 하나님께서 살아 있는 자들과 죽은 자들의 심판자로 정하신 자가 바로 자신임을 증언하게 하셨으며(행10:42)
	○ 아버지께서 아무도 심판하지 아니하시고 오히려 모든 심판을 아들에게 맡기셨으니 이것은 모든 사람들이 아버지를 공경하는 것같이 아들을 공경하게 하려 하심이라(요5:22-23).

---

50) 계20:3-7
51) 계20:8
52) 계20:9
53) 계20:10

정죄의 부활	○ 또 내가 보니 죽은 자들이 작은 자나 큰 자나 하나님 앞에 서 있는데 책들이 펼쳐져 있고 또 다른 책 즉 생명책이 펼쳐져 있더라. 죽은 자들이 자기 행위들에 따라 그 책들에 기록된 그것들에 근거하여 심판을 받았더라(계20:12).
	○ 바다가 자기 안에 있는 죽은 자들을 내주었고 사망과 지옥이 자기 안에 있는 죽은 자들을 넘겨주매 그들이 각각 자기 행위들에 따라 심판을 받았으며(계20:13)
	○ 선을 행한 자들은 생명의 부활로, 악을 행한 자들은 정죄의 부활로 나오리라(요5:29).
	○ 땅의 티끌 속에서 잠자는 자들 가운데 많은 사람들이 깨어나 얼마는 영존하는 생명에 이르고 얼마는 수치와 영존하는 치욕에 이를 것이며(단12:2).
	○ 누구든지 생명책에 기록된 것으로 드러나지 않은 자는 불 호수에 던져졌더라(계20:15).
	○ 그러나 두려워하는 자들과 믿지 않는 자들과 가증한 자들과 살인자들과 음행을 일삼는 자들과 마법사들과 우상 숭배자들과 모든 거짓말쟁이들은 불과 유황으로 타는 호수에서 자기 몫을 받으리니 이것이 둘째 사망이니라, 하시니라(계21:8).
	○ 멸망받을 마지막 원수는 사망이니라(고전15:26).
	○ 사망과 지옥이 불 호수에 던져졌더라. 이것이 둘째 사망이니라(계20:14).
하늘과 땅이 없어짐	○ 하늘과 땅은 없어지겠으나 내 말들은 없어지지 아니하리라(막13:31).
	○ 그러나 주의 날이 밤의 도둑같이 오리니 그날에 하늘들이 큰 소리와 함께 사라지고 원소들이 뜨거운 열에 녹으며 땅과 그 안에 있는 일들도 불태워지리라. 그런즉 이 모든 것이 해체되니 너희가 어떤 사람이 되어야 마땅하겠느냐? 모든 거룩한 행실 속에서 하나님을 따르는 가운데 하나님의 날이 오는 것을 기다리고 서두르라. 그날에 하늘들이 불이 붙어 해체되고 원소들도 뜨거운 열에 녹을 것이나(벧후3:10-12)
	○ 너희는 하늘들을 향해 눈을 들고 아래 있는 땅을 살펴보라. 하늘들이 연기같이 사라지고 땅이 옷같이 낡아지며 그 안에 거하는 자들이 그와 같이 죽을 것이나 내 구원은 영원히 있겠고 내 의는 없어지지 아니하리라(사51:6).

하늘과 땅이 없어짐(계속)	○ 그것들은 멸망할 것이나 주께서는 여전히 계시고 그것들은 다 옷이 낡듯 낡아지리니 주께서 의복같이 그것들을 접으시면 그것들은 바뀔 것이나 주께서는 동일하시고 주의 햇수는 끊어지지 아니하리이다, 하시되(히1:11-12)
	○ 또 내가 크고 흰 왕좌와 그 위에 앉으신 분을 보았는데 땅과 하늘이 그분의 얼굴을 피해 물러가서 그것들의 자리가 보이지 아니하더라(계20:11).
	○ 왕좌에 앉으신 분께서 이르시되, 보라, 내가 모든 것을 새롭게 하노라, 하시고 또 내게 이르시되, 이 말들은 참되고 신실하니 기록하라, 하시며(계21:5)
새 하늘과 새 땅	○ 보라, 내가 새 하늘들과 새 땅을 창조하노라. 이전 것은 기억나지 아니하며 생각나지 아니하리라(사65:17).
	○ 내가 새 하늘과 새 땅을 보았으니 이는 처음 하늘과 처음 땅이 사라졌고 바다도 다시는 있지 아니하였기 때문이더라(계21:1).
	○ 그럼에도 불구하고 우리는 그분의 약속에 따라 의가 거하는 새 하늘들과 새 땅을 기다리느니라(벧후3:13).
	○ 그 뒤에 끝이 오는데 *그때*는 그분께서 모든 치리와 모든 권세와 권능을 물리치시고 왕국을 하나님 곧 아버지께 넘겨 드리실 때라(고전15:24).
모든 것을 통치하시는 하나님	○ 모든 것이 그리스도께 굴복될 때에는 아들도 모든 것을 자기 아래 두시는 분께 친히 복종하시리니 이것은 하나님께서 모든 것 안에서 모든 것이 되려 하심이라(고전15:28).
어린양의 신부	○ 나 요한이 보니 거룩한 도시 새 예루살렘이 신부가 자기 남편을 위해 단장한 것같이 예비하고 하늘에서 하나님으로부터 내려오더라(계21:2).
하나님께서 사람들과 함께 거하심	○ 내가 들으니 하늘에서 큰 음성이 나서 이르되, 보라, 하나님의 성막이 사람들과 함께 있고 그분께서 그들과 함께 거하시리라. 그들은 그분의 백성이 되고 하나님께서는 친히 그들과 함께 계셔서 그들의 하나님이 되시리라. 하나님께서 그들의 눈에서 모든 눈물을 닦아 주실 것이며 다시는 사망이 없고 슬픔도 울부짖음도 없으며 아픔도 다시는 없으리니 이는 이전 것들이 지나갔기 때문이라, 하더라(계21:3-4).

다음은 우리 주 예수님의 재림과 관련된 구절들을 성경에 나오는 순서대로 기록한 것입니다. 성경의 예언을 연구하는 성도들의 성경 공부에 도움이 되기를 바랍니다.

- 신33:2 — 시내산, 세일산, 변화산에서의 변화와 재림
- 시2 — 아들의 이 땅 소유
- 시67:4 — 주님께서 민족들을 심판하시고 치리하심
- 시96:10-13 — 주님께서 심판하러 오심
- 시98:9 — 주님께서 심판하러 오심
- 시102:16 — 주님께서 시온을 건설하시고 영광 중에 나타나심
- 단7:13 — 사람의 아들이 왕국을 소유하러 오심
- 호6:3 — 주님께서 이른 비와 늦은 비처럼 오심
- 슥12:10 — 이스라엘이 그분을 보고 영접함
- 슥14:4 — 그분께서 올리브산에 서심
- 슥14:5 — 주님께서 성도들과 함께 오심
- 마16:26-27 — 주님께서 아버지의 영광 중에 오심
- 마19:28 — 주님께서 영광의 왕좌에 앉으심
- 마24 — 주님께서 세 가지 질문에 대답하심
- 마25:1-12 — 신랑
- 마25:13-30 — 종들의 심판
- 마25:31-46 — 민족들의 심판
- 마26:64 — 주님께서 하늘의 구름을 타고 오심
- 막8:38 — 주님께서 아들을 부끄러워하는 자들에게 보응하심
- 막13 — 주님께서 세 가지 질문에 대답하심
- 막14:62 — 주님께서 하늘의 구름을 타고 오심
- 눅9:26 — 주님께서 아들을 부끄러워하는 자들에게 보응하심
- 눅12:35-48 — 주님께서 허리에 띠를 띠고 등불을 타오르게 하라고 하심
- 눅17:20-37 — 노아와 롯
- 눅18:8 — 말세에 믿음이 거의 없음
- 눅19:11-28 — 주님께서 왕권을 받으러 가심
- 눅21 — 주님께서 세 가지 질문에 대답하심
- 요1:51 — 하늘이 열리고 천사들이 내려옴
- 요14:3 — 주님께서 와서 너희를 영접하겠다고 약속하심
- 요14:18 — 내가 너희에게 오리라고 하심
- 요14:28 — 주님께서 갔다가 다시 오실 것을 말씀하심
- 행1:10-11 — 동일하신 예수님이 다시 오심
- 행3:19-21 — 만물을 새롭게 하는 때
- 고전1:4-8 — 재림을 기다리는 성도들
- 고전4:5 — 주님께서 올 때까지 아무것도 심판하지 말라 하심
- 고전11:26 — 그분께서 오실 때까지 주의 만찬을 행함
- 고전15:23 — 부활의 순서
- 고전16:22 — 아나테마 마라나타 저주

- 고후1:14 — 주님의 날에 기뻐함
- 빌1:6-10 — 그리스도의 날
- 빌2:16 — 그리스도의 날에 기뻐함
- 빌3:11 — 죽은 자들로부터의 부활
- 빌3:20-21 — 구원자를 기다림
- 빌4:5 — 주님께서 가까이 계심
- 골3:3-5 — 우리가 그분과 함께 나타남
- 살전1:9 — 하나님의 아들을 하늘로부터 기다림
- 살전2:19 — 그분께서 오실 때의 소망, 기쁨, 왕관 등
- 살전3:13 — 그분께서 오실 때에 책망받을 것이 없음
- 살전4:13-18 — 휴거
- 살전5:1-10 — 때와 시기
- 살전5:23 — 그분께서 오실 때에 책망받을 것이 없음
- 살후1:7-10 — 주님께서 불꽃 가운데 나타나심
- 살후2:1-8 — 그분께서 오실 때의 광채로 저 사악한 자가 소멸됨
- 딤전6:13-15 — 주님께서 나타나실 때까지 명령을 지킴
- 딤후4:1 — 주님께서 나타나실 때에 자신의 왕국에서 심판하심
- 딤후4:8 — 주님께서 그분의 나타나심을 사랑하는 자들에게 왕관을 주심
- 딛2:11-15 — 복된 소망과 우리 주님의 영광스러운 나타나심
- 히9:24-28 — 세 번의 나타나심
- 히10:22-24 — 믿음, 소망, 사랑
- 히10:25 — 날이 가까이 옴
- 히10:35-37 — 성도들이 잠시 인내해야 함
- 약5:7-8 — 주님께서 오실 때까지 인내해야 함. 이른 비와 늦은 비
- 벧전1:7 — 믿음의 시련
- 벧전1:13 — 끝까지 소망을 가짐
- 벧전4:13 — 그분의 영광이 나타남
- 벧전5:1-4 — 목자장께서 나타나심
- 벧후3 — 주의 날
- 요일2:28 — 그분께서 나타나심
- 요일3:2-3 — 아들들이 그분과 같게 됨
- 요이7 — 주님께서 육신으로 오심
- 유14-15 — 주님께서 성도들과 함께 오심
- 계1:7 — 그분께서 구름과 함께 오심
- 계2:25 — 주님께서 오실 때까지 우리가 굳게 붙잡음
- 계3:3 — 주님께서 도둑같이 임하심
- 계3:10 — 내가 속히 오리라 하심
- 계14:14-16 — 주님께서 땅을 수확하심
- 계16:15 — 주님께서 도둑같이 임하심
- 계22:20 — 어서 오시옵소서, 주 예수님이여!

천국의 특징

많은 사람들이 천국(heaven, 하늘)에 대해 잘못 생각하고 있습니다. 믿은 뒤 죽어서 하늘나라에 가면 거기서 영원히 살 것으로 생각합니다. 그러나 성경은 그렇게 말하지 않습니다. 이 부록에서는 성도들에게 천국에 대한 확신을 심어 주고자 합니다.[1) 일단 성경은 세 개의 하늘이 있음을 보여 줍니다.

(1) 첫째 하늘 — 새들과 구름이 거하는 곳

내가 보니, 보라, 사람이 없었고 하늘들의 모든 새들이 도망갔으며(렘4:25)

그것의 잎사귀들은 아름답고 그것의 열매는 많아 그 나무 안에 모두를 위한 먹을 것이 있었으며 들의 짐승들이 그 밑에서 그늘을 얻고 하늘의 날짐승들이 그것의 가지들에 깃들며 모든 육체가 거기서 먹을 것을 얻더라(단4:12).

공중의 날짐승들을 보라. 그것들은 씨 뿌리지 아니하고 거두지도 아니하며 모아서 곳간에 넣지도 아니하지만 너희 하늘 아버지께서 그것들을 먹이시나니 너희는 그것들보다 훨씬 더 낫지 아니하냐?(마6:26)

예수님께서 그에게 이르시되, 여우도 굴이 있고 공중의 새도 보금자리가 있지만 사람의 아들은 머리 둘 곳이 없도다, 하시니라(마8:20).

첫째 하늘은 아름다운 곳이지만 구원받은 사람들이 영원히 거할 처소는 아닙니다.

(2) 둘째 하늘 — 해와 달과 별이 있는 곳

내가 네게 복을 주고 복을 주며 내가 네 씨를 하늘의 별들같이 바닷가의 모래같이 번성하게 하고 번성하게 하리니 네 씨가 자기 원수들의 문을 소유하리라(창22:17).

하늘들이 하나님의 영광을 밝히 드러내고 궁창이 그분의 손으로 행하신 일을 나타내는도다(시19:1).

1960년대에 이르러서야 사람들은 처음으로 첫째 하늘을 가로질러 둘째 하늘로 가는 우주선을 만들었습니다. 비록 둘째 하늘이 광대하고 아름답다 해도 첫째 하늘처럼 구원받은 하나님의 자녀들이 영원히 거하는 처소는 아닙니다.

---

1) 이 글은 1973년에 윌밍턴(Harold L. Willmington)이 지은 「왕께서 오신다」(*The King Is Coming*)의 제18장을 번역한 것이다. 많은 성도들이 윌밍턴의 이 책으로 말미암아 큰 도움을 받았다. 진리의 성령님께서 동일한 은혜를 허락하실 줄 믿는다.

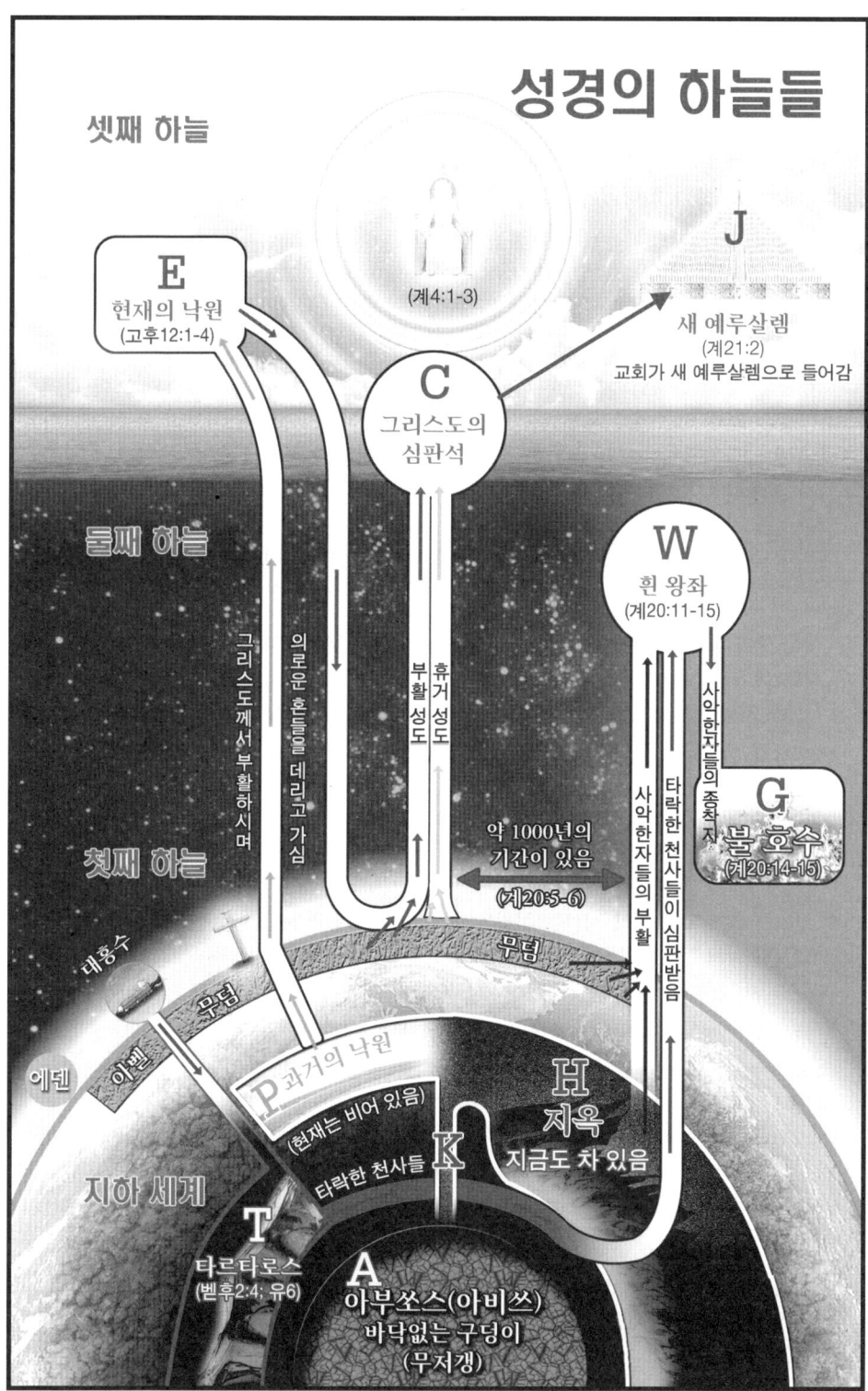

〈성경의 하늘들〉

(3) 셋째 하늘 ― 하나님께서 거하시는 곳

내가 그리스도 안에 있는 한 사람을 알았는데 그 사람은 십사여 년 전에 셋째 하늘로 채여 올라갔느니라. (몸 안에 있었는지 내가 말할 수 없고 몸 밖에 있었는지 내가 말할 수 없으나 하나님은 아시느니라.)(고후12:2)

그러나 하나님께서 참으로 땅에 거하시리이까? 보소서. 하늘과 하늘들의 하늘이라도 주를 품을 수 없거든 내가 건축한 이 집이야 얼마나 더 *그러하리이까*?…주의 종과 주의 백성 이스라엘이 이곳을 향해 기도할 때에 주께서는 그들의 간구에 귀를 기울이시며 하늘 곧 주의 거처에서 들으시고 들으실 때에 용서하여 주옵소서(왕상8:27, 30).

바로 이곳이 하나님께서 거하시는 실제의 셋째 하늘입니다. 수천 년의 노력 끝에 사람들은 첫째 하늘에서 둘째 하늘로 갈 수 있었습니다. 그런데 아무리 우주 공학이 발달해도 둘째 하늘에서 셋째 하늘로 사람을 데려다줄 우주 왕복선을 만드는 것은 불가능합니다. 이런 여행은 '뇌'(brain)에 의해 가능하지 않고 오직 '피'(blood)에 의해서만 가능합니다. 그래서 우리 주 예수님께서는 사람이 다시 태어나지 않으면 이런 하늘에 들어갈 수도 없고 심지어 볼 수도 없다고 말씀하셨습니다.

마6:9에서 주님께서는 이렇게 기도하라고 가르쳐 주셨습니다.

그러므로 너희는 이런 식으로 기도하라. 하늘에 계신 우리 아버지여, 아버지의 이름이 거룩히 여겨지게 하시고

바로 이 하늘이 하나님 아버지께서 거하시는 셋째 하늘입니다. 우리 주 예수님께서는 부활하셔서 바로 이 하늘로 가셨으며 예수님 안에서 죽은 자들은 모두 죽는 순간 바로 이 셋째 하늘에 갑니다.

내가 말하노니 우리는 확신에 차 있으며 오히려 몸을 떠나 주와 함께 있기를 원하노라(고후5:8).

그러나 내가 육체 안에 산다면 이것은 내 수고의 열매이니라. 그럼에도 내가 무엇을 택할지 알지 못하노니 이는 떠나서 그리스도와 함께 있기를 바라며 내가 둘 사이에 끼어 있기 때문이라. *떠나는 것*이 훨씬 더 좋으나(빌1:22-23)

여기서 사도 바울이 '몸을 떠난다'고 표현한 것은 육체적 죽음을 가리키는데 우리 성도들은 죽으면 곧바로 주님과 함께 셋째 하늘에 있습니다. 중간 대기소니 연옥이니 하는 장소로 간다는 것은 미신이며 성경과는 동떨어진 생각입니다.

그런데 믿는 사람들조차도 자기들이 영원무궁토록 이 셋째 하늘에 산다고 생각합니다. 이것 또한 전혀 맞지 않습니다. 하나님께서 거하시는 이 셋째 하늘에는 구원받은 사람들이 거할 도시가 있으며 신구약 성도들은 바로 이 도시를 바라보았습니다.

이는 그가 기초들이 있는 한 도시를 바랐기 때문이라. 그것의 건축자와 만드신 분은 하나님이시니라.…이제는 그들이 더 좋은 본향을 사모하니 곧 하늘의 *본향*이라. 그러므로 하나님께서도 그들의 하나님이라 불리는 것을 부끄러워하지 아니하시나니

이는 그분께서 그들을 위해 한 도시를 예비하셨기 때문이라(히11:10, 16).

그러나 너희는 시온 산과 살아 계신 하나님의 도시 곧 하늘에 있는 예루살렘과 무수한 천사들의 무리와…뿌리는 피에 다다랐느니라(히12:22-24).

한 강이 있는데 그 강의 시내들이 하나님의 도시 곧 지극히 높으신 분의 장막들이 있는 거룩한 처소를 즐겁게 하리로다(시46:4).

오 하나님의 도시여, *그들이* 너에 대하여 영화로운 것들을 말하였도다. 셀라(시87:3).

내 아버지 집에 거할 곳이 많도다. 그렇지 않으면 내가 너희에게 말해 주었으리라. 내가 너희를 위해 처소를 예비하러 가노니 가서 너희를 위해 처소를 예비하면 내가 다시 와서 너희를 내게로 받아들여 내가 있는 곳, 거기에 너희도 있게 하리라(요 14:2-3).

그런데 이 도시 즉 새 예루살렘은 영원히 셋째 하늘에 있지 않고 하나님의 인류 구속 계획이 끝나면 하늘에서 새 땅 쪽으로 내려옵니다.

나 요한이 보니 거룩한 도시 새 예루살렘이 신부가 자기 남편을 위해 단장한 것 같이 예비하고 하늘에서 하나님으로부터 내려오더라(계21:2).

바로 이 도시 새 예루살렘이 구원받은 성도들이 영원히 거할 천국입니다. 그래서 구원받은 사람들은 막연히 둥둥 떠다니는 천국을 생각하지 말고 실제의 도시 새 예루살렘을 생각하며 은혜를 받아야 합니다. 이것의 이해를 위해 다음에는 구체적으로 이 새 예루살렘이 어떤 곳인지 설명해 놓았습니다.

1. 새 예루살렘의 모양

그 도시는 네모반듯하게 놓여 있고 길이가 너비만큼 크니라. 그가 그 갈대로 도시를 측량하였더니 만 이천 스타디온이었으며 그것의 길이와 너비와 높이가 같으니라(계21:16).

위의 말씀은 도시의 모습에 대하여 두 가지 가능성을 제시하는데 첫째 가능성은 새 예루살렘이 정육면체임을 나타내고 둘째 가능성은 거대한 피라미드를 나타냅니다. 이 두 개의 도형은 위의 성경 구절에 나오는 도시의 모양을 잘 만족시킵니다. 탠(Paul Lee Tan)은 이렇게 말했습니다.

삼각형 모양의 도시를 선호하는 사람들은 다음과 같습니다: 아이언사이드(H.A. Ironside), 웰치(Charles H. Welch), 맥클레인(Alva McClain), 스미스(Wilbur Smith), 월부우드(John Walvood) 등. 이들은 높이가 겨우 144큐빗(약 65미터)되는 성벽이, 엄청나게 높은 정육면체 도시를 둘러싸는 것은 무리라고 주장합니다. 따라서 이 같은 낮은 성벽은 피라미드 형태의 도시라야 잘 조화를 이룰 것이라고 그들은 주장합니다.

한편 정육면체를 지지하는 사람들 역시 이에 대한 이유가 있습니다. 계21:3에 보면 새 예루살렘이 내려올 때에 '보라, 하나님의 성막이 사람들과 함께 있고'라는 소리가 납니다. 구약 성경을 통해 우리는 하나님의 성막 내부의 지성소가 가로, 세로, 높이 모두 20큐빗(약 9미터)으로 정육면체임을 알 수 있습니다. 코헨(Gary Cohen)은 그레이스 저널에 다음과 같이 기고했습니다.

'이 도시 전체가 성전의 내소(왕상6:20)와 같이 정육면체로서 거대한 지성소라고 말하는 것은 이 도시가 바로 하나님께서 거주하시는 곳이 되리라는 사실과 아주 잘 들어맞는다.'(「새 예루살렘」, p.18-19)

2. 새 예루살렘의 크기

그 도시는 네모반듯하게 놓여 있고 길이가 너비만큼 크니라. 그가 그 갈대로 도시를 측량하였더니 만 이천 스타디온이었으며 그것의 길이와 너비와 높이가 같으니라(계21:16).

지금의 척도를 따르면 이 도시는 대략적으로 길이, 높이, 너비가 각각 1,400마일(약 2,240km) 정도 될 것입니다. 만일 이 도시를 미국 위에 놓는다면 아마 뉴욕시에서 콜로라도주의 덴버까지 혹은 캐나다에서 플로리다주까지 이를 것입니다.

이런 크기의 도시는 과연 어느 정도 큰 것일까요? 우리가 알고 있는 지구의 표면적은 모두 1억 8천만 제곱 마일(약 4억 6천만 제곱킬로미터, km^2)이며 이 중에서 수면은 1억 2천만 제곱 마일(약 3억 6백만 제곱킬로미터)이고 지면은 6천만 제곱 마일(약 1억 5천 4백만 제곱킬로미터)입니다. 그런데 이 도시를 정육면체라 가정하고 높이 방향으로 1마일(약 1.6 킬로미터)마다 한 층을 만든다고 하면 한 층의 면적이 1400×1400이므로 한 층의 체적은 1400×1400×1 = 1,960,000 세제곱 마일(약 8백 28만 세제곱킬로미터, km^3)이며 이런 층이 1,400개 있게 되므로 총 체적은 이십 칠억 세제곱 마일(약 천백 이십 사억 세제곱킬로미터)이 됩니다. 이 같은 면적은 수면과 지면을 포함한 지구 전체 표면적의 약 열다섯 배나 되는 것입니다.

첫 사람 아담 이후로 약 6,000년이 지난 지금까지 이 지구 위에서는 대략적으로 400억 명이 산 것으로 추측해 볼 수 있습니다. 이 중에서 약 60억 명이 지금 살고 있습니다. 도시의 인구 밀도를 살펴보면 이 400억 명이 모두 구원받은 사람이라 해도 1,400층으로 구성된 이 메트로폴리스 도시의 첫째 층에 다 살 수 있습니다.

3. 새 예루살렘의 거주자들

과연 이런 놀라운 도시에 살 존재들은 누구일까요?

A. 아버지 하나님

즉시 내가 영 안에 있었는데, 보라, 하늘에 한 왕좌가 놓여 있고 그 왕좌에 한 분이 앉아 계시더라. 앉으신 분의 모습은 벽옥과 홍보석 같고 왕좌 둘레에 보기에 에메랄드 같은 무지개가 있으며(계4:2-3)

이 왕좌에 앉아 계신 분은 분명히 아버지 하나님이십니다. 아버지 하나님을 묘사하는 또 다른 구절은 단7:9입니다.

내가 보니 마침내 그 왕좌들이 무너져 내리고 옛적부터 계신 분께서 앉아 계시는데 그분의 옷은 눈같이 희고 그분의 머리털은 순결한 양털 같으며 그분의 왕좌는 맹렬한 불꽃 같고 그분의 바퀴들은 타오르는 불 같더라(단7:9).

B. 아들 하나님

또 내가 보니, 보라, 왕좌와 네 짐승의 한가운데와 장로들의 한가운데에 전에 죽임을 당한 것 같은 어린양께서 일곱 뿔과 일곱 눈을 가진 채 서 계시는데 이 눈들은 온 땅 안으로 보내어진 하나님의 일곱 영이라(계5:6).

여기서 우리는 하나님의 어린양께서 하늘에 거주하실 뿐만 아니라 천국의 근원이시며 중심이심을 알 수 있고 그분 없이는 천국 자체가 있을 수 없음을 알 수 있습니다. 그러므로 우리는 다음을 발견하게 됩니다.

- 천국의 빛은 예수님의 얼굴이다.
- 천국의 기쁨은 예수님의 임재 그 자체이다.
- 천국의 노래는 예수님의 이름이다.
- 천국의 주제는 예수님의 사역이다.
- 천국에서의 직업은 예수님의 일을 하는 것이다.
- 천국에서의 충만은 곧 예수 그리스도이시다.

계시록에서 요한은 27회나 예수님을 가리켜 '어린양'(The Lamb)이라고 했는데 다음 구절들을 통해 우리는 천국의 영웅이 바로 그 어린양 예수님임을 알 수 있습니다.

(1) 죽임 당한 어린양

또 내가 보니, 보라, 왕좌와 네 짐승의 한가운데와 장로들의 한가운데에 전에 죽임을 당한 것 같은 어린양께서 일곱 뿔과 일곱 눈을 가진 채 서 계시는데(계5:6)

(2) 대속하는 어린양

그들이 새 노래를 불러 이르되, 주께서는 그 책을 취하여 그 책의 봉인들을 열기에 합당하시니이다. 주께서 죽임을 당하시고 주의 피로 모든 족속과 언어와 백성과 민족 가운데서 우리를 구속하사 하나님께 *드리셨으며*(계5:9)

(3) 합당하신 어린양

그들이 큰 음성으로 이르되, 죽임을 당하신 어린양께서 권능과 부와 지혜와 힘과 존귀와 영광과 찬송을 받기에 합당하시도다, 하더라(계5:12).

(4) 위안을 주시는 어린양

이는 왕좌의 한가운데 계시는 어린양께서 그들을 먹이시고 살아 있는 물 샘들로 그들을 인도하실 것이며 하나님께서 그들의 눈에서 모든 눈물을 닦아 주실 것이기 때문이라, 하더라(계7:17).

(5) 생명을 주는 어린양

땅에 거하는 모든 자들 곧 세상의 창건 *때*부터 죽임을 당한 어린양의 생명책에 이름이 기록되지 않은 자들이 그에게 경배하리라(계13:8).

(6) 이기는 어린양

이들이 어린양과 전쟁을 할 것이나 어린양께서 그들을 이기시리니 그분은 주들의 주시요, 왕들의 왕이시며 또 그분과 함께 있는 자들은 부르심을 받고 선정된 신실한 자들이니라, 하더라(계17:14).

(7) 영원하신 어린양

또 내가 들으니 하늘과 땅 위와 땅 아래에 있는 모든 창조물과 바다에 있는 것들과 그것들 안에 있는 모든 것들이 이르되, 왕좌에 앉으신 분과 어린양께 찬송과 존귀와 영광과 권능이 영원무궁토록 있기를 원하노라, 하매(계5:13).

(8) 진노하시는 어린양

산들과 바위들에게 이르되, 우리 위에 떨어져 왕좌에 앉으신 분의 얼굴과 어린양의 진노에서 우리를 숨기라(계6:16).

(9) 사랑하시는 어린양

우리가 즐거워하고 기뻐하며 그분께 존귀를 돌리자. 어린양의 혼인 잔치가 다가왔고 그분의 아내가 자신을 예비하였도다(계19:7).

(10) 빛나는 어린양

그 도시는 안에서 빛을 비출 해와 달이 필요 없었으니 이는 하나님의 영광이 그 도시를 밝혀 주었고 어린양께서 그 도시의 광체이시기 때문이라(계21:23).

C. 성령님

비록 성령님께서 아버지 하나님이나 아들 하나님처럼 두드러지게 나타나지는 않지만 그분 역시 다음 구절들이 보여 주듯 새 예루살렘의 거주자이십니다.

요한은 아시아에 있는 일곱 교회에 *편지*하노니 지금도 계시고 전에도 계셨고 앞으로 오실 분과 그분의 왕좌 앞에 계신 일곱 영과(계1:4)

그 왕좌로부터 번개들과 천둥들과 음성들이 나오고 왕좌 앞에는 일곱 등불이 타고 있었는데 그것들은 하나님의 일곱 영이라(계4:5).

*성*령과 신부가 말씀하시기를, 오라, 하시는도다. 듣는 자도, 오라, 할 것이요, 목마른 자도 올 것이며 누구든지 원하는 자는 값없이 생명수를 취할지니라(계22:17).

D. 거룩하고 선택받은 천사들

그러나 너희는 시온 산과 살아 계신 하나님의 도시 곧 하늘에 있는 예루살렘과 무수한 천사들의 무리와…뿌리는 피에 다다랐느니라(히12:22-24).

또 내가 보고 왕좌와 짐승들과 장로들을 둘러싼 많은 천사들의 음성을 들었는데 그들의 수는 만만이요, 천천이더라(계5:11).

물론 하나님께서는 천사들의 수를 아시지만 사람들은 그것을 알 수 없습니다. 어쩌면 천사들의 수는 하늘의 별들의 수와 같을지도 모릅니다. 왜냐하면 성경의 천사들은 많은 경우 별과 밀접한 관계가 있기 때문입니다(욥38:7; 시148:1-3; 계9:1-2; 12:3, 4, 7-9). 만일 이것이 사실이라면 수백억이 넘는 천사들이 존재하며 그들이 이 새 예루살렘에 살게 될 것입니다.

천상의 존재들은 다음과 같이 분류됩니다.

(1) 천사장
   (a) 미가엘(단10:13, 21; 12:1; 유9; 계12:7)
   (b) 가브리엘(단8:16; 9:21; 눅1:19, 26)
(2) 그룹(창3:24; 출25:18-20; 겔1:4-28; 10:1-22)
(3) 스랍(사6:1-7)
(4) 살아 있는 짐승(계4:6-9; 5:8; 6:1, 3, 5, 7)
(5) 치리 천사(엡1:21; 3:10; 골1:16; 2:10; 벧전3:22)
(6) 보호 천사(마18:10; 히1:14)
(7) 말 및 수레와 관련 있는 천사(왕하2:11; 6:17; 시68:17; 슥1:8-11; 계19:14)

E. 스물네 장로(계4:4)

F. 교회

다음 구절들이 보여 주듯이 새 예루살렘은 실제로 신랑이 자기의 사랑하는 신부에게 주는 반지입니다.

그러나 너희는 시온 산과 살아 계신 하나님의 도시 곧 하늘에 있는 예루살렘과 무수한 천사들의 무리와 하늘에 기록된, 처음 난 자들의 총회와 교회와 모든 자들의 심판자이신 하나님과…뿌리는 피에 다다랐느니라(히12:22-24).

이 일들 뒤에 내가 들으니 하늘에서 많은 사람들의 큰 음성이 이르되, 할렐루야, 구원과 영광과 존귀와 권능이 주 우리 하나님께 있도다…우리가 즐거워하고 기뻐하며 그분께 존귀를 돌리자. 어린양의 혼인 잔치가 다가왔고 그분의 아내가 자신을 예비하였도다. 깨끗하고 흰, 고운 아마포 옷을 차려입는 것이 그녀에게 허락되었으니 그 고운 아마포는 성도들의 의니라, 하더라(계19:1, 7-8).

내가 새 하늘과 새 땅을 보았으니 이는 처음 하늘과 처음 땅이 사라졌고 바다도 다시는 있지 아니하였기 때문이더라…마지막 일곱 재앙을 가득 담은 일곱 병을 가진 일곱 천사 중 하나가 내게 와서 나와 이야기하며 이르되, 이리 오라. 내가 신부 곧 어린양의 아내를 네게 보여 주리라, 하고는 영 안에서 나를 크고 높은 산으로 데려가 하늘에서 하나님으로부터 내려오는 저 큰 도시 곧 거룩한 예루살렘을 내게 보여 주었는데 그 도시에 하나님의 영광이 있더라. 그것의 빛은 지극히 귀중한 보석 같고 벽옥과도 같으며 수정같이 맑더라(계21:1, 9-11).

G. 구원받은 이스라엘

비록 새 예루살렘이 신랑 되시는 그리스도께서 자신의 신부인 교회에게 주는 선물이기는 하지만 구원받은 이스라엘 사람들 역시 초대를 받아 벽옥 성벽 내부에 거하게 됩니다. 다음 구절들은 이것을 보여 줍니다.

이제는 그들이 더 좋은 본향을 사모하니 곧 하늘의 *본향*이라. 그러므로 하나님께서도 그들의 하나님이라 불리는 것을 부끄러워하지 아니하시나니 이는 그분께서 그들을 위해 한 도시를 예비하셨기 때문이라(히11:16).

그들이 사러 간 사이에 신랑이 오므로 준비된 자들은 그와 함께 혼인 잔치에 들어가고 문이 닫히니라…그의 주인이 그에게 이르되, 잘하였도다. 선하고 신실한 종아, 네가 적은 것에 신실하였으므로 내가 너를 많은 것을 다스릴 치리자로 삼으리니 너는 네 주인의 기쁨에 참여하라, 하니라(마25:10, 23).

우리 주님께서는 '올리브산 설교'를 행하시면서 위의 말씀을 주셨습니다. 두 개의 비유를 주시면서 그분께서는 구원받은 이스라엘을 결혼식 손님(열 처녀 비유)으로 그리고 뒤에는 두 명의 신실한 종(달란트 비유)으로 비유하였습니다. 이것을 통해 그분께서는 구원받은 이스라엘이 신랑과 신부와 연합됨을 보여 주었습니다.

4. 새 예루살렘의 인구

우리는 위에서 새 예루살렘에 거하는 천사의 수가 수백억이 넘을 것임을 살펴보았습니다. 그런데 과연 우리는 천국에 도달하는 사람의 수가 얼마인지 알 수 있을까요? 놀라실지 모르지만 우리는 대략적으로 몇 퍼센트가 천국에 갈 수 있을지 추측해 볼 수 있습니다. 위에서 말씀드렸듯이 아담 이후로 지금까지 이 땅 위에는 약 400억 명이 살았습니다. 그렇다면 과연 이 중에서 몇 명이 천국에 갈 수 있을까요?

이 질문에 대답하기 위해 또 다른 통계를 보도록 합시다. 인류학과 사회학을 전공한 사람들은 지금까지 태어난 사람들 가운데 약 70%가 여덟 살을 넘기지 못하고 질병, 전쟁, 기아 등으로 죽는다고 합니다. 이 같은 어린아이들의 혼은 죽은 뒤 어디로 갈까요? 다음 구절들을 살펴보면 이들은 죽어서 곧장 예수님께로 갑니다(삼하12:33; 마18:1-6, 10; 19:14; 눅18:15-17). 이 수에다 매해 전 세계적으로 낙태되고 있는 사천만 명의 태아를 더하시기 바랍니다. 현재 미국에서는 낙태가 사망의 원인 중 가장 큰 원인입니다. 이렇게 낙태된 아이들 역시 어려서 죽은 아이들처럼 예수님께로 갑니다. 끝으로 400억 명의 사람들 가운데 하나님을 알 만한 나이에 이른 뒤에 10% 정도가 구원받았다고 가정해 봅니다. 이 수치를 모두 더하면 다음과 같습니다.

하나님을 알 수 없을 나이에 죽은 아이들: 이백팔십억

지금까지 낙태로 죽은 아이들: 오억
나이가 들어 예수님을 믿고 구원받은 사람들: 십이억

총계: 이백구십칠억 명

그러므로 지금까지 태어난 사람의 약 75%정도가 새 예루살렘 도시의 영광을 누리게 될 것입니다. 물론 이들 외에도 천년왕국에서 많은 사람들이 태어나며 그들 중 상당수가 구원받는다는 것도 고려해야 할 것입니다.

5. 새 예루살렘의 기초

이 도시는 열두 층의 기초 위에 놓여 있으며 각각의 층은 여러 종류의 보석으로 이루어져 있습니다.

첫째 기초: 벽옥(jasper), 수정같이 맑은 다이아몬드 같은 보석
둘째 기초: 사파이어(sapphire), 푸른색의 불투명한 보석
셋째 기초: 옥수(chalcedony), 여러 색깔의 줄이 있는 하늘색 보석
넷째 기초: 에메랄드(emerald), 밝은 녹색 보석
다섯째 기초: 홍마노(sardonyx), 붉은 층이 있는 흰 보석
여섯째 기초: 홍보석(sardius), 불같이 빨간 보석
일곱째 기초: 귀감람석(chrysolyte), 투명하고 금색을 띤 보석
여덟째 기초: 녹주석(beryl), 바다 빛 색깔의 보석
아홉째 기초: 황옥(topaz), 투명하고 누란색을 띠는 보석
열째 기초: 녹옥수(chrysoprasus), 푸른색/녹색을 띠는 보석
열한째 기초: 청옥(jacinth), 보라색 보석
열두째 기초: 자수정(amethyst), 빛나는 자주색 보석

이 열두 기초는 보석으로 되어 있을 뿐만 아니라 각 층은 신약 시대 열두 사도의 이름 중 하나를 포함하고 있습니다.

그 도시의 성벽에는 열두 기초가 있었으며 그것들 안에 어린양의 열두 사도의 이름들이 있더라(계21:14).

6. 새 예루살렘의 성벽

새 예루살렘 성벽의 높이는 216피트(약 65미터)이며 벽옥으로 되어 있습니다.

그 도시는 네모반듯하게 놓여 있고 길이가 너비만큼 크니라. 그가 그 갈대로 도시를 측량하였더니 만 이천 스타디온이었으며 그것의 길이와 너비와 높이가 같으니라. 또 그가 그 도시의 성벽을 측량하였는데 사람의 치수 곧 그 천사의 치수에 따라 백사십사 큐빗이더라(계21:16-17).

물론 이 성벽은 방어를 위한 것이 아니고 아름다움을 주기 위한 것입니다. 2240킬로

미터 높이의 도시에 65미터 높이의 성벽을 쌓는 것은 마치 63빌딩에 2센티미터 높이의 담을 친 것과 같습니다. 예루살렘을 둘러싼 성벽은 성경에 자주 나옵니다.

   a. 다윗은 주전 1000년경에 여부스 족속으로부터 성벽으로 둘러싸인 예루살렘을 빼앗았는데(삼하5) 이들은 주전 1800년경에 성벽을 쌓아 오벨 지역을 막았습니다.
   b. 다윗과 솔로몬은 이 성벽들을 증축했습니다(왕상3:1; 9:15).
   c. 북 왕국의 여호아스는 이 성벽의 일부를 무너뜨렸습니다(왕하14:13).
   d. 요담은 성벽을 재건했습니다(대하27:3).
   e. 므낫세 왕은 그것을 증축했습니다(대하33:14).
   f. 느부갓네살은 이 성벽을 파괴했습니다(대하36:19).
   g. 다니엘은 성벽의 재건을 예언했습니다(단9:25).
   h. 느헤미야는 성벽을 재건했으며(느2:17; 6:15) 이 성벽의 잔해는 히브리 대학의 벤 마자르에 의해 발견되었습니다.
   i. 헤롯은 주전 20년에 성벽을 증축했습니다.
   j. 헤롯 아그립바 1세는 주후 40-44년에 북쪽 성벽(셋째 성벽)을 쌓았습니다.
   k. 타이투스는 주후 70년에 이 성벽을 파괴했습니다.
   l. 헤드리안은 주후 135년에 이것을 재건했습니다.
   m. 현재의 성벽은 주후 1538년 무슬림 교도 술레이만이 건축한 것입니다.
   n. 성벽의 평균 두께는 3m이고 높이는 11미터입니다.
   o. 성벽의 둘레는 4킬로미터이고 성벽은 대략적으로 정사각형을 이루며 각 면이 동서남북을 가리킵니다.
   p. 과거와 미래의 예루살렘 성벽
     (1) 다윗 왕 시대의 둘레는 약 1.6킬로미터였음.
     (2) 솔로몬 시대에는 4.8킬로미터였음.
     (3) 예수님 당시에는 6.4킬로미터였음.
     (4) 천년왕국 시대에는 9.6킬로미터일 것임(겔48:35).
     (5) 새 예루살렘 시의 둘레는 9000킬로미터일 것임.

7. 새 예루살렘의 문들

이 도시에는 각 면에 세 개씩 열두 문이 있으며 각각의 문에는 이스라엘 지파 중 한 지파의 이름이 있습니다. 또한 각각의 문은 한 개의 큰 진주로 되어 있습니다.

그 도시에는 크고 높은 성벽이 있었고 열두 문이 있었으며 그 문들에 열두 천사가 있었고 그 문들 위에 이름들이 기록되어 있었는데 그것들은 이스라엘의 자손들 열두 지파의 이름들이니라. 동쪽에 세 문, 북쪽에 세 문, 남쪽에 세 문, 서쪽에 세 문이

있고 그 도시의 성벽에는 열두 기초가 있었으며 그것들 안에 어린양의 열두 사도의 이름들이 있더라(계21:12-14).

느헤미야 당시에는 열 개의 문이 있었습니다.

a. 양 문(느3:1)
b. 물고기 문(3:3)
c. 옛 문(3:6)
d. 골짜기 문(3:13)
e. 거름 문(3:14)
f. 샘 문(3:15)
g. 물 문(3:26)
h. 말 문(3:28)
i. 동문(3:29)
j. 믹갓 문(3:31)

천년왕국이 이 땅에 이루어질 때에 땅에 있는 예루살렘 성에는 동서남북으로 각각 세 개의 문이 있어 모두 열두 개의 문이 있을 것입니다. 또한 각각의 문은 이스라엘 열두 지파 중 하나의 이름을 따를 것입니다.

한편 하늘에서 내려오는 새 예루살렘 성에도 천년왕국에서와 마찬가지로 열두 문이 있고 이 문들이 땅에 있는 천년왕국 도시 예루살렘의 문들의 이름을 따르지만 이 외에도 긱 문에 천사가 하나씩 배정될 것입니다. 또한 각 문은 큰 진주로 되어 있습니다.

현재 이스라엘의 구 예루살렘시에는 열한 개의 문이 있는데 그중에 일곱 개는 열려 있고 네 개는 닫혀 있습니다. 시계 방향으로 일곱 개의 열린 문은 다음과 같습니다: 다마스쿠스 문, 헤롯 문, 성도 스데반 문, 거름 문, 시온 문, 야파 문, 새 문. 네 개의 닫힌 문은 다음과 같습니다: 동문, 하나의 문, 두 개의 문, 세 개의 문.

8. 새 예루살렘의 주요 거리

새 예루살렘의 중앙 거리는 순수하며 투명한 금으로 이루어져 있습니다.

그 열두 문은 열두 진주였으며 문마다 각각 한 개의 진주로 되어 있고 그 도시의 거리는 순금이며 마치 투명한 유리 같더라(계21:21).

금 가격이 얼마나 비싼가를 생각해 볼 때 이 도시의 가치는 그야말로 엄청날 것입니다.

9. 새 예루살렘의 왕좌

즉시 내가 영 안에 있었는데, 보라, 하늘에 한 왕좌가 놓여 있고 그 왕좌에 한 분이 앉아 계시더라. 앉으신 분의 모습은 벽옥과 홍보석 같고 왕좌 둘레에 보기에 에메랄드 같은 무지개가 있으며…그 왕좌 앞에는 수정 같은 유리 바다가 있고 왕좌 한가운데와 왕좌 둘레에는 앞뒤에 눈이 가득한 네 짐승이 있더라(계4:2, 3, 6).

10. 새 예루살렘의 생명수의 강

또 그가 하나님과 어린양의 왕좌로부터 흘러나오는 수정같이 맑은 생명수의 정결한 강을 내게 보여 주니라(계22:1).

성령님께서도 다윗 왕에게 영감을 주어 다음의 시편을 짓게 하시면서 바로 이 강을 염두에 두었음이 분명합니다.

그는 물 있는 강가에 심은 나무 곧 제철에 열매를 맺는 나무 같으며 그의 잎사귀 또한 시들지 아니하리로다. 그가 하는 것은 무엇이든지 형통하리로다(시1:3).

한 강이 있는데 그 강의 시내들이 하나님의 도시 곧 지극히 높으신 분의 장막들이 있는 거룩한 처소를 즐겁게 하리로다(시46:4).

11. 새 예루살렘의 생명나무

그 도시의 거리 한가운데와 강의 양쪽에는 생명나무가 있어 그것이 열두 종류의 열매들을 맺고 달마다 자기 열매를 냈으며 그 나무의 잎사귀들은 그 민족들을 치유하기 위해 있더라(계22:2).

하나님께서 아담을 창조하사 에덴동산에 두셨을 때에 아담이 생명나무를 마음대로 할 수 있게 하였습니다. 그러나 그는 죄를 지었고 곧 에덴동산과 생명나무에서 쫓겨나게 되었습니다.

또 주 하나님께서 보기에 아름답고 먹기에 좋은 모든 나무가 땅에서 자라게 하셨는데 그 동산 한가운데에는 또한 생명나무와 선악을 알게 하는 나무가 있더라(창2:9).

이렇게 그분께서 그 남자를 쫓아내시고 에덴동산 동쪽에 그룹들과 사방으로 도는 불타는 칼을 두사 생명나무의 길을 지키게 하시니라(창3:24).

바로 이 시점에서 그 생명나무는 역사 밖으로 사라지며 다시 새 예루살렘에서 모습을 드러냅니다.

맥기(Vernon McGee)는 이 강과 나무에 대해 이렇게 주석을 썼습니다.

이 장(章)에 이르기까지 새 예루살렘은 보석으로만 되어 있고 식물은 없는 것처럼 보인다. 그래서 이 도시는 마치 엄청난 보석 가게가 휘황찬란하게 보석들을 진열해 놓은 것 같다. 거기에는 앉을 수 있는 풀이나 즐길 수 있는 나무와 먹고 마실 수 있는 물과 음식 등이 없는 것처럼 보인다. 그러나 바로 이 강에 이르러서는 드디어 아름다움의 극치인 이 도시에 부드러운 요소들이 추가된다.

한편 탠(Paul Lee Tan)은 이렇게 말합니다.

생명나무가 강의 양쪽에 있다고 기록되어 있으므로 신학자들은 생명나무가 한 나무가 아니라 생명나무라는 종류의 나무로서 강 양쪽에 많이 있다고 생각했습니다. 그런데 다른 이들은 한 나무가 강의 중간에 심겨 있고 그 가지들이 강의 양 둑까지 닿는 것으로 생각합니다. 이 경우 이 나무는 크기가 강을 가로지를 만큼 커서 강의 양쪽에 닿으며 이 강은 거리의 중간에 놓이게 됩니다.(「새 예루살렘」, p.28)

12. 새 예루살렘과 땅의 예루살렘과의 관계

우리는 미래에 하나님의 두 도시가 있을 것임을 이미 살펴보았습니다. 이 굉장한 도시 중 하나는 땅에 있으며 '주 우리의 의(義)'라는 이름으로 알려질 것입니다(렘23:6; 33:16).

다른 한 도시는 '주께서 거기에 계신다'를 의미하는 여호와삼마이며(겔48:35) 공중에 달려 있고 새 예루살렘이라 불립니다(계21:2). 이 도시는 지상의 도시보다 수천 배나 크며 영원히 지속될 것입니다. 많은 이들이 과연 이 두 도시가 동시에 존재할까 의문을 품어 왔고 또 만일 그렇다면 거기에 누가 살까 하는 의문을 품어 왔습니다.

메이슨(Clarence Mason)은 이에 대해 다음과 같이 말합니다. 물론 메이슨의 대안이 완전한 해결책은 아닐지 몰라도 우리에게 제시하는 바가 많습니다.

전천년주의자들은 모든 시대에서 구속받은 사람들이 천년왕국에서 땅 위에 함께 거하리라 생각했습니다. 사실 이것은 그리 많이 언급되지 않는 문제이지만 진지하게 성경을 공부하려는 사람들을 당혹스럽게 합니다. 헌신적으로 성경을 공부하는 사람들은 하나님께서 계시해 주신 것을 넘어서는 안 된다고 생각하기 때문에 그냥 이 문제를 건너뛰곤 했습니다. 물론 몇몇 신비는 우리가 알 수 없으므로 하나님께 맡겨야만 하는데 이들은 대개 이 문제가 그런 신비 중 하나라고 생각합니다. 그런데 정말 그런 것일까요?

저는 지금 천년왕국에서의 문제 즉 부활한 몸으로 그 왕국에 들어가는 사람들이 어떻게 부활하지 않은 몸으로 그 왕국에 들어가는 사람들 즉 환난기를 거쳐 살아남은 채 천년왕국에 들어가는 유대인들과 이방인들(마태복음 25장의 양)과 관계를 맺는가 하는 문제를 지적하고 있습니다.

이 문제에 대해 대개는 동일한 지구상의 위치와 환경에서 그들이 예전처럼 서로서로 옆에서 살 것이라고 생각합니다. 그런데 이렇게 되면 좀 이상한 경우가 생길지도 모릅니다. 저는 지금까지 이 문제에 대한 마땅한 해결책을 들어보지 못했습니다. 그러므로 저 나름으로 해결책을 제시하려 합니다.

저와 제 아내는 필라델피아 근교의 해리슨 애비뉴 330번지에 살고 있습니다. 우리 집 양옆으로도 집이 있고 우리 집 건너편에도 세 집이 있습니다. 지금부터 하나님께서 저와 제 아내를 천년왕국 기간에 해리슨 애비뉴 330번지에 데려다 놓으셨다고 가정해 보시기 바랍니다. 물론 우리 이웃들은 지금 우리와 함께 살고 있는 이웃들이 아닙니다. 다음의 가상 도표를 보시기 바랍니다.

그리스도 이전의 유대인들 (부활한 몸)	천년왕국 기간에 태어난 이방인들 (부활하지 않은 몸)	환난기에 순교한 유대인들 (부활한 몸)
327번지	329번지	331번지
해리슨 애비뉴		
328번지	330번지	332번지
환난기를 통과하며 살아남은 유대인들 (부활하지 않은 몸)	메이슨 부부 교회 시대 사람들 (부활한 몸)	환난기를 통과하며 살아남은 이방인들 (부활하지 않은 몸)

1. 저와 제 아내는 교회 시대 사람들로 '부활한 몸'을 입고 330번지에 삽니다.

2. 우리 옆의 328번지에는 환난기에 예수 그리스도를 주님으로 영접하고 주님께서 재림하실 때에 구출받아 산 채로 '부활하지 않은 몸'을 입고 천년왕국에 들어온 유대인 가족이 삽니다.

3. 우리의 오른쪽으로 332번지에는 역시 환난기를 통과한 이방인 가족이 삽니다. 이 집의 부모와 아이들은 환난기 초반에 구원받은 사람들로 '부활하지 않은 몸'을 가지고 삽니다.

4. 이들의 앞 331번지에는 환난기에 우리 주님을 믿었으나 믿음으로 인하여 거룩한 곳에 세워진 짐승의 형상에게 절을 하지 않음으로 사탄의 불법의 아들들에게 죽임을 당한 유대인 가족이(마24:15; 계13:14-15) '부활한 몸'을 입고 삽니다.

5. 우리 집 앞의 329번지에는 구원받아 천년왕국에 육신을 입고 들어온 이방인들이 천년왕국 초반에 낳은 사람들로 '부활하지 않은 몸'을 갖고 삽니다. 이들의 부모들은 328번지와 332번지에 사는 사람들처럼 그리스도께서 자신의 왕국을 세우기 위해 다시 오실 때에 왕국에 들어갔습니다. 그런데 이들의 2세대인 329번지 거주자들은 세 살 된 소년과 아기를 가지고 있습니다. 한편 329번지에 사는 사람들은 그 전의 다른 세대 사람들과 마찬가지로 구원받아야 합니다. 왜냐하면 이 사람들은 죄를 지을 수 있으며 그 결과 그리스도의 철장으로 형벌을 받을 수도 있습니다. 또한 이들은 겉으로는 충성을 다하는 체하지만 천년왕국이 끝나면서 사탄이 풀려나는 때에 기회를 타서 자기들의 속 감정을 드러내며 반역을 일으키고 결국 사탄과 함께 멸망할지도 모릅니다.

6. 우리 집 앞으로 왼쪽의 327번지에는 그리스도 이전에 살았던 유대인 및 다른 이방인으로서 하나님께서 그들을 위해 마련하신 하늘의 도시를 바라보며 죽은

사람들이 거합니다(히11:16). 물론 이들은 부활한 몸을 입고 있습니다.

이제 요약을 하자면 327, 330, 331번지에 사는 사람들은 영화로운 몸 즉 '부활의 몸'을 가지고 있습니다. 그래서 그들은 자기들의 아내와 성적 결합을 통해 자녀들을 낳을 수 없습니다. 그들에게는 옛 성품이 없습니다. 그들은 죄를 지을 수 없습니다. 그들은 결코 죽지 않으며 나이를 먹지 않는 완전한 몸을 가지고 있습니다. 그들이 음식을 먹고 그것으로 기운을 낼 것을 보여 주는 성경 구절은 없습니다.

한편, 328, 329, 332번지에 사는 사람들은 부활한 몸을 갖고 있지 않습니다. 그들은 먹고 잠자고 놀고 자기 아내와 성적 결합을 통해 아이들을 낳으며 땅에서 수고할 것입니다. 이때에 땅은 저주에서 풀려나지만 여전히 경작되어 작물을 낼 것입니다(암9:13-15).

자, 과연 이런 사람들이 어떻게 조화를 이루며 살까요? 우리가 다 같이 교회에 갈까요? 혹은 우리가 다 같이 예루살렘에 갈까요?(슥14:16-17; 미4:1-2) 만일 그렇다면 어떻게 그리할 수 있을까요? 그들의 아이들이 우리 집 마당에 와서 놀까요? 332번지에 사는 좋은 분들이 나머지 다섯 가족을 초대해서 바비큐 파티를 열까요? 329번지에 사는 젊은 부인이 임신을 했는데 마침 그녀의 남편이 밖에서 밭을 갈므로 내가 그녀와 그녀의 아들을 데리고 장을 보러 갈까요? 이 사람들이 다 같이 모여서 게임을 할까요? 나와 내 아내 그리고 327번지와 331번지에 사는 사람들은 328, 329, 332번지에 사는 사람들이 저녁에 피곤해서 잠을 잘 때에 무엇을 할까요? 우리는 완전한 몸을 가지고 있어서 잠을 잘 필요가 없지 않습니까?

죄를 지을 수 있는 사람들과 죄를 지을 수 없는 사람들이 함께 모여 사는 사회는 어떤 모습일까요? 328번지와 332번지에 사는 사람들 즉 구원받았으나 죄를 지을 수 있는 사람들과 329번지에 사는 사람들 즉 죄를 지을 수 있을 뿐 아니라 그리스도를 배척하고 구원받지 못하는 사람들 사이의 관계는 어떨까요? 하나님께서는 도대체 무슨 이유로 이같이 여러 부류의 사람들을 모으셔서 온 세상에 두시는 것일까요?

여기서 만일 우리가 다른 해법 즉 새 예루살렘이 유한한 시간에서뿐만 아니라 그 이후에 오는 영원에까지도 관련이 있다는 해법을 수용한다면 이 모든 일은 우리의 생각 속에서 잘 풀릴 수 있습니다. 분명히 그리스도께서는 자신의 부활 성도들과 함께 승리와 영광의 날에 이 땅에 다시 오실 것입니다. 그런데 그리스도와 부활한 몸을 가진 우리가 1,000년 내내 땅에 남아 있을 것이라는 점은 사실 그리리라고 가정한 것이지 성경에 기록된 것은 아니라고 저는 믿습니다. 그리스도의 호칭이 '왕들의 왕', '주들의 주'라는 점을 고려해 볼 때 그분께서 많은 이들을 대리인으로 파견하여 그들에게 권세를 부여한다는 사상이 들어 있으며 이때에 다윗은 부활해서 이스라엘을 다스리며 분명히 그분의 땅에서 치리자가 될 것입니다.

이제 천년왕국 시대에 그리스도와 또 '부활한 몸'을 입은 지나간 시대의 모든 성도들은 새 예루살렘에 살고 '부활하지 않은 몸'을 입은 사람들은 땅에 산다고 가정해 봅시다. 그러면 땅의 왕들이 새 예루살렘으로 자기들의 영광과 존귀를 가져오며 땅의 거주자들의 수명은 민족들을 치유하는 생명나무의 잎사귀들로 말미암아 연장될 것입니다. 이렇게 되면 '부활한 몸'을 입은 사람들과 그렇지 않은 사람들이 합당한 거처를 갖게 될 것입니다. 또한 새 예루살렘과 지구 사이에는 협조가 잘 이루어지고 왕의 왕 예수님께 복종하는 일이 생길 것입니다. 또한 우리는 이로써 천년왕국 시대에 여러 세대에서 나온 여러 종류의 사람들이 땅에서 여기저기 합쳐져서 사는 문제를 풀 수 있습니다.

어쩌면 이것이 문제의 해결책일지도 모릅니다. 생각해보시기 바랍니다. 저는 결코 제가 제시한 방법이 100% 옳다고 주장하는 것은 아닙니다(「예언의 문제들」 (*Prophetic problems*), 무디 출판사, 1973, p.246-249).

13. 부활한 몸을 입고 새 예루살렘에 거하는 자들의 특성

메이슨이 제시한 대로라면 부활한 모든 사람들은 이 하늘의 도시 새 예루살렘에 거하면서 땅의 도시를 통치할 것입니다. 그렇지 않으면 최소한 천년왕국 기간에는 위의 도표에 있는 것처럼 사람들이 땅에 모여 살 것입니다. 저는 어느 쪽이나 가능하다고 생각합니다.

이제 우리의 미래 거처를 살펴보았는데 그렇다면 우리는 어떻게 변화되고 어떠한 일을 하며 살게 될까요? 다시 말해 부활한 몸의 특성은 어떠하며 이런 몸을 입은 우리는 어떤 일을 하게 될까요?

고린도전서 15장에서 바울 사도는 이 같은 변화에 대해 답변을 줍니다. 44절에서 그는 이렇게 말합니다.

> 본성에 속한 몸으로 뿌려지고 영에 속한 몸으로 일으켜지나니 본성에 속한 몸이 있고 영에 속한 몸이 있느니라.

그렇다면 그 차이는 무엇일까요? 중간에 흰 종이를 넣은 책을 생각해 봅시다. 이 경우 책은 사람의 몸과 같으며 그 종이는 사람의 영과 같습니다.

여기서는 책이 즉 우리의 몸이 영을 지배하려 합니다. 다시 말해 책이 최종 권위입니다. 지금의 몸은 본성에 속한 몸이며 중력이나 시간 등의 물리적 법칙에 의해 지배를 받고 있습니다.

그러면 이제 그 흰 종이를 책에서 빼내어 뚜껑처럼 그 책을 싸보시기 바랍니다. 이제는 그 종이 즉 우리의 영이 위에 있으며 최종 권위가 됩니다. 이것은 영적인 몸으로 중력이나 시간 등의 물리적 법칙에 의해 지배를 받지 않으며 영원의 복을 누립니다.

고전15:39-41에서 바울 사도는 영에 속한 새로운 몸은

   a. 사람의 몸이 짐승의 몸보다 우수한 것처럼(15:39)
   b. 하늘들이 땅보다 우수한 것처럼(15:40)
   c. 해가 달보다 우수한 것처럼(15:41)

본성에 속한 옛 몸보다 우수함을 보여 줍니다.
사우어(Erich Sauer)는 「땅의 왕」(*The King of the Earth*)에서 이렇게 말합니다.

원자 물리학의 결과 및 기술적 적용은 이 문제에 대해 놀라운 것을 암시합니다. 오늘날에는 원소들의 변성(變性)이 가능하고 사람들은 언제라도 원자력 연구소나 공장 등에서 이것을 행할 수 있습니다. 1919년에 러더포드가 처음으로 변성에 성공한 이후로 원자 변성은 이제 연구 기관에서 매일같이 행하는 일이 되었습니다. 따라서 원소들이 변하지 않는다는 생각은 과거의 일이 되고 말았습니다.

물질의 기본 구성 요소는 어디에서나 같습니다. 그것이 금이든, 은이든, 황이든, 탄소든, 산소든 간에 우리는 궁극적으로 그 안에 들어 있는 양자와 중성자와 전자에만 관심이 있습니다. 왜냐하면 그것이 어떤 원소인가는 이런 것들의 수와 상관이 있기 때문입니다.

만일 원자핵이 일곱 개의 양자와 전자로 구성되고 그 주위를 일곱 개의 전자가 돌면 우리는 그것을 질소라고 부릅니다. 만일 이것들의 개수가 여섯 개면 그것은 탄소입니다. 여든 개면 수은이고 일흔아홉 개면 금입니다.

만일 원자핵이 한 개나 그 이상의 양자나 중성자를 얻거나 잃게 되면 그 원소는 다른 것이 됩니다. 그러므로 우라늄은 방사에 의해 라듐이 되고 라듐은 납이 됩니다. 그러므로 만일 우리가 수은 원자의 핵에서 중성자를 쏠 수 있다면 수은에서 금으로의 변성이 이루어지며 따라서 중세 연금술사들의 꿈이 이루어집니다. 연금술사들이 여러 세기 동안 구하던 '철학자의 돌' 즉 이런 변성을 가능하게 하는 인자는 바로 수백만 볼트의 전기입니다.

이제 우리는 당연히 다음과 같이 물을 수 있습니다. '사람들이 실험실에서 원자핵에 폭격을 가해 양자와 중성자를 제거하면 한 종류의 원소를 쉽사리 다른 종류의 원소로 바꿀 수 있지 않겠는가?' 이것은 다시 말해 값싼 금속을 귀금속으로 바꿀 수 있지 않느냐고 묻는 것입니다. 변성을 통해 이 일은 가능합니다. 그러면 사람들이 이런 일을 할 수 있다면 전능하신 우리 하나님께서 원소들을 다른 종류의 원소들로 만드시지 못하겠습니까? 만일 사람이 수은을 금으로 만들 수 있다면 전능하신 우리 하나님께서 물을 포도즙으로 바꾸실 수 있지 않겠습니까? 말씀으로 이 세상을 창조하신 그분께 이런 일은 실로 너무 쉬운 것이 아니겠습니까?

한편 사람이 이런 변성을 이루기 위해서는 엄청난 전기를 필요로 합니다. 그런데 우리 하나님은 사람이 만든 발전소보다 더 크고 무한한 동력원의 소유자가 아니십니까? 참으로 그분께서는 창조의 시작부터 이런 원자들의 능력을 존재하게 하시고 이런 것들을 결합하신 창조자 하나님이 아니십니까? 이런 원자력은 사실 그분의 능력의 일부에 지나지 않으므로 그분께서는 언제든지 자유롭게 원자들의 조성을 바꾸실 수 있습니다. 그러므로 그분께서는 우리의 천한 몸을 예수님의 영화로운 몸과 같이 만들어 주실 수 있습니다. 참으로 놀랍지 않습니까?

우리의 변화된 몸은 바로 이처럼 놀라운 하나님의 능력에 의해 변화된 몸입니다.

이런 몸은 주 예수님의 영화로운 몸과 같은 것입니다(빌3:21; 요일3:1-3).

이런 몸은 살과 뼈로 되어 있습니다(눅24:39-40).

예수 그리스도께서는 영화로운 몸으로 음식을 드셨습니다(눅24:41-43; 요21:12-15).

이런 몸은 중력과 시간의 법칙에 지배를 받지 않습니다(요20:19; 눅24:31, 36).

이런 몸은 다른 사람이 알아 볼 수 있는 몸입니다(마8:11; 눅16:3; 고전13:12).

이런 몸은 영원한 몸입니다(고후5:1).

이런 몸은 영이 지배하는 몸입니다(고전15:44, 49).

14. 새 예루살렘에서 구원받은 자들이 하는 일

어떤 이들은 천국에서 몸이 없는 영들이 구름 위에 앉아서 하프를 타고 있다고 생각하지만 이것은 진실과는 거리가 멉니다. 이것은 월트 디즈니 영화에서나 나올 내용이며 신약 성경에서는 그 근거를 찾을 수 없습니다. 성경은 다음을 보여 줍니다.

1. <u>천국은 찬양하는 장소이다.</u>

오 하늘들아, 너희는 노래할지어다. **주**께서 그 일을 행하셨느니라. 땅의 더 낮은 부분들아, 너희는 외칠지어다. 오 산들아, 숲과 그 안에 있는 모든 나무야, 너희는 소리 내어 노래할지어다. **주**께서 야곱을 구속하시고 이스라엘 안에서 자신에게 영광을 더하셨느니라(사44:23).

이르시되, 내가 주의 이름을 내 형제들에게 밝히 보이고 교회의 한가운데서 노래로 주를 찬양하리이다, 하시며(히2:12)

내가 하늘로부터 나는 한 음성을 들었는데 *그것은* 많은 물들의 소리 같고 큰 천둥소리와도 같더라. 또 내가 자기 하프로 연주하는 하프 타는 자들의 소리를 들었는데(계14:2)

하나님의 종 모세의 노래와 어린양의 노래를 부르며 이르되, 주 하나님 전능자여, 주의 일들은 크고 놀라우시니이다. 성도들의 왕이여, 주의 길들은 의롭고 참되시니이다(계15:3).

물론 지금 이 세상에서 부르는 찬송 중 다음과 같은 것들은 더 이상 천국에서 부르지 않을 것입니다.

'내 기도하는 한 시간', '우리가 천국에 이를 때' 등등

그렇지만 '오 신실하신 주', '다 같이 예수님 이름의 능력을 찬양하세' 등과 같은 찬송은 천국에서도 지속될 것입니다. 하나님께서 행하신 두 가지 큰일을 찬양하는 노래들은 천국에서 계속 불릴 것입니다.

a. 하나님의 창조를 찬양하는 노래

오 주여, 주께서 영광과 존귀와 권능을 받기에 합당하시니 이는 주께서 모든 것을 창조하셨고 그것들이 주를 기쁘게 하려고 존재하며 창조되었기 때문이니이다, 하더라(계4:11).

b. 하나님의 구원을 찬양하는 노래

그들이 새 노래를 불러 이르되, 주께서는 그 책을 취하여 그 책의 봉인들을 열기에 합당하시니이다. 주께서 죽임을 당하시고 주의 피로 모든 족속과 언어와 백성과 민족 가운데서 우리를 구속하사 하나님께 *드리셨으며*(계5:9)

2. 천국은 교제의 장소이다.

찬송가 중 아주 사랑받는 곡은 '주의 친절한 팔에 안기세'입니다. 영어로 그 곡의 내용은 이렇습니다. '얼마나 귀한 교제인가? 얼마나 신성한 기쁨인가?' 실로 하늘에서는 실제적이며 영원한 교제가 진행될 것입니다.

우리는 다른 성도들과 함께 복된 교제를 나눌 것이며 사실 이보다 더 중요한 것은 우리가 땅에서는 할 수 없었던 아주 친밀한 방법으로 주 예수님을 알게 된다는 점입니다. 이 선하시고 위대하신 목자장께서 하늘에서 자신의 양들을 위해 하실 일은 이미 요한이 잘 기록해 놓았습니다.

귀 있는 자는 *성령*께서 교회들에 말씀하시는 것을 들을지어다. 이기는 자에게는 내가 감추어 둔 만나를 주어 먹게 하고 또 흰 돌을 그에게 줄 터인데 그 돌에는 새 이름이 기록되어 있어 그 돌을 받는 자 외에는 아무도 그 이름을 알지 못하느니라(계2:17).

이는 왕좌의 한가운데 계시는 어린양께서 그들을 먹이시고 살아 있는 물 샘들로 그들을 인도하실 것이며 하나님께서 그들의 눈에서 모든 눈물을 닦아 주실 것이기 때문이라, 하더라(계7:17).

이기는 자에게는 나 역시 이긴 뒤에 내 아버지와 함께 그분의 왕좌에 앉게 된 것같이 나와 함께 내 왕좌에 앉는 것을 내가 허락하리라(계3:21).

깨끗하고 흰, 고운 아마포 옷을 차려입는 것이 그녀에게 허락되었으니 그 고운 아마포는 성도들의 의니라, 하더라(계19:8).

3. 천국은 간증하는 장소이다.

주께서 구속하신 자들은 이같이 말할지어다. 그분께서 원수의 손에서 그들을 구속하사 여러 땅에서 곧 동쪽과 서쪽과 북쪽과 남쪽에서부터 그들을 모으셨도다(시107:2-3).

예수님께서 그에게 허락하지 아니하시고 그에게 이르시되, 집으로 네 친지들에게 가서 주께서 너를 위해 얼마나 큰일들을 행하시고 너를 불쌍히 여기셨는지 그들에게 고하라, 하시니(막5:19)

이미 앞에서 우리는 천국에서 살 사람이 약 300억 명 정도 될 것임을 보았습니다. 이 사람들은 다 간증거리가 있습니다. 따라서 영원이 시작되면 처음 수백만 년은 이들의 간증을 듣는 기간이 될지도 모릅니다. 이들뿐만 아니라 수를 셀 수 없을 정도로 많은 천사들을 생각해 보기 바랍니다. 이들 또한 자기들의 창조자께서 하신 일을 찬양하고자 할 것입니다.

4. 천국은 섬기는 장소이다.

다시는 저주가 없을 것이며 하나님과 어린양의 왕좌가 그 안에 있어서 그분의 종들이 그분을 섬기고(계22:3)

그러므로 그들이 하나님의 왕좌 앞에 있고 그분의 *성전*에서 밤낮으로 그분을 섬기며 또 왕좌에 앉으신 분께서 그들 가운데 거하시리니(계7:15)

우리가 어떤 일로 섬길지 분명하게 이야기할 수는 없지만 다음 구절들로부터 어린양을 위한 우리의 수고의 일부가 사람들과 천사들 위에 권세를 행하여 심판을 하는 것임을 알 수 있습니다.

성도들이 세상을 판단할 것을 너희가 알지 못하느냐? 세상이 너희에게 판단을 받을 터인데 너희가 가장 작은 문제들을 판단하는 것도 감당하지 못하느냐? 우리가 천사들을 판단할 것을 너희가 알지 못하느냐? *그러하거든* 이 *세상* 삶에 속한 일들은 얼마나 더 많이 *판단하겠느냐?*(고전6:2-3)

그것은 신실한 말이로다. 우리가 그분과 함께 죽었으면 또한 그분과 함께 살리라. 우리가 고난을 당하면 또한 그분과 함께 통치하리라(딤후2:11-12).

거기에는 밤이 없어서 등잔불이나 햇빛이 그들에게 필요 없으리니 이는 주 하나님께서 그들에게 빛을 주시기 때문이라. 그들이 영원무궁토록 통치하리라(계22:5).

5. 천국은 배우는 장소이다.

우리가 부분적으로 알고 부분적으로 대언하나 완전한 것이 오면 그때에는 부분적인 것이 없어지리라(고전13:9-10).

천국에서 우리는 어떤 것을 배우게 될까요?

a. 우리는 하나님에 대해 배울 것입니다.

우리가 천국에서 하나님과 그분의 속성에 대해 매해 두 배씩 배울 수 있다고 가정해 봅시다. 크리스천이 죄 없는 영화로운 몸을 갖게 되고 예수님에 대해 더 많이 알려는 욕망을 가질 터이므로 이런 가정이 전혀 근거 없는 것은 아닙니다. 자 이제 하나님에 대해 X만큼 알고 있는 사람이 영원한 삶을 시작했다고 생각해 봅시다. 둘째 해에 이 사람은 하나님에 대해 두 배 많이 알게 되고 셋째 해에는 네 배 많이 알게 됩니다. 이렇게 11년이 지나면 그는 하나님에 대해 처음보다 1,000배나 더 많이 알게 되며 21년이 지나면 100만 배나 더 많이 알게 됩니다. 그리고 31년이 지나면 10억 배나 더 많이 알게 되고 100년이 지나면 하나님에 대해 무려 10^{30}배나 많이 알게 됩니다. 10^{30}이라는 숫자는 땅에 있는 바닷가의 모래알을 다 모은 것보다 수천 배나 더 큰 숫자입니다. 그런데 이것은 겨우 100년이 지난 뒤에 생기는 수치이며 100만년이 지난 뒤에는 감히 사람이 생각해 볼 수도 없는 수치에 다다르게 됩니다.

이 모든 것의 요점은 이것입니다. 하나님의 자녀가 영원 속에서 매해 두 배씩 하나님에 대해 알게 된다 해도 그 누구도 하나님의 높이와 깊이와 길이를 다 알 수는 없다는 것입니다. 그래서 우리의 결론은 다음과 같습니다.

오 하나님의 지혜와 지식의 부요함은 깊도다! 그분의 판단들은 헤아릴 수 없으며 그분의 길들은 찾아내지 못하리로다!(롬11:33)

b. 우리는 하나님의 계획에 대해 배울 것입니다.

크리스천들이 이 땅에서 물어보는 가슴 아픈 질문 중 하나는 사랑 많고 지혜로우신 하나님께서 왜 비극이 발생하도록 허락하시는가 하는 것입니다.

예를 들어 젊고 성령 충만한 목사가 있다고 생각해 봅시다. 그의 아내는 온갖 희생 속에서 그 사람의 교육을 위해 헌신했습니다. 그런데 이제 모든 고생은 끝이 나고 그의 교회는 성장을 하며 매주 영혼들이 구원받고 있습니다. 또 매주 일요일마다 회심한 사람들이 침례를 받고 주일학교 학생들을 태울 버스들을 더 사들이며 새 건물을 지을 계획도 세우게 됩니다. 의심을 하던 마을 사람들도 차츰차츰 열정에 찬 이 목사와 그의 회중에 의해 큰 영향을 받습니다. 그런데 어느 날 갑자기 이 목사는 뜻하지 않은 사고로 죽습니다. 장례식을 치른 후 아직도 혼돈에서 벗어나지 못한 회중들은 다른 목사를 청빙합니다. 그러나 새로 온 목사는 열정도 없고 지도력도 발휘하지 못합니다. 그 결과 회중 수는 감소하고 한 때 흥미진진하게 진행되던 간증은 멈추어집니다.

아벨이 순교한 이래로 우리 인류 역사 속에서는 이런 비극이 자주 있었습니다. 이름이 다르고 장소가 다르며 그 내용이 조금 다를 뿐이지 이런 비극은 수도 없이 많이 발생해 왔습니다. 도대체 왜 이런 일이 발생하는 것일까요? 왜 하나님께서는 이런 일이 일어나도록 허용하시는 것일까요?

그런데 천국에 가면 하나님께서 이런 모든 일에 대해 그리고 우리의 고난과 시련에 대해 일일이 설명해 주실 것입니다. 그러면 우리는 예수님 당시 한 떼의 갈릴리 사람들처럼 이렇게 말할 것입니다.

[그들이] 또 극도로 놀라 이르되, 그분께서 모든 것을 잘하셨도다. 그분께서 귀먹은 자들도 듣게 하시고 말 못하는 자들도 말하게 하신다, 하니라(막7:37).

c. 우리는 하나님의 권능에 대해 알게 될 것입니다.

처음에 하나님께서 하늘과 땅을 창조하셨습니다(창1:1).

도대체 이 우주는 얼마나 넓습니까? 우주는 너무나 광대하기 때문에 빛이 우리가 알고 있는 우주를 다 지나가는데 무려 100만 년이 걸립니다. 이런 우주에는 수도 없이 많은 별과 행성과 기타 천상의 존재들이 있습니다.

하나님께서는 사람들에게 자신의 권능과 영광이 어떤 것인지 가르쳐 주시기 위해 이 모든 것을 만드셨습니다(시19:1; 147:4; 사40:26). 물론 우리는 영원 속에서 이 모든 별을 찾아보고 우리 아버지의 광대한 우주를 탐험할 것입니다.

이제 천국에 대한 묘사를 마치면서 몇 가지를 더 생각하고 정리해 보겠습니다.

15. 천국에 없는 것들

1. 바다

내가 새 하늘과 새 땅을 보았으니 이는 처음 하늘과 처음 땅이 사라졌고 바다도 다시는 있지 아니하였기 때문이더라(계21:1).

2. 눈물, 죽음, 아픔

하나님께서 그들의 눈에서 모든 눈물을 닦아 주실 것이며 다시는 사망이 없고 슬픔도 울부짖음도 없으며 아픔도 다시는 없으리니 이는 이전 것들이 지나갔기 때문이라, 하더라(계21:4).

3. 해와 달

그 도시는 안에서 빛을 비출 해와 달이 필요 없었으니 이는 하나님의 영광이 그 도시를 밝혀 주었고 어린양께서 그 도시의 광체이시기 때문이라(계21:23).

4. 불안과 밤

거기에는 밤이 없을 것이므로 낮에 그 도시의 문들이 결코 닫히지 아니하리라(계21:25).

5. 죄

더럽게 하는 것은 어떤 것이든지 결코 그곳으로 들어가지 못하며 또 무엇이든지 가증한 것을 이루게 하거나 거짓말을 지어내는 것도 들어가지 못하되 오직 어린양의 생명책에 기록된 자들만 들어가리라(계21:27).

6. 병과 저주

그들이 다시는 굶주리지 아니하고 다시는 목마르지 아니하며 해나 어떤 열기도 그들 위에 내리쬐지 아니하리라. 이는 왕좌의 한가운데 계시는 어린양께서 그들을 먹이시고 살아 있는 물 샘들로 그들을 인도하실 것이며 하나님께서 그들의 눈에서 모든 눈물을 닦아 주실 것이기 때문이라, 하더라(계7:16-17).

16. 천국에 있는 것들

1. 영광

아버지여, 원하건대 아버지께서 내게 주신 자들도 내가 있는 곳에 나와 함께 있게 하사 아버지께서 세상의 창건 이전에 나를 사랑하셨으므로 친히 내게 주신 나의 영광을 그들이 보게 하옵소서(요17:24).

내가 생각하건대 이 현시대의 고난들은 앞으로 우리 안에 나타날 영광과 족히 비교될 수 없도다(롬8:18).

그 도시는 안에서 빛을 비출 해와 달이 필요 없었으니 이는 하나님의 영광이 그 도시를 밝혀 주었고 어린양께서 그 도시의 광체이시기 때문이라(계21:23).

2. 거룩함

더럽게 하는 것은 어떤 것이든지 결코 그곳으로 들어가지 못하며 또 무엇이든지 가증한 것을 이루게 하거나 거짓말을 지어내는 것도 들어가지 못하되 오직 어린양의 생명책에 기록된 자들만 들어가리라(계21:27).

3. 아름다움

강력하신 하나님 곧 주께서 말씀하시고 해 뜨는 데서부터 해 지는 데까지 땅을 부르셨도다. 아름다움의 완성인 시온으로부터 하나님께서 빛을 비추셨도다(시50:1-2).

4. 하나님의 빛

일어나라. 빛을 비추라. 네 빛이 왔고 주의 영광이 네 위에 떠올랐느니라. 보라, 어둠이 땅을 덮으며 짙은 어둠이 백성들을 덮을 것이나 주께서 네 위에 떠오르시고 그분의 영광이 네 위에 보이리니 이방인들이 네 빛으로 오며 왕들이 네 솟아나는 광채로 오리라(사60:1-3).

다시는 해가 낮에 네 광체가 되지 아니하고 달이 네게 밝게 하는 빛을 주지 아니할 것이며 오히려 주가 네게 영존하는 광체가 되고 내 하나님이 네 영광이 되리라. 다시는 네 해가 지지 아니하고 네 달이 물러가지 아니하리니 주가 너의 영존하는 광체가 되고 너의 애곡하는 날들이 끝나리라(사60:19-20).

5. 하나 됨

이것은 때가 충만히 찬 경륜 안에서 친히 모든 것 즉 하늘에 있는 것들과 땅에 있는 것들을 그리스도 안에서 곧 그분 안에서 함께 하나로 모으려 하심이라(엡1:10).

6. 완전함

완전한 것이 오면 그때에는 부분적인 것이 없어지리라(고전13:10).

7. 기쁨

주께서 생명의 행로를 내게 보이시리니 주의 얼굴 앞에는 충만한 기쁨이 있고 주의 오른쪽에는 영원토록 즐거움이 있나이다(시16:11).

8. 영원한 생명

이것은 누구든지 그를 믿는 자는 멸망하지 아니하고 영원한 생명을 얻게 하려 함이니라(요3:15).

그리스도의 초림과 재림

구약 성경을 신중히 읽어 본 독자라면 메시아에 관한 예언에 두 계통이 있음을 발견하게 될 것입니다. 그중 하나는 그분을 '고난받는 종'으로 묘사합니다.

고난받는 종

1. 메시아의 초림 시기(단9:25)
2. 메시아의 탄생 장소(미5:2; 눅2:4)
3. 메시아의 처녀 탄생(사7:14; 마1:18)
4. 메시아가 성령님으로 기름 부음을 받음(사61:1; 요1:32-34)
5. 메시아가 사람들의 멸시를 받아 배척을 당하고 고난을 겪으며 고통을 앎(사53:3; 마26:36-39)
6. 메시아가 은 30개에 팔림(슥11:12; 마26:15)
7. 메시아가 가까운 친구에게 배반당함(시41:9; 마26:49-50)
8. 메시아가 제자들에게 버림받음(슥13:7; 막14:27)
9. 메시아가 거짓 증인들에 의해 고소당함(시35:11; 마26:59-60)
10. 메시아가 치욕과 침 뱉음을 당함(사50:6; 막14:65)
11. 메시아가 십자가에 못 박힘(시22:16; 눅23:33)
12. 메시아가 십자가에서 희롱을 당함(시22:7-8; 마27:39-40)
13. 메시아가 극심한 고통을 겪음(시22:14; 눅22:44)
14. 메시아가 강도와 함께 못 박힘(사53:12; 막15:27-28)
15. 메시아가 부자처럼 매장됨(사53:9; 마27:57-60)

메시아 예언의 둘째 계통은 그분을 '영광받는 왕'으로 묘사합니다.

영광받는 왕

1. 메시아는 한 의로운 가지가 될 것임(렘23:5-8)
2. 메시아는 왕국을 갖게 될 것임(단2:44; 7:13-14)
3. 메시아는 다윗의 왕좌에서 다스릴 것임(삼상7:16; 사9:6,7)
4. 메시아는 철장으로 민족들을 다스릴 것임(시2:6-9)

---

1) 부록 3-5는 재림과 휴거 관련 통합 정보를 제공하기 위해 라킨 목사님이 지은 〈성경 바로 보기〉(그리스도 예수안에 출간)의 6, 12, 13장을 옮긴 것이다.

5. 메시아의 통치는 영광스러울 것임(시72:1-20; 사2:1-4; 32:1-4, 15-20; 슥14:16-21)

위에 인용한 내용들은 메시아의 오심에 대한 구약 성경의 예언 중 극히 일부에 지나지 않습니다. 사도 베드로는 구약 시대의 대언자들이 그리스도의 고난과 영광을 잘 구별하지 못했다고 말했습니다(벧전1:10-11). 다시 말하면, 구약 시대의 대언자들은 그리스도의 십자가와 왕관 사이에 시간적인 간격 즉 지금의 교회 시대를 나타내 주는 기간이 있다는 사실과 그리스도께서 왕으로 오시기 전에 먼저 십자가를 지셔야 함을 알지 못했습니다. 그래서 그리스도 당시의 종교 지도자들은 그리스도를 배척했던 것입니다. 그러나 우리에게는 변명의 여지가 없습니다. 우리는 십자가 사건 이후 시대에 살고 있기 때문에 그리스도의 초림 때 성취된 많은 예언들을 쉽게 찾아낼 수 있으며 그 나머지 예언의 말씀들을 그분의 재림에 적용시킬 수 있습니다.

그러므로 그리스도의 초림이 매우 중요하긴 하지만 교리적으로 볼 때 오직 이것만 성경의 핵심은 아닙니다. 제가 말씀드리려는 것은 그리스도의 초림이 성경의 모든 교리들을 포함하는 원의 중심이 아니라 타원의 두 개의 초점 중 하나라는 것입니다. 물론 그 타원의 또 다른 초점은 그리스도의 재림입니다.

〈그리스도의 초림과 재림〉 선도를 보면 그리스도의 초림은 십자가로 나타나 있고 재림은 왕관으로 표현되어 있습니다. 초림과 재림 사이에는 만찬의 상이 있으며 이 상은 뒤로는 십자가를, 앞으로는 왕관을 가리키고 있습니다. 그리스도의 초림과 재림은 지금의 교회 시대를 사이에 두고 서로 분리되어 있지만 그것들은 스스로 완전하지 못합니다. 재림은 반드시 초림을 필요로 하고 초림은 재림을 필요로 합니다. 이 두 사건은 구원이라는 하나님의 계획이 완전히 성취되기 위해 꼭 필요한 과정들입니다. 그리스도의 초림은 우리의 혼을 구원하기 위함이었고 재림은 우리의 몸을 구원하기 위함입니다. 왜냐하면 그리스도께서 다시 오시기 전에는 몸의 부활이 없기 때문입니다.

〈예언의 산봉우리〉 선도는 구약 시대의 대언자들이 초림과 재림을 구분하지 못한 이유를 보여 줍니다. 대언자들은 그들의 관점에서 예수님의 출생, 십자가에 달림, 성령님의 강림, 적그리스도, 의의 태양으로서의 그리스도의 오심, 왕국 등을 모두 큰 산의 여러 봉우리로 보았습니다. 그들은 첫째 봉우리 옆에 서 있는 우리가 현재 보고 있는 것 즉 이 봉우리들이 두 개의 서로 다른 산에 속해 있으며 교회라는 계곡에 의해 분리되어 있다는 것을 보지 못했습니다.

재림에도 두 단계가 있습니다.[2] 첫째 단계에서 그분께서는 지구의 대기권 안으로 비밀리에 오실 것이며 이때 교회는 주님을 맞이하기 위해 공중으로 들려 올라갈 것입니다(살전4:16-17). 우리는 미래에 있을 이 사건을 흔히 '휴거'라고 부릅니다. 이 신비는 구약 시대 대언자들에게는 계시된 적이 없었습니다. 둘째 단계에서, 그분께

---

2) 예수님의 초림은 약 33년 동안에 이루어졌다. 그분의 초림에는 그분께서 비밀리에 베들레헴에서 출생하신 것과 십자가에서 고난을 당하시고 무덤에 묻히셨다가 부활하시고 뒤에 공개적으로 승천하신 것이 모두 포함된다. 이와 마찬가지로 예수님의 재림도 단 한 순간이 아니라 약 7년 정도에 걸쳐서 단계적으로 이루어진다. 그리스도의 재림 안에 휴거와 지상 강림이 모두 포함된다.

서는 공개적으로 땅에까지 내려오실 것이며, 스가랴 대언자가 예언하고(슥14:1-4) 그리스도께서 승천하실 때에 함께 서 있던 두 사람(모세와 엘리야)이 예언한 것처럼(행 1:9-11), 땅에 내려오셔서 부활하신 뒤 승천하신 장소인 올리브산에 서실 것입니다. 우리는 대개 이것을 지상 강림 혹은 현현이라고 부릅니다.

공중 휴거와 지상 강림 사이의 시간 간격은 하나님께서 감하시지 않는 한 적어도 7년 정도 될 것이나(마24:22) 더 길어질 가능성도 있습니다. 그 이유는 교회의 휴거가 '다니엘의 칠십 이레'의 마지막 한 이레가 시작되기 전에 일어날지도 모르기 때문입니다. 〈다니엘의 칠십 이레〉 선도를 참조하시기 바랍니다. 그리스도께서 공중에 내려오실 때는 밝은 새벽별이 되실 것입니다(벧후1:19; 계22:16). 그리고 자신의 모습을 완전히 나타내시며 땅에 강림하실 때에는 의로운 태양이 되실 것입니다(말4:2).

그리스도의 초림에 대한 예언들이 모두 문자 그대로 이루어졌듯이 그분의 재림에 관한 예언들도 반드시 문자 그대로 이루어질 것입니다. 우리는 하나는 문자 그대로 해석하고 다른 하나는 영적으로 해석해서는 결코 안 됩니다.

자, 이제 신약 성경이 재림에 대해 무어라 말하는지 살펴봅시다.

I. 재림의 사실

1. 예수님 자신의 증언

내 아버지 집에 거할 곳이 많도다. 그렇지 않으면 내가 너희에게 말해 주었으리라. 내가 너희를 위해 처소를 예비하러 가노니 가서 너희를 위해 처소를 예비하면 내가 다시 와서 너희를 내게로 받아들여 내가 있는 곳, 거기에 너희도 있게 하리라(요 14:2-3).

2. 하늘에 속한 존재들의 증언

그분께서 올라가실 때에 그들이 똑바로 하늘을 바라보고 있는데, 보라, 흰옷 입은 두 남자가 그들 곁에 서더니 그들이 또한 이르되, 너희 갈릴리 사람들아, 너희가 어찌하여 서서 하늘을 바라보느냐? 너희를 떠나 하늘로 들려 올라가신 이 동일한 예수님께서는 너희가 그분께서 하늘로 들어가심을 본 것처럼 그렇게 같은 방식으로 오시리라, 하니라(행1:10-11).

이 구절은 하늘로 올라가신 동일한 예수님께서 그대로 다시 올 것을 보여 줍니다. 다시 말해 그리스도의 재림은 눈으로 볼 수 있는 것이며 개인적인 사건입니다. 예수님 곁에 서 있던 두 사람은 아마도 모세와 엘리야였을 것입니다. 그들은 변화산에서 예수님과 함께 나타났습니다. 여자들이 예수님의 몸을 찾으러 무덤에 왔을 때 예수님께서 살아나셨음을 증언한 흰 옷 입은 두 사람도 이들이었을 것입니다(눅24:4-5). 또한 모세와 엘리야는 7년 환난기에 주님을 증언할 두 증인이 될 것입니다(계 11:3-12).

3. 사도들의 증언

바울: 우리의 생활 방식은 하늘에 있으며 또한 거기로부터 *오실* 구원자 주 예수

그리스도를 우리가 기다리고 있는데 그분께서는 참으로 모든 것을 자기에게 복종시킬 수 있는 능력을 써서 그 능력대로 우리의 천한 몸을 변화시켜 자신의 영광스러운 몸과 같게 만드시리라(빌3:20-21).

야고보: 그러므로 형제들아, 주께서 오실 때까지 인내하라. 보라, 농부가 땅에서 나는 귀한 열매를 바라고 이른 비와 늦은 비를 받을 때까지 오랫동안 그것을 위해 인내하느니라. 너희도 인내하며 너희 마음을 굳게 세우라. 주의 오심이 다가오고 있느니라(약5:7-8).

베드로: 우리가 우리 주 예수 그리스도의 권능과 오심을 너희에게 알려 줄 때에 우리는 교묘히 꾸며 낸 이야기들을 따르지 아니하였고 오히려 우리는 그분의 위엄을 눈으로 본 자들이었노라(벧후1:16).

여기에서 베드로는 변화산에서 그리스도께서 변화하신 것에 대해 이야기하고 있는데 이것은 그리스도의 재림의 모형입니다(마17:1-5). 모세는 부활하는 성도들의 모형이고 엘리야는 죽음을 보지 않고 몸이 변화되어 휴거되는 성도들의 모형입니다.

요한: 보라, 그분께서 구름들과 함께 오시리라. 모든 눈이 그분을 보겠고 그분을 찌른 자들도 볼 것이요, 땅의 모든 족속들이 그분으로 인해 통곡하리니 참으로 그러하리라. 아멘(계1:7).

4. 주의 만찬의 증언

이는 너희가 이 빵을 먹고 이 잔을 마실 때마다 주의 죽으심을 그분께서 오실 때까지 보이기 때문이라(고전11:26).

주의 만찬은 우리가 영원히 지킬 규례가 아닙니다. 이것은 주님께서 되돌아오시면 없어질 것입니다. 주의 만찬은 주님의 죽음을 기념하기 위한 것이므로 주님께서 돌아오시면 지킬 필요가 없습니다. 이것은 뒤로는 십자가를 바라보고 앞으로는 그분의 재림을 바라봅니다.

재림에 관한 다섯 이론

믿음을 고백하는 대부분의 그리스도인들은 그리스도께서 재림하신다는 것은 인정하지만 그 방법이나 시기에 대해서는 제각기 다른 견해를 갖고 있습니다. 재림에 관한 이론으로는 대표적으로 다섯 가지가 있습니다.

1. 그분의 재림은 초림과 마찬가지로 영적인 것이며 이미 오순절에 이루어졌다

오순절에 오신 분은 그리스도가 아니라 성령님이었습니다. 예수님께서 떠나가셔야만 성령님께서 오실 수 있었고 그래서 예수님께서는 다음과 같이 말씀하셨습니다.

그럼에도 불구하고 내가 너희에게 진실을 말하노니 내가 떠나가는 것이 너희에게 유익하니라. 내가 떠나가지 아니하면 위로자께서 너희에게 오지 아니하시리라. 그러나 내가 떠나면 내가 그분을 너희에게 보내리니(요16:7)

만일 성령님께서 그리스도가 또 다른 모습으로 나타난 것이라면 이 두 분은 동일한 존재가 되어 삼위일체가 성립되지 않습니다. 사실상 신약 성경은 모두 오순절 이후에 기록되었으며 무려 150번씩이나 그리스도의 재림을 미래의 일이라고 단정하고 있습니다. 더욱이 그리스도 안에서 죽은 자들의 부활, 살아 있는 성도들의 휴거, 사탄의 결박 등은 그리스도의 재림 때에 일어날 것인데 이러한 사건들 중 그 어느 것도 오순절에 일어나지 않았습니다.

2. 죄인의 회심이 그리스도의 재림이다

이것은 전혀 근거 없는 주장입니다. 죄인이 회심할 때는 죄인이 그리스도께 나아가며 그리스도께서 죄인에게 나아오지 않습니다. 그리고 죄인이 회심하는 것은 구체적으로 말하면 성령님의 사역이지 그리스도의 사역이 아닙니다. 물론 신자 안에 영적으로 그리스도께서 내주하신다는 것은 사실입니다. 그러나 그리스도의 재림은 그분의 초림처럼 외적이고 눈으로 직접 볼 수 있는 실제적인 사건입니다.

3. 죽음이 주님의 재림이다

장례식에서 가장 빈번히 낭송되는 구절은 마태복음 25장 13절 말씀입니다.

그러므로 깨어 있으라. 너희가 사람의 아들이 오는 그날도 그 시각도 알지 못하느니라.

이 구절의 앞뒤 문맥을 살펴보면 이 구절이 미래에 있을 그리스도의 재림을 나타내고 있음을 쉽게 알 수 있습니다. 사람이 죽을 때마다 그리스도께서 땅에 오실 수 없는 것은 다음과 같은 두 이유 때문입니다.

1. 매초 한 영혼이 죽고 있으며 따라서 이것은 그리스도께서 계속해서 이 땅에 계셔야만 함을 요구합니다.
2. 그리스도께서는 현재 하늘에서 대제사장의 임무를 행하고 계시기 때문에 죽어 가는 영혼을 위해 그 임무를 저버리고 지상으로 내려올 수 없습니다.

사실 믿는 자가 죽으면 그리스도께로 가며 그리스도께서 그에게 오지 않습니다. 성경에서 죽음은 항상 떠나가는 것으로 표현됩니다.

그러므로 우리는 항상 확신에 차 있으며 우리가 몸 안에서 집에 거하는 동안에는 주로부터 떨어져 있는 줄을 아노니 (우리는 믿음으로 걷고 보는 것으로 걷지 아니하노라.) 내가 말하노니 우리는 확신에 차 있으며 오히려 몸을 떠나 주와 함께 있기를 원하노라(고후5:6-8).

만일 자신의 재림이 죽음을 의미한다고 생각하셨다면 그분께서는 자신의 제자들에게 "'내가 가서 너희를 위해 처소를 예비하면 내게로 너희를 데려오기 위해 죽음을 보내리라.'라고 말씀하셨을 것입니다. 그러나 그분께서는 분명히 "내가 다시 와서 너희를 내게로 받아들이리라."고 말씀하셨습니다. 요한복음의 마지막 장은 이 문제에 대한 해답을 줍니다.

베드로가 그를 보고 예수님께 이르되, 주여, 이 사람은 무엇을 하리이까? 하니 예수님께서 그에게 이르시되, 내가 올 때까지 그가 머물 것을 내가 원할지라도 그것이 너와 무슨 상관이 있느냐? 너는 나를 따르라, 하시더라. 그때에 그 제자는 죽지 아니하리라는 이 말이 형제들 가운데 널리 퍼졌으나 예수님께서는 그에게, 그가 죽지 아니하리라, 하고 말씀하지 아니하시고, 내가 올 때까지 그가 머물 것을 내가 원할지라도 그것이 너와 무슨 상관이 있느냐? 하고 말씀하셨더라(요21:21-23).

우리는 여기서 제자들이 예수님의 재림을 죽음으로 생각하지 않았음을 발견합니다. 그들은 마음속으로 예수님의 재림과 죽음이라는 이 두 사실 사이에 큰 차이가 있다고 느꼈습니다. 죽음은 원수입니다(고전15:26, 55). 죽음은 우리를 무덤에 가두고 우리의 아름다움을 빼앗아 갑니다. 죽음은 죄의 삯이며(롬6:23) 하나님의 분노의 결과입니다.

반면에 그리스도의 재림은 사람에 대한 그분의 사랑의 표현입니다. 그리스도는 생명의 통치자이십니다. 그분께서 계신 곳에는 죽음이란 있을 수 없습니다. 죽음은 그분이 오실 때에 도망가고 맙니다. 그분께서 땅에 계셨을 때 그분 앞에서는 그 어떤 것도 죽은 채 있을 수 없었습니다. 그분의 재림은 죽음이 아니라 부활입니다. 그분은 부활이요 생명이기에 그분께서 재림하시면 우리의 썩을 몸을 자신의 몸과 같이 영광스러운 몸으로 변화시킬 것입니다(빌3:20,21).

4. 주후 70년에 로마 군인들이 예루살렘을 멸망시킨 것이 주님의 재림이다

그러나 예루살렘이 로마 군대에 의해 파괴되었을 때에는 그리스도의 재림 때에 예루살렘과 팔레스타인 땅에 일어나리라고 예언된 변화들(슥14:4-11, 겔47:1-12), 죽은 자들의 부활, 살아 있는 성도들의 휴거, 육체적 변화 등이 하나도 일어나지 않았습니다.

그리스도께서 재림하시는 목적은 예루살렘을 파괴하는 데 있지 않고 오히려 그곳을 회복하는 데 있습니다. 예루살렘은 이방인들의 때가 차기까지 이방인들에게 짓밟히도록 되어 있고 그때에야 비로소 사람들은 사람의 아들이 구름을 타고 능력과 큰 영광으로 오는 것을 볼 것입니다(눅21:24-28). 예루살렘이 파괴되고 나서 약 26년이 지난 뒤에 기록된 계시록은 그리스도의 재림이 미래의 일임을 분명히 말하고 있습니다.

5. 기독교의 확산이 그리스도의 재림이다

이것 또한 결코 사실일 수가 없습니다. 그 이유는 기독교의 확산은 점진적인 데 반해, 그리스도의 재림은 밤에 도둑이 오는 것처럼 갑작스럽게 일어날 순간적인 사건이라고 성경이 여러 곳에서 말하고 있기 때문입니다(마24:27, 36, 42, 44; 살전5:2; 계3:3). 또한 기독교의 확산은 과정인 데 반해, 성경은 처음부터 끝까지 주님의 재림이 단번에 일어나는 사건이라고 말하고 있습니다. 기독교의 확산은 악인에게 구원을 가져다주지만 주님의 재림은 악인에게 구원이 아니라 갑작스러운 멸망을 가져다줍니다(살전5:2-3; 살후1:7-10).

II. 그리스도의 재림의 시기

우리는 주님의 재림의 시기를 정확히 알 수 없습니다. 예수님께서는 땅에 계실 때 이렇게 말씀하셨습니다.

그러나 그 날과 그 시각은 결코 아무도 알지 못하나니 하늘에 있는 천사들도 알지 못하고 아들도 알지 못하며 아버지께서만 아시느니라(막13:32).

부활 뒤 승천하시기 전에 그분께서는 다음과 같이 말씀하심으로써 제자들의 호기심을 만족시켜 주지 않았습니다.

그분께서 그들에게 이르시되, 때나 시기는 아버지께서 자신의 권능 안에 두셨으니 그것들은 너희가 알 바가 아니요(행1:7).

비록 우리가 그분의 재림의 날이나 시간은 모른다 해도 그리스도 재림의 시기가 천년왕국 이전이라는 것만은 확신할 수 있습니다.[3]

'전천년설'은 말 그대로 계시록 20장 1-6절에 기록된 바와 같이 1,000년 동안 지속되는 천년왕국 이전에 예수님의 재림이 있다는 것을 의미합니다. 다른 성경 구절들은 이 1,000년의 기간을 왕국의 기간이라고 말하고 있으며 대언자들은 이 기간이 온 우주가 의의 통치를 받으며 온 땅이 복을 받는 때라고 묘사했습니다. 또한 계시록 20장 1-6절은 명백하게 그 기간이 1,000년이 될 것을 보여 주고 있습니다. 신약 성경의 구조 자체가 그리스도께서 천년왕국 이전에 재림하실 것을 요구합니다. 우선 다음의 몇 가지 이유를 살펴봅시다.

1. 그리스도께서 오시면 죽은 자들을 일으키실 것입니다. 그러나 의인들은 천년왕국 이전에 부활해야만 하는데 그 이유는 그들이 그리스도와 함께 1,000년간 통치해야 하기 때문입니다. 그러므로 그리스도께서 재림하시기 전에는 천년왕국이 있을 수 없습니다(계20:5-6).
2. 그리스도께서 오시면 알곡과 가라지를 분리시키십니다. 그런데 천년왕국에서는 어느 곳에서나 의가 존재하므로 천년왕국이 시작되기 전에 알곡과 가라지는 분리되어 있어야 합니다. 그러므로 그리스도께서 오시기 전에는 천년왕국이 있을 수 없습니다(마13:40-43).
3. 그리스도께서 오시면 사탄이 결박될 것입니다. 그런데 사탄은 천년왕국 동안에 결박되어 있다고 기록되어 있습니다. 그러므로 그리스도께서 재림하시기 전에는 천년왕국이 있을 수 없습니다(계20:1-3).
4. 그리스도께서 오시면 적그리스도가 멸망될 것입니다. 그런데 적그리스도는 천년왕국이 시작되기 전에 멸망받도록 되어 있습니다. 그러므로 그리스도께서 재림하시기 전에는 천년왕국이 있을 수 없습니다(살후2:8; 계19:20).
5. 그리스도께서 오시기 전에 유대인들은 모두 자기들의 본토 즉 팔레스타인

---

3) 이것은 보통 간략하게 '전천년설'이라 불린다.

땅으로 회복되어 돌아갈 것입니다. 그런데 그들이 돌아가는 시기는 천년왕국 이전입니다. 그러므로 그리스도께서 오시기 전에는 천년왕국이 세워질 수 없습니다(겔36:24-28; 계1:7; 슥12:10).
6. 그리스도의 재림은 갑작스러운 일이므로 우리는 그분께서 몰래 우리를 데려가지 않도록 늘 깨어 있으라는 당부를 받고 있습니다. 그러나 만일 그리스도께서 천년왕국 이후에 오신다면 아직 1,000년이란 기간이 남아 있는 사건을 위해 왜 훨씬 전부터 우리가 깨어 있을 필요가 있겠습니까?

Ⅲ. 재림의 방법

예수님께서는 가신 그대로 다시 오실 것입니다(행1:11). 그분께서는 몸을 가지고 사람들에게 보이시며 승천하셨으므로 그와 똑같이 오실 것입니다. 그분께서는 구름 속으로 올라가셨으므로 오실 때도 구름 속에서 오실 것입니다.

보라, 그분께서 구름들과 함께 오시리라. 모든 눈이 그분을 보겠고 그분을 찌른 자들도 볼 것이요, 땅의 모든 족속들이 그분으로 인해 통곡하리니 참으로 그러하리라. 아멘 (계1:7).

단 하나의 차이점이 있다면 그것은 그분께서 올라가셨을 때는 혼자 가셨지만 다시 오실 때는 왕으로서 천사의 무리를 수행원으로 삼아 함께 오신다는 것입니다.

사람의 아들이 자기 아버지의 영광 속에서 자기 천사들과 함께 올 터인데 그때에 그가 각 사람에게 그의 행위대로 보답해 주리라(마16:27).

그분의 재림은 초림과 마찬가지로 두 단계로 이루어져 있습니다. 그리스도께서는 먼저 비밀리에 지구의 대기권 내로 들어오시는데 이때 그리스도 안에서 죽은 자들과 살아 있는 성도들이 공중으로 채여 올라가 그분을 만날 것입니다. 그런 다음 부활한 성도들과 휴거받은 성도들은 과거 자신들의 행위대로 심판을 받고 상급을 받을 것이며 그리스도의 신부인 교회로서 그분과 결혼을 하게 됩니다. 그 뒤 그리스도께서는 이들을 이끄시고 땅에 오셔서 자신이 승천하셨던 올리브산에 자신의 발을 내리실 것입니다(슥14:4).

그분의 재림의 첫째 단계는 성도들이 공중으로 채여 올라가는 것 즉 휴거이며 둘째 단계는 완전한 지상 강림입니다. 이 두 단계 사이의 기간은 적어도 7년이 되며 이 기간 중에 하늘에서는 믿는 자들의 행위에 대한 심판이 있고 땅에서는 7년 환난기가 있게 됩니다.

휴거

휴거에 대해서는 데살로니가전서 4장 15절 이하에 자세히 설명되어 있습니다.

우리가 주의 말씀에 의거하여 너희에게 이것을 말하노니 곧 주께서 오실 때까지 살아서 남아 있는 우리가 결코 잠자는 자들보다 앞서지 못하리라(살전4:15).

이 말씀을 통해 우리는 휴거라는 사건이 두 가지 특성을 지니고 있음을 알 수 있습니다. 첫째는 그리스도 안에서 죽은 자들이 부활하고, 둘째는 살아 있는 성도들이 채여 올라간다는 것입니다. 예수님께서 나사로를 살리러 오셨을 때 그분께서는 마르다에게 휴거의 두 가지 특성에 대해 잘 알려주셨습니다.

예수님께서 그녀에게 이르시되, 나는 부활이요 생명이니 나를 믿는 자는 죽어도 살겠고 누구든지 살아서 나를 믿는 자는 결코 죽지 아니하리라. 이것을 네가 믿느냐? 하시니(요11:25-26)

사도 바울도 불멸의 부활 장에서 이와 같은 휴거의 이중적 특성을 강조해서 말하고 있습니다.

보라, 내가 너희에게 한 가지 신비를 보이노니 우리가 다 잠자지 아니하고 마지막 나팔 소리가 날 때에 눈 깜짝할 사이에 순식간에 다 변화되리라. 나팔 소리가 나매 죽은 자들이 썩지 아니할 것으로 일으켜지며 우리가 변화되리니 이는 이 썩을 것이 반드시 썩지 아니함을 입고 이 죽을 것이 반드시 죽지 아니함을 입을 것이기 때문이라. 그리하여 이 썩을 것이 썩지 아니함을 입고 이 죽을 것이 죽지 아니함을 입을 때에는, 사망이 승리 가운데서 삼켜졌도다, 하고 기록된 말씀이 성취되리라. 오 사망아, 너의 쏘는 것이 어디 있느냐? 오 무덤아, 너의 승리가 어디 있느냐? 사망의 쏘는 것은 죄요, 죄의 힘은 율법이니라. 그러나 우리 주 예수 그리스도를 통해 우리에게 승리를 주시는 하나님께 감사를 드리노라(고전15:51-57).

마지막 두 문장은 죽지 않고 변화를 받은 사람들에게만 해당됩니다. 왜냐하면 죽지 않은 사람만 "오 사망아, 너의 쏘는 것이 어디 있느냐? 오 무덤아, 너의 승리가 어디 있느냐?"라고 외칠 수 있기 때문입니다.

바울은 또한 고린도후서에서 자신과 또 당시 살아 있던 성도들의 간절한 소망이 죽음에 의해 옷이 벗겨지는 사람들과 함께 있고자 하는 것이 아니라 죽지 않고 영생으로 옷 입는 사람들과 함께 있고자 하는 것이었음을 잘 보여 줍니다.

만일 땅에 있는 우리의 이 장막 집이 해체되면 하나님의 건물 곧 손으로 지은 집이 아니요, 하늘들에 있는 영원한 집이 우리에게 있는 줄 우리가 아느니라. 이 장막 안에서 우리가 신음하며 하늘로부터 오는 우리의 집으로 옷 입기를 간절히 원하노니 우리가 옷 입고 있으면 벌거벗은 채 드러나지 아니하리라. 이 장막 안에 있는 우리가 짐을 진 채 신음하는 것은 우리가 벗으려 함이 아니요, 입으려 함이니 이것은 죽을 것이 생명에게 삼켜지게 하려 함이라(고후5:1-4).

빌립보 사람들에게 보내는 서신에도 바울의 이러한 소망이 잘 나타나 있습니다.

어찌하든지 내가 죽은 자들의 부활에 도달하려 함이라. 나는 내가 이미 도달한 것처럼 *말하지* 아니하고 이미 완전한 것처럼 *말하지도* 아니하며 다만 그리스도 예수님께서 나를 붙잡아 이루려 하신 그것을 나도 붙잡으려고 뒤따라가노라. 형제들아, 나는 내가 이미 붙잡은 줄로 여기지 아니하며 다만 이 한 가지 일을 행하나니 곧 뒤에 있는 그것들은 잊어버리고 앞에 있는 그것들에 도달하려고 나아가 그리스도 예수님 안에서 하나님의 높은 부르심의 상을 받기 위하여 푯대를 향해 밀치며 나아가노라(빌 3:11-14).

다시 말해, 바울은 첫째 부활 때에 죽음에서 부활하여 변화된 사람들과 함께 공중으로 들려 올라가는 것도 귀하게 여겼지만 예수님께서 재림하실 때까지 죽지 않고 살아 있다가 휴거받는 것을 보상으로 더욱 귀하게 여겼습니다.

휴거는 갑자기 일어난다

그러나 형제들아, 때와 시기[주님 안에 있는 성도들의 부활과 휴거의 시기]에 관하여는 내가 너희에게 쓸 필요가 없나니 주의 날이 밤의 도둑같이 그렇게 오는 줄을 너희 자신이 완전히 아느니라(살전5:1-2; 마24:42-44 참조).

위 구절에서 알 수 있는 것은 우리가 전혀 예상하지 못하는 시간에 그리스도께서 오신다는 사실입니다. 그분께서는 마치 집에 도둑이 들 때처럼 갑자기 오십니다. 도둑은 자신이 오는 시각을 미리 알리지 않습니다. 그리고 그는 특별한 목적을 갖고 들이닥칩니다. 도둑은 집안에 있는 것을 전부 다 털어 가지 않습니다. 금은 같은 보석과 값나가는 옷처럼 귀중한 것들만 훔쳐 갑니다. 도둑은 그 집에 머무르려고 오지 않으며 귀중한 물건들을 다 챙기면 즉시 떠납니다.

마찬가지로 예수님께서도 공중 강림 하실 때에 즉 휴거 때에 성도들만 데려가십니다. 도둑이 어떤 집을 털 때 그가 가지고 가는 것은 남겨 둔 것보다 훨씬 적습니다. 그는 집과 가구와 그 외 집안 도구들은 다 두고 갑니다. 마찬가지로 예수님께서도 공중 강림 하실 때에 이 세상을 가득 메우고 있는 무신론자들과 이교도들과 악인들은 모두 남겨 놓으실 것입니다. 그분께서는 적은 수의 귀한 사람들만 데리고 가십니다.

휴거는 놀랄 만한 사건이다

휴거는 성도들과 믿지 않는 자들을 분리시킬 뿐만 아니라 육신의 남편과 아내를, 형제들과 자매들을, 친구들과 친구들을 모두 분리시킬 것입니다. 또한 휴거는 이 시대에서 가장 놀랄 만한 사건이 될 것입니다. 휴거는 정말 눈 깜짝할 사이에 온 땅에서 동시에 일어나기 때문에 자지 않고 깨어 있으면 이 사건을 눈으로 직접 볼 수도 있을 것입니다. 그러나 그리스도 안에서 죽은 자들과 살아 있는 성도들 이외의 다른 사람들이 '주님의 호령'과 '천사장의 음성'과 '하나님의 나팔 소리'를 들을 수 있는지에 대해서는 잘 모릅니다.

성경에는 성부 하나님께서 그리스도와 더불어 이해할 수 있는 말로 이야기를 나누셨을 때 곁에 섰던 사람들에게는 그것이 우렛소리로 들렸다는 기록이 나옵니다(요 12:28-29). 만일 죽은 자들이 부활할 때 무덤을 손상시키지 않고 몸만 슬쩍 빠져나온다면 첫째 부활은 세상이 모르는 비밀이 될 것입니다. 그러나 몸이 변화되어 휴거받게 될 살아 있는 성도들의 경우는 이와 다를 것입니다. 만약 한밤중에 휴거가 발생한다면 그다음 날 아침 사람들은 간밤에 그리스도인들이 모두 사라진 것을 발견하게 될 것입니다.

만약 낮에 휴거가 발생한다면 그것은 실로 어마어마한 사건이 될 것입니다. 특히 날씨 좋은 계절에 보트나 관광버스 혹은 공원이 사람들로 가득 찰 때 휴거가 일어난다면 그것은 정말로 놀랄 만한 일이 될 것입니다. 주중에 특히 한참 일할 대낮에는 가게마다 사람들로 만원을 이룰 것이고 공장은 일하는 사람들로 붐빌 것이며 거리에는 남녀노소가 사업차 혹은 휴식을 취하려고 오고 갈 것입니다. 그런데 이때에 갑자기 거대한 우렛소리 같은 소리가 하늘에서 들린다고 생각해 봅시다. 건물 안에 있던 사람들은 급히 문으로 혹은 창문으로 달려갈 것입니다. 거리나 들판에 있던 사람들은 무슨 일이 생겼나 하고 위를 쳐다볼 것입니다. 이 땅에 존재하는 대부분의 사람들에게는 그것이 두렵고 놀랍기만 한 소리이지만 믿는 사람들에게는 그 소리가 주님의 음성입니다.

얼마 뒤 놀라고 겁에 질렸던 사람들이 정신을 차려보면 많은 사람들이 사라졌고 또 그들이 그 지역에서 가장 훌륭한 사람들이었음을 알게 될 것입니다. 전에 성도들의 휴거에 대해 들어 보았거나 글을 읽은 적이 있는 어떤 이가 금방 일어난 일이 무엇인가를 깨닫고 상황을 설명해 주기까지 사람들은 이 모든 일을 그저 신비로만 여길 것입니다. 그런데 그날 일어난 놀라운 일들 중 하나는 지금까지 그리스도인이라고 잘 알려지지도 않는 사람이 사라진 반면에 목사나 교회 일을 한다고 하며 그리스도를 믿노라고 고백해 온 수많은 기독교인들이 땅에 그대로 남아 있다는 사실입니다. 그 뒤 며칠 동안 이 사건에 따른 충격이 극도에 달하게 될 것입니다. 그러다가 사람들은 이 사건을 어쩔 수 없는 일로 받아들이고 예전의 모습으로 돌아갈 것입니다.

이 일로 인해 회개하고 하나님께 돌아서는 몇몇 사람을 제외하고는 대부분의 사람들이 예전보다 더 완악해지고 사악해질 것이며 특히 사랑하는 사람을 잃은 이들의 분노는 극에 달하게 될 것입니다. 성령님께서 세상의 소금이었던 성도들을 데리고 지상을 떠나면 세상에는 남아 있는 사람들의 도덕적인 부패를 방지할 것이 아무 것도 없게 되어 온갖 형태의 부정과 부패 그리고 죄가 늘어날 것이고 그 결과 결국 적그리스도가 자연스럽게 나타날 것입니다. 그 후 적그리스도의 통치 아래 이 세상은 심판을 향해 무르익게 될 것입니다.

그리스도의 현현(지상 강림)

그리스도의 재림의 둘째 단계인 지상 강림 때에 모든 사람이 그분의 영광을 보게 될 것입니다. 예수님께서 땅에 첫 번째 오셨을 때는 육체로 자신의 참 모습을 변장했습니다. 사실 성육신은 그분의 능력과 신성을 덮는 것이었습니다. 그 결과 초림 때에는 변화산에서 있었던 것처럼 아주 가끔씩 영광의 광채가 몸 밖으로 표출된 것 외에는 그분의 영광이 직접 나타난 적은 별로 없었습니다. 그러나 주님께서 두 번째 땅에 오실 때 우리는 세상이 창조되기 전에 하나님과 함께 누렸던 영광으로 둘러싸인 그분을 직접 볼 것입니다. 그리스도께서 땅에 직접 나타나시는 것은 휴거와 마찬가지로 예기치 못했던 뜻밖의 사건이 될 것입니다.

그때 사람들은 사고팔고 짓고 심고 먹고 마시며 장가가고 시집가는 일 등에 몰두해 있을 것입니다. 정치가들은 더 나은 미래의 세계를 위해서 열심히 새 계획을 세우고 있을 것입니다. 쾌락을 좇는 이들은 새로운 쾌락거리를 찾아다니고 있을 것입니다. 악인들은 또 다른 음모를 꾸미고, 믿지 않는 자들은 하나님이나 천국, 지옥, 심판 따위는 없을 것이라며 자신을 위로할 것입니다. 그런데 바로 그때 갑자기 변화가 생길 것입니다. 저 멀리 하늘에는 태양보다 더 찬란한 빛이 나타날 것입니다. 그 빛이 지상으로 내려오는 모습을 사람들은 보게 될 것입니다. 지상으로 내려올 때 그것은 찬란한 구름의 형태를 띨 것이며 그 구름 속에서 눈부신 빛들과 번뜩이는 섬광들이 갈라져 나올 것입니다. 그것은 마치 회오리바람에 날개가 달린 것처럼 급속히 내려올 것입니다. 그 빛이 목적지인 이스라엘의 올리브산에 도착하면 겁에 질린 눈으로 보고 있는 만민들 앞에 그 모습을 확연히 드러낼 것입니다. 목격자들은 구름처럼 둘러싸인 무리 가운데 흰 말 위에 앉아 계시는 예수님과 그분의 성도들과 천군 천사들을 보게 될 것입니다(계19:11-16). 그러면 예수님께서 올리브산에서 하신 말씀이 완전히 성취됩니다.

> 그때에 사람의 아들의 표적이 하늘에 나타나겠고 그때에 땅의 모든 지파들이 애곡하며 사람의 아들이 권능과 큰 영광을 가지고 하늘의 구름들 가운데서 오는 것을 보리라(마 24:30).

그리스도의 지상 강림 때에 땅에서는 민족들의 아마겟돈 전쟁이 있을 것이며 그리스도께서는 영광의 왕좌에 앉으셔서 모든 민족을 심판하실 것입니다(마25:31-46). 그리고 그분은 땅에서 문자 그대로 천년왕국을 세우실 것입니다.

성경의 부활

성경은 세 종류의 부활에 대해 이야기합니다.

1. 민족적 부활

이 부활은 현재 민족적으로 죽어 있고 여러 민족들의 무덤 속에 매장되어 있지만 다시 살아나 자기들의 본토로 돌아가게 될 이스라엘에 대한 것입니다(호6:1-2). [4]

2. 영적 부활

이 부활은 영적으로 범법과 죄들 가운데 죽어 있는 사람들에게 해당되는 것입니다(엡2:1-6; 5:14; 롬6:11). 이것은 지금도 진행되고 있는 부활로서 계속해서 일어나고 있습니다. 한 영혼이 다시 태어나게 되면 사망에서 생명으로 넘어가는 일이 생기며 우리는 이것을 영적 부활이라고 말합니다(요5:24).

3. 육체적 부활

이것은 죽은 몸의 부활을 말합니다. 사람이 죽는다 해도 사람의 영은 죽지 않고 그 영을 주신 하나님께로 돌아갑니다. 무덤에 들어가는 것은 단지 몸뿐이며 무덤에서 나올 수 있는 것도 몸뿐입니다. 영의 세계를 다룬 7장을 보기 바랍니다.

몸의 부활

예수님은 무덤으로부터의 몸의 부활에 대해 명쾌하고도 뚜렷한 가르침을 주셨습니다.

이 말에 놀라지 말라. 무덤 속에 있는 모든 자들이 그의 음성을 듣고 나올 때가 오고 있는데 선을 행한 자들은 생명의 부활로, 악을 행한 자들은 정죄의 부활로 나오리라(요5:28-29).

여기에서 예수님은 의로운 자들과 사악한 자들 모두의 부활을 가르치고 있습니다. 사도 바울도 동일한 것을 가르쳤습니다.

또 하나님을 향한 소망 즉 그들도 스스로 인정하는 소망을 내가 가지고 있는데 *그것은 곧 죽은 자들의 부활* 즉 의로운 자들과 불의한 자들의 부활이 있으리라는 것이니이다(행24:15).

---

[4] 라킨 목사가 이 글을 기록한 1920년대까지만 해도 이스라엘은 나라 없이 온 세계에 흩어져 있었다. 물론 21세기 현시대에는 이스라엘이 이미 본국에 들어가 있다.

아담 안에서 모든 *사람*이 죽는 것같이 그렇게 그리스도 안에서 모든 사람이 살게 되리라(고전15:22).

이 말씀이 육체적 죽음과 육체적 부활을 의미하고 있다는 것은 분명한 사실입니다. 왜냐하면 바울이 설교하고 있는 주제는 사람의 몸이지 영이 아니기 때문입니다. 그러므로 모든 사람이 다 구원받는다고 가르치는 자들은 자신들의 주장을 입증할 어떠한 증거도 갖지 못합니다. 이 구절들은 죽은 자들이 다 부활할 것을 명백하게 가르치고 있습니다. 그런데 좀 더 신중히 살펴보지 않으면 우리는 의인과 악인이 부활할 뿐만 아니라 그들이 동시에 부활할 것이라고 믿게 될 것입니다. 그러나 계시록을 펴 보면 우리는 의로운 자들이 사악한 자들보다 먼저 부활하여 그들을 앞설 뿐만 아니라 두 부활 사이에 약 1,000년이라는 기간이 있음을 발견하게 됩니다.

또 내가 왕좌들을 보았는데 *사람*들이 그것들 위에 앉아 있고 그들에게 심판이 맡겨졌더라(계20:4).

이 구절은 첫째 부활의 성도들을 언급하고 있는 구절입니다. 여기의 그들은 계시록 4장 4절에서 스물네 장로들로 표현되었으며 이들은 하나님의 왕좌를 둘러싸고 있는 왕좌들 위에 앉아 있습니다.

또 내가 예수님의 증언과 하나님의 말씀으로 인해 목이 베인 자들의 혼들을 보았는데 그들은 짐승과 그의 형상에게 경배하지도 아니하고 자기 이마 위에나 손안에 짐승의 표를 받지도 아니한 자들이더라. 그들이 살아서 그리스도와 함께 천 년 동안 통치하였으나 그 나머지 죽은 자들은 그 천 년이 끝날 때까지 다시 살지 못하였더라 이것이 첫째 부활이니라(계20:4-5).

이 구절에 나오는 사람들은 환난기 성도들입니다. 처음에 요한은 순교당한 모습의 그들을 혼들로서 보았으며 그다음에는 그들이 죽은 자들로부터 부활해서 즉 다시 살아서 최초의 부활 성도들과 함께 그리스도와 함께 1,000년 동안 통치하는 것을 목격했습니다.

이 구절의 끝에 있는 '이것은 첫째 부활이라'는 말은 그 나머지 죽은 자들과 연관이 있지 않고 4절에 나와 있는 자들 즉 살아서 그리스도와 함께 1,000년 동안 다스리는 자들과 연관이 있습니다. 그 이유는 다음의 구절이 잘 보여 줍니다.

첫째 부활에 *참여할* 몫을 가진 자는 복이 있고 거룩하도다. 둘째 사망(악인들의 운명, 계20:14-15)이 그런 자들을 다스릴 권능을 갖지 못하고 도리어 그들이 하나님과 그리스도의 제사장이 되어 천 년 동안 그분과 함께 통치하리라(계20:6).

죽은 자들이 서로 다른 그룹으로 서로 간에 시간의 간격을 두고서 부활할 것이라는 것은 고린도전서 15장 22-24절에 아름답게 묘사되어 있습니다.

아담 안에서 모든 *사람*이 죽는 것같이 그렇게 그리스도 안에서 모든 사람이 살게 되리라. 그러나 각 사람이 자기 차례대로 되리니 *먼저*는 첫 열매인 그리스도시요,

그다음은 그리스도께서 오실 때에 그분께 속한 자들이니라. 그 뒤에 끝이 오는데 *그때*는 그분께서 모든 치리와 모든 권세와 권능을 물리치시고 왕국을 하나님 곧 아버지께 넘겨 드리실 때라(고전15:22-24).

여기에 나오는 '차례'라는 단어는 군대 용어로 무리, 군단, 여단 등을 의미합니다. 바울은 여기에서 부활의 순서를 부여하고 있습니다.

1. 첫 열매 그리스도
2. 그다음은 그리스도께서 오실 때 그분께 속한 사람들
3. 그 뒤에 끝이 옴

이제 우리는 첫 열매 그리스도와 그리스도께서 오실 때 그분께 속한 자들 사이에는 이미 2,000년 정도가 흘러갔고 그리스도께서 오실 때 그분께 속한 자들의 부활과 사악한 자들의 부활 사이에는 1,000년이라는 기간이 있으리라는 것을 알고 있습니다. 이 사실로부터 우리는 의로운 자들과 사악한 자들이 동시에 부활을 하지 않는다는 것을 알 수 있습니다. 이미 죽은 자들로부터의 부활이 한 번 있었습니다. 예수님께서 십자가 위에서 죽으셨을 때 다음과 같은 일이 있었습니다.

예수님께서 다시 큰 소리로 외치시고 숨을 거두시니 보라, *성*전의 휘장이 위에서부터 아래까지 둘로 찢어지고 땅이 진동하며 바위들이 터지고 무덤들이 열리며 잠든 성도들의 많은 몸이 일어나 그분의 부활 뒤에 무덤 밖으로 나와서 거룩한 도시로 들어가 많은 사람에게 나타났더라(마27:50-53).

이 사람들은 예수님과 함께 첫 열매를 이루었고 지금 그분과 함께 부활한 몸으로 영광 가운데 있습니다. 〈성경의 부활〉 선도를 참조하기 바랍니다.

계시록 20장 4-5절은 성경에서 의로운 자들과 사악한 자의 부활 사이에 1,000년이라는 기간이 존재함을 보여 주는 유일한 구절입니다. 그래서 많은 사람들이 이 한 구절을 근거로 해서 이런 사실을 논한다는 것이 옳지 않다고 말합니다. 그러나 우리는 죽은 자들로부터의 부활이 있음을 증명하기 위하여 계시록 20장 4-6절에만 의존할 필요는 없습니다. 죽은 자들의 부활에 관한 많은 구절이 의로운 자들과 사악한 자들의 부활 사이에 시간의 간격이 있음을 보여 주고 있기 때문입니다.

한 사두개인이 예수님에게 와서 "이 세상에서 남편이 일곱이나 되었던 여자는 다음 세상에서 누구의 아내가 되겠나이까?"라고 물었을 때 그분께서는 이렇게 답하셨습니다.

이 세상의 자녀들은 장가도 가고 시집도 가지만 저 세상을 얻고 또 죽은 자들로부터의 부활을 얻기에 합당한 자로 여겨질 자들은 장가가지도 시집가지도 아니하며 더 이상 죽을 수도 없나니 이는 그들이 천사들과 동등하고 부활의 아이들로서 하나님의 아이들이기 때문이라(눅20:34-36).

이것은 참으로 중요한 말씀입니다. 여기에서 세상이라고 번역된 '아이온'(Aion)이라는 그리스어는 시대로 번역될 수 있으며 이 단어가 쓰였다는 사실은 예수님께서

다음 시대 곧 천년왕국 시대 이전에 부활하게 될 죽은 자들의 한 무리에 대해 말씀하고 있음을 보여 줍니다. 이들은 더 이상 죽을 수도 없고 그들에게는 둘째 사망도 존재하지 않습니다. 왜 그럴까요? 그 이유는 그들이 천사들과 동등하고 거듭난 하나님의 자녀들이며 죽은 자들 가운데서의 부활 즉 첫째 부활에 참여하는 자들이기 때문입니다. 단지 첫째 부활의 자녀들만 천년왕국 이전에 다시 살아나게 될 것입니다.

누가복음 14장 14절에서 예수님께서는 의인들의 부활이라 부르는 특별한 부활에 대해서 언급하고 계십니다. 이것은 죽은 자들로부터의 부활로서 의롭다 불리는 자들만을 위한 것이며 첫째 부활임에 틀림이 없습니다.

한편 히브리서 기자는 더 나은 부활에 대해 이야기하고 있습니다(히11:35). 사도들이 예수님의 부활을 통해서 죽은 자들로부터의 부활을 설명했다는 것은 중요한 사실입니다. 죽은 자들의 부활은 그들이 믿어온 바이며 여기서 말하고 있는 것은 죽은 자들로부터의 부활입니다. 이것은 새로운 교리입니다. 바울은 죽은 자들의 부활을 믿었고 언젠가 반드시 부활할 것을 기대했습니다. 그러나 빌립보 사람들에게 보내는 편지에서(빌3:11) 그는 죽은 자들의 부활에 이르려고 한다는 소망을 표현하고 있습니다. 그러므로 바울은 마음속에 어떤 특별한 부활을 생각했었음에 틀림이 없습니다. 바울이 의미한 것은 우리가 데살로니가전서 4장 15-17절을 살펴볼 때 분명해집니다. 거기에서 바울은 주님의 재림 때에 그리스도 안에서 죽은 자들의 부활과 살아 있는 성도들의 휴거를 이야기하고 있는데 이 사건은 천년왕국 전에 일어나며 죽은 자들로부터의 부활을 뜻합니다. 왜냐하면 죽은 자들 중 부활하지 못한 나머지 무리는 1,000년이 끝날 때까지 다시 살지 못하기 때문입니다.

의로운 자들과 사악한 자들의 부활은 시기가 다를 뿐만 아니라 그 특성도 다릅니다. 선하게 행한 자들은 생명의 부활로 일어날 것이지만 악하게 행한 자들은 저주의 부활로 일어날 것입니다(요5:28-29). 그리고 우리가 계시록 20장 12-15절에서 읽은 것과 같이 둘째 부활 즉 저주의 부활에서 부활하는 자들은 흰 왕좌 심판에 나타나야 합니다. 또 이들의 이름은 생명책에 기록되어 있지 않으며 이들은 불 호수에 던져질 것인데 이것이 바로 둘째 사망입니다.

부활의 방식

사람이 죽을 때 몸으로부터 혼과 영이 분리되는 것이 곧 부활이라고 주장하는 사람들이 더러 있습니다. 그러나 이 같은 주장은 옳지 않습니다. 왜냐하면 죽은 자들의 몸이 그들의 무덤으로부터 부활할 것이기 때문입니다(요5:28-29).

몸의 부활에 대해 반대하는 사람들은 짐승에게 잡아먹혔거나 원자탄에 날아가 버렸던지 혹은 불 또는 석회암 등에 의해 멸망된 몸들은 회복될 수 없다는 생각을 가지고 자기들의 주장을 폅니다. 그러나 하나님께는 불가능한 것이 하나도 없습니다(눅1:37; 행26:8). 바울은 고린도전서 15장 35-54절에서 부활의 방법에 대해 밝히 보이고 있습니다. 이것은 종자 이론(Germ theory)이라 불립니다. 즉 모든 사람의 몸에는 파괴될 수 없는 씨 즉 살아 있는 씨가 있고 몸이 먼지로 변할지라도 그 살아 있는 씨는 무덤에서 또는 그것이 어디에 방치되었을지라도 거기서 계속해 존재할 것이며 땅속에 있는 씨처럼 몸의 부활의 시기가 올 때 불멸의 생명으로 튀어나올 것입니다.

그러나 부활의 몸은 종류 면에서는 같지만 특성 면에서는 다르고 서로 다른 자질들을 소유할 것입니다. 이점에 대해 바울은 이렇게 말합니다.

> 모든 육체가 같은 육체는 아니니 한 종류는 사람의 육체요, 다른 것은 짐승의 육체요, 다른 것은 물고기의 육체요, 다른 것은 새의 육체니라(고전15:39).

다시 말해서 하나님의 창조물의 육체는 다 그들의 환경에 적응할 수 있게 되어 있습니다. 물고기의 육체가 공중에 날아다닐 수 없고 새의 육체가 바다에서 헤엄을 칠 수 없습니다. 그래서 땅의 육체들이 있고 하늘의 육체들이 있습니다. 지금 있는 대로의 사람의 몸은 하늘에서는 존재할 수 없습니다. 따라서 변화가 있어야만 하고 이 변화는 부활에 의해서 이루어질 것입니다. 이 변화에 대해 바울은 다음과 같이 묘사합니다.

> 죽은 자들의 부활도 이와 같으니 그것은 썩는 것 가운데서 뿌려지고 썩지 않는 것 가운데서 일켜지며 수치 가운데서 뿌려지고 영광 가운데서 일켜지며 연약함 가운데서 뿌려지고 권능 가운데서 일켜지며 본성에 속한 몸으로 뿌려지고 영에 속한 몸으로 일켜지나니 본성에 속한 몸이 있고 영에 속한 몸이 있느니라(고전 15:42-44).

이 구절은 부활한 몸이 어떠한 실체도 소유하지 않을 것임을 의미하지 않습니다. 사실 형체와 실체를 가지고 있지 않으면서 영의 몸의 기능들을 소유한 몸이란 생각해 볼 수도 없습니다. 그리스도의 부활하신 몸은 우리의 몸이 어떠하리라는 것을 보여주는 본보기입니다. 그분의 몸이 썩음을 보지 않았고 무덤에 누우셨던 것과 똑같은 몸으로 일어나셨다는 것은 사실입니다. 그러나 동일한 몸이기는 했지만 그 특성에 있어서는 달랐습니다. 못 자국과 창 자국이 그대로 있었지만 그 몸은 닫힌 문을 통과할 수 있었고 의지대로 나타났다가 사라질 수 있었습니다. 그분의 몸은 살과 뼈는 가졌지만 피는 없었습니다(눅24:39-43). 왜냐하면 살과 피는 하나님의 왕국에 들어갈 수 없기 때문입니다(고전15:50). 이는 피가 부패를 일으키기 때문입니다. 육체를 보존하기 위해서는 피를 다 빼거나 약품 처리한 액으로 그 피를 보존시켜야 합니다. 희생물에서 피를 빼야 했듯이 예수님께서는 자신의 피를 땅에 남겨 놓으셨습니다.

우리의 부활의 몸은 가시적인 형태와 모양을 지닐 것이고 살과 뼈로 된 골격을 갖출 것입니다. 그런데 이 살과 뼈는 새 환경에 맞도록 변경된 살과 뼈일 것입니다. 우리는 에녹과 엘리야가 자신들의 육체를 입고 하늘로 올라갔다는 것을 잊지 말아야 합니다. 추측컨대 그들의 몸은 하늘로 올라가면서 영광스럽게 되었지만 그들이 몸을 벗어 버리지는 않았습니다. 만일 그들이 하늘에서도 몸을 필요로 했다면 왜 우리라고 필요치 않겠습니까? 단지 이 두 명의 성도들만 하늘에서 자기들의 몸을 가졌을 것이라고 추측하는 것이 합당하겠습니까?

만일 모세의 몸이 쓸모가 없었다면 왜 천사장 미가엘은 모세의 몸을 놓고 마귀와 논쟁을 벌였겠습니까? 모세와 엘리야가 예수님과 함께 변화산에 나타났을 때 자기들의 몸을 가지고 있지 않았습니까? 그리고 만일 그들이 예수님께서 승천하실 때(행 1:9-11) 흰 옷을 입고 곁에 서 있던 두 명의 남자들이었다면 그리고 그들이 계시록 11장 3-6절의 두 증인들이라면, 그들이 부활로 변화된 성도들과 휴거로 변화된 성도들의 모형이었듯이 성도들은 휴거 때에 모세와 엘리야가 지금 소유하고 있는 것과 같은 몸을 가지게 될 것입니다.

예수님의 부활 때 부활한 사람들이 여럿 있었습니다. 그리스도와 이들의 부활은 첫 열매이고 의로운 자들의 부활은 수확이며 환난기 성도들의 부활은 이삭줍기입니다.

땅에 존재했던 모든 죽은 자들이 동시에 부활한다면 그들이 함께 설 자리가 없을 것이기 때문에 부활은 있을 수 없다고 반대 의견을 내세우는 사람들도 있습니다. 그러나 우리가 위에서 살펴보았듯이 그들은 모두 동시에 부활하지 않을 것입니다. 왜냐하면 사악한 자들이 부활하기에 앞서 의로운 자들이 먼저 부활해서 1,000년 동안 지구를 다스리게 될 것이기 때문입니다.

한편 이들이 모두 동시에 부활한다고 생각해 봅시다. 현재 전 세계의 인구는 17억 명입니다.[5] 대개 한 세대는 33년입니다. 편의상 아담이 살던 시대에 인구가 17억 명이었다고 생각해 봅시다. 또한 33년마다 17억 명이 죽는다고 가정해 봅시다. 그렇다면 아담이 창조된 주전 4,000년부터 주후 1,900년까지는 약 178세대가 있었고 그때부터 지금까지 죽은 사람들은 모두 3026억 명이 됩니다. 만일 이들이 모두 동시에 부활하여 가로 세로 1미터의 공간을 차지하며 땅 위에 선다고 하면, 미국 텍사스 주의 절반 정도의 땅이면 모두 설 수 있습니다.

---

5) 라킨 목사가 살던 1920년대의 인구이다.

성경의 심판

성도들이 열심히 복음을 선포함으로써 천년왕국이 이루어지며 천년왕국 이후에는 모든 사람들에 대한 단 한 번의 총체적인 심판과 총체적인 부활이 있고 그 뒤에 불에 의해 땅이 멸망한다는 견해는 비성경적입니다.

성경은 공중에서 이루어지는 심판(살전4:16-17; 고후5:6-10), 땅에서 이루어지는 심판(마25:31-46) 그리고 땅과 대기가 날아가 버린 뒤 하늘에서 이루어지는 심판(계20:11-15) 등에 대하여 말하기 때문에 단 한 번의 총체적인 심판이나 총체적인 부활이란 있을 수 없습니다. 또한 확신하건대 이러한 여러 가지 서로 다른 심판들은 단 하나의 심판 장소에서 이루어지지 않으며 이것을 증명하듯이 성경은 다음과 같이 분명히 다른 세 개의 심판 장소를 언급하고 있습니다.

1. 그리스도의 심판석(고후5:10): 성도들을 대상으로 공중에서 이루어짐
2. 영광의 왕좌(마25:31-32): 민족들을 대상으로 땅에서 이루어짐
3. 크고 흰 왕좌(계20:11-12): 사악한 자들을 대상으로 하늘에서 이루어짐

성경 말씀은 위의 세 심판을 포함해서 다섯 가지 주요한 심판들이 있음을 보여 줍니다. 그 대상과 때와 장소와 심판의 기준과 결과는 다음과 같습니다.

첫째 심판

1. 대상 - 성도들
2. 때 - 주후 30년
3. 장소 - 갈보리
4. 심판의 근거 - 예수 그리스도께서 끝마치신 일
5. 결과 - a. 그리스도에게는 죽음이 옴
   b. 믿는 자에게는 의롭다 하심(칭의)이 이루어짐

이 심판은 이미 지나갔으며 이 심판의 결과에 대한 성경의 증거는 다음과 같습니다.

그리스도께서는 믿는 모든 자에게 의가 되시기 위해 율법의 끝마침이 되시느니라(롬10:4).

그러므로 이제 그리스도 예수님 안에 있는 자들에게는 결코 정죄함이 없나니 그들은 육신을 따라 걷지 아니하고 *성령*을 따라 걷느니라. 이는 그리스도 예수님 안에 있는 생명의 *성령*의 법이 죄와 사망의 법에서 나를 해방하였기 때문이라(롬8:1-2).

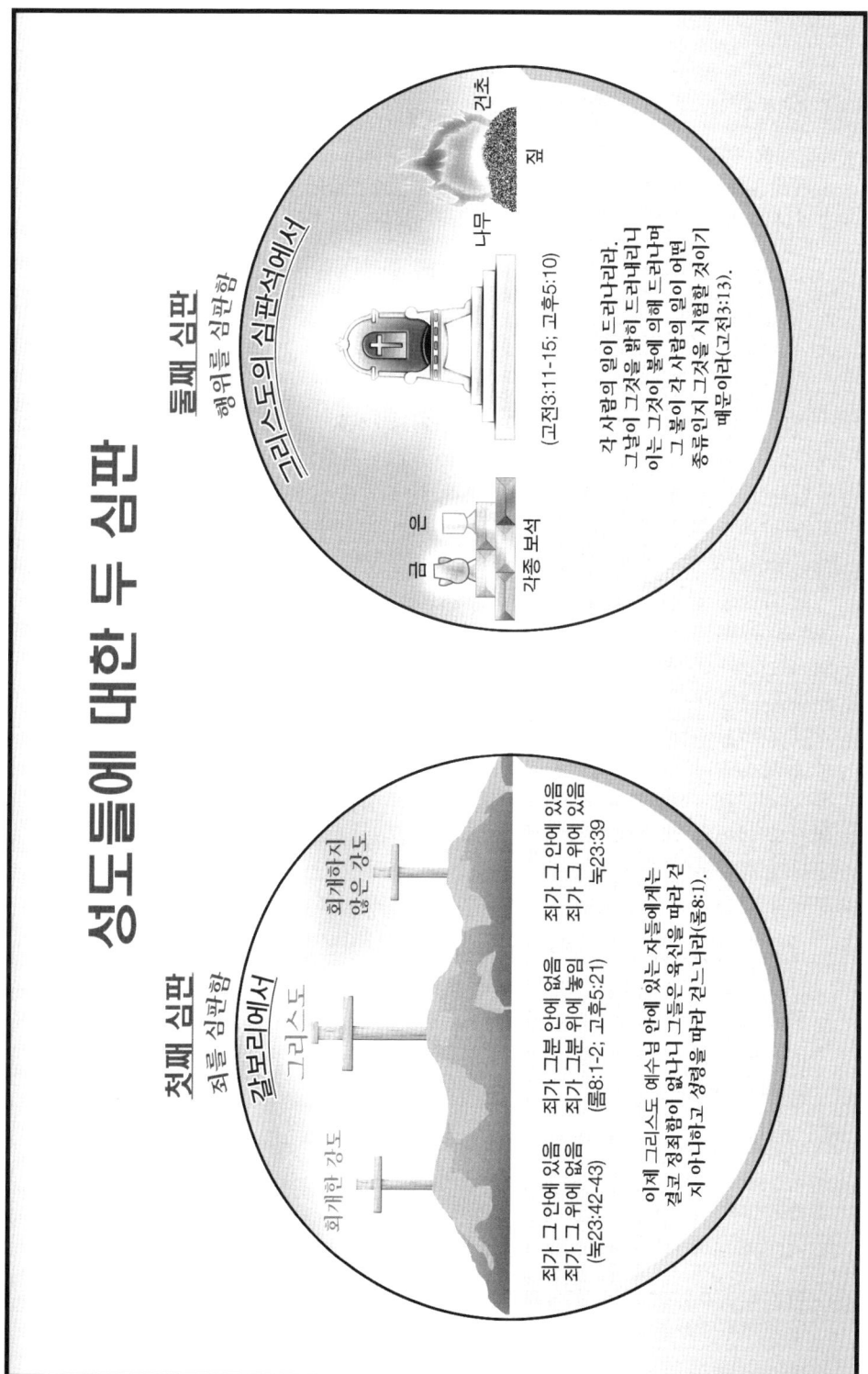

〈성도들에 대한 두심판〉

진실로 진실로 내가 너희에게 이르노니 내 말을 듣고 나를 보내신 분을 믿는 자는 영존하는 생명이 있고 정죄에 이르지 아니할 것이며 사망에서 생명으로 옮겨졌느니라 (요5:24).

죄에 대해 성도가 받는 심판은 이미 지나갔고 십자가에서 다 해결되었습니다. 그러나 우리는 성도들이 받는 심판이 세 종류라는 것을 기억해야 합니다.

1. 죄인으로서의 심판
2. 아들로서의 심판
3. 종으로서의 심판

이미 위에서 살펴본 대로 죄인으로서의 성도에 대한 심판은 이미 지나갔습니다. 이제는 아들로서의 성도의 심판이 무엇인지 살펴봅시다. 죄인이 예수 그리스도를 개인의 구원자로 받아들이는 순간에 죄에 대한 문제는 해결되고 맙니다. 우리의 불법들이 그분 위에 놓이고 더 이상 우리 위에 있지 않습니다(사53:5-6). 그러나 죄(Sin) 문제와 죄들(Sins) 문제는 서로 다릅니다. 예수 그리스도께서는 죄 문제를 해결하시려고 즉 에덴동산에서 아담이 저지른 불순종으로 인한 대가를 치르시기 위해 십자가에서 죽으셨습니다. 죄란 사람 안에서 잘못된 것을 행하려는 경향 혹은 본성을 의미하며 따라서 우리는 이것을 본래의 타락하려는 경향이라 말할 수 있습니다. 이 같은 경향 혹은 본성은 새로 태어남으로써 제거되지 않으며 단지 우리에게는 이것에 대항하는 힘 즉 새로운 본성이 생기게 됩니다. 그리고 이 두 본성 중 어느 것이 우리를 지배하느냐 하는 것은 우리가 어떤 것을 양육하고 어떤 것을 굶게 만드느냐에 달려 있습니다. 이것이야말로 사도 바울이 회심한 뒤에 스스로 경험한 것을 묘사한 두 본성 간의 전쟁입니다(롬7:1-25). 이 전쟁은 사람이 죽음으로써 옛 본성이 완전히 없어질 때까지 계속됩니다. 죄들은 죄를 지으려는 우리의 본성으로 인해 우리가 범하는 외적으로 드러나는 잘못들입니다. 이런 죄들을 매일같이 하나님께 자백함으로써 우리의 삶에서 제거해야 합니다.

내 어린 자녀들아, 내가 이것들을 너희에게 쓰는 것은 너희가 죄를 짓지 않게 하려 함이라. 만일 누가 죄를 지어도 아버지와 함께 계신 변호자가 우리에게 계시니 곧 의로우신 분 예수 그리스도시라(요일2:1).

만일 우리가 우리 죄들을 자백하면 그분께서는 신실하시고 의로우사 우리 죄들을 용서하시며 모든 불의에서 우리를 깨끗하게 하시느니라(요일1:9).

아들로서 우리가 받는 심판은 죄를 자백하지 않은 경우에 이루어집니다. 그 형벌은 징계입니다. 바로 이런 이유로 많은 크리스천들이 징계를 받으며 이 사실은 그들이 사생아가 아니고 아들임을 보여 줍니다(히12:5-11). 이에 대해 바울은 다음과 같이 말합니다.

만일 우리가 우리 자신을 판단하려 하면 판단을 받지 아니할 것이나 우리가 판단을 받았으면 주께 징계를 받았나니 이것은 우리가 세상과 함께 정죄를 받지 아니하게 하려 함이라(고전11:31-32).

아들로서 우리가 행할 임무는 매일같이 우리 자신을 살펴보고 우리의 죄들을 고백하여 하나님의 징계를 받지 않는 것입니다.

둘째 심판

1. 대상 – 성도들
2. 때 – 교회가 채여 올라감(휴거)을 받은 후
3. 장소 – 그리스도의 심판석(공중에서)
4. 심판의 근거 – 성도들의 행위
5. 결과 – 보상 또는 손실

이 심판은 미래의 일이며 성경은 이에 대해 이렇게 말합니다.

> 이는 우리가 반드시 다 그리스도의 심판석 앞에 나타날 것이기 때문이라. 이로써 각 사람이 좋은 것이든 나쁜 것이든 자기가 행한 것에 따라 자기 몸 안에서 이루어진 것들을 받으리라(고후5:10).

고린도후서 5장에는 우리라는 대명사가 26번 나오는데 여기의 우리는 사도 바울을 포함한 모든 믿는 자들을 의미합니다. 사도 바울은 고린도 교회와 성도들에게 여기에서 언급하고 있는 심판이 오직 믿는 자들에게만 해당되는 것을 보여 주고 있습니다. 이 심판의 때는 주님께서 오실 때이고(고전4:5) 장소는 공중이며(살전4:17) 더 구체적으로는 그리스도의 심판석 앞에서입니다.

이것은 단지 구원받은 자들만 받는 심판이기 때문에 심판받는 자가 죄인인지 혹은 죄인이 아닌지를 알아보기 위한 재판의 의미를 갖는 심판이 아닙니다. 이것은 죄가 아니라 성도들의 행위를 따지는 심판입니다. 이 심판은 고전 3:11-15에 자세히 묘사되어 있습니다.

> 아무도 이미 놓인 기초 외에 다른 기초를 놓을 수 없나니 이 기초는 예수 그리스도시니라. 그런데 어떤 사람이 이 기초 위에 금이나 은이나 보석이나 나무나 건초나 짚을 세우면 각 사람의 일이 드러나리라. 그날이 그것을 밝히 드러내리니 이는 그것이 불에 의해 드러나며 그 불이 각 사람의 일이 어떤 종류인지 그것을 시험할 것이기 때문이라. 어떤 사람이 그 기초 위에 세운 일이 남아 있으면 그는 보상을 받을 것이요, 어떤 사람의 일이 불타면 그는 *보상의* 손실을 당하리라. 그러나 그 자신은 구원을 받되 불에 의해 받는 것같이 받으리라(고전3:11-15).

이 심판의 결과는 보상 아니면 손실입니다. 이 심판의 결과 나무, 건초, 짚으로 대표되는 우리의 모든 나쁜 행위와 죽은 행위는 소멸되고 우리의 선한 행위만 남게 됩니다. 우리의 삶 속에는 단지 우리가 크리스천으로서 인간적이고 세상적인 차원에서 행한 행위들이 많으며 이런 것들은 사실 우리의 영원한 보상과는 아무런 관계가 없습니다. 보상을 받는 사람들에게는 그날이 최고의 날이 될 것입니다.

옛날에 그리스 게임(고대 올림픽 게임)이 모두 끝난 뒤에는 경주자들과 레슬링 선수들과 또 좋은 결과를 거둔 경쟁자들이 '베마'(Bema)라고 불리는 심판대 앞에 모였습니다. 그 심판대는 심판이 앉아 있는 높은 좌석이었으며 승리자들은 승리의 대가로 월계수 잎으로 만든 썩을 관을 받았습니다. 어떤 사람들은 상을 받지 못했고 승리의 월계관도 따지 못했습니다. 비록 그들이 거기에서 상을 받지는 못했지만 벌도 받지 않았습니다. 물론 그들은 내쫓기는 일도 당하지 않았습니다.

신약 성경은 성도들이 받게 될 다섯 왕관에 대해 말합니다.

1. 생명의 왕관

이것은 순교자의 왕관이며 성경에 단지 두 번 언급되어 있습니다.

시험을 견디는 사람은 복이 있나니 이는 그가 단련을 받은 뒤에 주께서 자신을 사랑하는 자들에게 약속하신 생명의 왕관(冠)을 받을 것이기 때문이라(약1:12).

네가 장차 당할 그 일들 중 어떤 것도 두려워하지 말라. 보라, 마귀가 너희 중 몇 사람을 감옥에 던져 너희를 시험하리니 너희가 열흘 동안 환난을 당하리라. 너는 죽기까지 신실하라. 그러면 내가 생명의 왕관을 네게 주리라.(계2:10).

계시록 2장 10절은 '죽음에 이르기까지 즉 누구나 죽는 죽음이 올 때까지'(until death)가 아니고 '죽기까지'(unto death) 즉 '순교하기까지'라고 말하고 있습니다. 성도들은 순교자로서 죽기까지 자신들의 믿음을 철회하지 않고 꿋꿋이 유지해야 합니다. 믿음을 철회하는 것은 왕관을 잃는 것입니다. 위의 말씀은 주로 환난기의 순교자들에 대한 것입니다.

2. 영광의 왕관

이것은 목자장이신 예수님께서 나타나실 때 장로나 목양자들에게 주실 왕관입니다. 그러나 더러운 돈을 위해 일하거나 하나님의 상속자들 위에 군림하는 자들에게는 이 왕관을 주지 않습니다.

너희 가운데 있는 하나님의 양 떼를 먹이고 감독하되 억지로 하지 말고 자진해서 하며 더러운 이익을 위해 하지 말고 준비된 마음으로 하며 하나님의 상속 백성 위에 주인처럼 군림하지 말고 오히려 양 떼에게 본이 되라. 그러면 목자장께서 나타나실 때에 너희가 사라지지 아니하는 영광의 왕관을 받으리라(벧전5:2-4).

3. 환희의 왕관

이것은 영혼을 구원하는 자가 받게 될 왕관입니다. 우리가 예수님께 데려온 사람들은 그분께서 오실 때에 바로 우리의 '기쁨의 왕관'이 될 것입니다.

우리의 소망이나 기쁨이나 환희의 왕관이 무엇이냐? 우리 주 예수 그리스도께서 오실 때에 그분 앞에 있을 바로 너희가 아니냐? 너희는 우리의 영광이요 기쁨이니라(살전 2:19-20).

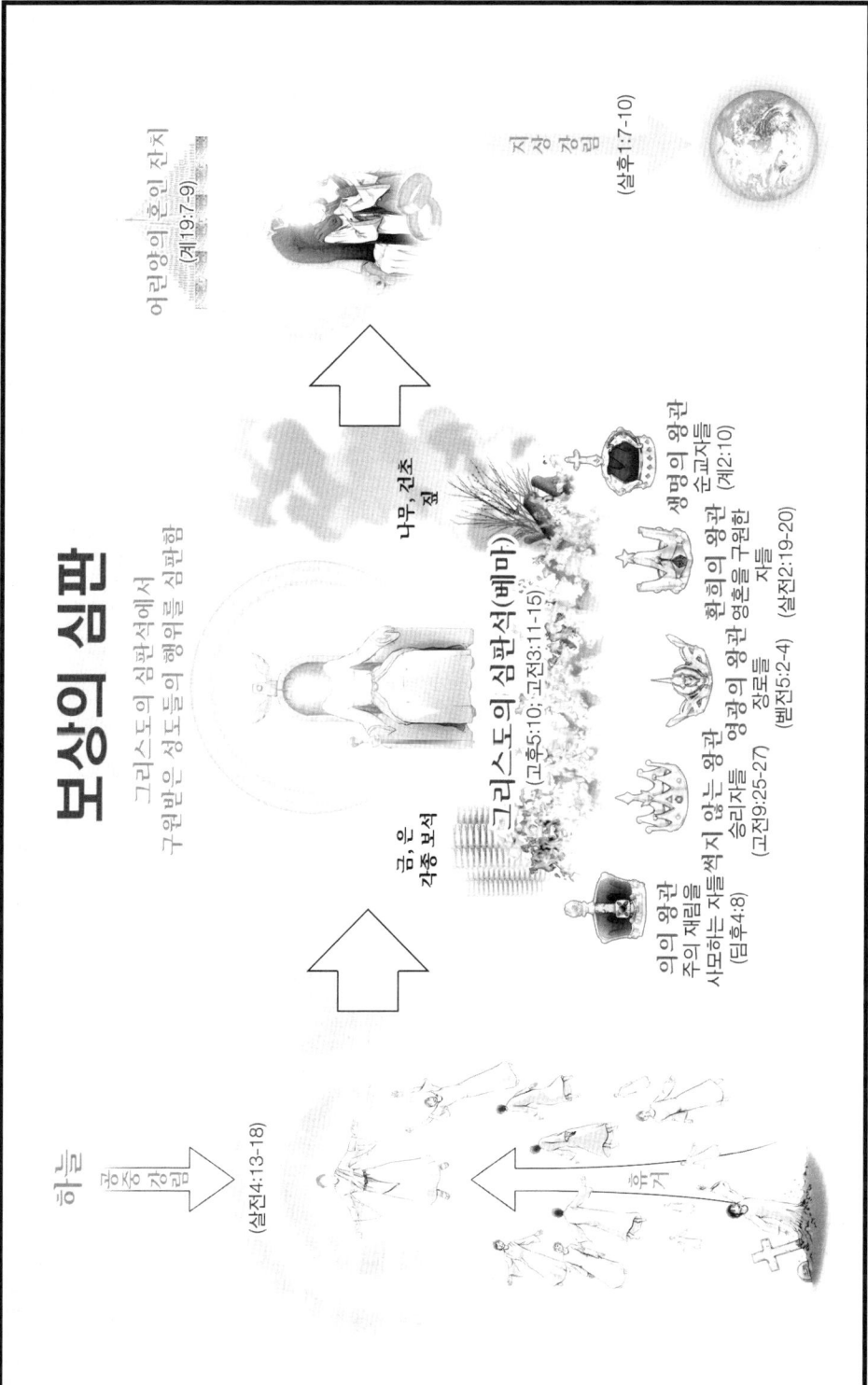

〈보상의 심판〉

그러므로 극진히 사랑하고 사모하는 나의 형제들 곧 나의 기쁨이요 왕관인 나의 극진히 사랑하는 자들아, 이와 같이 주 안에서 굳게 서라(빌4:1).

4. 의의 왕관

이것은 주님의 나타나심을 사모하는 자들이 받을 왕관이며 그날 즉 그분께서 나타나시는 날에 그분께서 주실 것입니다.

이후로는 나를 위해 의의 왕관이 예비되어 있나니 주 곧 의로우신 심판자께서 그 날에 그것을 내게 주실 것이요, 내게만 아니라 그분의 나타나심을 사랑하는 모든 자들에게도 주시리라(딤후4:8).

5. 썩지 않을 왕관

이것은 승리자의 왕관이며 자기 몸을 복종시킨 자들 즉 육신의 정욕에 굴복하지 않은 자들이 받을 것입니다

이기려고 애쓰는 자마다 모든 일에 절제하나니 이제 그들은 썩을 왕관을 얻기 위해 그 일을 하지만 우리는 썩지 아니할 *왕관*을 얻기 위해 하느니라(고전9:25).

이들은 세상의 유흥과 즐거움으로 인해 주인의 일을 게을리 하지 않으며 이 세상의 기쁨 속에 자신들의 몸을 담그지 않는 사람들입니다. 만약 그분께서 오실 때 부끄럽게 되지 않으려면 우리는 우리 몸을 복종시켜야만 할 것입니다.

셋째 심판

1. 대상 – 유대인들
2. 때 – 환난기
3. 장소 – 예루살렘과 그 근방
4. 심판의 근거 – 하나님의 신성을 거부한 것
5. 결과 – 회심하여 그리스도를 자기들의 메시아로 받아들임

이 심판 역시 미래에 일어날 것입니다. 교회가 공중에서 그리스도의 심판석 앞에서 심판을 받을 동안 유대인들은 땅에서 적그리스도의 통치하에 심판을 받을 것입니다. 유대인들은 세상에 속한 하나님의 백성이며 그들에게 주신 약속들은 모두 땅과 관련된 것들이기 때문에 그들에 대한 심판 역시 땅과 관련되어 있습니다.

그들을 심판하시는 근거는 그들이 하나님의 신성을 거부한 데 있습니다. 사무엘 시대에 그들은 성부 하나님을 거부했습니다(삼상8:7). 그리스도 시대에 그들은 성자 하나님을 거부했습니다(눅23:18). 스데반 시대에 그들은 성령 하나님을 거부했습니다(행7:51, 54-60). 그들의 죄 때문에 그들은 이방인들의 때가 찰 때까지 세상의 여러 민족들 가운데로 흩어졌습니다. 그러나 이방인들의 때가 끝날 무렵에 유대인들은 회개하지 않은 상태로 거룩한 땅에 되돌아오게 될 것이며 막대기 아래로 지나며 시련을 겪게 될 것입니다(겔20:34-38). 그들은 하나님의 도가니 속에 던져질 것이며

(겔22:19-22) 예레미야와 다니엘이 '야곱의 고난의 때'라고 말했던 무서운 환난의 때를 통과하게 될 것입니다(렘30:4-7; 단12:1).

예수 그리스도께서는 이때를 큰 환난이라고 했으며 그분과 스가랴 대언자는 그것이 일어나는 때를 주의 재림과 연관시키고 있습니다(마24:21-31; 슥14:1-11). 주님께서 이 목적을 위해 사용하실 사람은 적그리스도로서 그의 무서운 통치는 지상 위에 하나님의 진노의 일곱 금병들이 쏟아짐으로써 더욱 가중될 것입니다. 이 끔찍한 심판의 결과로 유대인들은 참담한 가운데 자신들의 주님을 부를 것입니다(슥12:10). 그리할 때 예수 그리스도께서 올리브산으로 돌아오시고(슥14:4) 유대인들은 자기들이 찌른 그분을 바라볼 것이며(슥12:10) 유다 민족은 하루 만에 태어나 회심할 것입니다(사66:8). 이것으로 유대인들에 대한 심판이 완결되며 히브리서 8장에서 하나님이 이스라엘의 집과 유다의 집과 더불어 세우신 새 언약이 발효됩니다.

넷째 심판

1. 대상 - 민족들(이방인들)
2. 때 - 예수 그리스도의 지상 강림 때
3. 장소 - 그분의 영광의 왕좌(땅 위의 여호사밧 골짜기)
4. 심판의 근거 - 그들이 예수 그리스도의 형제들 곧 유대인들을 어떻게 대우했는가
5. 결과 - 어떤 민족은 구원을 받고 어떤 민족은 멸망을 받음

이 심판 역시 미래에 일어날 것입니다. 이 심판은 마태복음 25장 31-46절에 묘사되어 있습니다. 많은 이들이 이 심판에 대한 말씀과 계시록 20장 11-15절 말씀을 한데 묶어 이 둘이 마치 하나의 총체적인 심판을 나타내고 있는 것처럼 가르칩니다. 그러나 이것들을 비교해 보면 너무나 큰 차이가 있고 따라서 이것들이 같은 사건을 묘사하지 않음은 확실합니다. 하나님께서 떼어 놓으신 것을 사람이 붙여 놓을 수는 없습니다. 다음의 표는 두 사건이 다르다는 것을 확실히 보여 줍니다.

마25:31-46	계20:11-15
부활이 없음	부활이 있음
살아 있는 민족들이 심판을 받음	죽은 자들이 심판을 받음
땅 위에서 이루어짐(욜3:2)	하늘과 땅이 사라진 뒤 이루어짐
책들에 대한 언급이 없음	책들이 펼쳐져 있음
세 부류가 나옴: '양들', '염소들', '형제들'	오직 한 부류만 나옴: '죽은 자들'
때 - 천년왕국 이전	때 - 천년왕국 이후

위의 표를 통해 우리는 이 심판들 중 하나는 땅 위에서 이루어지며 다른 하나는 하늘에서 이루어지고 이것들 간에는 1,000년이라는 시간적 간격이 있다는 사실을 분명히 보게 됩니다.

마태복음 25장에서 민족들로 번역된 그리스어 '에스노스'(Ethnos)는 신약 성경에 158번 나옵니다. 이 단어는 이방인들로 92번, 민족 혹은 민족들로 61번 그리고 이교도들로 5번 번역되었으며 어떤 경우에서도 죽은 자들이나 부활한 자들에게 적용된 적은 없습니다.

이 넷째 심판은 단지 민족들(이방인들)에 대한 심판이기에 유대인들은 그 안에 포함될 수 없습니다. 왜냐하면 그들은 민족들 가운데 속하지 않기 때문입니다(민 23:9). 그리고 교회는 이 심판이 이루어질 때 이미 휴거를 통해 예수 그리스도와 연합되어 세상(민족들)을 심판할 것이기에 교회 역시 이 심판에 포함될 수 없습니다(고전6:2). 유대인들도 환난기를 통해 이미 심판을 받았으므로 이 심판과는 무관합니다. 따라서 여기에 있는 민족들에 대한 심판은 무신론자들도 알고 있는 총체적인 심판이 될 수는 없습니다.

그렇다면 여기에 등장하는 양들이란 누구를 뜻할까요? 그들은 의로운 자들 즉 세상의 시작으로부터 끝까지 이 세상에 존재한 모든 의로운 자들을 대표하는 자들이 아닐까요? 그리고 이와 마찬가지로 염소들은 모든 사악한 자들을 대표하는 자들이 아닐까요? 양들이 의로운 자들이고 염소들이 사악한 자들이라면 도대체 형제들은 누구일까요? 어떤 사람들이 주장하는 대로 만일 이 형제들이 그리스도의 추종자들이라면 그들은 당연히 양들로 분류되어야 마땅할 것입니다. 성경은 분명히 의인은 믿음으로 말미암아 구원을 받고 악인은 그리스도를 부인했기 때문에 멸망 당한다고 기록하고 있습니다. 그런데 이 심판의 장면에서 심판의 기준은 민족들이 형제들이라 불리는 부류의 사람들을 어떻게 대우했느냐 하는 것이며 믿음이 아닙니다. 또한 이 기준에 의해 양들은 왕국을 상속받고 염소들은 영원한 형벌을 받게 됩니다.

이 구절을 해석하면서 민족들에 대한 심판을 개개인에 대한 심판으로 영적인 해석을 해 버리기 때문에 큰 문제가 발생합니다. 여기서 양들은 민족들 중 한 분류이고 염소들 또한 다른 한 분류이며 반면에 형제들은 예수 그리스도의 육적 형제들인 유대인들을 지칭합니다. 우리는 이 심판의 때와 장소를 명심해야만 합니다. 그때는 예수님께서 땅에 자신의 천년왕국을 건설하시기 위하여 나타나시는 때이며 장소는 예루살렘 근처의 여호사밧 골짜기입니다.

보라, 그 날들에 곧 내가 유다와 예루살렘의 포로 된 자들을 다시 데려올 그때에 내가 또한 모든 민족들을 모은 뒤 여호사밧 골짜기로 그들을 데리고 내려가 내 백성 곧 내 상속 *백성* 이스라엘을 위해 거기서 그들과 변론하리라. 그들이 이스라엘 민족들

가운데 흩어 버리고 내 땅을 나누었으며(욜3:1-2)

요엘 대언자의 예언은 유대인들이 자신들의 땅으로 돌아갈 때에 땅에 있는 여호사밧 골짜기에서 민족들에 대한 심판이 있을 것이며 그 심판의 근거가 예수 그리스도의 육적 형제들 즉 유대인들에 대한 민족들의 대우가 될 것임을 명백히 보여 줍니다.

환난기에 유대인들을 친절히 대해 주고 먹여 주고 입혀 주며 그들이 감옥에 갇혔을 때 그들을 찾아간 민족들은 양 민족들이 될 것이며 반면에 그렇게 하지 않은 자들은 염소 민족들이 될 것입니다. 민족들의 심판 때에 왕께서는 양 민족들에게 "너희는 이 내 형제들(유대인들)에게 친절히 대했으므로 오라, 내 아버지께 복 받은 자들아, 너희는 세상의 창건 때부터 너희를 위해 예비된 왕국을 상속받으라."고 말씀하실 것입니다. 물론 이 왕국은 양 민족들이 상속하여 천 년 동안 소유하게 될 천년왕국입니다.

그리고 그들이 새 땅(계21:24)의 구원받은 민족들 가운데 있을 것이므로 그들 혹은 최소한 그들 중 의로운 사람들은 영원한 생명에 들어갈 것입니다(마25:46). 염소 민족들에 대한 그리스도의 판결은 "너희는 내게서 떠나 마귀와 그의 천사들을 위해 예비된 영존하는 불에 들어가라."는 것입니다. 염소 민족들은 즉시 민족적으로 멸망할 것이며 그들 중 어느 누구도 천년왕국에 들어가지 못하고 그 민족들을 구성하고 있는 사악한 개개인들은 죽어 영벌에 처해질 것입니다.[6]

다섯째 심판: 흰 왕좌 심판

1. 대상 – 죽은 사악한 자들
2. 때 – 불에 의해 땅이 정화되는 동안
3. 장소 – 크고 흰 왕좌 앞
4. 심판의 근거 – 그들의 행위
5. 결과 – 불 호수에 던져짐

이 심판도 역시 미래에 일어날 것입니다. 이에 대한 기사는 다음의 말씀 속에 있습니다.

또 내가 크고 흰 왕좌와 그 위에 앉으신 분을 보았는데 땅과 하늘이 그분의 얼굴을 피해 물러가서 그것들의 자리가 보이지 아니하더라. 또 내가 보니 죽은 자들이 작은

---

6) 여기의 양과 염소 심판이 이방 민족들을 향한 심판임에는 틀림이 없지만 양들과 염소들에 대해서는 두 의견이 있다. 먼저 라킨 목사와 같이 이방 민족들이 양 민족들과 염소 민족들로 구분되어 민족적으로 구원을 받는다고 보는 견해가 있다. 또 이방 민족들에 속한 자들 중 의로운 자들은 양들이고 사악한 자들은 염소들로서 이들이 모두 개인적으로 심판을 받는다고 보는 견해도 있다. 또한 이 심판을 가지고 행위 구원을 가르치는 것도 잘못이다. 여기서 양과 염소로 분류된 자들은 자기들의 믿음의 열매인 행위에 따라 심판을 받는다. 성경은 어느 곳에서도 행위 자체가 사람을 구원한다고 가르치지 않는다. 믿음이 있으면 거기에 따른 행위가 있기 마련이며 그래서 열매로 나무를 알 수 있다.

자나 큰 자나 하나님 앞에 서 있는데 책들이 펼쳐져 있고 또 다른 책 즉 생명책이 펼쳐져 있더라. 죽은 자들이 자기 행위들에 따라 그 책들에 기록된 그것들에 근거하여 심판을 받았더라. 바다가 자기 안에 있는 죽은 자들을 내주었고 사망과 지옥이 자기 안에 있는 죽은 자들을 넘겨주매 그들이 각각 자기 행위들에 따라 심판을 받았으며 사망과 지옥이 불 호수에 던져졌더라. 이것이 둘째 사망이니라. 누구든지 생명책에 기록된 것으로 드러나지 않은 자는 불 호수에 던져졌더라(계20:11-15).

이 심판은 민족들의 심판이 끝나고 천 년이 지난 뒤에 크고 흰 왕좌 앞에서 일어나게 됩니다. 크고 흰 왕좌는 땅에 있지 않습니다. 왜냐하면 크고 흰 왕좌 심판이 불에 의해 땅이 정화되는 때에 일어날 것이기 때문입니다. 이 같이 땅이 정화되는 것은 베드로가 '하나님의 뜻을 따르지 않는 사람들의 심판과 멸망의 날'(벧후3:7)이라고 부르면서 언급한 심판이 이루어질 때에야 비로소 이루어질 것입니다. 크고 흰 왕좌 심판은 바로 이때, 하나님의 뜻을 따르지 않는 자들을 심판하는 것을 말합니다.

의롭게 죽은 자들은 모두 첫째 부활 때에 일어날 것입니다. 만약 첫째 부활과 악한 자들의 부활 즉 둘째 부활 사이에 의로운 이가 죽는다면 그들은 악한 자들의 부활 때에 함께 일어날 것입니다. '누구든지 생명책에 기록된 것으로 드러나지 않은 자'(계20:15)라는 말은 거기에 적어도 몇몇 의로운 자들이 – 아마도 극소수가 되겠지만 – 둘째 부활 때에 있을 것임을 암시하고 있습니다.

천년왕국 말기에 그리고 불에 의한 땅의 정화 직전에 살아 있는 의로운 자들은 아마도 휴거 등을 통해 옮겨질 것이며 살아 있는 악한 자들 혹은 경건치 못한 자들은 지구의 대기와 표면을 태우는 불길에 의해 멸망당할 것입니다.

흰 왕좌 앞에 선 사악한 자들 혹은 경건치 못한 자들은 영생에 들어갈 자격이 있는지를 알아보기 위해 심판을 받지 않고 그들에게 내릴 벌의 정도를 정하기 위해 심판을 받을 것입니다. 이 심판에서 참으로 애석한 점은 그리스도를 구원자로 받아들이기를 거부했기 때문에 경건치 못한 자들로 분류될 '구원받지 못한, 친절하고 사랑스러운 사람들'이 많이 있을 것이라는 사실입니다. 기록하는 천사가 적어 둔 모든 사람의 삶에 대한 기록을 담은 책들이 펼쳐지고 모든 사람은 자기의 행위에 따라 심판받을 것입니다. 어떤 이들은 다른 이들보다 좀 더 심한 처벌을 받을 것이지만 어느 누구도 처벌 자체를 피할 수는 없습니다. 참으로 안타까운 점은 그리 나쁘지 않았던 사람들이 불 호수 속에서 경건치 못한 자들과 함께 영원토록 지내야만 한다는 것입니다. 그들의 벌은 둘째 사망을 포함하는데 그것은 곧 그들이 누가복음 16장의 부자처럼 불 호수에서 영원토록 살아야 됨을 의미합니다.

끝으로 타락한 천사들(지금 활동하고 있는 마귀의 천사들이 아닌)은 현재 어둠 속에서 영존하는 쇠사슬로 묶여 있지만 이들 역시 유다가 큰 날의 심판이라고 부른 이 심판의 때에 심판을 받게 될 것입니다(유6).

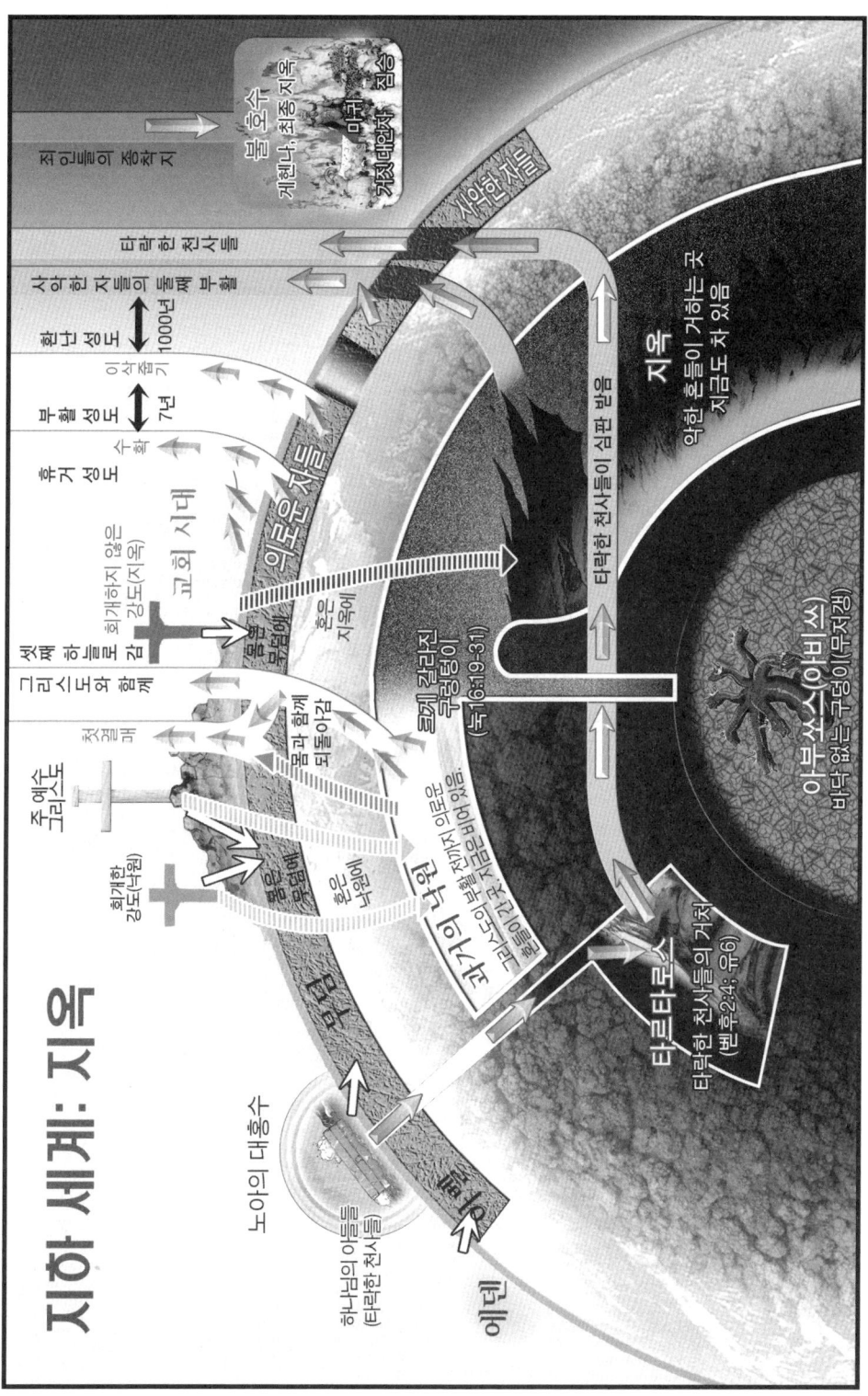

〈지하 세계: 지옥〉

하나님께서 말씀하심

거룩한 사람들이 기록함

히브리어 구약성경

בְּרֵאשִׁית בָּרָא אֱלֹהִים אֵת הַשָּׁמַיִם וְאֵת הָאָרֶץ׃ וְהָאָרֶץ הָיְתָה תֹהוּ וָבֹהוּ וְחֹשֶׁךְ עַל־פְּנֵי תְהוֹם וְרוּחַ אֱלֹהִים מְרַחֶפֶת

그리스어 신약성경

ΒΙΒΛΟΣ γενέσεως Ἰησου χριστοῦ, υἱοῦ Δαβίδ, υἱοῦ Ἀβραάμ. Ἀβραὰμ ἐγέννησεν

원래의 기록 (자필원본)

히브리어/그리스어 전통본문
모든 사본 중 가장 신실한 것들

번역자들
오직 경건하고 신실한 사람들

번역기술
단어 대 단어의
'축자 번역'
'동적 일치 배제'

번역본들

프로테스탄트 종교개혁 성경

종교개혁의 정신과 함께 중요 교리들과 하나님의 말씀의 권위가 완전히 보존됨

킹제임스 성경의 선구자들

위클리프 성경	1382
틴데일 성경	1525
커버데일 성경	1535
매튜 성경	1537
그레이트 성경	1539
제네바 성경	1560

1611년 킹제임스 흠정역 성경

〈하나님의 말씀 성경의 보존〉

MEMO

MEMO

MEMO

추천 참고도서

● 킹제임스 흠정역 성경

1. 킹제임스 흠정역 성경(한영대역, 스터디, 큰글자, 박사, 신약 성경 등) 그리스도예수안에(www.KeepBible.com)
2. 킹제임스 성경의 역사 S. 깁 저, 정동수 역, 그리스도예수안에
3. 킹제임스 성경 답변서(구 '킹제임스 성경에 관한 100가지 질문과 대답') S. 깁 저, 정동수 역, 그리스도예수안에
4. 킹제임스 성경 입문서(구 '킹제임스 성경 길라잡이') B. 버튼 저, 정동수 역, 그리스도예수안에
5. 킹제임스 성경 변호 E. 힐즈 저, 정동수 역, 그리스도예수안에
6. 킹제임스 성경의 4중 우수성 D. 웨이트 저, 정동수 역, 그리스도예수안에
7. 킹제임스 성경의 영광 T. 홀랜드 저, 정동수 역, 그리스도예수안에
8. 신약분석성경(한/헬/영 대역판) 송종섭 저, 신약원어연구소
9. 뉴바이블 송종섭 저, 신약원어연구소
10. 우리말 성경 연구 나채운 저, 기독교문사
11. New Age Bible Versions, Gail Riplinger(www.Chick.com 혹은 www.amazon.com)
12. Final Authority, William P. Grady(www.Chick.com 혹은 www.amazon.com)
13. Did the Catholic Church Give Us the Bible?
    David W. Daniels(www.Chick.com 혹은 www.amazon.com)

● 천주교

1. 천주교는 기독교와 완전히 다릅니다 R. 존스 저, 정동수 박노찬 역, 그리스도예수안에
2. 천주교의 유래 R. 우드로우 저, 정동수 역, 그리스도예수안에
3. 마틴 로이드 존스의 천주교 사상 평가 M. 로이드 존스 외, 정동수 역, 그리스도예수안에
4. 무엇이 다른가? F. 리데나워 저, 생명의말씀사
5. 교황 대신 예수를 선택한 49인의 신부들 R. 베넷 & M. 버킹엄 저, 이길상 역, 아가페
6. 종교에 매이지 않은 그리스도인 F. 리데나워 저, 정창영 역, 생명의말씀사
7. 무모한 신앙과 영적 분별력 맥아더 저, 안보헌 역, 생명의말씀사
8. 로마 카톨릭 사상평가 로레인 뵈트너 저, 이송훈 역, 기독교문서선교회
9. 천주교도 기독교인가? 유선호 저, 하늘기획
10. A Woman Rides the Beast Dave Hunt(www.Chick.com 혹은 www.amazon.com)
11. Babylon Religion David W. Daniels(www.Chick.com 혹은 www.amazon.com)
12. Queen of All Jim Tetlow(www.Chick.com 혹은 www.amazon.com)

● 뉴에이지 운동

1. 천사와 UFO 바로 알기(구 '천사는 있다', 'UFO는 있다') 정동수 편역, 그리스도예수안에
2. 뉴에이지 신비주의 – 이교주의와 뉴에이지 운동의 현재 김태한 저, 라이트하우스
3. 뉴에이지 운동 평가 박영호 저, 기독교문서선교회

4. 뉴에이지 운동(IVP소책자57) D. 그릇하이스 저, 김기영 역, 한국기독학생회출판부(IVP)
5. 뉴에이지 운동(비교종교시리즈7) 론 로우즈 저, 은성
6. 뉴에이지에 대한 연구와 대책(울타리 문화교재시리즈6) 낮은울타리

● 오순절 은사 운동

1. 오순절 은사 운동 바로 알기 W. 유인 외, 정동수 역, 그리스도예수안에
2. 무질서한 은사주의 존 맥아더 저, 이용중 역, 부흥과개혁사
3. 사단은 성도를 어떻게 속이는가? 제시 펜 루이스 저, 전의우 역, 기독교문서선교회
4. 방언 정말 하늘의 언어인가? 옥성호 저, 부흥과개혁사

● 창조와 진화

1. 1318 창조과학 A to Z 김재욱 저, 생명의말씀사
2. 창세기연구(상,하) 헨리 M. 모리스 저, 전도출판사
3. 기원 과학 한국창조과학회, 두란노
4. 놀라운 창조 이야기 듀안 기쉬 저, 국민일보
5. 밝혀진 만물 기원과 창조 신비(창조과학시리즈1) 데니스 피터슨, 나침반
6. 숨겨진 공룡의 비밀 듀안 기쉬, 서용연 역, 꿈을이루는사람들
7. 자연과학과 기원 이웅상 외 저, 한국창조과학회
8. 한 손에 잡히는 창조과학 이은일 저, 두란노
9. 가자! 신비한 공룡의 세계로 폴 테일러 저, 송지윤 역, 꿈을이루는사람들
10. 고대 한자 속에 감추어진 창세기 이야기 넬슨 외 저, 전광호, 우제태 역, 기독교출판공동체
11. 심판대의 다윈 제2판 : 지적설계논쟁 필립 E. 존슨 저, 이승엽 이수현 역, 까치
12. 젊은 지구 J. 모리스 저, 홍기범 조정일 역, 한국창조과학회
13. 창세기에 답이 있다 (구 '신앙 대 신념') 켄 함 & 폴 테일러 저, 한국창조과학회
14. 재창조는 없다 정동수 외, 그리스도예수안에(근간)

● 기타

1. 설교와 설교자 마틴 로이드 존스 저, 정근두 역, 복있는사람
2. 설교자는 불꽃처럼 타올라야 한다 김남준 저, 생명의말씀사
3. 청중을 하나님 앞에 세우는 설교자 김남준 저, 생명의말씀사
4. 영혼을 인도하는 이들에게 주는 글 호라티우스 보나 저, 생명의말씀사
5. 윌밍턴 종합성경연구 1,2,3 H. L. 윌밍턴 저, 박광철 역, 생명의 말씀사
6. 하나님이 주신 보장된 삶 빌 길햄 저, 유상훈 역, 도서출판NCD엔시디
7. 성경은 해답을 가지고 있다 헨리 모리스 저, 전도출판사
8. 마케팅에 물든 부족한 기독교 옥성호 저, 부흥과개혁사
9. 심리학에 물든 부족한 기독교 옥성호 저, 부흥과개혁사
10. 엔터테인먼트에 물든 부족한 기독교 옥성호 저, 부흥과개혁사
11. 하나님이 계획하신 교회 존 맥아더 저, 생명의 말씀사

개역성경 분석

⟨표준새번역·공동번역·NIV·NASB 등 포함⟩

성경은 단 두 종류뿐이다!!
당신의 성경은 확실한 하나님의 말씀인가?

육체 밖에서	**욥기 19:26**	육체 안에서
(없음)	**사도행전 8:37**	(있음)
짐승의 혼	**전도서 3:21**	짐승의 영
삼위일체 삭제	**요한일서 5:7-8**	삼위일체 하나님 있음
계명성	**이사야 14:12**	루시퍼
해골	**누가복음 23:33**	갈보리

당신의 성경, 어느 쪽인가?
왜 킹제임스 성경인가?

그리스도 예수안에

개역성경에서 삭제된 구절들

	성경 위치	개역성경	킹제임스 흠정역 성경
1	마17:21	(없음)	그럼에도 불구하고 이런 종류는 기도와 금식에 의하지 않고서는 나가지 아니하느니라, 하시니라.
2	마18:11	(없음)	사람의 아들은 잃어버린 것을 구원하려고 왔느니라.
3	마23:14	(없음)	서기관들과 바리새인들, 위선자들아, 너희에게 화가 있을지어다! 너희가 과부들의 집을 삼키고 위장하려고 길게 기도하니 그러므로 너희가 더 큰 정죄를 받으리라.
4	막9:44	(없음)	거기서는 그들의 벌레도 죽지 아니하고 불도 꺼지지 아니하느니라.
5	막9:46	(없음)	거기서는 그들의 벌레도 죽지 아니하고 불도 꺼지지 아니하느니라.
6	막11:26	(없음)	그러나 너희가 용서하지 아니하면 하늘에 계신 너희 아버지께서도 너희 범법들을 용서하지 아니하시리라, 하시니라.
7	막15:28	(없음)	이로써, 그는 범법자들과 함께 계수되었도다, 하고 말하는 성경기록이 성취되었더라.
8	눅17:36	(없음)	두 남자가 들에 있을 터인데 하나는 붙잡혀 가고 다른 하나는 남겨지리라, 하시니라.
9	눅23:17	(없음)	(이는 그 명절이 되면 필히 빌라도가 반드시 한 사람을 그들에게 놓아주어야 하기 때문이더라.)
10	행8:37	(없음)	빌립이 이르되, 만일 그대가 마음을 다하여 믿으면 받을 수 있느니라, 하매 내시가 응답하여 이르되, 예수 그리스도께서 하나님의 아들이심을 내가 믿노라, 하고는
11	행15:34	(없음)	그럼에도 불구하고 실라는 거기에 그대로 머무는 것을 기뻐하였으며
12	행28:29	(없음)	그가 이 말들을 하매 유대인들이 떠나 자기들끼리 큰 논쟁을 벌이더라.
13	롬16:24	(없음)	우리 주 예수 그리스도의 은혜가 너희 모두와 함께 있기를 원하노라. 아멘.
14	요일 5:7~8	증언하는 이가 셋이니 성령과 물과 피라 또한 이 셋은 합하여 하나이니라	7 하늘에 증언하는 세 분이 계시니 곧 아버지와 말씀과 성령님이시라. 또 이 세 분은 하나이시니라. 8 땅에 증언하는 셋이 있으니 영과 물과 피라. 또 이 셋은 하나로 일치하느니라. (← 개역성경은 7절을 빼고 8절을 둘로 나누어 8절 전반부를 7절에 넣음.)

표준새번역, 공동번역, NIV, NASB 등도 위의 구절들을 빼거나 또는 원래 없는 것처럼 괄호나 각주 처리함.

하늘과 땅은 없어지겠으나 내 말들은 없어지지 아니하리라(마24:35).

총판 : 생명의말씀사　www.lifebook.co.kr

www.KeepBible.com　NAVER　성경지킴이　검색

도서출판　그리스도 예수안에

KING JAMES BIBLE 1611

킹제임스 흠정역

1611년 킹제임스 바이블
인류 역사 최고의 성경

마제스티에디션
한영대역 큰글자성경
스터디바이블 작은성경

없음이 없는 하나님의 말씀!

거대 로마 가톨릭 교회의 권력 하에서 중세 암흑시대를 살았던 민초들은 성경을 읽을 수 없었지만, 성경을 번역한 죄로 화형당한 선조들의 기도가 응답되어, 왕의 명령에 의해 탄생한 하나님의 말씀이 있었습니다. 지난 400년간 세상을 비춘 진리의 빛 1611년 킹제임스 영어성경. 이제 우리에게도 하나님의 온전한 말씀 킹제임스 흠정역 성경이 있습니다.

영어 킹제임스 성경은
- 원어의 단어들을 있는 그대로 일대일 대응시켜 번역한 성경입니다.
- 지난 400년 동안 한 번의 개정도 없이 순수하게 보존된 성경입니다.
- 영어권에서 모든 성경과 모든 신학 서적의 표준이 된 성경입니다.
- 전세계 모든 성경 중에서 가장 많이 판매되고 읽히고 번역된 성경입니다.

우리말 킹제임스 흠정역 성경은
- 1611년 영어 킹제임스 성경을 충실하게 번역한 성경입니다.
- 읽기 쉽고 이해하기 쉬우며 운율이 유지되어 영감을 불러 일으킵니다.
- 용어 색인이 가능하도록 모든 중요 단어를 통일하였습니다.
- 역사성과 현실성을 인정하여 번역하였습니다.
- 원어와 영어의 감동 그대로를 전달하는 하나님의 말씀입니다.
- 마제스티 에디션은 30년 동안 번역/교정하여 완성한 성경입니다.

총판 : 생명의말씀사 www.lifebook.co.kr
본 출판사는 생명의말씀사 온라인서점에서 '8대 성경 출판사'로 꼽히며, 10년 전 처음 출간된 흠정역 성경은 이미 베스트 성경으로 자리잡았습니다.

도서출판 **그리스도 예수안에** www.KeepBible.com NAVER 성경지킴이

바른 신앙을 위한 크리스천의 필독서!!

성경 바로 보기 라킨 외 / 정동수 역
그림과 도표 등 알기 쉬운 자료들이 컬러로 수록된 책. 라킨의 책과 부록들로 성경 신자의 필수 지식을 담아 성경에 대한 정확한 이해를 돕는 책. 세대주의(경륜)에 관한 책 합본.

구원 바로 알기 정동수
누구나 꼭 알아야 할 영혼 구원의 이유와 방법과 바른 구원에 관한 진리를 쉽게 설명한 책으로 불신자는 물론 구원의 개념이 명확치 않은 모든 크리스천을 위한 내용. 강의 MP3포함.

천주교 시리즈 3권 우드로우, 릭 존스, 로이드 존스 외
천주교의 유래 / 천주교는 기독교와 완전히 다릅니다 / 마틴 로이드 존스의 천주교 사상 평가
로마 가톨릭 교회에 대해 철저히 파헤치는 책으로 기원과 교리는 물론 장차 일어날 마지막 때의 일까지 알게 해주는 책. 3권 중 한 권만으로도 그 심각성과 문제점을 잘 알 수 있다.

킹제임스 시리즈 3권 사무엘 깁, 버튼 외
킹제임스 성경의 역사 / 답변서 / 입문서
역사 : 성경의 기록과 보존 과정, 번역 과정, 번역상의 문제와 오류 등을 짚어 준다. / 답변서 : 100가지 질문과 답을 통해 킹제임스 성경의 오해를 풀고 왜 오류가 없는지 밝힌다. / 입문서 : 길라잡이 역할, 흠정역 사용자들의 생생한 체험담 수록.

예수님의 피 바로 알기 레이시 외
레이시 목사, 디한 박사 등의 책이 합본으로 담긴 책. 피의 성분과 성경적 원리를 통한 구원의 놀라운 섭리를 담은 책. 예수님 피의 복음이 왜 필요한지 알려주는 책.

천국과 지옥 바로 알기 레이시
레이시 목사의 천국 지옥에 관한 저서 2권 합본. 철저히 성경으로 천국과 지옥에 대한 잘못된 개념 설명. 놀라움과 두려움을 넘어 희망과 소망을 주며 전도에 대한 위급함을 일깨우는 책.

천사와 UFO 바로 알기 정동수
천사와 네피림, 마귀의 천사들의 땅속 음모와 미확인 비행물체에 대해 속시원히 풀어주는 흥미로운 책.

오순절 은사운동 바로 알기 유인 외
유인 목사의 저서와 부록들로 구성된 사도행전을 오해해서 생기는 은사운동의 양상과 폐해를 파헤치고, 체험 주의 은사운동의 신비함을 추구하는 이들에게 참된 믿음을 알려 주는 책.

행위 종교와 은혜 복음 잭슨 외 / 고정인 역
모든 것을 끝낸 복음과 행위로 이루어가는 불완전한 종교를 대비하여 구원의 영원성과 완결성을 일러스트와 함께 설명한 책.

성경의 역사: 어둠 속의 등불 핀토 / 정동수 역
성경의 언어, 성경의 영감, 그리고 성경의 보존. 하나님의 말씀 성경이 우리의 손에 오기까지의 섭리 등 성경의 모든 역사와 바른 성경의 뿌리, 기타 역본들의 실체를 한눈에 보여 주는 책.

이슬람교 바로 알기 클라우드 외 / 박용찬 외 역
테러와 우상숭배의 종교 이슬람의 정체 및 마지막 때의 역할을 분석한 책. 한국 이란인교회 이만석 목사의 글 등 부록에 수록.

죽음의 공포 극복하기 잭 맥엘로이
불신자들과 확신 없는 교인들에게 다른 종교들을 모두 비교해 기독교와의 차이점을 알리면서, 영혼을 온전히 살릴 수 있는 분은 주 예수 그리스도뿐임을 변증한 책.

세상을 바꾼 책 킹제임스 성경(1611)
그리스도예수안에 편저 / 김용묵 외 역
영어성경의 역사와 함께 킹제임스 성경의 탄생 과정을 소개한 다큐멘터리 영화를 지면으로 볼 수 있도록 소개한 책.

왜 안 하는가? 정동수
사도신경, 주기도문, 축도, 새벽기도, 통성기도, 구약의 십일조, 일천 번제, 열린 예배와 록 음악, 방언/신유, 축사 등을 신약교회에서 하지 않는 이유를 설명한 책.

요한계시록 바로 알기 김재욱 / 정동수 책임감수
유대인의 역사, 세계 정세, 다니엘서 해석, 배교 현황 등을 통해 말세의 징조를 돌아보고 시각 자료를 통해 시대를 분별할 수 있도록 한 책. 바른 성경 해석과 베리칩 등 종말론 총정리!

재림과 휴거 시리즈 2권 모리스, 정동수 외
역사와 영원의 파노라마 / 바로 알기
창조과학의 아버지 헨리 모리스 박사가 성경을 추적한 종말 분석서와 재림과 휴거에 관한 기본 지식을 모은 두 권의 시리즈.

에스라성경사전/지도 2권 정동수 외
성경을 바르게 공부하는 데 필요한 용어 색인 사전, 낱말 풀이 사전, 다양한 지도 및 선도 등을 제공한다.

킹제임스 흠정역
한영대역 / 스터디 바이블 / 큰글자 성경
다른 한국어 성경들은 물론, 기타 킹제임스 한글 번역본과도 비교할 수 없는 가장 정확한 번역본 흠정역!! 이미 많은 그리스도인들이 증인이 되고 있다. 한영대역은 영문 원본과 대조할 수 있고, 스터디 바이블은 에스라 성경사전과 지도 및 선도 등을 포함하고 있다. 큰글자 성경과 작은 성경도 있다.

박사 성경
현대 역본 성경들이 안고 있는 문제의 핵심은 번역의 대본인 본문이 킹제임스 성경, 루터 성경 등과 다르다는 데 있다. 박사 성경은 NIV같이 소수 사본에 근거한 신약 성경에서 구체적으로 어떤 것들이 잘못되었는지 킹제임스 흠정역 성경에 표시하여 누구라도 문제를 쉽게 볼 수 있게 하였다.

비교 성경
이것은 한글 킹제임스 흠정역 성경, 개역성경, 영어 킹제임스 성경(KJV), NIV 신약 성경을 4개의 열에 병행해서 배열하여 누구라도 쉽게 4개의 성경을 비교/분석할 수 있게 한 성경이다.

개역성경분석
한국 사람들이 가장 많이 사용해 온 개역성경이 신학적으로 어떤 문제들을 가지고 있는지 보여 주고 왜 킹제임스 성경이 하나님의 바른 말씀인가를 보여 준다.

도서출판 그리스도예수안에   www.KeepBible.com